Chinas digitale Seidenstraße

Jonathan E. Hillman

JONATHAN E. HILLMAN

CHINAS DIGITALE SEIDEN-STRASSE

Der globale Kampf um die Herrschaft über die Daten

PLASSEN
VERLAG

Die Originalausgabe erschien unter dem Titel
The Digital Silk Road: China's Quest to Wire the World and Win the Future
ISBN 978-1-78816-685-0

First published in Great Britain in 2021 by Profile Books Ltd, 29 Cloth Fair, London EC1A 7JQ.

Übersetzung: Sascha Mattke
Gestaltung Cover: Daniela Freitag
Gestaltung, Satz und Herstellung: Timo Boethelt
Lektorat: Rotkel e. K., Berlin
Druck: GGP Media GmbH, Pößneck

ISBN 978-3-86470-856-5

Bibliografische Information der Deutschen Nationalbibliothek:
Die Deutsche Nationalbibliothek verzeichnet diese Publikation in der Deutschen Nationalbibliografie; detaillierte bibliografische Daten sind im Internet über <http://dnb.d-nb.de> abrufbar.

Postfach 1449 • 95305 Kulmbach
Tel: +49 9221 9051-0 • Fax: +49 9221 9051-4444
E-Mail: info@plassen-buchverlage.de
www.plassen.de
www.facebook.com/plassenverlag
www.instagram.com/plassen_buchverlage

FÜR LIZ

INHALT

EINLEITUNG

Dieses Buch entstand an der Adresse 195 Broadway, in einem in römische Säulen gefassten Gebäude mit 29 Stockwerken im lebhaften Finanzbezirk von New York City. Lange bevor mein US-Verlag HarperCollins dort einzog, war es das Hauptquartier von American Telephone and Telegraph, besser bekannt als AT&T, was es zum Schauplatz mehrerer historischer Übertragungen machte: der ersten stabilen Funkkommunikation über den Atlantik 1923, des ersten transatlantischen Telefongesprächs 1927 und des ersten Videotelefonats in zwei Richtungen 1930. Während des Kalten Krieges verwendete AT&T den Slogan „Kommunikation ist das Fundament der Demokratie", und den Großteil des 20. Jahrhunderts über bildete 195 Broadway das Zentrum eines wachsenden Kommunikationsreiches.

Während das aktuelle Jahrhundert voranschreitet, werden Kommunikationsdienste rasant schneller, reichen weiter, transportieren mehr Informationen – und kommen zunehmend aus China. 2017 nutzten chinesische Ingenieure einen speziellen Satelliten für die erste transkontinentale Videokonferenz mit Quantenverschlüsselung – ein bedeutender Schritt in Richtung eines nicht zu knackenden Netzwerks. 2018 demonstrierten Huawei und Vodafone einen der ersten Anrufe über 5G-Funktechnik. Im selben Jahr feierte die Hengtong Group Auslandsverkäufe von 10.000 Kilometern an Unterwasser-Glasfaserkabeln, also der Systeme, die den überwältigenden Großteil des internationalen Datenverkehrs befördern. Kommunikationstechnik, so beweist die Kommunistische Partei (KP) Chinas, hat keine politische Präferenz. Sie ist ein mächtiges Werkzeug zur Befreiung oder Unterdrückung, je nachdem, wer sie nutzt.

Noch vor drei Jahrzehnten war China für all diese Fähigkeiten vollständig auf ausländische Unternehmen angewiesen. Huawei war ein mittelgroßer Wiederverkäufer. Die modernsten Kommunikationssatelliten des Landes stammten aus den USA. Sämtliche Hersteller von Unterwasser-Glasfaserkabeln hatten ihren Sitz in den USA, Europa oder Japan. Da China diese Systeme und erst recht die Fähigkeit, sie zu produzieren, fehlte, wurde seine erste Verbindung mit dem globalen Internet 1994 über ein Satellitennetz von Sprint hergestellt. Seit damals hat sich das Land sprunghaft vom Kunden zum Produzenten entwickelt, vom Nachahmer zum Innovator und von einer Netzwerk-Zweigstelle zum Betreiber.

Dieser rapide Aufstieg Chinas wird nur von seinen globalen Ambitionen für die nächsten drei Jahrzehnte in den Schatten gestellt. Sein Präsident Xi Jinping hat das Land dazu aufgerufen, bis 2025 die Produktion von moderner Technologie zu dominieren, bis 2035 die führende Rolle bei der Festsetzung von Standards einzunehmen und bis 2050 zu einer globalen Supermacht zu werden. Xi mobilisiert Unternehmen, Ressourcen in die Entwicklung von digitaler Infrastruktur in der Heimat zu stecken und über seine Neue Seidenstraße mehr von ihren Produkten im Ausland zu verkaufen. Die digitale Seidenstraße, Teil dieser Initiative und der Schwerpunkt dieses Buches, verbindet Chinas Wunsch nach technologischer Unabhängigkeit in der Heimat mit seinem Streben danach, die Märkte von morgen zu dominieren.

Die Geschichte warnt, dass es dabei um mehr geht als um Wirtschaft. AT&T hat seine Expertise genutzt, um zur Entwicklung von Nuklearwaffen, einem Raketen-Warnsystem und einem geheimen Kommunikationsnetz für die Air Force One beizutragen; hinzu kamen weitere Projekte für nationale Sicherheit. „Der Segen des Staates, ob implizit oder explizit, war für jedes Informationsimperium im 20. Jahrhundert entscheidend", erklärt Tim Wu, Professor an der Columbia Law School und Mitglied des nationalen Wirtschaftsrates von US-Präsident Joe Biden, in dem Buch *The Master Switch*. Derzeit entsteht mit intensiver Unterstützung des chinesischen Staates ein neues Informationsimperium. In diesem Buch werden seine Konturen beschrieben und die daraus resultierenden Konsequenzen diskutiert.

Während ich es schrieb, wurde der Einsatz noch höher, weil die Covid-19-Pandemie die physische Welt lähmte. Die Straßen von New York und vieler anderer Städte wurden ruhig, und an den dunkelsten dieser Tage erschien alles gefährlich brüchig, wenn nicht schon zerbrochen: Gesundheitssysteme, Lieferketten und Finanzmärkte. Digitale Infrastruktur, von der normalerweise nichts zu sehen oder zu hören ist, wurde plötzlich zum letzten System, das nicht versagte.

Sie bot eine rettende Verbindung zu Familien, Freunden, Arbeit, Schule, Lebensmitteln, Unterhaltung und mehr. Die digitale Welt entwickelte sich stürmisch.

Aus der Not heraus wurde auch meine eigene Reise zum Verstehen digitaler Infrastruktur stärker virtuell. Statt nach Los Angeles zu fliegen, um einen der größten Internetknotenpunkte der Welt und das Tor für massive Datenströme nach und von Asien zu besuchen, ging ich auf eine Onlinetour durch die Anlage. Dann machte ich mich auf nach Kapstadt zu einem der größten Datenzentren Afrikas – während ich an meinem Schreibtisch zu Mittag aß. Ich nahm an Onlinekursen über Überwachungssysteme teil, die von Chinas größtem Kamerahersteller angeboten werden, und bekam so Zugang, der live vor Ort schwierig oder unmöglich gewesen wäre. Ich wurde ein Beta-Nutzer von Starlink, der von Elon Musk angebotenen Riesen-Konstellation von Satelliten, die Breitbandinternet in die hintersten Winkel der Erde bringen sollen.

Diese virtuellen Exkursionen hatten ihre Grenzen. Ich konnte nicht herumwandern, wie ich es mir bei Besuchen von chinesischen Infrastrukturprojekten in aller Welt angewöhnt hatte. Ich konnte zwischen meinen Kursen keine Mitschüler kennenlernen, um zu erfahren, warum sie daran teilnahmen. Selbst Videos mit noch so hoher Auslösung können nicht den Geruch eines Ortes erfassen oder das Gefühl von Regen, Sonne und Wind. Trotzdem waren die Möglichkeiten beeindruckend – ich bekam Zugang zu Informationen, besichtigte Orte und lernte Menschen kennen, und all das in Sicherheit inmitten einer globalen Pandemie.

Aber das Leben verlagerte sich nicht für jeden ins Internet und auch nicht auf dieselbe Weise wie bei dem privilegierten Teil der Weltbevölkerung, der Zugriff darauf hat – bei ungefähr der Hälfte ist das nicht der Fall. In China haben fast eine Milliarde Menschen Internetzugang, aber Verbindungen ins Ausland sind so eingeschränkt, dass die meisten im Prinzip ein eigenes Internet benutzen. Gleichzeitig öffnete die Pandemie die Schleusen für tiefgreifendere und raffiniertere Formen von Überwachung. Chinesische Überwachungskameras verbreiteten sich überall, im Europäischen Parlament ebenso wie in Schulen des US-Bundesstaats Alabama, bestückt mit Thermografie-Technik, um Fieber zu entdecken.

Angesichts seiner rasch zunehmenden Reichweite könnte China dafür prädestiniert erscheinen, das Hauptquartier des nächsten Informationsimperiums zu beherbergen. Der weitläufige Campus von Huawei im europäischen Stil in Dongguan, eine Stunde von Shenzhen entfernt, lässt die römischen Säulen bei AT&T bereits bescheiden erscheinen. Noch befinden sich die USA in einer Position der Stärke. Zu ihren vielen Vorteilen zählen weltweit führende Forschungsuniversitäten, innovative Unternehmen, große Vorräte an privatem Kapital, Offenheit für Einwanderung und ein globales Netz von Partnern und Verbündeten. Doch die Frage ist, ob die USA der Herausforderung gewachsen sind, zu Hause umzubauen und gleichzeitig eine Koalition von Staaten anzuführen, die den Entwicklungsländern echte Vorteile bietet.

Nach einem Jahr Fernarbeit könnte die Vorstellung von einem physischen Hauptquartier überholt erscheinen. Aber auf meiner Reise habe ich gelernt, dass die digitale Welt immer abhängiger von physischen Systemen wird. Fast jedes Gerät und jeder Netzwerk-Knoten fällt noch immer in die physische oder rechtliche Zuständigkeit eines souveränen Staates. Wenn mehr vom täglichen Leben von digitaler Infrastruktur abhängt und mehr physische Objekte vernetzt sind, entstehen nicht nur unterschiedliche Versionen des Internets, sondern unterschiedliche Welten. Kommunikation hat eine physische Grundlage, und der Wettbewerb um ihre Kontrolle hat begonnen.

DIE NETZWERK-KRIEGE

Wenn Geschichte von den Siegern geschrieben wird, gilt das auch für Visionen der Zukunft. Eine der verlockendsten und gefährlichsten Geschichten dieser Art entstand im blendenden Schein des Sieges im Kalten Krieg: die Vorstellung, dass Kommunikationstechnologie unweigerlich Freiheit fördern würde. „Die Kommunikationsrevolution wird die stärkste Kraft für das Voranbringen menschlicher Freiheit sein, die es auf der Welt je gegeben hat – stärker als Armeen, stärker als Diplomatie, stärker als die besten Absichten demokratischer Staaten", sagte der frühere US-Präsident Ronald Reagan 1989 bei einer Rede in London.[1]

Kurz vorher hatte Reagans Amtszeit geendet, und er war in triumphaler Stimmung. Die USA waren auf dem aufsteigenden Ast, ihr Rivale ächzte. Die Sowjetunion war Weltführer bei Stahl-, Öl- und Nuklearwaffenproduktion, aber sowjetische Computer hinkten ihren US-amerikanischen Gegenstücken um zwei Jahrzehnte hinterher. Schwerindustrie, so musste die sowjetische Führung feststellen, spielt im Informationszeitalter eine weniger bedeutende Rolle. „Der größte Big Brother ist zunehmend hilflos gegen Kommunikationstechnologie", prahlte Reagan.

Demokratie war auf dem Vormarsch in Ungarn und Polen, und Reagan sah sie sogar in China aufkeimen, wo die Behörden Wochen zuvor Demonstrationen in Peking und anderen Städten brutal niedergeschlagen hatten. Nicholas Kristof, damals Pekinger Büroleiter für die *New York Times*, wurde Augenzeuge der Gewalt am Platz des Himmlischen Friedens und schrieb: „In dieser Nacht hat die Kommunistische Partei ihr eigenes Todesurteil unterzeichnet."[2] Ausländische Korrespondenten und Diplomaten diskutierten, ob ihr noch Wochen, Monate oder ein Jahr bleiben würde.[3]

Selbst als die KP diesen Erwartungen trotzte, gewannen Vorhersagen an Beliebtheit, dass Technologie doch noch ihren Niedergang bringen würde. Bis 1993 wurden illegale Satellitenschüsseln schneller installiert, als die Regierung sie entfernen konnte. „Die Informationsrevolution kommt nach China, und langfristig droht sie die Kommunistische Revolution zu verdrängen", schrieb Kristof.[4] Satelliten brachten diesen Wandel noch nicht, aber dann kam das Internet, und Blogger wurden als die neuen Freiheitskämpfer präsentiert.

Nur wenige waren so mutig und inspirierend wie Li Xinde, Autor von *Chinese Public Opinion Surveillance Net.* Li nahm Berichte über staatliche Korruption unter die Lupe, veröffentlichte seine Erkenntnisse im Internet und zog dann um, bevor die lokalen Behörden ihn verhaften konnten. „Die chinesische Führung selbst schaufelt der Kommunistischen Partei das Grab, indem sie dem Volk Breitband gibt", schrieb Kristof 2005 in einem Porträt von Li mit dem Titel „Tod durch tausend Blogs".[5]

Doch die Fantasie, dass Vernetzung Freiheit fördert, hat sich längst in Luft aufgelöst. An ihrer Stelle verbreitet sich eine viel düsterere Realität: Demokratie ist auf dem Rückzug und digitaler Autoritarismus auf dem Vormarsch.

Die KP nutzt Kommunikationstechnologie, um ihre Kontrolle zu Hause zu festigen und ihren Einfluss im Ausland zu vergrößern. Wie ein mittelalterliches Schloss hat das chinesische Internet nur eine Handvoll Zugangspunkte, sodass Peking über beispiellose Möglichkeiten verfügt, Netzwerkverkehr zu beobachten, zu zensieren und zu stoppen. Überwachungskameras mit künstlicher Intelligenz (KI) erfassen öffentliche Orte, speichern Gesichter, automatisieren ethnisches Profiling und helfen beim Einsperren von mehr als einer Million Angehörigen muslimischer Minderheiten.

China ist nicht nur zum größten Big Brother überhaupt geworden, sondern auch zum weltweit wichtigsten Anbieter von Kommunikationstechnologie. Huawei ist in mehr als 170 Ländern aktiv und bei Weitem nicht Chinas einziger Digital-Gigant. Die zwei chinesischen Unternehmen Hikvision und Dahua produzieren fast 40 Prozent aller Überwachungskameras weltweit. Die Hengtong Group liefert 15 Prozent der weltweiten Glasfaserkabel und ist einer von nur vier Anbietern von Unterseekabeln, über die 95 Prozent des internationalen Datenverkehrs laufen. Das globale System Chinas für Satellitennavigation, Beidou, bietet eine bessere Abdeckung der 165 wichtigsten Städte weltweit als das amerikanische GPS.[6]

Vom Weltall bis zum Grund des Ozeans sind alle diese Verbindungen Teil der digitalen Seidenstraße Chinas. Sie ist nicht exakt definiert, ergibt sich aber aus den Schnittpunkten wichtiger politischer

Initiativen von Präsident Xi Jinping. Zum ersten Mal erwähnt wurde sie 2015 als ein Bestandteil der Initiative Neue Seidenstraße, also von Xis Vision für ein China, das durch Infrastrukturprojekte, Handelsabkommen, persönliche Verbindungen und politische Koordination näher ins Zentrum von allem rückt. Mit dem Versprechen von Investitionen und Eingehen auf die Ambitionen von Entwicklungsländern hat China 140 Staaten überzeugt, sich der Neuen Seidenstraße anzuschließen.[7]

Wie die analoge ist die digitale Seidenstraße ein chinazentrisches Konzept, verpackt in warme und unscharfe Rhetorik über Kooperation und wechselseitige Vorteile. Es gibt keine formalen Kriterien für Projekte in ihrem Rahmen, doch als chinesische Technologieunternehmen im Ausland unter schärfere Beobachtung gerieten, erwies sich das Konzept als praktisches Marketing-Werkzeug. Das Bild der Seidenstraße ruft ein romantisiertes Bild alter Zeiten hervor: Kamelkarawanen auf ihrer Reise, Austausch zwischen Kulturen, Fluss von Ideen. In der Realität dient sie der Förderung von „Made in China 2025", einer weiteren wichtigen Xi-Initiative, mit der er Marktanteile in Hightech-Branchen gewinnen will, die auf eine weltweit beherrschende Stellung hinauslaufen.

Schon bevor die digitale Seidenstraße offiziell vorgestellt wurde, weitete sich der digitale Einflussbereich Chinas leise in amerikanische Gemeinschaften aus. Ländliche Telefongesellschaften in einem Dutzend US-Bundesstaaten kauften Technik von Huawei.[8] China Telecom und China Unicom, die zwei größten staatseigenen Telekom-Unternehmen, sicherten sich Lizenzen für die Übertragung internationaler Anrufe innerhalb der USA. Zusammen mit China Mobile haben sie Anschlusspunkte an andere Netze in fast 20 Städten der USA. Kameras von Hikvision beobachten Wohngebäude in New York City, eine öffentliche Schule in Minnesota, Hotels in Los Angeles und zahllose Privathäuser.

Washington hat erkannt, welche Gefahren es birgt, Technologie seines wichtigsten Rivalen in amerikanischen Netzen zuzulassen, und begonnen, solche Verbindungen zu kappen. Der Kongress hat Telefongesellschaften den Kauf von Huawei-Technik untersagt, wenn sie Geld von der US-Regierung erhalten, und das Handelsministerium verbietet einheimischen Unternehmen, Komponenten an Huawei zu verkaufen. Die New York Stock Exchange hat China Telecom, China Unicom und China Mobile ihre Börsennotierung entzogen. Die Federal Communications Commission widerruft Lizenzen für China Telecom und China Unicom.[9] Nachdem sie zuerst Schwierigkeiten hatte, sie zu identifizieren, hat die US-Regierung Hikvision-Kameras in allen ihren Gebäuden entfernt. Alle fünf Unternehmen und Hunderte weitere aus China wurden von den USA mit Sanktionen belegt. Die Vorwürfe dabei reichen von Unterstützung für das chinesische Militär bis zu Menschenrechtsverletzungen.[10]

Auch im Ausland haben die USA Verteidigungsmaßnahmen ergriffen. Die globale Reichweite von US-Sanktionen sorgt dafür, dass kein Unternehmen, ob amerikanisch oder nicht, Komponenten an Huawei verkauft, wenn es geistiges Eigentum aus den USA nutzt. Die „Clean Network"-Initiative des Außenministeriums, gestartet im letzten Jahr der Trump-Regierung, brachte Einschränkungen für chinesische Lieferanten von 5G-Technologie, chinesische Telefongesellschaften, chinesische Cloud-Anbieter, chinesische Apps und chinesische Beteiligungen an Unterseekabeln.[11]

China ist überzeugt, sich auf Zugang zu US-Technologie nicht verlassen zu können, und drängt mit großen Investitionen in der Heimat voran. Xi hat zu 1,4 Billionen Dollar an Ausgaben für „neue Infrastruktur" bis 2025 aufgerufen, zu der 5G-Systeme, intelligente Städte, Cloud-Computing und weitere Digitalprojekte zählen.[12] Im März 2021 beschloss China seinen 14. Fünfjahresplan, einen Fahrplan für die Entwicklung des Landes, und zum ersten Mal erklärte er technologische Selbstversorgung zu einem „strategischen Pfeiler".[13] Zudem hat Xi für China ein Wirtschaftsmodell des „doppelten Kreislaufs" vorgegeben, in dem das Land seine Exporte in ausländische Märkte fortsetzt, während es seine eigene Abhängigkeit von fremder Technologie verringert.[14] Je mehr China seine Fähigkeiten zu Hause stärkt, desto mehr hat es auch im Ausland anzubieten.

Im Nachklang der Covid-19-Pandemie wird die digitale Seidenstraße bereits beschleunigt. Die Pandemie hat die Risiken von physischem Kontakt zutage treten lassen, aber gleichzeitig die Kosten dafür erhöht, auf der Verliererseite der digitalen Spaltung zu stehen. Besser vernetzte Volkswirtschaften konnten sich mit massiver Abwanderung in die virtuelle Welt behelfen. Für die ungefähr 50 Prozent der Menschheit, die noch keinen Internetzugang haben, blieben weniger Optionen. Der finanzielle Schock durch die Pandemie hat die Kassen von Entwicklungsländern geleert und ihre Fähigkeit eingeschränkt, Kredite aufzunehmen. Und im Vergleich zu den großen Transport- und Energie-Projekten, die typisch für die frühen Seidenstraßen-Jahre waren, lassen sich digitale Projekte oft billiger und schneller realisieren.

Damit sind die Linien gezogen, und die Bühne ist bereit für eine Intensivierung des Wettbewerbs zwischen den USA und China auf Drittmärkten. Amerikanische Warnungen vor den Risiken chinesischer Kommunikationstechnologie werden inzwischen von Regierungen in Australien, Japan, Südkorea und großen Teilen Westeuropas wiederholt. Weniger effektiv aber waren die USA darin, bezahlbare Alternativen anzubieten. China nutzt das aus, indem es tiefer in Entwicklungs- und Schwellenländer vordringt, wo Bezahlbarkeit vor Sicherheit steht. Eine Welt konkurrierender digitaler Ökosysteme, jedes mit eigener Technik und Standards, entwickelt sich. Praktisch jeder ist in sie verstrickt.

Vordenker betonen seit Jahren die Bedeutung von Kommunikationsnetzen, konnten sich dabei aber keine Welt vorstellen, in der die USA nicht das dominierende Zentrum bilden. Chinas Siegeszug und Ausbreitung jenseits seiner Grenzen sorgen inzwischen dafür, dass lange gehegte Annahmen über Technologie und Freiheit, westliche Vorherrschaft sowie den Charakter von Macht an sich zerfallen. Journalisten und Wissenschaftler suchen nach den richtigen Worten, um diesen Wettkampf zu beschreiben. Ist es ein Handelskrieg? Ein neuer Kalter Krieg? Die Realität ist komplexer, und der Einsatz bedeutend höher. Die USA und China kämpfen um die Kontrolle über die Netze von morgen.[15]

Die Netzwerk-Kriege haben begonnen. Dieses Buch schildert, wie es so weit gekommen ist, bietet eine Führung über das Schlachtfeld und erklärt, was die USA tun müssen, um zu gewinnen.

DIE ABRECHNUNG

Die Geschichte darüber, wie wir an diesen Punkt gelangt sind, ist unbequem, weshalb sie nur selten ehrlich erzählt wird. Statt zu hinterfragen, wie die USA zum technologischen Aufstieg Chinas beigetragen haben, erzählen Washington und das Silicon Valley lieber Geschichten, die ihr Versagen möglichst klein erscheinen lassen. Es gibt viele Variationen, aber ein verbreitetes Motiv lautet, dass China sich den Weg nach oben erschlichen hat. Dieses Gefühl der Unfairness beruhigt die amerikanische Psyche und entlässt alle aus der Verantwortung, birgt aber gleichzeitig die Gefahr, Fehler der Vergangenheit zu wiederholen. Sich zu beklagen liefert keine strategischen Erkenntnisse, die sich im Konkurrenzkampf nutzen lassen.

Reichlich Lug, Betrug und Diebstahl gab es tatsächlich. Doch wie das folgende Kapitel nacherzählt, sind noch schockierender die unzähligen Möglichkeiten, die China ganz legal ausnutzte. Meisterhaft lockten Vertreter des Landes mit der Aussicht auf Zugang zum chinesischen Markt und handelten maximale Zugeständnisse heraus, weil ausländische Unternehmen sich bereitwillig dabei unterboten, ihr geistiges Eigentum auszuhändigen und Partnerschaften mit chinesischen Firmen zu schließen. Mit großzügiger Unterstützung des Staates wurden diese Partner letztlich zu ihren Konkurrenten. Alles war zu verkaufen, sogar die Management-Praktiken, die Huawei von einem schlecht organisierten Nachahmer zu einem globalen Schwergewicht machten.

Möglich wurden diese Fehler nicht nur durch ausländische Gier und chinesisches Geschick, sondern auch durch einen mächtigen und echten Glauben an die befreiende Wirkung von Kommunikationstechnologie. Der Kollaps der Sowjetunion schien zu beweisen, dass diese Technologie Macht von den Regierungen zum Volk verschob und Bürgern die Möglichkeit gab, frei zu sprechen, sich zu organisieren und Amtsträger zur Verantwortung zu ziehen. Jede neue Art von Verbindung, von Faxgeräten über das Internet bis zum Mobiltelefon, wurde begeistert als Schnellspur auf dem Weg der Verbreitung von Freiheit rund um die Welt begrüßt.

Nur wenige Überzeugungen in der jüngeren Geschichte waren so mächtig, so dauerhaft und so falsch wie diese. Mächtig war sie, weil sie eine große Bandbreite an politischen Philosophien in Einklang mit den kommerziellen Interessen von US-Unternehmen brachte, die bei der Entwicklung von Kommunikationstechnologie vorne mitspielten. Halten konnte sich die Überzeugung trotz einiger lauter Warnungen, zum Beispiel von den Wissenschaftlern Rebecca MacKinnon und Evgeny Morozov, weil es diese Übereinstimmung von Interessen gab und weil die Vorstellung attraktiv ist, die USA könnten Gutes tun, indem sie rund um die Welt unabhängig von den lokalen Umständen gute Geschäfte machen.[16] Und falsch war sie, weil sie Mittel und Zweck miteinander verwechselte und dabei übersah, wie unterschiedlich Kommunikationswerkzeuge eingesetzt werden können.

Unter den Gutgläubigen waren nicht nur Reagan und der Liberalkonservative Kristof, sondern auch John Perry Barlow, ein Libertärer, der in seiner berühmten „Erklärung der Unabhängigkeit des Cyberspace" das Gefühl der Internetpioniere in den USA festgehalten hat. „Regierungen der Industriewelt, ihr müden Giganten aus Fleisch und Stahl, ich komme aus dem Cyberspace, der neuen Heimat des Geistes", begann er. „Im Namen der Zukunft bitte ich euch, uns in Ruhe zu lassen. Ihr seid bei uns nicht willkommen. Wo wir uns versammeln, habt ihr keine Souveränität."[17]

Barlow sprach Regierungen im Informationszeitalter nicht nur die Legitimierung ab. Es fehle ihnen auch an den Mitteln, um im Cyberspace zu regieren, schrieb er in seiner Ode an die Internetfreiheit im Jahr 1996. „Ihr habt kein moralisches Recht, uns zu regieren, noch verfügt ihr über irgendwelche Mittel der Durchsetzung, die wir wirklich fürchten müssten", erklärte Barlow. „Der Cyberspace liegt nicht innerhalb eurer Grenzen. Glaubt nicht, dass ihr ihn bauen könnt, als wäre er ein öffentliches Bauprojekt. Das könnt ihr nicht. Er ist ein Akt der Natur, und er vergrößert sich von selbst durch unsere kollektiven Aktivitäten."

Doch chinesische Strategen wussten es besser. Wo Reagan, Kristof und Barlow den unaufhaltsamen Marsch der Freiheit sahen, erkannten sie einen Kampf um Macht. Shen Weiguang, einer von Chinas

Informationskrieg-Vordenkern, erklärte in einer Vorlesung an der Nationalen Verteidigungsuniversität im Jahr 1988: „Länder mit moderner Netzwerktechnologie nutzen Netzwerke, um ihr ‚Informationsterritorium' auf viele andere Länder auszudehnen und deren ‚Informationssouveränität' zu bedrohen."[18] Der Kalte Krieg ging zu Ende, doch der Kampf um Informationsterritorien begann gerade erst.

Die KP nahm Vorhersagen ihres Niedergangs durch Kommunikationstechnologie überaus ernst. „Die Informationsstrategie der westlichen Welt besteht in einer Offensive zur öffentlichen Meinung und ideologischer Infiltrierung, der Kultivierung von Kräften innerhalb sozialistischer Länder, die als Agenten Feindseligkeiten provozieren, der Praxis der wirtschaftlichen Erpressung und der Praxis direkter Subversion und Erzeugung von Spaltung jeglicher Art", warnte Shen im Jahr 1989.[19] Aber anders als ihre westlichen Gegenüber sahen chinesische Politiker die Folgen nicht als unvermeidlich an. Sie machten sich daran, Netze aufzubauen, die ihren eigenen Zielen dienten.

Im Jahr 1994 begann die Partei, absolute Autorität über Onlineaktivitäten auszuüben, ein Jahr, bevor kommerzielle Internetdienste für die Öffentlichkeit verfügbar wurden.[20] Mit der Zeit wurden diese Beschränkungen zahlreicher, und 2005 veröffentlichte die chinesische Regierung etwas, das von der Organisation Reporter ohne Grenzen als die „Elf Gebote des Internets" bezeichnet wurde. Die Liste verbot Informationen, wenn sie „die nationale Sicherheit gefährden", „die Regierung zersetzen", „die nationale Einigkeit untergraben", „Gerüchte verbreiten" oder „die soziale Stabilität unterminieren".[21] Die Regeln waren weitreichend und absichtlich vage, sodass die Behörden reichlich Spielraum zur Interpretation hatten. Dies war Barlows Erklärung auf den Kopf gestellt: eine Vision des Cyberspace mit dem Staat im Mittelpunkt.

Nachdem sie öffentlich Pläne für ein anderes Internet verkündet hatten, standen chinesische Behörden vor der kolossalen technischen Herausforderung, es zu realisieren und ihre Vorschriften durchzusetzen. Viele Beobachter hielten das für unmöglich. „Im neuen Jahrhundert wird sich Freiheit durch Mobiltelefone und Kabelmodems verbreiten. (...) Stellen Sie sich vor, wie sehr das China verändern könnte", sagte der damalige US-Präsident Bill Clinton im Jahr 2000, als er sich für die Aufnahme von China in die Welthandelsorganisation einsetzte. „Natürlich besteht kein Zweifel daran, dass China versucht hat, im Internet durchzugreifen. Viel Glück dabei! Das ist ungefähr so, als wollte man Wackelpudding an die Wand nageln", erklärte er unter Gelächter und Applaus.[22]

Doch ausländische Unternehmen lieferten den Hammer, und sie tauschten Kontrolle über ihre Technologie gegen Zugang zum chinesischen Inlandsmarkt ein. Als staatliche Sicherheitsdienste in Peking eine Messe namens „Security China 2000" veranstalteten, beeilten sich 300 ausländische Anbieter, davon viele aus den USA, dort ihre Waren anzupreisen.[23] In der Öffentlichkeit stellten ausländische Technologieunternehmen ihre Angebote als unverzichtbar dar, um die chinesische Gesellschaft zu öffnen. Sie würden nicht nur Produkte, sondern auch Werte exportieren, behaupteten Manager. Aber während sie um ein Stück vom chinesischen Markt kämpften, setzten sie nicht nur ihre Gewinne, sondern auch Prinzipien aufs Spiel.

Auf dem Höhepunkt des Optimismus waren chinesische Behörden damit beschäftigt, ausländische Technologie für ihre eigenen Zwecke zu modifizieren. Der Haupt-Blog von Li wurde einige Wochen nach dem Erscheinen von Kristofs Porträt vom Netz genommen, aber beide waren davon unbeeindruckt. „Ich habe mehr als 50 unterschiedliche Sites eingerichtet. Jeweils ungefähr drei davon halte ich regelmäßig aktuell. Wenn sie eine schließen, ersetze ich sie", erklärte Li.[24] Kristof glaubte immer noch, dass Technologie die Kommunistische Partei schwäche. „Es ist ein Katz-und-Maus-Spiel. Aber die größere Wahrheit lautet, dass die Mäuse dieses Spiel gewinnen, nicht die Katzen", schrieb er im Jahr 2008.[25]

Doch zu dieser Zeit entwickelte sich China schon vom Nachahmer zum Innovator und gewann in einem viel größeren Spiel. Der Wettbewerb im globalen Telekom-Sektor war zu einem Zermürbungskrieg geworden. Überschuldete westliche Unternehmen zogen sich aus dem Geschäft mit Netzwerk-Hardware zurück. Chinesische Unternehmen hatten sich aus ihrer vollständigen Abhängigkeit von ausländischen Anbietern befreit und begannen, ihnen Marktanteile abzunehmen. Der epische Zusammenbruch des kanadischen Telekom-

Giganten Nortel, der im folgenden Kapitel beschrieben wird, fiel nicht zufällig mit dem kometenhaften Aufstieg von Huawei zusammen. Huawei sicherte sich die hellsten Köpfe von Nortel und ließ sie die nächste Generation von Mobilfunknetzen entwickeln.

Die amerikanische Politik sang zwar das Hohelied der Konnektivität, doch gleichzeitig investierten die USA nicht genug in die konkrete Vernetzung der Welt, einschließlich ländlicher und ärmerer Gegenden im eigenen Land. Washington scheute große Staatsprojekte und Industriepolitik und ging davon aus, dass die Marktkräfte das gewünschte Ergebnis bringen würden. Doch als westliche Unternehmen eilends Breitbandinternet einführten, konzentrierten sie sich hauptsächlich auf größere, wohlhabendere Märkte, sodass digitale Spaltungen entstanden. Vernetzung war ungleich verteilt zwischen Industrienationen und Entwicklungsländern, zwischen Stadt und Land und zwischen Reich und Arm. China machte aus diesen Spannungslinien Startbahnen für seine Technologie-Giganten. Jetzt sind sie bereit zum Abheben.

FÜHRUNG ÜBER DAS SCHLACHTFELD

Das Schlachtfeld ist riesig und voller Orte, mit denen Experten für nationale Sicherheit nicht vertraut sind. Der Wettbewerb wird ausgetragen in Branchengremien und Arbeitsgruppen, die über Standards für neu aufkommende Technologien entscheiden. Er spielt sich ab in den Rathäusern von Entwicklungsländern, in denen Politiker versuchen, ausländische Investitionen und Technologie ins Land zu bekommen, um seine Wirtschaft weiterzuentwickeln, ohne es digital abhängig zu machen. Und er beeinflusst die zusammengenommen Milliarden von Entscheidungen, die einzelne Personen bei ihrer Abstimmung mit dem Geldbeutel treffen. Die Bedeutung dessen für Sicherheitsfragen ist weitreichend, doch zuallererst geht es um einen wirtschaftlichen und technologischen Wettbewerb.

Als Hilfe für die Orientierung auf diesem Terrain enthalten die folgenden Kapitel eine Einführung in den größer werdenden Fußabdruck der digitalen Infrastruktur Chinas auf vier Ebenen: Mobilfunknetze, vernetzte Geräte, Internetleitungen und Satelliten. Das sind zwar noch nicht alle seine digitalen Aktivitäten, doch sie bilden die Grundlage für KI, Big-Data-Anwendungen und weitere strategische Technologien. Auf jeder Ebene gewinnt China global hinzu und positioniert sich, um sich ökonomische und strategische Vorteile zu sichern.

Dies ist eine Reise im wahrsten Sinn des Wortes, denn globale Netze haben eine physische Grundlage. Barlow hat zu schnell die Vorstellung abgetan, dass der Cyberspace ein „Bauprojekt" sein könnte und dass Staaten darin ihre Souveränität ausüben könnten. Selbst die „Cloud" kann man anfassen, denn sie besteht aus Datenzentren und Glasfaserkabeln. Und auch Unternehmen, die Satelliten im Weltraum betreiben, müssen sich gegenüber nationalen Behörden verantworten. Der Aufbau von Netzen, so hatte Shen erkannt, eröffnet Möglichkeiten für das Ansammeln und Ausüben von Macht. Indem es sich auf die Hardware-Aspekte konzentriert, soll dieses Buch dabei helfen, die Verbindungen zwischen unserer physischen und der digitalen Welt sowie den Wettstreit um ihre Kontrolle zu verstehen.

Projekt für Projekt stärkt China seine Position bei globalen Netzen. Fünf Jahre lang habe ich das Vordringen des Landes im Bereich der globalen Infrastruktur beobachtet, eine der größten Open-Source-Datenbanken über chinesische Projekte zusammengestellt und diese vor Ort besucht. Unter anderem bin ich mit dem Auto über eine frisch asphaltierte Straße zur chinesisch-pakistanischen Grenze gefahren, mit einem chinesischen Zug, der von Äthiopien aus nach Dschibuti führt, und im griechischen Hafen Piräus über chinesische Docks gelaufen. Dies waren nur einige der Flaggschiffprojekte von Chinas Initiative Neue Seidenstraße.

Aber lassen Sie sich – anders als ich zuerst – nicht täuschen: China baut nicht nur neue Transportnetze. Seine größten Ambitionen betreffen Untergrund, Unterwasser und den Äther. Jedes der drei oben genannten Projekte hat eine weniger gut sichtbare digitale Dimension. Glasfaserkabel aus China verlaufen entlang der Grenze zu Pakistan und der zwischen Äthiopien und Dschibuti. Ein chinesisches Unterseekabel soll bald Pakistan und Dschibuti verbinden und sieht auch eine Abzweigung nach Europa vor. In Piräus hat Huawei Router und Switches installiert, das Netz des Hafens modernisiert und freies WLAN für Kreuzfahrtschiffe und andere Besucher eingerichtet. China bündelt digitale Infrastruktur mit traditioneller, und die Welt braucht verzweifelt beides.

Die Überzeugungskraft von Chinas Verkaufsangebot lässt sich im ländlichen Montana beobachten, wie ich in Kapitel 3 beschreibe. Als ich in dem US-Bundesstaat die Stadt Glasgow besuchte, eine der abgelegensten der USA, rechnete ich damit, dass die Bewohner erschrocken sein würden, wenn sie hörten, dass ihre Telefongespräche mit Huawei-Technik transportiert werden. Doch wie ich dort erfuhr, sieht die Maslow'sche Bedürfnispyramide in digitaler Form anders aus. Das Risiko, den Zugang zum Netz zu verlieren, kann sich unmittelbarer und bedrohlicher anfühlen als die Präsenz ausländischer Technik. Die meisten Nutzer, ob im ländlichen Amerika oder in asiatischen Entwicklungsländern, machen sich weniger Sorgen über ausländische Spionage als schlicht über zu hohe Kosten. Wenn sie keine bezahlbaren Alternativen anbieten, was eine Neuentdeckung von Industriepolitik in ihrem Land erfordern würde, kämpfen US-Politiker hier einen nahezu aussichtslosen Kampf.

Angst allein kann Chinas digitale Seidenstraße nicht stoppen. Ausländische Regierungschefs sind nicht etwa entsetzt über den chinesischen Einsatz von Überwachungstechnologie in ihrer Heimat, sondern in beunruhigend hoher Zahl fasziniert davon. Sie sehen eine Chance, Werkzeuge zu erhalten, die nicht nur ihre eigene Herrschaft festigen, sondern auch Verbrechen verringern und Wachstum in ihren Städten fördern könnten, wie ich in Kapitel 4 erkläre. Chinesische Überwachungstechnologie wird in mehr als 80 Ländern verwendet, auf jedem Kontinent mit Ausnahme von Australien und Antarktika, hat Sheena Chestnut Greitens ermittelt, Professorin an der University of Texas in Austin.[26] Wie bei anderer vernetzter Technik von intelligenten Haushaltsgeräten bis zu Fitness-Armbändern gehen bei diesen Systemen oft Kosten vor Sicherheit, was sie anfällig für Fehler und Angriffe macht.

Eine neue Landkarte des Internets, die chinesische Interessen erkennen lässt, nimmt Formen an. Die „großen drei" staatlichen Telekom-

Unternehmen – China Telecom, China Unicom und China Mobile – expandieren in aufstrebende Märkte in Asien, Afrika und Lateinamerika. Innerhalb von nur einem Jahrzehnt hat sich China aus seiner Abhängigkeit von ausländischen Unternehmen bei Unterseekabeln befreit und kontrolliert jetzt den weltweit viertgrößten Anbieter solcher Systeme, dessen verlegte Kabel einmal um die Welt reichen. Diese Entwicklungen, so erklärt Kapitel 5, sind Teil einer asymmetrischen Strategie: Peking will mehr von den Daten dieser Welt transportieren, speichern und analysieren und gleichzeitig seine eigenen Netze abgeschottet halten.

Der Weltraum ist „der neue Kommandohügel", sagen chinesische Militärführer. Das im Jahr 2020 fertiggestellte Satellitennetz Beidou leitet nicht nur chinesische Raketen, Kampfjets und Marineschiffe, sondern auch Autos, Traktoren und Mobiltelefone. China bietet ein Anfänger-Paket für Länder mit Weltraumambitionen, komplett mit Start von Satelliten und sogar deren Steuerung, bis der Partner sie selbst übernehmen kann. Der Wettbewerb verlagert sich in niedrigere Erdumlaufbahnen, wie Kapitel 6 beschreibt. Elon Musks Unternehmen SpaceX, Amazon und mehrere weitere bauen riesige Satellitenkonstellationen für weltweites Breitbandinternet auf. China hat natürlich seine eigenen Pläne.

Das Land kann exponentiell mehr gewinnen, indem es seine Aktivitäten innerhalb dieser Ebenen und zwischen ihnen integriert. Netzwerkeffekte stellen sich ein, wenn ein Service oder Produkt durch verbreitetere Nutzung wertvoller wird. Theodore Vail, der als Präsident von AT&T ein Telekommunikationsimperium geschaffen hat, formulierte es 1908 so: „Ein Telefon ist – ohne Verbindung am anderen Ende der Leitung – nicht einmal ein Spielzeug oder wissenschaftliches Instrument. Es ist eines der nutzlosesten Dinge der Welt. Sein Wert hängt von der Verbindung zu dem anderen Telefon ab – und erhöht sich mit der Zahl der Verbindungen."[27] Eindeutig sind Netzwerkeffekte nichts Neues, aber sie sind wichtiger als je zuvor.

Mithilfe der digitalen Seidenstraße bewegt sich China in Richtung des Zentrums globaler Informationsnetze, und das in einer Zeit, in der Informationen so wertvoll sind wie nie zuvor. In dem Buch *From*

Gutenberg to Google erklärt Tom Wheeler, früherer Chairman der US-Telekommunikationsaufsicht FCC: „Das Wirtschaftskapital des 19. und 20. Jahrhunderts war Industrieproduktion, die durch Netzwerke ermöglicht wurde. Das Anlagegut des 21. Jahrhunderts ist Information, die durch Netzwerke entsteht."[28] Der Silicon-Valley-Investor James Currier schätzt, dass Netzwerkeffekte 70 Prozent des Wertes ausmachen, den Technologie-Unternehmen seit 1994 geschaffen haben. Die mächtigsten und am besten zu verteidigenden Netzwerkeffekte basieren auf physischen Netzknoten und Verbindungen, denn diese erfordern massive Investitionen.[29]

China geht diese Investitionen an und baut Stück für Stück hochmoderne Systeme auf. Im Jahr 2017 hielten chinesische Ingenieure die erste Videokonferenz mit Quantenverschlüsselung ab. Dazu benötigten sie einen 100 Millionen Dollar teuren Spezialsatelliten, Glasfasernetze auf der Erde und fortschrittliche Algorithmen. Das System war nicht perfekt, aber ein großer Schritt in Richtung eines ultrasicheren Netzes. „Sie haben eine vollständige Infrastruktur vorgeführt", sagte Caleb Christensen, Chefwissenschaftler bei MagiQ Technologies, das selbst an Systemen für Quantenkryptografie arbeitet, dem Magazin *Wired*. „Sie haben alle Verbindungen hergestellt. Das hat noch niemand geschafft."[30]

Die Fokussierung Chinas auf Schwellenländer könnte wie ein Turbo für seine Netzwerkeffekte wirken. Nach Prognosen wird sich mehr als die Hälfte des weltweiten Bevölkerungswachstums bis 2050 in Afrika abspielen, wo Huawei 70 Prozent der 4G-Netze aufgebaut hat.[31] Das chinesische Unterseekabel von Pakistan nach Dschibuti wird die kürzeste Internetverbindung zwischen Asien und Afrika als den beiden Regionen sein, in denen die internationale Bandbreite in den vergangenen Jahren am stärksten zugenommen hat.[32] China hat sich sogar als zentraler Knoten zwischen Nigeria und Belarus positioniert. Beide besitzen chinesische Satelliten und haben, ermutigt von Peking, einen Vertrag geschlossen, gemäß dem sie sich bei Ausfällen gegenseitig unterstützen. Während China Technologie der nächsten Generation entwickelt, wirbt es zugleich um deren Märkte.

Dieser Doppelschlag könnte das Land in die Lage versetzen, globale Standards für die nächste Welle von Kommunikationstechnologien zu definieren und die eigenen Netzwerkeffekte dadurch noch mehr zu verstärken. Verbreitete Standards wie USB für Computerstecker sorgen dafür, dass Geräte über Länder- und Herstellergrenzen hinweg zusammenarbeiten.[33] Wer die globalen Standards setzt, dessen Produkte werden universeller. Chinesische Politiker haben das verstanden und sagen seit Langem: Drittklassige Länder bauen Dinge, zweitklassige entwickeln sie und erstklassige definieren die Standards. Deshalb investieren sie massiv in bestehende Standardisierungsgremien und haben die Einrichtung eines Belt and Roads Standards Forum vorgeschlagen, einer Parallelstruktur mit Peking im Zentrum.[34]

Wenn China der oberste Netzbetreiber der Welt wird, könnte dem Land ein kommerzieller und strategischer Gewinn in den Schoß fallen. Es könnte die globalen Ströme von Daten, Kapital und Kommunikation so umformen, dass sie seinen Interessen entsprechen. Weit außerhalb der Reichweite von US-Sanktionen und -Spionage könnte sich China beispielloses Wissen über Marktentwicklungen, die Überlegungen ausländischer Konkurrenten und das Leben zahlloser Privatleute aneignen, die in seine Netze verstrickt sind.

Der Hauptsitz der Afrikanischen Union (AU), finanziert und gebaut von China, ist ein warnendes Monument dieser digitalen Gefahren. Im Jahr 2018 berichtete *Le Monde*, dass fünf Jahre lang jede Nacht geheim Daten von Servern der AU in Äthiopien nach China geschickt wurden.[35] Doch die AU wollte nicht riskieren, China als seinen größten Geldgeber zu verärgern. Statt zu einem Netzbetreiber aus einem anderen Land zu wechseln, unterschrieb sie eine neue Partnerschaftsvereinbarung mit Huawei.[36] Im Jahr 2020 stellte die Union fest, dass Überwachungsaufnahmen aus dem Gebäude geschleust wurden – wieder nach China.[37] Das ist vielleicht noch der sonnigste Ausblick auf eine von China vernetzte Welt. Schließlich betrachtet Peking die AU als Partner.

Angesichts anhaltender chinesischer Angriffe auf US-Netze gibt es wenig Zweifel daran, dass das Land noch mehr Macht im Netz nutzen würde, um verstärkt Amerikaner ins Visier zu nehmen. In den vergangenen Jahren hat China die Personalakten von 23 Millionen Beschäftigten der US-Regierung gestohlen, 80 Millionen Gesundheitsakten sowie Kreditkarten- und Pass-Informationen von Hunderten Millionen US-Bürgern.[38] Mit Zugriff auf diese und andere Daten „weiß“ der chinesische Staat über viele von ihnen bereits mehr, als ihnen selbst einfallen würde. Er hat diese Informationen genutzt, um chinesischen Unternehmen Vorteile zu verschaffen und US-Geheimdienstoperationen im Ausland zu sabotieren, wie Zach Dorfman in *Foreign Policy* berichtete.[39] So sieht ein Informationsvorteil aus: China sieht mehr und mehr, während seine Konkurrenten erblinden.

Auf dem Spiel stehen bei Weitem nicht nur Handel und Geheimdienstarbeit. Im Oktober 2020, vier Monate nach Kämpfen chinesischer und indischer Truppen um umstrittene Gebiete im Himalaja, fiel in Mumbai der Strom aus. Züge blieben stehen. Krankenhäuser, die ohnehin schon von Covid-19-Fällen überflutet waren, mussten auf Notstromgeneratoren umstellen. Laut einem Bericht der Cybersicherheitsfirma Recorded Future könnte das eine Warnung aus Peking gewesen sein. Wochenlang hatten chinesische Hacker kritische Infrastruktur in Indien mit Malware angegriffen.[40] Möglicherweise verfügten sie über einen Insider-Zugang: Fast alle im vergangenen Jahrzehnt in Indien gebauten Kraftwerke nutzen chinesische Technik.[41]

Dies sind nur kleine Ausblicke auf die Macht, die China ausüben könnte, wenn es dem Land gelingt, zum unverzichtbaren Zentrum und Torwächter der vernetzten Welt zu werden. Es könnte Unterstützer gewinnen und Gehorsam belohnen, indem es Zugang und Privilegien gewährt. Es könnte Abweichler bestrafen und Konkurrenten zerstören, indem es ihnen Dienste vorenthält und Sanktionen auferlegt. Eine Herrschaft über die Netze könnte China in die Lage versetzen, Macht weit jenseits seiner Grenzen auszuüben, so wie es große Mächte in der Geschichte schon immer getan haben, aber mit einer kleineren militärischen Präsenz weltweit. Die digitale Seidenstraße könnte den Weg zu einer neuen Art von Imperium bereiten.

VERLORENE KONTROLLE

Am 1. Oktober 2019, drei Jahrzehnte, nachdem Reagan in China die Demokratie aufkommen sah, rollten erneut Panzer über den Tiananmen-Platz. 15.000 Soldaten marschierten, und ihre Parade zum 70. Jahrestag der Gründung der Volksrepublik China ließ keine Fragen darüber offen, wer die Kontrolle hatte. Der chinesische Präsident Xi Jinping, gekleidet in einen Anzug im Mao-Stil, fuhr in einer offenen Limousine und sah sich Raketen, Drohnen und Hunderte andere Teile der Militärtechnik an. „Es gibt keine Macht, die die Grundlagen dieser großartigen Nation erschüttern kann", sagte er vor einem mit Fahnen wedelnden Publikum.[42]

Chinesische Überwachungskameras, ausgerüstet mit der neuesten KI, beobachteten die Menge. Der Internetdatenfluss verlangsamte sich für lokale Kunden zu einem Tröpfeln, während sich die Großen Drei Chinas darauf konzentrierten, ihren Hauptkunden zu bedienen: Ihre Netze verbreiteten ultrahoch aufgelöste Videos der Parade und koordinierten sogar das Timing für das Feuerwerk.[43] Chinesische Staatsmedien übertrugen die Parade in mehreren Sprachen über Satellit, Kabel und Internet in jede Region der Welt. Das chinesische System von Beidou-Satelliten leitete Hunderte von Militärfahrzeugen in der Parade fast perfekt synchron.

Der Optimismus für eine demokratische Transformation Chinas und die positive Rolle, die Technologie dabei spielen würde, ist lange verschwunden. Kommunikationstechnologie scheint ein Werkzeug des Autoritarismus zu sein, ein Knüppel statt eines offenen Mikrofons. Mit dem weiteren Ausbau der digitalen Seidenstraße entsteht von außen oft der Eindruck, sie sei hochgradig zentralisiert, ein Regiment von chinesischen Unternehmen, die im Gleichschritt marschieren wie die Soldaten in der Parade. Und diesen Eindruck will die chinesische Führung der Welt natürlich vermitteln.

Diese Bilder sind alarmierend, und doch beginnen die Netzwerkkriege gerade erst. Kommunikationstechnologie ist nicht gut oder böse, sondern lediglich ein Werkzeug. Washington allerdings ist das entgangen – seine Überzeugungen im Hinblick auf die Technologie sind von Optimismus in Pessimismus umgeschlagen und drohen jetzt noch weiter in Richtung Paranoia abzugleiten. China scheint überall zu sein, vereint, und alles im Griff zu haben. In dieser überfälligen, aber panikartigen Neubewertung werden sowohl seine Schwächen als auch die Stärken der USA übersehen.

In der Realität verdeckte die militarisierte Zeremonie tiefe Ängste in der chinesischen Regierung. Vor den Feierlichkeiten war der Internetzugang so massiv eingeschränkt, dass sich sogar der Herausgeber der nationalistischen Staatszeitung *Global Times* beschwerte: „Das Land ist nicht fragil, ich würde vorschlagen, dass wir ein kleines Fenster für ausländische Websites lassen", schrieb Hu Xijin.[44] Später löschte er diesen Kommentar. Während Peking feierte, tobten in Hongkong Proteste. Chinesische Politiker beschuldigten die USA der Aufwiegelei – ganz im Sinn der Einschätzung des Informationskrieg-Strategen Shen Weiguang einige Jahre zuvor.[45]

Paradoxerweise sind die Ängste der chinesischen Führung vor einer Netzwerk-Ansteckung immer größer geworden, je weiter sich die technologischen Fähigkeiten des Landes entwickelten. „Das Internet wird zunehmend zur Quelle, zum Dirigenten und zum Verstärker aller Arten von Risiken", warnt Chen Yixin, ein Protegé von Xi Jinping und Chef des mächtigen KP-Zentralausschusses für Politik und Recht. „Jede Kleinigkeit kann einen Strudel in der öffentlichen Meinung verursachen. Durch Aufstachelung verbreiten sich Gerüchte, und die Aufregung kann schnell zu einem ‚Sturm im Wasserglas' führen und in der Gesellschaft abrupt einen echten ‚Tornado' auslösen"[46], schrieb er und bezeichnete das als den „Vergrößerungseffekt".

Drei Wochen nach der Parade in Peking wurde der mutige Bürger-Journalist Li Xinde in Gewahrsam genommen. Technologie hatte das Katz-und-Maus-Spiel weiter zugunsten seiner Gegner verschoben, und Li musste sich vor Hackern ebenso wie vor Zensoren verstecken und die Internetadresse seiner Website bis zu 60-mal pro Jahr wechseln.[47] Sein jüngster Investigativ-Bericht beschäftigte sich mit Korruption bei einem öffentlichen Sicherheitsbüro in Tianjin. Er wurde sofort gelöscht, ebenso wie zahlreiche Kopien bei WeChat und auf anderen Websites.[48] Im Januar 2021 wurde Li zu fünf Jahren Gefängnis verurteilt. Aber das reichte den Behörden noch nicht. Auch sein Sohn wurde zu einem Jahr Gefängnis verurteilt.[49]

Solche Maßnahmen sind erschreckend, aber sie zeigen auch Risse in Chinas digitalem Autoritarismus. So mächtig die Werkzeuge des Staates geworden sein mochten, sie konnten nicht alle Kopien von Lis Berichten auf anderen Blogs löschen. Auch waren diese digitalen Werkzeuge nicht mächtig genug, um die Ängste der Behörden zu zerstreuen, weshalb sie weiterhin auch mit altmodischen Methoden wie Einsperren und Einschüchtern arbeiteten. Vielleicht am verräterischsten dabei: Die Reaktion war gemessen an der Bedrohung vollkommen übertrieben. „Meine Absicht ist nicht, die Regierung zu stürzen", hatte Li erklärt. „Meine Absicht ist nicht, die Herrschaft der Kommunistischen Partei zu untergraben."[50] Tatsächlich trägt seine Arbeit zur Erreichung der von der KP ausgerufenen Ziele der Korruptionsbekämpfung bei.

Die Reaktion der Partei auf Bedrohungen war drastisch, aber willkürlich. Ihr Drang, alles zu überwachen, war ausgeprägter als ihre Fähigkeit, die Beobachtungen auch zu verstehen. In ihrem eiligen Bemühen, Überwachungstechnik einzurichten, ist ein Netz von fragmentierten lokalen Systemen statt eines national einheitlichen entstanden, was Ressourcen verschwendet und bei der chinesischen Bevölkerung Bedenken über die Sicherheit ihrer persönlichen Daten auslöst. Dem industriellen Überwachungskomplex geht es in diesem Chaos hervorragend. Die Technologie wird immer raffinierter, aber immer noch versprechen diese Unternehmen mehr, als sie liefern können, vor allem in ausländischen Märkten.

Im Ausland gestaltet sich die Koordinierung noch schwieriger, denn dort operieren chinesische Unternehmen unter weniger Kontrolle, und andere Regierungen haben ihre eigenen Prioritäten. Die chinesische Führung gibt die Themen vor, aber normalerweise keine detaillierte Marschordnung. Im Rahmen der Neuen Seidenstraße zum Beispiel hat Xi zum Bau von „intelligenten Städten" aufgerufen; der breite Begriff steht für Projekte zur Aufwertung urbaner Gebiete mit digitaler Infrastruktur. Doch die Regierung scheint nicht einmal abstrakte Vorgaben für Unternehmen zu machen, die solche Projekte im Ausland planen, geht aus einer Studie hervor, die James Mulvenon, ein führender Experte für chinesische Technologie, zusammen mit Kollegen für die U.S.-China Economic and Security Review Commission durchgeführt hat.[51]

Der Mangel an Koordination und Kontrolle lässt sich vor Ort gut beobachten. In der pakistanischen Hauptstadt Islamabad funktionierte jede zweite der chinesischen Überwachungskameras nicht richtig, die im Rahmen eines Flaggschiff-Projekts von Huawei installiert worden waren.[52] In Kenia beteiligen sich chinesische Unternehmen am Bau eines mehrere Milliarden Dollar teuren Hightech-Zentrums am Rand von Nairobi, das nur wenige Unternehmen anzuziehen scheint.[53] Ein chinesisches Unterseekabel über 6.000 Kilometer von Kamerun nach Brasilien ist längst nicht ausgelastet, sodass es kaum mehr als Schulden zu den Entwicklungschancen von Kamerun beiträgt. Statt Netzwerkeffekte auszulösen, könnten sich diese und weitere verstreute Projekte als digitale Geldgräber erweisen.

Vielleicht die größte Herausforderung für die globalen Netzwerkambitionen Chinas stellt die Paranoia der Kommunistischen Partei selbst dar. Das chinesische Internet im Festungsstil ist auf eine Isolation von der Welt ausgelegt. Das hemmt Innovationen und geht auf Kosten der Fähigkeit Chinas, sich mit ausländischen Netzen zu verbinden. Städte in Festlandchina kommen in den Ranglisten der Vernetzungszentren der Welt nicht vor, denn die verfügen sämtlich über offene Internetknotenpunkte, was chinesische Parteigrößen immer noch strikt ablehnen. Ihre Zwickmühle besteht darin, dass mehr internationale Konnektivität das Aufgeben eines Teils der Kontrolle erfordert.

Die USA dagegen haben sich durch ihre Offenheit für Vernetzung mit dem Ausland massive kommerzielle und strategische Vorteile verschafft. Fast ein Viertel des weltweiten Internetverkehrs passiert das Land, darunter 63 Prozent des internationalen Verkehrs mit dem Ziel China[54] – eine dominierende Position, die Angehörige von US-Geheimdiensten als „unglaublichen Heimvorteil" bezeichnen.[55] Zugang zum weltweit größten Netz an Unterseekabeln hält die US-Finanzzentren und -Technologieunternehmen am Laufen, von denen drei mehr als die Hälfte des weltweiten Marktes für Cloud-Dienstleistungen kontrollieren.[56] Diese Vorteile werden oft als selbstverständlich angesehen, weil die USA schon seit der Erfindung des Internets die zentrale Netzwerkmacht sind.

Das Land könnte seine Stärken mit einer Strategie zur Geltung bringen, die auf den Märkten von morgen in die Offensive geht. Der US-Privatsektor arbeitet an neuen Technologien, die China seinen Vorsprung in Entwicklungsländern kosten könnten, zum Beispiel Satelliten in niedrigen Umlaufbahnen für globale Breitbandinternetdienste. Als Anführer einer Koalition von Partnern und Verbündeten könnten die USA eine kritische Masse schaffen, vergleichbar mit der von China, die sensible Technologie entwickelt und schützt und Entwicklungsländern bessere Angebote macht.[57] Erfolg darin wird nicht billig oder einfach zu haben sein, und er wird das Bauen von Brücken zur Europäischen Union und nach Indien erfordern – Partnern mit gemeinsamen Interessen, aber auch eigenen Ambitionen.

Eine Gefahr für die USA ist nicht nur der Siegeszug Chinas, sondern auch eine mögliche Überreaktion darauf. Washington nimmt eine stärker defensive Haltung ein und kontrolliert genauer die inländischen Netze, Internetknoten und Unterseekabel. Der Wunsch nach mehr Schutz ist sehr berechtigt, wenn man sich die zunehmenden Aktivitäten Chinas und seine Geschichte von Cyberangriffen, Spionage und Kooperation zwischen Unternehmen und der Volksbefreiungsarmee vor Augen hält. Doch die USA müssen auch bedenken, wie jede Entscheidung ihre Position bei globalen Netzen beeinflussen kann. Die Auswirkungen sind nicht so eindeutig, wie sie anfänglich erscheinen könnten. Um die richtige Balance zu finden, muss man zunächst verstehen, wie es zu der aktuellen Situation gekommen ist.

CTRL-C

Ende 1994 bereitete sich Northern Telecom darauf vor, sein 100-jähriges Jubiläum zu feiern. Von bescheidenen Anfängen als Verkäufer von Feuermeldern und Telefonzubehör in Montreal war das Unternehmen zu einem der größten Anbieter von Telekommunikationstechnik der Welt herangewachsen. Mit 8,87 Milliarden Dollar Jahresumsatz, 57.000 Beschäftigten weltweit und Tausenden Patenten sah seine Zukunft noch vielversprechender aus. Zur Feier des Anlasses wurde ein kürzerer Name und ein fett gedrucktes Logo aus Großbuchstaben vorgestellt: NORTEL. Das O darin war ein stilisierter Globus, umgeben von einem Planetenring – passend für ein „Unternehmen, das keine Grenzen kennt", wie es in seiner Werbung hieß.[1]

Die geschichtliche Entwicklung beschleunigte sich, glaubte das Nortel-Management, und zwar klar zu seinen Gunsten. „Zu keiner Zeit in der jüngeren Geschichte hat es derart weitreichende Verschiebungen bei globalen Dynamiken gegeben", hatte CEO Paul Stern ein Jahr zuvor beobachtet. „Das betrifft nicht nur das Ausmaß des Wandels, sondern auch das Tempo, in dem er sich abspielt. Mit der höheren Geschwindigkeit entwickelt sich eine neue Zivilisation: eine Informationsgesellschaft."[2] Und sein Nachfolger Jean Monty sagte vor Aktionären: „Zum Ende dieses Jahrhunderts prägen zwei große Strömungen die Weltwirtschaft: Globalisierung und die Informationsrevolution. Für Unternehmen wie unseres lassen sie spektakuläre neue Wachstumschancen entstehen."

Die Industriekapitäne bei Nortel verstanden sich als Vertreter eines Imperiums. Sie waren Architekten und Erbauer, wenn nicht die Herrscher, der Informationsgesellschaft, die sie kommen sahen. In den frühen 1990er-Jahren gab das Unternehmen seine Absicht bekannt, bis zum Jahr 2000 der weltweit führende Anbieter von Telekommunikationstechnik zu werden. Die Logik dahinter war so einfach wie jeder Plan für die Weltherrschaft: erst Kanada, dann der Rest von Nordamerika und dann die ganze Welt. Nortel-Führungskräfte posierten mit Weltkarten und antiken Exponaten für ganzseitige Fotos im Jahresbericht. Stern zitierte Cicero, den römischen Philosophen und Staatsmann, indem er fragte: „Werden wir die Gleichen bleiben, wenn das Gleiche nicht mehr passend ist?"[3]

Zwei Jahrzehnte später war von Nortel nicht mehr viel übrig. Den 115. Geburtstag feierte das Unternehmen vor dem Insolvenzgericht. Sein Weg zum Scheitern sah lange nach Erfolg aus. Nortel erfand Kerntechnologien für Mobilfunk- und Internetnetze, Halbleiter und sogar schon ein Jahrzehnt vor dem iPhone ein Telefon mit Touchscreen.[4] Eine Zeit lang war es das wertvollste Unternehmen in der Geschichte Kanadas.

Zu dem Niedergang kam es durch Fehler in allen Bereichen, von Bilanzierung bis Management. Aber die Nortel-Führung leistete sich auch den strategischen Patzer, chinesischen Partnern dabei zu helfen, zur eigenen schärfsten Konkurrenz zu werden. Diesen Fehler machten viel zu viele westliche Unternehmen, die es auf den chinesischen Markt zog – in dem Glauben, Werte und Gewinnchancen seien problemlos miteinander vereinbar.

Mit dem riesigen chinesischen Markt als Köder konnten inländische Unternehmen westliche Technologie kopieren und unter ihre Kontrolle bringen. Sie brachen Vereinbarungen und nutzten vertrauliche Informationen, um eigene Patente anzumelden. Sie profitierten von großzügigen Subventionen des Staates. Sie stahlen Geheimnisse aus den Laboren, Ausstellungen und Computern ihrer Konkurrenten. All das war Teil von dem, was General Keith Alexander, früherer Chef des US-Geheimdienstes NSA, einmal als „größten Vermögenstransfer in der Geschichte" bezeichnete.[5]

Noch schockierender aber ist, wie viele von Chinas Abkürzungen legal und unverhohlen waren. Chinesische Unternehmen importierten westliche Technologie, schlossen über Joint Ventures Partnerschaften mit ihnen in der Heimat, übernahmen ihre Managementpraktiken und sicherten sich ihre hellsten Köpfe. Jahrzehntelang trugen Nortel und andere führende Telekom-Unternehmen aus dem Westen zu ihrem eigenen Niedergang bei. Selbst als sich die Warnzeichen mehrten, dass China eine andere Art von Informationsrevolution im Sinn hatte, blieben wichtige Technologien, Prozesse und sogar Menschen käuflich. Und kaum jemand spielte dieses Spiel so gut wie Huawei.

„EINE WELT DER NETZWERKE"

Wie Abenteurer auf dem Weg in eine neue Welt sahen Nortel-Führungskräfte im Jahr 1994 überall Chancen. Was gut für den Gewinn des Unternehmens war, so glaubten sie fest, war auch gut für die Welt.

Um seine Vergangenheit zu zelebrieren und Anspruch auf die Zukunft zu erheben, beauftragte Nortel sechs führende Denker, kurze Aufsätze zum Thema „Eine Welt der Netzwerke" zu schreiben, eine Vision des Unternehmens für Telekommunikation im 21. Jahrhundert. „Seit inzwischen mehr als einem Jahrhundert sind Northern Telecom und seine Beschäftigten geeint in der Überzeugung, dass der Zweck von Informationstechnologien darin liegen sollte, das menschliche Dasein zu verbessern", erklärte CEO Jean Monty in einem Vorwort zu der Serie. „Zu Beginn unseres zweiten Jahrhunderts tragen wir diesen Geist weiter – Menschen gehen aufeinander zu, um sich der Herausforderung zu stellen, die Welt durch Kommunikation zusammenzubringen."[6]

Die Autoren lieferten viele Schlagworte für die massiven Veränderungen, die in Gang waren: „Informationszeitalter", „Informationsflut" oder „Informationsgesellschaft". Zu den größten Teilen aber waren das nur unterschiedliche Ausdrücke für eine gemeinsame Vision: mehr Macht für Bürger, florierende Demokratie, wachsende Märkte. Brücken sollten Mauern ersetzen und die Freiheit ihren Lauf nehmen. Eine Welt der Netzwerke war eine Welt ohne Ketten.

Grenzen verschwanden tatsächlich, und neue Märkte lockten – davon keiner stärker als China. Um ausländische Technologie ins Land zu bekommen und den Telekom-Sektor zu modernisieren, lockerten die chinesischen Behörden einige Restriktionen für ausländische Investitionen. Am 31. März 1994 schafften die USA und ihre NATO-Verbündeten ein System aus der Zeit des Kalten Krieges ab, das die meisten Exporte von Telekommunikationstechnik nach China und in andere kommunistische Länder (wie bis zu ihrem Zusammenbruch vor allem die Sowjetunion) verhinderte. Drei Wochen später bekam China Anschluss an das globale Internet. Das Rennen, das bevölkerungsreichste Land der Welt zu vernetzen, hatte begonnen.

Die schiere Größe Chinas und sein Bedarf waren unmöglich zu ignorieren. Allein im Jahr 1994 wurden dort 10 Millionen neue Festnetzanschlüsse geschaltet und 930.000 Mobiltelefonverträge abgeschlossen, bei jährlichen Wachstumsraten von mehr als 50 Prozent bzw. fast 150 Prozent.[7] Trotzdem gab es in China ein Jahr später immer noch weniger als drei Leitungen pro hundert Personen, was die massive Nachfrage deutlich macht, die in den nächsten Jahren noch zu bedienen war. Westliche Unternehmen sahen diese Chance mit einer Goldrausch-Mentalität. Die Ängstlichen würden die Gelegenheit nicht nur eines Lebens verpassen. Die Mutigen würden ein Vermögen verdienen und in die Geschichte eingehen.

Nortel war schon voll dabei. Seit 1972 arbeitete es mit China zusammen und hatte 1988 in einem ersten Joint Venture mit einem chinesischen Unternehmen begonnen, dort private Telefonzentralen für Geschäftskunden wie Hotels oder Behörden anzubieten.[8] Vier Jahre später verkaufte es mehr als 100.000 Leitungen pro Jahr und plante, seine Produktion zu verdreifachen. Vier kanadische Manager führten 200 chinesische Mitarbeiter. In weniger als drei Jahren hörte die Fabrik auf, im Prinzip ganze Geräte aus Kanada zu importieren, und verschiffte stattdessen Teile, die komplett vor Ort zusammengebaut wurden. Das Joint Venture begann, nach Möglichkeiten zu suchen, mit lokalen Komponenten die Kosten zu senken.[9] Das Nortel-Management glaubte nicht, auf diese Weise einen Konkurrenten heranzuzüchten, sondern wollte nur der eigenen Bilanz etwas Gutes tun.

Doch die chinesische Seite spielte ausländische Unternehmen geschickt gegeneinander aus. Das Vermittlungsnetz Chinas wurde als „sieben Länder, acht Systeme" kritisiert. Die Technik dafür kam tatsächlich von acht Unternehmen aus sieben Ländern: Nortel aus Kanada, Ericsson aus Schweden, AT&T aus den USA, Siemens aus Deutschland, Alcatel aus Frankreich, BTM aus Belgien sowie NEC und Fujitsu aus Japan. Vereint hatten sie in der Zeit des Kalten Krieges den Export von Technologien an kommunistische Staaten verhindert, jetzt aber standen sie im Wettbewerb miteinander. Die Manager wussten, dass es Risiken mit sich brachte, in China Joint Ventures zu gründen. Aber weil ihre Konkurrenten es schon taten, erschien die

Gefahr, etwas zu verpassen, noch größer. Jedes Geschäft war ein Kampf, und um ihn zu gewinnen, musste man der chinesischen Regierung mehr Zugeständnisse machen.[10]

Als Nortel und AT&T 1994 um ein Joint Venture mit der chinesischen Regierung kämpften, zogen sie alle Register. Nortel lud den chinesischen Vizepremier Zou Jiahua nach Kanada ein, wo er sowohl die Niagarafälle als auch die Fabrik des Unternehmens zu sehen bekam. Zum Essen gab es Fischeintopf von einem Koch aus seiner Heimatstadt. Doch Zous Zeit bei AT&T, wo er auf derselben Reise nur einen Tag verbrachte, war noch unvergesslicher: Er und seine Entourage wurden in gepanzerten Limousinen mit Schutz durch den Secret Service und eine Polizei-Eskorte herumgefahren.[11] Die Nortel-Führung spürte, dass ihr das Geschäft zu entgehen drohte.

In dem Glauben, dass Milliarden an zukünftigen Umsätzen auf dem Spiel standen, verbesserte Nortel sein Angebot und bat die kanadische Regierung um Hilfe. Das Unternehmen erklärte sich bereit, als erster ausländischer Anbieter ein Zentrum für Forschung und Entwicklung in Peking einzurichten, und dazu eine Halbleiterfabrik in Schanghai.[12] Die kanadische Regierung, die nach den Protesten am Tiananmen-Platz erst kurz vorher ihre Beziehung zu China repariert hatte, sagte zu, die chinesischen Käufe von Nortel-Technik zu finanzieren.[13] Die Verhandlungen zogen sich bis wenige Stunden vor der geplanten Vertragsunterzeichnung während des Peking-Besuchs des kanadischen Premierministers Jean Chrétien im November 1994 hin. In einem letzten Zugeständnis ließ Nortel sich darauf ein, dass die chinesische Seite den Finanzvorstand des Joint Ventures bestimmen durfte.

Der Deal war perfekt, und die Führung von Nortel gab offen zu, dass sie mit den chinesischen Behörden ein Tauschgeschäft gemacht hatte. Der Chairman Arthur MacDonald erklärte es so: „Die Chinesen tauschen Marktzugang und -anteile gegen Technologietransfer. Wir haben uns fest vorgenommen, sie dabei zu unterstützen. Unser Ziel ist, moderne Telekommunikationsdienste nach ganz China zu bringen. Mit der Zeit wollen wir dort auch Technologie für den globalen Markt entwickeln."[14] Nicht bewusst war dem Nortel-Management zu diesem Zeitpunkt, dass sich ein Technologietransfer nicht rückgängig machen lässt, während Marktzugang sehr flüchtig sein kann.

Die Regeln waren so locker, dass ein US-Unternehmen sogar eine Partnerschaft mit dem chinesischen Militär schloss, um in China moderne Netzwerktechnik verkaufen zu können. Adlai Stevenson III., ein früherer US-Senator sowie Sohn eines früheren UN-Botschafters und Präsidentschaftskandidaten, war Chef von SCM/Brooks Telecommunications aus den USA. Der chinesische Partner war Galaxy New Technology, kontrolliert von einer Militärbehörde. Das Joint Venture bekam den Namen HuaMei („China-Amerika"). In seinem Vorstand saßen Offiziere und andere Personen mit direkten Verbindungen zur Volksbefreiungsarmee, und es kaufte Netzwerktechnik von AT&T vorgeblich für den Einsatz in chinesischen Hotels. Dieselbe Technologie ließ sich laut einem späteren Bericht der US-Regierung auch nutzen, um die Systeme des chinesischen Militärs für Kommando und Kontrolle zu verbessern.[15]

Einige Jahre zuvor wäre ein solches Geschäft undenkbar gewesen. Seit 1949 hatten die USA und ihre NATO-Verbündeten über das Coordinating Committee for Multilateral Export Controls (CoCom) sensible Exporte in die Sowjetunion, Länder des Warschauer Pakts und nach China eingeschränkt. Die Gruppe arbeitete keineswegs perfekt, aber sie trug dazu bei, dass die Sowjetunion strategisch wichtige Technologie nur begrenzt importieren konnte. Motiviert war CoCom durch die gemeinsame Wahrnehmung einer sowjetischen Bedrohung, und effektive US-Führung sorgte für Aktivität. Die Gruppe basierte auf Konsens, die Durchsetzung wurde den einzelnen Mitgliedern überlassen.

Durch den Zusammenbruch der Sowjetunion stand die Zukunft von CoCom infrage, und als die Gruppe 1994 aufgelöst wurde, waren die Regeln für China bereits erheblich gelockert worden. Im Jahr 1991 hatte CoCom eine „Kernliste" beschlossen, mit der die Beschränkungen der Wirkung nach halbiert wurden.[16] Zwei Jahre später schlugen Vertreter der US-Regierung vor, bei Glasfaser, Switches, Mobilfunk- und anderer Telekommunikationstechnik weitere Restriktionen aufzuheben. In einem vertraulichen Memo wurde dieser politische Kurswechsel damit erklärt, dass China sich darauf vorbereite, im nächsten Jahrzehnt bis zu 17 Milliarden Dollar in seine Telekom-Infrastruktur zu investieren.[17] Und das konnte entweder leicht verdientes Geld für US-Exporteure bedeuten, so argumentierten die Befürworter der Lockerung, oder ein Geschenk für ihre ausländischen Konkurrenten, wenn die bisherigen Regeln bestehen blieben.

Die Haltung des Weißen Hauses dazu hatte bemerkenswerte Ähnlichkeit mit der im Hauptquartier von Nortel. „Uns stehen Veränderungen ins Haus", sagte Präsident Clinton bei einer Zusammenkunft von Ländern aus dem Asien-Pazifik-Raum im Jahr 1993. „Die Nordsterne, die unser Handeln in den vergangenen Jahren geleitet haben, sind verschwunden. Die Sowjetunion gibt es nicht mehr, die Ausbreitung des Kommunismus ist beendet. Gleichzeitig zieht sich eine neue globale Ökonomie mit ständiger Innovation und sofortiger Kommunikation durch unsere Welt wie ein neuer Fluss und bringt den Menschen und Nationen, die entlang seines Laufes leben, sowohl Möglichkeiten als auch Hindernisse."[18]

Der Westen sah in China enorme geschäftliche Chancen – und vertretbare Risiken.[19] Die Zukunft der Exportkontrolle, so glaubten NATO-Mitglieder, sollte sich stärker auf nukleare, biologische und chemische Waffen konzentrieren sowie bei der Lieferung von Raketensystemen auf „Schurkenstaaten" wie Nordkorea, Libyen, Iran und nicht-staatliche Akteure. Chinesische Kooperation galt als entscheidend. Im August 1993 entdeckten die USA, dass China Raketentechnologie an Pakistan weitergegeben hatte.[20] Doch im Januar darauf erklärten US-Vertreter, das Land werde sich vermutlich letztlich dem neuen Regime der Exportkontrollen anschließen, das sie als Nachfolger für CoCom im Sinn hatten.[21] Mit Demokratie und offenen Märkten auf dem aufsteigenden Ast schien alles möglich.

Der Export von Telekommunikationstechnik passte perfekt zur ersten nationalen Sicherheitsstrategie der Clinton-Regierung von „Engagement und Erweiterung". Ziel der Strategie war, die „Gemeinschaft von marktwirtschaftlichen Demokratien" zu vergrößern und dabei Bedrohungen abzuwehren. Mehr Demokratie und mehr offene Märkte auf der Welt, so lautete die Überlegung dahinter, würden mehr Sicherheit und Wohlstand für die USA bedeuten. Die Strategie bestand aus drei Komponenten: Aufrechterhalten der Verteidigungsfähigkeit, Öffnung von Märkten und Unterstützung von Wachstum sowie Förderung von Demokratie.[22] US-Politiker glaubten, der Export von Telekommunikationstechnik könne allen drei Zielen dienen.

Eine kritische Masse an hochrangigen Amtsträgern sah starke Exporte als unverzichtbar an, um die technologische Führung Amerikas zu bewahren. Der Privatsektor agierte schneller als staatliche Stellen und produzierte die modernere Technologie. William Perry, ein Wissenschaftler und Technologie-Manager, der zum stellvertretenden Verteidigungsminister und später zum Verteidigungsminister berufen wurde, erkannte das und stellte auf mehr Beschaffung aus der Privatwirtschaft um. Aber er wusste auch, dass staatliche Käufe nur einen Bruchteil des Umsatzes ausmachen konnten. Für dauerhaften Erfolg brauchten US-Unternehmen Exporte, um stärker in Forschung und Entwicklung investieren und die nächste Generation von Technologie entwickeln zu können. William Reinsch, Staatssekretär im US-Wirtschaftsministerium, fasste die Logik der Regierung treffend zusammen: „Exporte = gesunde Hightech-Unternehmen = starke Verteidigung". Statt ihre Rivalen zu verlangsamen, wie es das Ziel von Exportkontrollen ist, waren die USA entschlossen, „schneller zu laufen".[23]

Mehr Exporte bedeuteten mehr Wachstum und Jobs in den USA, wie Präsident Clinton dem heimischen Publikum gern versicherte. „Einige unserer Kontrollen, Regeln und Vorschriften für Exporte sind eine Folge der Realitäten des Kalten Krieges, die es nicht mehr gibt. (...) Wir wollen hier viel schneller etwas verändern, und wir werden versuchen, an den richtigen Stellen viele von den zeitlichen Verzögerungen abzuschaffen", sagte Clinton im Jahr 1993 beim ersten Besuch im Silicon Valley nach seinem Amtsantritt.[24]

Zugleich sollte Kommunikationstechnologie dazu beitragen, Demokratie im Ausland zu fördern. In ihrer Strategie von „Engagement und Erweiterung" erklärte die US-Regierung, dass „China weiterhin ein autoritäres Regime ist, auch wenn das Land eine zunehmend wichtige wirtschaftliche und politische Rolle im weltweiten Geschehen einnimmt"[25]. Doch die Geschichte schien sich zugunsten des Westens zu wenden. Bei einem Besuch in Moskau, dem Zentrum der früheren Sowjetunion, sagte Clinton vor einem russischen Publikum im Jahr 1994: „Revolutionen bei Information und Kommunikation sowie Technologie und Produktion – all diese Dinge machen Demokratie wahrscheinlicher. Sie machen isolierte, staatlich kontrollierte Volkswirtschaften noch dysfunktionaler. Sie schaffen für diejenigen, die in der Lage sind, sie zu nutzen, mehr und größere Chancen als je zuvor."[26]

Als Folge dieser Veränderungen verlangte die US-Regierung im Jahr 1994 keine Überprüfung des HuaMei-Vorhabens mehr.[27] „Das Joint Venture zeigt auf eindrückliche Weise die wirtschaftlichen Chancen für die USA, die sich aus den bemerkenswerten Veränderungen in China ergeben",[28] sagte Stevenson der *Chicago Tribune*. Die größere Veränderung allerdings betraf die USA selbst. Im April führte die Regierung eine Allgemeinbewilligung ein, die einheimischen Unternehmen erlaubte, schnelle Computer, Werkzeugmaschinen und Telekom-Ausrüstung zu exportieren. Vorher brauchte es eine staatliche Genehmigung dafür – nun wurden diese Produkte nicht mehr als neuester technologischer Standard angesehen. Die Zahl der Exportlizenzen nahm von 1993 auf 1994 um mehr als die Hälfte ab, während die US-Exporte nach China stiegen. Ab 1995 exportierten US-Unternehmen für fast 2 Milliarden Dollar jährlich Produkte, die ein Jahr zuvor noch Lizenzen erfordert hätten.[29]

Für das Geschäft war die gelockerte Regulierung nützlich, aber sie brachte Sicherheitsrisiken mit sich. Von US-Unternehmen wurde verlangt, sorgfältig zu überprüfen, dass ihre Endkunden Zivilisten waren, was in China schwierig, wenn nicht unmöglich war. Ende der 1970er-Jahre hatte das chinesische Militär ein breites Mandat bekommen, sich geschäftlich zu betätigen – die Regierung hoffte, damit Kürzungen seines Budgets ausgleichen zu können.[30] In den frühen 1990er-Jahren besaß die Volksbefreiungsarmee ein Imperium im Wert von vielen Milliarden Dollar mit Beteiligungen an Hotels, Farmen und internationalen Töchtern. Mangels Lizenzen, die zentralisierte Daten über die Verkäufe an sie geliefert hätten, hatte die US-Regierung nur begrenzt Einblick in einzelne Transaktionen und Trends. Geschäftliche Agilität ging auf Kosten von Informiertheit.

Die Haltung von Nortel und die der US-Regierung entsprach dem weitverbreiteten Optimismus, dass offene Gesellschaften und offene Märkte nicht nur an Dynamik gewannen, sondern unaufhaltsam waren. Jedoch basierte diese Überzeugung zu sehr auf den aktuellen Ereignissen und ging davon aus, dass die Zukunft nur eine intensivere Version der jüngeren Vergangenheit sein würde. Weniger Zeit wurde damit verbracht, die Risiken des Austauschs zu erkunden. Statt Technologie vorsichtig als zweischneidiges Schwert zu betrachten, wurde sie von Staats- wie Unternehmenslenkern als ultimativer Zauberstab gepriesen.

Von den sechs Denkern, die zu der Nortel-Reihe „Welt der Netzwerke" beitrugen, äußerte sich nur einer vorsichtig: „Wenn die Quellen von Information, dafür prädestiniert, mit immer größerer Kraft zu wirken, in die Hände derjenigen fallen, die menschliche Werte ablehnen, wird Technologie, die eine Hilfe für Demokratie sein könnte, sie stattdessen zerstören",[31] schrieb John Polanyi, Nobelpreis-Gewinner in Chemie und Sohn des Universalgelehrten Michael Polanyi. Im Jahr 1933 war er mit seiner Familie aus Deutschland nach Großbritannien geflohen. Ich fragte ihn, warum er die einzige abweichende Stimme war. „Sowohl Hitler als auch Stalin haben sich vor der Wissenschaft verbeugt, bevor sie auf Barbarismus setzten", lautete seine Antwort.[32]

Nortel ignorierte diese Risiken. In seiner Vision stellte das Unternehmen seine eigenen globalen Ambitionen als universell dar. Eine ganze Seite im Jahresbericht 1994 beschrieb unter der Überschrift „Die Vision von Northern Telecom für die Erweiterung menschlichen Potenzials durch Kommunikation" Highlights seiner Arbeit in Nordamerika, Europa und Asien. Ganz oben stand ein Zitat von Cheng Weigao, Sekretär der Kommunistischen Partei in der chinesischen Provinz Hebei, die Millionen für Vermittlungstechnik von Nortel ausgegeben hatte: „Die alte Weisheit in China lautete: ‚Um reich zu werden, muss man Autobahnen und dann Telekommunikation bauen.' Heute lautet die Weisheit, man muss Telekommunikationsnetze bauen und dann erst Autobahnen."[33] Die Vision von Nortel und die von China waren offensichtlich ein und dieselbe.

„DEM LAND DIENEN"

Als Nortel-Chef Monty 1994 die Welt erkundete, kämpfte Ren Zhengfei zu Hause ums Überleben. Er musste Huawei transformieren. Das Unternehmen, das er 1987 gegründet hatte, sollte von einem Wiederverkäufer ausländischer Produkte zu einem Entwickler eigener Technologien werden, doch damals stand es am Rande der Pleite. Anbieter aus dem Ausland dominierten den chinesischen Markt mit modernen Produkten und Finanzierungsangeboten. Die chinesische Regierung leitete Ressourcen zu ihren eigenen staatlichen Unternehmen. Huawei wurde zerquetscht – und sollte doch im Jahr 2007 Nortel beim Jahresumsatz übertreffen.[34]

Wie bei jeder guten Gründergeschichte werden auch die bescheidenen Anfänge von Huawei übertrieben. Laut der Firmendarstellung hatte Ren keinerlei politische Verbindungen, und Huawei musste sich erst im Ausland beweisen, bevor es in nennenswertem Umfang staatliche Unterstützung erhielt. Die Betonung der Schwächen erweckt den Eindruck, sein Erfolg sei ausschließlich das Ergebnis harter Arbeit statt irgendeiner Sonderbehandlung. In dieser Geschichte ist Ren der große Visionär und dirigiert eine mengenmäßig unterlegene Anzahl von fleißigen Beschäftigten, die auf ihrem Weg zum Sieg über ausländische Unternehmen Opfer um Opfer bringen. Die Verbindungen zum Staat werden dabei verschwiegen, weshalb von dem „Wunder" Huawei mit noch größerem nationalem Stolz gesprochen wird.

Frühere Versionen der Huawei-Geschichte hörten sich allerdings ganz anders an. Bevor westliche Regierungen das Unternehmen genauer unter Beobachtung nahmen, schrieb es selbst dem chinesischen Staat eine größere Rolle zu. „Wenn es keine Regeln der Regierung zum Schutz [von Unternehmen in inländischem Besitz] gegeben hätte, würde Huawei nicht mehr existieren", sagte Ren im Jahr 2000.[35] In der „aktualisierten" Version der Entstehungsgeschichte fielen die frühen Verbindungen von Huawei zum chinesischen Militär komplett weg.

Während er seinen Militärdienst ableistete, trat Ren in die Kommunistische Partei Chinas ein. Im Jahre 1982 gehörte er zu den 1.545 Delegierten, die ausgewählt wurden, den 12. Parteitag der KP zu besuchen. Diese Treffen finden alle fünf Jahre statt und werden für die Bekanntgabe von Führungswechseln genutzt. In der Großen Halle des Volkes in Peking hörte Ren zu, wie Deng Xiaoping seine Genossen ermunterte, „unseren eigenen Pfad zu schlagen" und gleichzeitig vom Rest der Welt zu lernen. „Bei der Revolution wie beim Aufbau sollten wir auch von anderen Ländern lernen und ihre Erfahrung nutzen, doch die mechanische Anwendung ausländischer Erfahrung und das Kopieren ausländischer Modelle werden uns nirgendwohin bringen", warnte Deng.[36]

Im Juni 1994 war Ren bereits hinreichend vernetzt, um ein Treffen mit Jiang Zemin zu bekommen, Chinas Präsident und Generalsekretär der KP. Bei dem Gespräch habe er eine Idee hinterlassen, erinnert sich Ren. „Ich sagte, dass Vermittlungstechnik und nationale Sicherheit zusammenhängen, und dass ein Land ohne eigene Vermittlungstechnik wie ein Land ohne Militär sei. Die Antwort von Generalsekretär Jiang war deutlich: ‚Gut ausgedrückt'", berichtete er. Die einzige Chance für China, führende Technologie zu produzieren, sei die Telefon-Vermittlungstechnik, erwähnte Ren außerdem.[37] Zufälligerweise stand Huawei nur zwei Monate davor, eine deutlich verbesserte Version seiner Vermittlungstechnik auf den Markt zu bringen.[38]

Dem Huawei-Gründer war klar, dass die chinesischen Behörden die neue Welt der Netzwerke mit großer Vorsicht betrachteten. Sie mussten auf zwei Drahtseilen tanzen, die beide eine Bedrohung für ihren Machterhalt darstellten. Sie wollten die hochmoderne Technologie, die nur ausländische Unternehmen liefern konnten, waren jedoch nachvollziehbar misstrauisch mit Blick auf die westlichen Motive. Ende des 19. und Anfang des 20. Jahrhunderts hatten westliche Unternehmen Eisenbahnen und Telegrafen-Leitungen auf chinesisches Gebiet erweitert, womit sie ihre beherrschenden Marktanteile ausbauten und der Regierung massive Schulden aufbürdeten. Diese Erniedrigung durfte sich nicht wiederholen.

Das zweite Drahtseil betraf das Inland: die Balance zwischen Wirtschaftswachstum und gesellschaftlicher Stabilität. Die chinesischen Behörden wollten das Wachstum, das neue Kommunikationstechnologien versprachen. Ebenso attraktiv fanden sie Anwendungen, die mehr staatliche Kontrolle ermöglichten. Aber sie zögerten, eine zu schnelle Verbreitung dieser Technologien zuzulassen. „Man muss anerkennen, dass nur die Kommunistische Partei China führen kann, ansonsten wird das Land in Anarchie fallen", schrieb Ren in einem Dokument für neue Mitarbeiter. „Eine sich schnell entwickelnde wirtschaftliche Gesellschaft ohne Stabilität und ohne starke Führung, die in einen anarchistischen Zustand gerät, wäre unvorstellbar."[39]

Rens Anregung, China solle seine eigene Telefon-Vermittlungstechnik entwickeln, war keine neue Idee. Er wusste, dass dies bereits ein strategisches Ziel der Regierung war, und hätte sich möglicherweise an den Bemühungen der Volksbefreiungsarmee beteiligen können, ihr eigenes System zu produzieren. Über Rens Tätigkeit vor Huawei wird immer noch diskutiert. Einige Beobachter sagen, er habe als Direktor bei der Information Engineering Academy (IEA) gearbeitet, einem Forschungsinstitut unter dem Generalstab der Armee, das Telekommunikationstechnik für das Militär entwickelte.[40] Eine der höchsten Prioritäten dort war, ein digitales Telefon-Vermittlungssystem auf der Grundlage von ausländischer Technologie zu entwickeln.

Um Huawei beim Wachsen zu helfen, nutzte Ren seine Verbindungen zum Militär. Im Jahr 1992 bekam er einen großen Auftrag von der Volksbefreiungsarmee, die verzweifelt nach Technik für ihr erstes landesweites Telekommunikationsnetz suchte. Huawei fehlte es an der technischen Expertise, um sie zu liefern, und die Armee schickte ein Team von 25 hochrangigen Forschern aus mit ihr verbundenen Universitäten und Instituten, die helfen sollten. So verschaffte sich das Unternehmen mit staatlicher Unterstützung entscheidendes Wissen für die Entwicklung seiner ersten Produkte.[41]

Im Jahr darauf brachte Huawei, nachdem es zunächst nur fremde Technologie importiert und weiterverkauft hatte, sein erstes intern entwickeltes Produkt heraus, den Telefon-Switch C&C08. Um diesen Sprung zu schaffen, hatte Huawei Ingenieure aus dem staatlichen Unternehmen eingestellt, das mit der IEA zusammen daran arbeitete, ausländische Technik nachzubauen und so Chinas ersten einheimischen Digital-Switch zu produzieren.[42] Darauf aufbauend folgte ein

Produkt mit höherer Kapazität, das fünfmal so viele Leitungen handhaben konnte. Es kam im Jahr 1994 heraus, nach Rens Gespräch mit Jiang, mit dem er das Unternehmen für lukrativere Staatsaufträge in Position brachte.

Sein Wunsch wurde ihm im Jahr 1995 erfüllt, als die chinesische Regierung eine Reihe von Maßnahmen beschloss, um Huawei und andere inländische Produzenten zu unterstützen. Sie schränkte ausländische Investitionen in die Arten von Vermittlungsstellen ein, die Huawei produzierte, was ausländische Unternehmen zu Joint Ventures zwang, deren Schwerpunkt auf dem Teilen von Technologie lag; außerdem führte die Regierung Zölle auf den Import von ausländischer Telekom-Technik ein. Der 9. Fünfjahresplan Chinas für den Zeitraum 1996 bis 2000 sah eine Verdoppelung der Investitionen in Telekommunikation vor.[43]

Huawei wurde zu einem nationalen Champion. Von 1994 bis 1996 besuchten acht Mitglieder der obersten Führung Chinas das Unternehmen, und ihnen gefiel, was sie sahen. Jeder Besuch war „eine Inspektion", die Huawei Aufmerksamkeit brachte und Politikern die Chance gab, den technischen Fortschritt des Landes zu demonstrieren. Als im Juni 1996 der Staatsrat-Vizepremier Zhu Rongji zu Huawei kam, brachte er die Präsidenten der vier großen Banken Chinas mit. Er ermunterte Huawei, nicht nur zu Hause mit ausländischen Unternehmen zu konkurrieren, sondern auch international, und versprach finanzielle Unterstützung.[44] Mehrere Monate später stattete auch Liu Huaqing, Vizevorsitzender der Zentralen Militärkommission, Huawei einen Besuch ab.[45]

Mehr staatliche Unterstützung folgte. Die chinesische Regierung betätigte sich als Vermittler, indem sie Behörden auf Provinz- und Städte-Ebene ermunterte, bei inländischen Produzenten einzukaufen. Bei zwei Konferenzen, abgehalten 1997 und 1998, wurde digitale Switching-Technik für 25 Millionen Leitungen bestellt. 40 Prozent der Aufträge gingen an Huawei.[46] Nur wenige Jahre zuvor hatte Nortel in seinem Jahresbericht stolz erklärt, sein Joint Venture habe in China Switches für 500.000 Leitungen verkauft, mehr als je zuvor ein ausländischer Hersteller.

Die staatlichen Banken verstanden die Botschaft ebenfalls. Sie stellten für Huawei zinslose Kredite, gelockerte Bedingungen bei Darlehen unter 3 Millionen Dollar und im Jahr 2000 zwei Dispokredite über je 1 Milliarde Dollar bereit.[47] Von 1998 bis 2019 gaben chinesische Staatsbanken Huawei 15,7 Milliarden Dollar an Darlehen, Exportkrediten und anderen Finanzierungen, geht aus Recherchen des *Wall Street Journal* hervor.[48] Huawei zahlte alles rechtzeitig zurück und stärkte so eine Beziehung, von der beide Seiten profitierten.

Die Identität von Huawei als privates Unternehmen, einst eine Frage des Stolzes, ist zu einer Überlebensfrage geworden. Das Unternehmen beharrt auf seiner Unabhängigkeit vom chinesischen Staat. „Huawei ist ein unabhängiges Unternehmen. Wir stehen fest auf der Seite unserer Kunden, wenn es um Cybersicherheit und Schutz der Privatsphäre geht. Wir werden niemals irgendeiner Nation oder Person Schaden zufügen", sagte Ren 2019 der *Financial Times*.[49] Tatsächlich waren die Verbindungen von Huawei mit dem chinesischen Staat anfangs weniger ausgeprägt als die von ZTE und anderen Konkurrenten. Aber Ren hat seine Kontakte sorgfältig gepflegt, und der Staat unterstützte jede bedeutende Technologie, die Huawei entwickelt hat.[50]

In seinem wichtigsten Leitdokument betont Huawei seine Beiträge zum chinesischen Staat. An der Unternehmenssatzung hat Ren zweieinhalb Jahre lang gefeilt, bevor sie im Jahr 1998 veröffentlicht wurde. „Huawei betrachtet als seine Mission, dem Land durch Fleiß zu dienen, und das Land durch Wissenschaft und Bildung zu verjüngen; durch seine Entwicklung will das Unternehmen Beiträge zu den Gemeinschaften leisten, in denen es angesiedelt ist. Wir arbeiten unermüdlich für den Wohlstand des Vaterlandes, für die Verjüngung der chinesischen Nation und für das Glück der eigenen Familie und unserer selbst", heißt es darin.[51] Die Mission von Huawei war schon immer eine nationale.

Angesichts von Rens Zeit in der Volksbefreiungsarmee, seines Vorstoßes in die KP-Politik und der wichtigen Unterstützung, die der chinesische Staat seinem Unternehmen leistete, ist das nicht überraschend. Doch diese Unterstützung anzuerkennen, bedeutet nicht, dass sein Erfolg ohne strategisches Geschick und harte Arbeit möglich gewesen wäre. Rens geschäftliche Strategie und der Einsatz seiner Beschäftigten waren von entscheidender Bedeutung, vor allem bei der Erschließung übersehener Märkte, wie Kapitel 3 erklärt. Doch von den frühesten Tagen an setzte er auch auf finanzielle Unterstützung und Schutz vor ausländischer Konkurrenz. Um in einem Land zu überleben, das staatseigene Unternehmen bevorzugt, musste Huawei ein nationaler Champion werden.

„UNSERE AMERIKANISCHEN SCHUHE ANZIEHEN“

Wirklich außergewöhnlich an Huawei erscheint die Entschlossenheit, mit der das Unternehmen seinen ausländischen Konkurrenten nacheiferte und dabei alle verfügbaren Mittel nutzte, um zu ihnen aufzuschließen. Huawei lernte durch das Kopieren ausländischer Technik, durch Joint Ventures mit westlichen Unternehmen und hohe Ausgaben für Management-Berater aus dem Westen. Es baute Forschungsnetzwerke in westlichen Technologiezentren auf und warb Talente von seinen Konkurrenten ab.

Ren stellte sogar ein F&E-Team speziell für „Copyismus“ auf, das legale Kopieren ausländischer Technologien, das Deng Xiaoping als Idee verbreitet hatte.[52] Huawei habe keinerlei moderne Technologie, sagte Ren 2002 einem Reporter, und erklärte, weltweit stünde bereits genügend davon zur Verfügung. Huawei müsse sie nicht entwickeln, sondern könne sie einfach „nehmen“, erklärte Ren, womit er Bezug auf das „Copyismus“-Konzept nahm.[53] Natürlich ist der Weg von Huawei beim Überholen von Nortel und anderen westlichen Konkurrenten aber auch mit Vorwürfen des illegalen Kopierens gepflastert.

Rens Reise in die USA im Jahr 1997 war ein entscheidender Moment in der Entwicklung des Unternehmens. Er und seine Kollegen besuchten IBM, Bell Labs, Hewlett Packard und das Luftfahrtunternehmen Hughes. Am Ende der Reise verbarrikadierten sie sich in einem Hotelzimmer, arbeiteten über Weihnachten ohne Pause und kamen schließlich mit einem 100-seitigen Dokument heraus, in dem sie ihre Erkenntnisse zusammenfassten. Nach der Rückkehr nach China verbrachte Ren zwei Tage damit, sein oberstes Management zu informieren, und verteilte die Aufzeichnungen in der Belegschaft.[54]

Besonders angetan war Ren vom westlichen Denken über Produktentwicklung. Arleta Chen, Vice President bei IBM, gab ihm ein Exemplar von *Setting the PACE in Product Development*, einem Buch, das damals bei Management-Beratern beliebt war.[55] Mit diesem System, so versprach es, konnten Unternehmen den Zeitaufwand dafür, ein Produkt auf den Markt zu bringen, um die Hälfte reduzieren. „Der Prozess der Produktentwicklung ist das Schlachtfeld der 1990er und darüber hinaus", heißt es darin.[56] Solche Formulierungen dürften Ren, dessen Reden mit militärischen Metaphern gespickt sind, gefallen haben. Er bestellte Hunderte Exemplare des Buches für seine Beschäftigten – und noch wichtiger: Er sicherte sich die Unterstützung von IBM.

Als IBM 1997 zum Berater für Huawei wurde, steckte das chinesische Unternehmen im Chaos.[57] Bei der ersten Überprüfung stellte sich heraus, dass seine Verkäufer Aufträge annahmen, ohne vorher zu überprüfen, ob die Huawei-Fabriken die Produkte rechtzeitig produzieren konnten. Die Mitarbeiter taten sich schwer, die Nachfrage zu prognostizieren. Manche Teile waren Mangelware, andere überfüllten das Lager. Huawei lieferte nur die Hälfte seiner Bestellungen rechtzeitig aus – eine im Vergleich zu den durchschnittlich 94 Prozent bei Telekom-Ausrüstern weltweit katastrophal schlechte Zahl.[58] Das Unternehmen war so desorganisiert, dass es sogar Probleme hatte, einigermaßen exakt zu berechnen, wie viel Geld es in einem bestimmten Jahr gewonnen – oder verloren – hatte.[59]

Ren investierte reichlich Ressourcen in die Beratung und ließ seine Beschäftigten die Instruktionen von IBM genau befolgen. „Das grundlegendste Ziel von Huawei ist Überleben, und natürlich werden wir langfristig versuchen, zu unseren westlichen Konkurrenten aufzuschließen. Um dieses Ziel zu erreichen, müssen wir unsere amerikanischen Schuhe anziehen", sagte er vor der Belegschaft.[60]

Die Transformation durch IBM war für Huawei wie eine religiöse Konvertierung, und Ren hatte für Ungläubige wenig Geduld. Er verlangte strikte Umsetzung statt Adaption. „Wir wollen, dass jeder von euch amerikanische Schuhe trägt, und was amerikanische Schuhe sind, werden unsere amerikanischen Berater uns sagen", erklärte er. „Ihr fragt euch vielleicht, ob man diese amerikanischen Schuhe ein wenig anpassen kann, nachdem sie nach China gekommen sind. Nun, wir haben kein Recht, etwas daran zu verändern. Das liegt im Ermessen unserer Berater. (...) Wir müssen bescheiden von den Besten lernen, wenn wir sie jemals schlagen wollen."[61] Als sich ein hochrangiger Manager bei einem Personaltreffen skeptisch zeigte, holte Ren ein Taschenmesser hervor. „Wenn Sie finden, dass der IBM-Schuh an Ihren Füßen zwickt, dann schneiden sie Ihre Füße ab", verlangte er. [62]

Keine Kosten wurden gescheut. Um sicherzustellen, dass auch IBM an dem Prozess interessiert blieb, beschloss Ren sogar, die Huawei-Software für Services und Anwendungen durch IBM-Produkte zu ersetzen.[63] Wenn jemand nach den Preisen von IBM fragte, antwortete Ren: „Sei nicht dumm. Man bezahlt 680 Dollar pro Stunde, aber man bekommt dafür Wissen, das über 30 Jahre entstanden ist. Wenn man einen Rabatt verlangt, dann bekommt man nur Wissen der letzten drei Monate. Was ist das bessere Geschäft?"[64] Von 1997 bis 2012 gab Huawei mindestens 1,6 Milliarden Dollar für Consulting und Transformationsprojekte mit dem Ziel aus, die besten Management-Praktiken von westlichen Unternehmen zu übernehmen, jeweils bemerkenswerte 1 Prozent seines Jahresumsatzes.[65]

IBM hatte mit einem Projekt von 9 Monaten gerechnet, doch die Transformation zog sich über 17 Jahre hin. Gemessen an den Standards der Branche schickte IBM eine kleine Armee zu Huawei, wo jederzeit zwischen einem Dutzend und hundert seiner Berater anzutreffen waren.[66] Die IBM-Leute lieferten eine Praxisausbildung für grundlegende Geschäftstätigkeiten und zeigten Huawei-Beschäftigten sogar, wie man Meetings effektiver organisiert.[67] Nachdem die Überarbeitung der Prozesse für Produktentwicklung vier Jahre in Anspruch genommen hatte, half IBM dabei, die Finanzdienstleistungen neu aufzustellen, die zu einem der mächtigsten Werkzeuge im Arsenal von Huawei für das Gewinnen von Aufträgen wurden.

Die interne Transformation öffnete lukrative Türen im Ausland. Als Huawei bei British Telecom (BT) vorstellig wurde, um sich als

Technik-Lieferant zu qualifizieren, hatte nie zuvor ein chinesischer Anbieter die Mindeststandards dafür erfüllt. Die Chancen waren schlecht, aber IBM-Berater begleiteten Huawei durch den Prozess. Huawei qualifizierte sich, reichte ein Angebot zu Spottpreisen ein und bekam im Jahr 2005 einen Auftrag – sein erster in britischen Netzen.

Der am stärksten unterschätzte Export des Westens nach China könnten Management-Praktiken sein. Unternehmensberatung hat keinen Nacht-und-Nebel-Charakter wie der Erwerb von Wissen und Technologie auf illegalen Wegen. Aber sie hat Huawei transformiert. IBM war der wichtigste Partner dabei, doch Ren vergab auch Aufträge an Accenture, Mercer und andere Beratungsfirmen.[68] Ihre Dienstleistungen versetzten Huawei in die Lage, sich neu zu organisieren und neue Aufträge im Ausland zu gewinnen. Aus dem Chaos der frühen 1990er-Jahre ging Huawei als global konkurrenzfähiges Unternehmen hervor.[69]

„EIN NEUES IDEOLOGISCHES UND POLITISCHES SCHLACHTFELD"

Das Preisen der befreienden Wirkung von Technologie erreichte einen Höhepunkt im Frühjahr 2000, als die USA den Eintritt Chinas in die Welthandelsorganisation (WHO) unterstützten. Vertreter von Regierung und Wirtschaft argumentierten, Chinas Mitgliedschaft sei nicht nur geschäftlich zwingend für die Öffnung seiner Märkte, sondern auch ein moralischer Imperativ für die Öffnung seiner Gesellschaft. Doch im Rennen darum, ihre Claims in China abzustecken, riskierten westliche Unternehmen sowohl ihre geschäftliche Zukunft als auch die Werte, die sie vertraten.

Erneut wurde der Weg für intensiveres geschäftliches Engagement von der US-Regierung bereitet. „China hat sich trotz der Risiken für Reformen entschieden. Es hat entschieden, eine große Mauer aus Misstrauen und Unsicherheit zu überwinden und sich mit dem Rest der Welt auszutauschen", erklärte Präsident Clinton am 9. März an der

Johns Hopkins School of Advanced International Studies in Washington, D.C. „Also lautet die Frage für die USA: Wollen wir diese Entscheidung unterstützen oder sie zurückweisen und zusehen, wie der Rest der Welt nach China eilt? Das wäre ein Fehler von wahrhaft historischem Ausmaß."[70]

Clinton war darauf angewiesen, dass der Kongress China dauerhaft normalen Handelsstatus einräumte, und US-Unternehmen marschierten zum Capitol Hill, um auf die Parlamentarier Einfluss zu nehmen. Die Technologiebranche spielte eine bedeutende Rolle dabei, denn für sie waren höhere Exporte absehbar, die Jobs im Inland sichern und – so die Hoffnung – andere Länder gesellschaftlich voranbringen würden. Bei einer Anhörung im Außenausschuss des US-Senats im April 2000 sprachen hochrangige Vertreter von Regierung, Nortel und Motorola von hohen Sondergewinnen, die sich durch den WTO-Eintritt Chinas ergeben würden, und warnten davor, sich eine solche historische Gelegenheit entgehen zu lassen.[71]

Technologie-Optimismus wurde zunehmend zu Technologie-Missionierung. „Ich arbeite jetzt seit zehn Jahren in China, und ich glaube von Herzen und in meinem Kopf, dass Motorola durch seinen geschäftlichen Austausch mit China eine starke und positive Kraft für Veränderung war", erklärte Richard Younts, ein hochrangiger Manager und Berater des CEO von Motorola. „Wir haben in nicht geringem Umfang zum Prozess der Reformierung und Transformation Chinas beigetragen. Wir exportieren nicht nur amerikanische Produkte nach China, sondern auch amerikanische Werte."[72]

Der Nortel-Chairman Frank Carlucci gehörte zu den einflussreichsten Stimmen, die sich für die Aufnahme von China in die WTO einsetzten. Vor seinem Wechsel in den Privatsektor hatte Carlucci eine lange und erfolgreiche Karriere in der Regierung gehabt, zuerst als Diplomat im Auswärtigen Amt und später als nationaler Sicherheitsberater von Präsident Reagan sowie als dessen letzter Verteidigungsminister. „Durch den WTO-Beitritt wird das chinesische Volk zunehmend Zugriff auf Kommunikationswerkzeuge wie das Internet bekommen. Diese Werkzeuge lassen sich nicht kontrollieren und werden dazu beitragen, die chinesische Bevölkerung mit dem Rest der Welt zu verbinden wie nie zuvor", argumentierte der frühere Kalte Krieger.[73]

Carlucci war soeben von einer Reise nach Peking zurückgekehrt, wo er den Präsidenten Jiang Zemin getroffen hatte. Der WTO-Beitritt, so erklärte er, sei „das am meisten diskutierte Thema in China". Jiang habe gesagt, „das Land wird in die New Economy eintreten. Sie sehen den Beitritt als Öffnung zur Welt. Sie sehen ihn als ihre Chance, das Land viel schneller weiterzuentwickeln, und sie sehen ihn als Chance, mit einigen der komplizierten Themen zurechtzukommen, mit denen sie konfrontiert sind." „Es ist eine klare Sache", erklärte Carlucci vor dem US-Kongress. „China [dauerhaften normalen Handelsstatus] zu gewähren, wird US-Unternehmen Zugang zu China zu unseren Bedingungen geben; wenn wir ihn verweigern, legen wir die Bedingungen für unseren Zugang in die Hände Chinas." Der Kongress stimmte letztlich zu, und sechs Monate nach der Anhörung nahmen die USA normale Handelsbeziehungen zu China auf.

Einen Monat vor der Carlucci-Anhörung hatte Jiang vor hochrangigen Partei-Funktionären allerdings eine dramatisch andere Vision präsentiert. „Informationsnetze sind bereits zu einer neuen Arena des Denkens und der Kultur sowie zu einem neuen ideologischen und politischen Schlachtfeld geworden", erklärte er. „Zusammengefasst besteht die grundlegende Politik mit Blick auf Informationsnetze darin, sie aktiv zu entwickeln, ihre Überwachung zu stärken, ihre Vorteile zu nutzen und gleichzeitig zu versuchen, ihre Nachteile zu vermeiden, sie aktiv für unsere eigenen Zwecke einzusetzen und eine Position anzustreben, in der wir stets die Initiative bei der globalen Entwicklung von Informationsnetzen behalten."[74] Jiang erkannte, dass sich der Kampf verschärfte, statt vor dem Ende zu stehen. Und er hatte vor, die chinesischen Netze fest in den Händen der Kommunistischen Partei zu halten.

Jiangs Ansichten über Technologie bildeten sich in seiner Zeit als Leiter des chinesischen Ministeriums für Elektronikindustrie in den 1980er-Jahren heraus. Im Jahr 1983 führte er den Besuch einer chinesischen Delegation bei Technologieunternehmen in Kanada und den USA an. Sein Bericht an den Staatsrat, das oberste Verwaltungsorgan des Landes, liest sich wie das Drehbuch für den Aufstieg Chinas in den darauffolgenden Jahrzehnten: „Die Elektronikindustrie unseres Landes liegt bei Wissenschaft und Technologie zurück", unterstrich Jiang.[75] Um aufzuholen, rief er zum Import von Technologie aus den USA und Kanada, zur Gründung von Joint Ventures und zu verstärktem wissenschaftlichem Austausch auf.

Jiangs Überlegungen zum Aufbau von Forschung und Entwicklung in den USA lieferten einen frühen Ausblick auf Chinas kontroverseste Aktivitäten in den späteren Jahrzehnten. „Es gibt viele chinesisch-amerikanische Experten im Silicon Valley, und viele haben eigene kleine Unternehmen", beobachtete er. „Wir müssen uns damit befassen, ein F&E-Unternehmen in dieser Region einzurichten, entweder mit einem ausländischen Unternehmen oder mit einem Unternehmen in chinesisch-amerikanischem Besitz, und Personal für Design und Entwicklungsarbeit dorthin schicken. Das wäre sehr hilfreich, um vollen Gebrauch von vorteilhaften Bedingungen für den Import von Technologie und die Beschaffung von Marktinformationen zu machen." Offensichtlich ging es China also nicht darum, in den USA eigene Innovationen zu entwickeln, sondern es wollte sich dort Informationen verschaffen.

Außerdem war Jiang der Meinung, dass die chinesische Technologieindustrie zuallererst dem eigenen Militär dienen sollte. Zwei Monate nach seiner Rückkehr aus Kanada und den USA argumentierte er in einem Beitrag für die Zeitung *People Daily*: „Die Entwicklung von elektronischer Militärausrüstung hat Bedeutung für die nationale Sicherheit und muss somit unsere oberste Priorität sein."[76] Es sei eine der „grundlegendsten" Aufgaben der Elektronikindustrie, „fortschrittliche militärische Ausrüstung zur Modernisierung der nationalen Verteidigung bereitzustellen", wiederholte er im Jahr darauf.[77] Und 1985 erklärte Jiang: „Die ideologische Leitlinie für die Elektronikindustrie besteht darin, die Produktion militärischer Produkte sicherzustellen und zivile Anwendungen für Militärtechnologie zu finden."[78]

In den 1990er-Jahren zementierten der erste Golfkrieg und das NATO-Bombardement von Jugoslawien die Ansichten von Jiang über die Bedeutung von Technologie für militärische Stärke. China war bei diesen Konflikten nur Beobachter. Doch als Jiang sah, wie das US-Militär mit präzise gesteuerten Raketen russische Technik zerstörte, die große Ähnlichkeit mit dem eigenen Arsenal hatte, begann er, intensiver über Kommunikationstechnologie im Krieg nachzudenken. Im Jahr 2000 betrachtete er Information als Teil des Schlachtfeldes. „In einem Hightech-Krieg kann eine Armee ohne Souveränität über ihre Informationen keine Souveränität über ihre Hoheitsgewässer und ihren Luftraum ausüben", sagte er bei einer Konferenz der Zentralen Militärkommission Chinas. „Man kann vorhersehen, dass Informationskriege im 21. Jahrhundert die wichtigste Form der Kriegsführung sein werden."[79]

Für westliche Ohren aber hörte sich Jiang im Jahr 2000 an, als würde er ein offenes Internet begrüßen. Im August sprach er vor dem World Computer Congress, der in Peking stattfand. „Die Tatsache, dass Informationen schnell und breit übertragen werden können, macht die Welt zu einem grenzenlosen Informationsraum. Information überwindet Flüsse und Berge mühelos und verbreitet sich durch die ganze Welt", sagte Jiang vor den Besuchern.[80] Doch seine wichtigste Botschaft bestand in einer Bitte an die Industrienationen, China bei seiner technologischen Entwicklung zu unterstützen. Und er zögerte nicht, sich beim Werben dafür auch deren eigener Rhetorik zu bedienen.

Jiang sprach auch von den Herausforderungen, die zunehmende Vernetzung mit sich bringe, und stellte eine große Idee vor, die relativ wenig Aufmerksamkeit fand. „Um eine gesunde Entwicklung des Internets zu fördern, setzen wir uns dafür ein, einen internationalen Internetvertrag zu schließen. Er soll Länder dazu bringen, zusammen daran zu arbeiten, die Überwachung von Informationssicherheit zu stärken, sodass wir in der Lage sind, die positiven Aspekte des Internets in vollem Umfang zu genießen." Dies war ein Aufruf, den Staat vor genau den Kräften zu schützen, von denen der Westen hoffte, sie würden durch seine Technologie entfesselt. Aber anders als Jiangs blumige Worte über die Verbreitung von Informationen wurde er kaum wahrgenommen. „Jiang schien die Unvermeidbarkeit freier Informationsströme zu akzeptieren", berichtete die *New York Times*.[81]

RUN AUF DEN GOLDENEN SCHILD

Während sich der Westen auf die kommerziellen Aspekte des Verkaufs von Technologie konzentrierte, war China auf ihre Bedeutung für Militär und nationale Sicherheit fixiert. Doch diese Ansichten prallten nicht etwa aufeinander, sondern verstärkten sich gegenseitig. Denn westliche Unternehmen unterstützten offen die chinesische Sicherheitsagenda und profitierten von ihr.

Eine große Messe in Peking zeigte deutlich die Diskrepanz zwischen den Behauptungen des Westens, er exportiere seine Werte, und der Realität, in der die Kommunistische Partei Werkzeuge importierte, um ihre Macht zu festigen. „Security China 2000" zog Hunderte von ausländischen Unternehmen an, darunter Cisco Systems, Motorola und Nortel. Wie der unabhängige Forscher Greg Walton in einem umfangreichen Bericht dokumentierte, war einer der Veranstalter die Kommission für umfassende Steuerung gesellschaftlicher Sicherheit des Zentralkomitees der Kommunistischen Partei. Westliche Unternehmen priesen ihre Produkte vor chinesischen Sicherheitsdiensten an.[82]

Den Kern der Veranstaltung bildete der „Goldene Schild" Chinas. Laut einem seiner Hauptarchitekten hatte er sechs Ziele: Vernetzung öffentlicher Sicherheitskräfte, eine zentralisierte Datenbank für die chinesische Polizei, Standards zur Erleichterung von Informationsaustausch zwischen Behörden, Netzwerksicherheit und Datenintegrität, erhöhte Netzwerk-Performance und schließlich Mechanismen für die Überwachung von Datenverkehr in Echtzeit sowie das Blockieren unerwünschter Inhalte.[83] Das letzte Ziel zog am meisten Aufmerksamkeit von westlichen Beobachtern auf sich, die es als die „Große Firewall" bezeichneten. Dabei entging ihnen, dass die Ambitionen des Projekts viel weiter reichten und dass es stärker auf Überwachung im Inland als auf Wachsamkeit gegen die Außenwelt ausgelegt war.[84]

Der Name „Goldener Schild" verankerte das Projekt in der Tradition anderer staatlicher Netze in China. In den 1990er-Jahren hatte die chinesische Regierung eine Reihe von „goldenen Projekten" unterstützt. Mit Golden Customs sollten Zoll- und Handelsdaten gesammelt werden. Golden Card sollte Banken, Unternehmen und Verbraucher zu einem staatlichen Kreditkartensystem verbinden. Das ehrgeizigste dieser Projekte war Golden Bridge, gedacht als Vernetzung von chinesischen Behörden, staatlichen Unternehmen und der Bevölkerung, im Grunde wie ein nationales Intranet. Weitere drehten sich um die Kontrolle von Steuerdaten, Landwirtschaft und Gesundheitswesen.[85] Zusammen bildeten sie etwas, das Zhu Rongji, damals Vizepremier im Staatsrat, als „nationales öffentliches Wirtschaftsinformationsnetz" bezeichnete.[86]

Das zentrale Ziel der Gold-Projekte bestand nicht darin, China mit der Welt zu verbinden, sondern mit der Kommunistischen Partei.[87] Indem sie sich zum Administrator und zentralen Knoten in all diesen Netzen machte, positionierte sich die KP dafür, vom zunehmenden Informationsstrom zu profitieren und so Staat und Wirtschaft besser überwachen und letztlich steuern zu können. Wie der Niedergang der Sowjetunion sehr anschaulich gezeigt hat, tun sich Bürokratien schwer damit, ähnlich effizient wie Märkte Preise festzusetzen, Ressourcen zu verteilen und andere Entscheidungen zu treffen. Die Projekte schienen eine Lösung für eine der größten Herausforderungen des Kommunismus zu bieten. Die Partei sah Vernetzung als Mittel dafür an, ihre Koordinierung und Kontrolle zu verbessern.

Um den Goldenen Schild zur Realität zu machen, brauchte die chinesische Regierung immer noch ausländische Technologie. Nachdem sie sich Unterstützung für den WTO-Beitritt gesichert hatte, machte sie sich möglicherweise weniger Sorgen darum, dass Kritik in Menschenrechtsfragen ihren Zugang zu westlicher Technologie erschweren könnte. Statt das Ausmaß der Pläne kleinzureden, betonten chinesische Regierungsvertreter die anvisierte Größe des Schildes. Ende 2000 gaben sie laut dem Bericht von Walton an, 70 Millionen Dollar dafür ausgegeben zu haben und für die kommenden Jahre deutlich mehr zu planen.[88] Westliche Unternehmen hätten alarmiert sein sollen, denn diese Pläne liefen auf ein digitales Panoptikum hinaus. Stattdessen rangelten sie darum, ein Stück vom Kuchen abzubekommen.

Bei der Messe Security China 2000 warb Nortel für JungleMUX, ein digitales Netzwerk-Produkt, das zunächst für Stromversorger und Elektrizitätswerke entwickelt worden war.[89] Mit Glasfaser und JungleMUX statt Kabeln konnten Unternehmen mehr Daten schneller und über längere Distanzen befördern. Als GE im Jahr 2001 diese Technologien von Nortel übernahm, hielt es dazu fest: „Sie sind ideal für den Einsatz in Telekom-Anwendungen bei industriellen und gewerblichen Kunden mit großen, geografisch verstreuten Standorten wie zum Beispiel petrochemische Anlagen, Flughäfen und Transportkorridore."[90] Für die chinesischen Behörden aber war eine andere Einsatzmöglichkeit des Produkts interessanter: Es eignete sich auch dafür, große Mengen an Überwachungsvideos über lange Distanzen an ein zentrales Kontrollzentrum zu übertragen.[91]

Die Joint Ventures von Nortel in China trugen bereits zum Aufbau einiger Elemente des Überwachungsapparates bei. Laut dem Bericht von Walton entwickelte Nortel in einer Partnerschaft mit der Tsinghua University Technologie für Spracherkennung.[92] Die potenziellen Anwendungen waren vielfältig – von der Automatisierung von Servicehotlines bis zur staatlichen Überwachung von Telefongesprächen. Eines der Joint Ventures von Nortel in China produzierte den ersten Switch, der staatliches Abhören von Kommunikation erlaubte, wie es Gesetze in den USA und Europa verlangten.[93] Erdacht wurden solche Funktionen in Ländern, in denen Rechtsstaatlichkeit den Einsatz durch die Regierungen regelte und begrenzte. In China aber ist die Partei das Gesetz.

Ebenfalls auf der Messe zu sehen war die Nortel-Serie OPTera Metro, und sie zeigt deutlich die dualen Einsatzmöglichkeiten für Technologie, die westliche Unternehmen dort vermarkteten. Das Produkt sollte mittels Steuerung des Netzwerkverkehrs für eine verbesserte Performance sorgen. Dazu musste es allerdings den Datenverkehr selbst inspizieren und administrative Mechanismen einführen, die leicht für andere Zwecke benutzt werden konnten. Zum Beispiel konnten Administratoren stille Alarme konfigurieren, die Ereignisse meldeten, ohne den Nutzer zu informieren, Dateien zwischen Computern im Netz transferierten und Verkehr umleiteten.[94] Ein Produkt, das zur Maximierung von Informationsflüssen entwickelt worden war, eignete sich zugleich bestens dafür, mehr staatliche Kontrolle zu ermöglichen.

Nortel machte die OPTera-Produkte zum Teil seiner „Personal Internet Strategy", einer großen Idee, die in westlichen Vorstandsetagen wie chinesischen Behörden gut ankam.[95] Das Ziel war, Internetnutzern stärker individuelle Inhalte zu liefern, und das auf eine effizientere Weise. Allerdings mussten dafür Nutzerverhalten, Gerätemerkmale und selbst Standorte erfasst werden. „Stellen Sie sich ein Netz vor, das weiß, wer Sie sind, wo Sie sind, und Sie erreichen kann, ob Sie am Mobiltelefon sind oder an Ihrem Schreibtisch", hieß es in Anzeigen von Nortel. „Noch besser, stellen Sie sich vor, Sie müssten keine Inhalte im Web finden, sondern würden von ihnen gefunden. Das klingt persönlich. Genau."[96]

Richtig, genau. Drei Monate nach der „Security China 2000"-Messe bekam Nortel den damals größten Einzelauftrag über Glasfasertechnik in der Geschichte Chinas.[97] Der Vertrag mit China Telecom, dem größten staatseigenen Telekom-Unternehmen des Landes, lief über ein Jahr, hatte ein Volumen von 101 Millionen Dollar und umfasste die Lieferung sowie die Installation von 15.000 Kilometern an Glasfaser-Langstreckenleitungen voller OPTera-Produkte. „Dieses optische Netz der nächsten Generation wird wichtige Regionen in Nord-, Süd- und Südwest-China verbinden und China Telecom enorme Bandbreite, ein beispielloses Niveau an Informationen und die branchenweit niedrigsten Kosten pro verwaltetem Bit bieten", schrieb eine Branchenpublikation.[98] Geschwindigkeit, Information und Effizienz. Das klingt gefährlich.

Die Herausforderung beim Umgang mit dualen Einsatzmöglichkeiten ist normalerweise größer. Die Verkäufer machen sich Sorgen, dass Käufer Scheinunternehmen einrichten könnten, um ihre Identität sowie Ziel und Verwendung der Produkte zu verschleiern. Doch der Goldene Schild wurde weitgehend öffentlich beworben und beauftragt. Westliche Unternehmen schwärmten nach Peking, um eine Sicherheitsmesse zu besuchen, auf der sie eine Audienz bei chinesischen Sicherheitsdiensten bekamen. Wichtige Komponenten des Goldenen Schildes wurden in den Jahresberichten der Unternehmen präsentiert, die sich im Wetteifern um Aufträge dafür durchgesetzt hatten.

Nortel sah am Horizont noch größere Chancen kommen. Das Geschäft mit China Telecom stärkte seine Position als der führende Anbieter von Infrastruktur für optische Netze in China. Weitere Aufträge schlossen sich an und schienen die Nortel-Strategie zu bestätigen. Das Unternehmen verkaufte seine OPTera-Systeme auch an Shanghai Telecom, das damit das erste stadtweite Highspeed-Glasfasernetz Chinas aufbaute,[99] und an China Unicom.[100] Aber der Rausch sollte kürzer anhalten, als westlichen Führungskräften klar war. Ihre chinesischen Partner standen kurz davor, zu ihren direkten Konkurrenten zu werden. Von Nortel unerkannt, hatte ein versteckter Kampf begonnen.

„DIE ERFOLGE VON HUAWEI MACHEN UNS ALLE STOLZ“

Um das Jahr 2000 herum traf ein mysteriöser Besucher am Hauptsitz von Nortel in den USA ein. Der Komplex aus zwei Gebäuden, mit fast so viel Platz wie der Buckingham Palace, erhob sich über einem Highway in Richardson, einer Vorstadt von Dallas im US-Bundesstaat Texas. Nortel hatte ihn 1991 erbauen lassen und sich damit einer wachsenden Zahl von US-Technologiefirmen angeschlossen, die sich von den Steuervorteilen und den gut ausgebildeten Arbeitskräften in der Region zwischen Dallas und Fort Worth anlocken ließen. Das enge Ökosystem von Telekom-Unternehmen dort sorgte dafür, dass in dieser Zeit ein stetiger Strom von Menschen den Nortel-Komplex durchquerte.

Diese eine Begegnung jedoch war so bizarr, dass frühere Nortel-Beschäftigte sich noch zwei Jahrzehnte später daran erinnern. Der Besucher hatte eine Glasfaser-Steckkarte mitgebracht, die in Switches von Nortel verwendet wurde, und wollte den Kaufpreis zurück. Doch er hatte das Produkt in Einzelteilen dabei. Es war zerlegt worden, wahrscheinlich mit dem Ziel, es technisch zu analysieren. Der Besucher arbeitete für Huawei oder ein Scheinunternehmen, sagten frühere Nortel-Mitarbeiter später Tom Blackwell, einem Journalisten bei der *National Post*.[101]

Im Rückblick erscheint der Vorfall dreist. Die Glasfaserkarte mag für einen Amateur teuer gewesen sein, für Huawei aber Kleingeld. Indem er eine Rückerstattung verlangte, riskierte der Besucher, die Aufmerksamkeit auf die Zerlegung zu lenken. Doch hinter der Entscheidung könnte die kühle Berechnung gesteckt haben, dass die Folgen einer möglichen Entdeckung weniger schwer wogen als die potenziellen Vorteile in Form neuer Informationen. Die Karte zurückzubringen, gab dem Besucher Gelegenheit, Fragen zu stellen und dabei noch einmal möglichst viel herauszufinden.

Wenn Nortel gewusst hätte, dass Cisco, angesiedelt nur sechs Minuten entfernt die Straße hinunter, ebenfalls angegriffen wurde, hätte das Unternehmen möglicherweise anders reagiert. Ungefähr zur gleichen Zeit soll Huawei die Informationen gesammelt haben, die nötig waren, um die Router von Cisco zu kopieren, geht aus Gerichtsdokumenten einer Klage aus dem Jahr 2003 und späteren Eingaben des US-Justizministeriums hervor.[102] Ein unabhängiger Experte kam zu dem Schluss, dass Huawei den Programm-Quellcode von Cisco kopiert und wortgetreu auf seinen eigenen Routern repliziert hatte.[103]

Auch von außen betrachtet waren die Anleihen auffällig. Der Huawei-Router, genannt Quidway, hatte sogar ähnliche Modellnummern. Die Bedienoberfläche war ähnlich. Huawei-Handbücher kopierten ganze Abschnitte aus Cisco-Anleitungen, einschließlich der Tippfehler.[104] Eine Werbekampagne von Huawei 2001 in den USA arbeitete mit Bildern der Golden Gate Bridge in San Francisco, auf der auch das Logo von Cisco basiert. Subtilität war hier nicht gefragt. „Der einzige Unterschied zwischen uns und den anderen ist der Preis", hieß es in Anzeigen.[105]

Huawei könnte sich durch diese Erfahrung ermutigt gefühlt haben. Das Sammeln wertvoller Informationen und das Verkaufen ähnlicher Produkte brachte dem Unternehmen nur ein paar negative Schlagzeilen und Kosten für Prozesse auf ausländischen Märkten ein. Innerhalb von China funktionierte Rens „Copyismus" unterdessen. Im Jahr 1999 hatte Cisco noch 80 Prozent Anteil am chinesischen Router-Markt. Als sein Prozess gegen Huawei 2004 mit einem Vergleich endete, waren es nur noch 56 Prozent, und Huawei gehörten 31 Prozent des Marktes.[106]

Der Fall Cisco wurde im Jahr 2012 vorübergehend noch einmal aktuell, als Huaweis Senior Vice President Charles Ding fälschlich behauptete, die Ergebnisse einer unabhängigen Prüfung hätten seine Firma entlastet. Daraufhin veröffentlichte Cisco neue Details über den kopierten Code. Jedoch äußerte sich sein Justiziar Mark Chandler vorsichtig: „Es geht hier nicht um die USA oder China, und wir respektieren die Bemühungen der chinesischen Regierung, den Schutz von geistigem Eigentum zu verbessern."[107] Cisco erschien schwach und besorgt, den Zugang zum chinesischen Markt zu verlieren.

Nortels Reaktion auf den verdächtigen Besucher war noch zurückhaltender. Es dachte über eine Klage nach, sagten frühere Mitarbeiter der Zeitung *Globe and Mail*, beschloss dann aber, die Sache auf sich beruhen zu lassen. Huawei dagegen war mit Nortel noch nicht fertig. Es hatte noch viel größere Pläne für die USA, beginnend in Texas.

Am Valentinstag 2001 eröffnete Huawei in Plano im selben Bundesstaat sein nordamerikanisches Hauptquartier, zu erreichen über den President George Bush Turnpike und über die Route 75 nur zehn Minuten vom Nortel-Sitz entfernt. Die US-Tochter, genannt Futurewei, begann mit einem relativ kleinen Team von 30 Personen, hatte aber Expansionspläne und mietete gut 2.200 Quadratmeter.[108] Mit diesem Büro nistete sich Huawei in einem der lebhaftesten Zentren der Telekom-Branche ein – genau wie es Jiang Zemin im Jahr 1983 nach seinem Besuch in den USA und Kanada empfohlen hatte.

Politiker auf bundesstaatlicher und lokaler Ebene in Texas taten alles, um Huawei bei der Expansion zu unterstützen. Sie waren auf neue Investitionen aus, vor allem nach dem Platzen der Dotcom-Blase, das den Technologieunternehmen in der Region schwer zugesetzt hatte. Im Jahr 2009 genehmigte die Stadt Plano einen Zuschuss von 712.800 Dollar für Huawei-Investitionen in ein neues Büro für Marketing und Werbung.[109] Um das Geschäft abzuschließen, setzte sich der texanische Gouverneur Rick Perry auf einer Reise nach Peking persönlich bei Ren dafür ein.[110]

Perry wollte die Investition von Huawei als Beispiel für die florierende Wirtschaft von Texas präsentieren. Bei einer Eröffnungszeremonie im Oktober 2010 lief er über vor Lob: „Dies ist ein Unternehmen mit einer wirklich starken weltweiten Reputation. Innovatoren bei hochwertiger Telekom-Technologie", sagte Perry.[111] „Die Wirkung dieses Unternehmens wird erheblich sein." Er stellte also positive wirtschaftliche Effekte in Aussicht, ohne einen Gedanken an die politischen Auswirkungen zu verschwenden, die folgen sollten.

Perry muss gewusst haben, dass Huawei sich nach öffentlicher Anerkennung durch US-Politiker sehnte, und er war gerne bereit, auch Ren persönlich zu loben. „Er ist ein wirklich interessanter Mann. Ziemlich direkt. Wenn man es nicht besser wüsste, würde man sagen, dass er in West-Texas aufgewachsen ist", scherzte er am Rednerpult. „Er ist ein wirklich starker Chief Executive Officer und ein sehr fokussierter und hart arbeitender Mensch, was in der Welt, in der wir heute leben, eine großartige Eigenschaft ist."[112]

Doch die getriebene Kultur von Huawei hinterließ auch eine Spur der Vorwürfe von Fehlverhalten, einschließlich des Anwerbens von Mitarbeitern wegen ihres Zugriffs auf Geschäftsgeheimnisse und vertrauliche Informationen.[113] Solche Vorfälle sind weitverbreitet im Technologiesektor, der von fließenden Karrieren, harter Konkurrenz und der Jagd nach geistigem Eigentum geprägt ist. Ambitionierte Beschäftigte sehen die Chance, schneller aufzusteigen, wenn sie zu einem anderen Unternehmen wechseln, und manche sind dafür bereit, ihre früheren Arbeitgeber zu hintergehen und Gesetze zu brechen. Doch selbst in diesem hyperkompetitiven Umfeld stechen das Ausmaß und die Dauer solcher Aktivitäten bei Huawei heraus.

Laut dem US-Justizministerium unterstützte Huawei diese Praktiken von ganz oben. Im Jahr 2001 soll das Unternehmen Shaowei Pan eingestellt haben, einen leitenden Ingenieur im Hauptquartier von Motorola in Schaumburg im US-Bundesstaat Illinois. Zusammen mit mehreren Kollegen entwickelte er dort Produkte für Huawei, während er noch bei Motorola angestellt war, und besuchte zwischen 2001 und 2004 im angeblichen Auftrag seines US-Arbeitgebers mehrmals Huawei in Peking und die Futurewei-Büros in Texas. Seine Arbeit hatte mit proprietärer Technologie von Motorola zu tun und war wichtig genug, dass sie ihm direkten Zugang zu Ren verschaffte, mit dem er sich in Peking traf und E-Mails austauschte.[114]

Große Teile von Pans Korrespondenz mit Huawei wurden vernichtet. Nachdem ein Gericht in Illinois ihn aufgefordert hatte, seinen Computer auszuhändigen, ließ er ein Programm namens „Eraser" laufen, das Daten unwiederbringlich zerstört, indem sie gelöscht und dann überschrieben werden. Außerdem veränderte er die computerinternen Uhren, offenbar um Versuche von Ermittlern zu erschweren, einen zeitlichen Ablauf zu rekonstruieren. Einen Ingenieur aufzufordern, einen Computer zu übergeben, der zu seiner Verurteilung führen könnte, war ungefähr so, wie zu erwarten, dass ein Schwerverbrecher seine Waffen übergibt, wenn man ihn höflich bittet. Huawei hatte vielleicht einfach Glück.

Aber es war nicht alles verloren, und in den wiederhergestellten Datenfragmenten entdeckten Ermittler etwas, das sie für einen schlagenden Beweis hielten. „Im Anhang finden Sie wie erbeten die Dokument [sic] über die Spezifikation SC300 (CDMA 2000 1X)", schrieb Pan im März 2003 an Ren und einen weiteren hohen Huawei-Manager.[115] Er schickte also dem CEO eines wichtigen Konkurrenten die Spezifikationen für eine der modernsten Motorola-Basisstationen für 3G-Mobilfunk. Außerdem, so argumentierten die Motorola-Anwälte, tat er das nicht nur aus eigenem Antrieb, sondern im Auftrag von Ren.

Ironischerweise wäre Huawei in dieser Zeit beinahe ein amerikanisches Unternehmen geworden. Kurz nach der E-Mail von Pan mit den Spezifikationen erhielt Ren auch ein spektakuläres Angebot von Motorola. Im Dezember 2003 reiste dessen COO Mike Zafirovski auf die chinesische Insel Hainan und ging dort mit Ren am Strand spazieren, um mit ihm über die Zukunft ihrer beiden Unternehmen zu sprechen. Einige Wochen später vereinbarten sie, dass Motorola Huawei für 7,5 Milliarden Dollar kaufen würde.[116] Das Board von Motorola allerdings war vom Wert von Huawei nicht überzeugt und entschied letztlich gegen das Geschäft.

Im Jahr 2004 sah die Nortel-Welt der Netzwerke schon weniger rosig aus. Nachdem das Unternehmen mehr als ein Jahrzehnt lang die Chancen auf dem chinesischen Markt betont hatte, räumte es im Jahresbericht ein, es auf dem Weltmarkt mit „neueren Konkurrenten, insbesondere aus China" zu tun zu haben.[117] Die strategische Reaktion bestand darin, mit doppeltem Einsatz in Asien zu agieren, vor allem in Indien, China und Südkorea, und das eigene Geschäftsfeld auf Informationssicherheit zu erweitern. „Nortel arbeitet an der Bereitstellung von Lösungen der nächsten Generation zur nahtlosen Verteidigung gegen eine Vielzahl von Bedrohungen vom Netzwerk-Kern bis zum Desktop, und versetzt Serviceprovider und Unternehmen so in die Lage, konkrete Gefahren zu eliminieren, bevor sie sich verbreiten können", verkündete Nortel.[118]

Während das Unternehmen seinen neuen Sicherheitsfokus betonte, erwähnte es nicht, dass es selbst Hacker-Angriffen aus China ausgesetzt war. Im Jahr 2004 wurde der Sicherheitsberater Brian Shields auf ungewöhnliche Vorgänge im Nortel-Netz aufmerksam. Ein hoher Manager schien Dokumente herunterzuladen, die hochgradig technisch waren und nichts mit seinem Geschäftsbereich zu tun hatten.[119] Als er gefragt wurde, konnte er sich an die Dateien nicht erinnern. Shields sah sich die Aktivität genauer an und entdeckte einen massiven Einbruch. Seit mindestens dem Jahr 2000 waren Hacker im internen Netz von Nortel aktiv gewesen.

„Wenn man erst einmal im Inneren des Netzwerks war, wurde es weich und klebrig", sagte Shields später dem *Wall Street Journal.*[120] Die Hacker verschafften sich Zugang zu den E-Mails von sieben hochrangigen Führungskräften einschließlich CEO Frank Dunn und fanden reichlich Material. In den sechs Monaten, in denen Shields ihre Aktivitäten beobachtete, griffen sie auf mehr als 1.400 Dokumente zu, darunter technische Fachaufsätze, Produkt-Entwicklungspläne und sogar Verkaufsangebote mit Preisinformationen. Nortel setzte die Passwörter zurück, tat ansonsten aber wenig, um sich besser zu schützen. Shields schrieb einen Bericht, der zu den Akten gelegt und im Wesentlichen ignoriert wurde. Die Angreifer veränderten ihre Taktiken, und sechs Monate nach der Entdeckung des ursprünglichen Einbruchs war das Hacking wieder voll im Gang.[121]

Shields hatte die Spur der Daten nach Schanghai zurückverfolgt, wo die Einheit 61398 ihren Sitz hat, eine der großen Cybereinheiten der Volksbefreiungsarmee.[122] Er konnte zwar die Quelle der Hacker-Aktivitäten nicht zweifelsfrei beweisen, doch die Schanghai-Verbindung war noch in einer anderen Hinsicht bemerkenswert: Wenige Jahre zuvor hatte Nortel mit seinen OPTera-Produkten das erste Glasfasernetz dieser Stadt installiert. Und jetzt wurden Geheimnisse von seinen Computern in Nordamerika abgegriffen und passierten auf dem Weg zu ihrem endgültigen Ziel buchstäblich das Netz, das Nortel in Schanghai selbst gebaut hatte.

DER FALL

In den letzten Jahren von Nortel umkreiste Huawei den kanadischen Technologie-Giganten – erst als Taube, dann als Falke und am Ende als Geier.

Im Jahr 2005 zeichnete sich ein Friedensangebot ab. Damals verließ Mike Zafirovski Motorola, um CEO von Nortel zu werden. Die globale Telekom-Landschaft veränderte sich. Huawei und ZTE begannen, die Konkurrenz bei den Preisen zu unterbieten, und unter westlichen Unternehmen setzte eine Konsolidierung ein. Mehr Größe versprach eine finanzielle Basis für die immer teurere Forschung und Entwicklung, die sie brauchten, um konkurrenzfähig zu bleiben. In den Jahren darauf fusionierte Lucent mit Alcatel, Ericsson übernahm Marconi, und Nokia und Siemens legten ihr Geschäft mit Telekommunikationstechnik zusammen.

Im Februar 2006 verkündeten Huawei und Nortel ihre Absicht, ein Joint Venture für schnelleres Breitbandinternet zu gründen.[123] Das neue Unternehmen sollte seinen Sitz in Ottawa haben und Nortel die Mehrheit daran halten. Die Partnerschaft war noch nicht fest geschlossen, doch Nortel hatte schon begonnen, Technik von Huawei an Telefongesellschaften zu verkaufen und gemeinsame Produkte zu entwickeln. Die beiden Unternehmen hofften, dass diese Ankündigungen dabei helfen würden, ihnen neue Aufträge aus der Telekom-Branche zu verschaffen.

Die Interessen der Rivalen schienen übereinzustimmen, aber ihre Partnerschaft zeigte einen grundlegenden Wechsel der Rollen. Einst verfügte Nortel über die Technologie, die Huawei dringend haben wollte. Jetzt wollte Nortel die Breitbandprodukte von Huawei verkaufen. Einst verfügte Huawei über den Marktzugang in China, den Nortel suchte. Jetzt wollten die Chinesen den Zugang von Nortel zu nordamerikanischen Märkten. Welches Unternehmen dynamischer war, war offensichtlich. Huawei befand sich auf dem aufsteigenden Ast, und Nortel sollte schneller fallen, als es irgendjemand erwartet hätte.

Als die Aufträge von Telefongesellschaften ausblieben, war das Projekt nicht mehr attraktiv.[124] Die Partnerschaft endete im Juni 2006, nur vier Monate nach der Ankündigung und noch bevor sie offiziell den Betrieb aufgenommen hatte. „Huawei hatte noch mit niemandem ein erfolgreiches Joint Venture", sagte Zafirovski mehrere Jahre später der *Vancouver Sun*.[125] Aber vielleicht war das Projekt für die chinesische Seite sehr wohl ein Erfolg: Als Nortel eilig mit Produktentwicklung und Vermarktung begann, noch bevor die Verträge geschlossen waren, gab es möglicherweise weitere Informationen aus der Hand.

Im Jahr 2007 übertraf Huawei Nortel beim Jahresumsatz, und das kanadische Unternehmen geriet in eine Abwärtsspirale. Ohne Zweifel stand es vor mehreren großen Herausforderungen, und die chinesische Konkurrenz war nur eine davon.[126] Um es mit den Worten einer früheren Führungskraft zu sagen: Nortel war konfrontiert mit „einem perfekten Sturm aus schneller Expansion, einer Technologie-Blase, Branchen-Konsolidierung und dem globalen Einbruch bei Investitionen in Consumer-Dienste".[127] Der abschließende dieser Faktoren, die Finanzkrise 2008, raubte Nortel die letzten Chancen auf eine Erholung. Die Aktie des Unternehmens, auf dem Höhepunkt im Jahr 2000 mit rund 84 Dollar bewertet, fiel auf wenige Cent. Am 14. Januar 2009 meldete der Technologie-Gigant Insolvenz an und wurde zur größten Pleite der kanadischen Unternehmensgeschichte.[128]

Obwohl sie den Aufstieg von Nortel über Jahre unterstützt hatte, war die kanadische Regierung nicht bereit, sich einzuschalten und den Niedergang aufzuhalten.[129] Das Unternehmen sei strategisch wichtig und müsse gerettet werden, argumentierten frühere Führungskräfte. Sie schlugen vor, seine ungefähr 1 Milliarde Kanadische Dollar an Steuerguthaben, angehäuft durch F&E-Ausgaben über mehrere Jahre, für den Aufbau eines nationalen Highspeed-Netzes einzusetzen.[130] Doch die kanadische Politik sah die Krise hinter dem Fall von Nortel als selbst verschuldet an.

Dieselbe Entscheidung wäre in Peking undenkbar gewesen. Nachdem sie Huawei politische und finanzielle Unterstützung gewährt hatte, hätte die chinesische Regierung das Unternehmen ohne einen anderen nationalen Champion in der Hinterhand niemals in die Insolvenz gehen lassen. „Andere Länder sahen die Branche als strategisch an und haben dafür gekämpft, ihre eigenen Unternehmen in dem Sektor zu schützen und zu fördern", erklärt Robert D. Atkinson, ein kanadisch-amerikanischer Ökonom und Präsident der Information Technology and Innovation Foundation. „Nirgendwo gilt das so sehr wie in China."[131]

In einem letzten Versuch, Nortel zu retten, wandte sich eine Gruppe früherer Manager im Mai 2009 an Huawei. Ihr Plan war, ein Unternehmen zu gründen, das die Vermögenswerte von Nortel kaufen sollte, und Huawei sollte eine Minderheitsbeteiligung daran übernehmen. Die beiden Seiten handelten einen Deal aus und wollten ihn genehmigen lassen. Doch in einer Umkehr der Motorola-Entscheidung von 2003, den von Zafirovski arrangierten Kauf zu stoppen, lehnte dieses Mal das Board von Huawei ab.[132]

Nortel war tot, aber Huawei war längst noch nicht fertig. Als das Unternehmen seine Pläne zur Liquidierung bekannt gab, war Huawei der höchste Bieter. Diese Nachricht ließ in Washington, D. C., die Alarmglocken läuten, denn zu den Kunden von Nortel zählten Verizon und Sprint, die beide Daten für die US-Regierung transportierten. Vielleicht, weil klar wurde, dass diese Kunden bei einem Abschluss mit Nortel ausgenommen wären, zog Huawei sein Angebot zurück.[133] Nortel verkaufte seine Aktiva an andere Unternehmen und nahm letztlich 7,3 Milliarden Dollar für seine Gläubiger ein – weniger als 3 Prozent seines Höchstwertes, der bei 250 Milliarden Dollar gelegen hatte, und 200 Millionen Dollar weniger als zu der Zeit der verpassten Gelegenheit für Motorola, Huawei zu übernehmen.[134]

Den Marktzugang von Nortel konnte Huawei nicht kaufen, doch es wollte immer noch das Wissen des kanadischen Unternehmens. Als 2011 die Patente versteigert wurden, hielt Huawei sich heraus.

Eine Koalition aus westlichen Unternehmen bezahlte 4,5 Milliarden Dollar für 6.000 Patente, ein Geschäft von beispiellosem Umfang und Ausmaß.[135] Doch Huawei hatte sich einen Vermögenswert geschnappt, der noch viel wertvoller war: Beschäftigte von Nortel. „Als Nortel zusammenbrach, hatte 3G gerade begonnen, sich in der Welt zu verbreiten", sagte Ren der *Globe and Mail*. „Während sich die Branche von 3G zu 4G und dann zu 5G weiterentwickelte, haben sich auch [Nortel-Beschäftigte] verbessert. Sie haben zu Huawei beigetragen, was sie in ihren Köpfen hatten. Es geht hier definitiv nicht um den Diebstahl geistigen Eigentums."[136]

Huawei griff bis in die oberste Führungsetage von Nortel zu. Die Chinesen machten den früheren Technologievorstand John Roese zum Leiter ihrer nordamerikanischen F&E-Aktivitäten und eröffneten Standorte im Silicon Valley und in anderen Hightech-Regionen.[137] Nortel-Veteranen suchten nach einer neuen Einkommensquelle und freuten sich über die Chance, für ein wachsendes Unternehmen zu arbeiten, das viel Geld für F&E ausgab. „Wir haben einen großen Standort in San Diego eröffnet. (...) Das Gleiche haben wir oben in Ottawa gemacht. Als Nortel mehr oder weniger verschwand, kam es recht schnell zu einer Massenbewegung, in der einige der besten technischen Experten sozusagen einfach die Straßenseite wechselten", erklärte Roese im Jahr 2011.[138]

Damals schien Nortel noch ein hauptsächlich kanadisches Problem zu sein, aber sein Niedergang hatte, zusammen mit dem von Lucent als dem wichtigsten US-Anbieter von Telekommunikationstechnik, weltweite Folgen. „Die Diskussion um 5G ist eigentlich schon vor einem Jahrzehnt verloren gegangen, als die westlichen Länder entschieden, dass sie nicht in die Infrastruktur dafür investieren würden. Das Ergebnis war, dass wir einfach keine Auswahl hatten", sagte im Jahr 2021 Jeremy Fleming, Chef des britischen Geheimdienstes Government Communications Headquarters (GCHQ).[139]

Blind vor Ehrgeiz und Gier trugen westliche Unternehmen und Regierungen zur Entstehung ihres eigenen größten Konkurrenten in einem Sektor bei, der in den Jahren darauf strategisch sogar noch wichtiger werden sollte. Manager wollten immer tiefer in die chinesischen Märkte eindringen. Politiker suchten ihre Nähe und waren bereit, ihr Wachstum zu unterstützen. Selbst Bundesstaaten und Gemeinden beteiligten sich daran, indem sie Huawei Anreize für die Ansiedlung in Texas anboten. Beschäftigte bei konkurrierenden Unternehmen nutzten bereitwillig Chancen, mehr Verantwortung und Geld zu erhalten, und einige von ihnen überschritten dabei die Grenze zur Illegalität. Beschäftigte bei Nortel hatten, nachdem sie dort nicht mehr gebraucht wurden, noch weniger Optionen.

Die Nortel-Welt der Netzwerke stand weit offen. Huawei kam durch die Vordertür hereinspaziert. Sein Aufstieg hinterließ eine Spur von Vorwürfen, darunter der, ein Meisterdieb zu sein und gleichzeitig von chinesischer Industriespionage profitiert zu haben. Huawei nahm reichlich Subventionen, Kredite, Steuervorteile und andere oft undurchsichtige staatliche Unterstützung in Anspruch. Aber seine wichtigsten Schachzüge spielten sich vor aller Augen ab. Das Unternehmen hatte sich durch Zerlegen und Analysieren, Joint Ventures und F&E-Labore Zugang zu westlicher Technologie verschafft. Es gab viel Geld für IBM und andere Berater aus, um westliche Management- und Finanzpraktiken zu lernen. Huawei schnappte sich sogar die besten Beschäftigten von seinen Konkurrenten. Mit der Übernahme von Technologie, Prozessen und Personal war die Eroberung komplett.

Wie alle gefallenen Imperien hinterließ auch Nortel viele Spuren. Seine Computer wurden an Unternehmen versteigert, die nicht ahnten, dass die Geräte gehackt worden waren. Im Jahr 2010 kaufte das kanadische Verteidigungsministerium zu einem niedrigen Preis das Nortel-Hauptquartier und stellte fest, dass das 200 Millionen Dollar teure Gebäude voller Abhörtechnik steckte.[140] Die Regierung gab 790 Millionen Dollar für Umbauten aus, befand aber, dass sich die höchsten Sicherheitsanforderungen für Informationsaustausch auch damit nicht erreichen ließen. Im Jahr 2011 wurde das US-Hauptquartier von Nortel in Texas verkauft und das Logo mit dem globalen *O*, entwickelt zur Feier seines 100. Geburtstages, abmontiert.[141]

Doch sogar als Nortel selbst nicht mehr existierte, lief seine Hardware weiter, gänzlich unbeeindruckt vom Schicksal des Unternehmens. Immer noch schickten Nortel-Router Datenströme rund um die Welt. Mobilfunktürme und Switches von Nortel vermittelten weiterhin Gespräche. Auf seinem Höhepunkt im Jahr 2000 schätzte Nortel, dass 75 Prozent des nordamerikanischen Internetverkehrs über seine Technik transportiert wurden.[142] Als es für die früheren Nortel-Kunden Zeit wurde, ihre Systeme zu modernisieren, mussten sie sämtlich einen neuen Lieferanten finden. Die Welt der Netzwerke war verletzlicher als je zuvor, selbst auf Amerikas eigenem Terrain.

3

„WO AUCH IMMER MENSCHEN SIND“

Das Summen Hunderter kleiner Ventilatoren erfüllte das Untergeschoss der Büros von Nemont Telephone Cooperative in Glasgow im US-Bundesstaat Montana. Nachdem ich Reihen von Metallschränken und Bündel von Drähten passiert hatte, die sich entlang der Decke schlängelten, fiel mir ein alternder brauner Kasten mit einem vertrauten Namen auf: Nortel. Bevor der kanadische Telekom-Riese scheiterte, war er der wichtigste Ausrüster für Nemont, das Kunden auf einem Gebiet von 36.000 Quadratkilometern versorgt, ungefähr die Größe der Bundesstaaten New Jersey und Connecticut zusammen.

Das blumenförmige Logo von Huawei war überall. Es war auf den Metallschränken aufgedruckt, in denen die neueste Technik in dem Raum untergebracht war. Es prangte auf den Basisstationen in diesen Schränken, mit blinkenden grünen Lichtern, während die Daten durch sie hindurchströmten. In einem Bereich neben dem Hauptraum, vollgestopft mit Teilen und Werkzeugen, war eine rötlich-braune Plastikbox an die Wand montiert. Über ihre Huawei-Beschriftung hatte ein Techniker als Scherz mit einem schwarzen Marker „Nortel“ geschrieben.

Nach Glasgow zu kommen, war nicht einfach. Von allen Städten mit mindestens 1.000 Einwohnern in den USA ist diese am weitesten von irgendeiner großen Stadt entfernt.[1] Die Bewohner haben inzwischen Stolz auf diese Besonderheit entwickelt. Für zehn Dollar kann man im lokalen Sportladen ein T-Shirt mit dem Aufdruck „Middle of Nowhere“ kaufen. Hotels gibt es nur wenige, und das eine, für das ich mich entschied, hatte eine charmant bescheidene Werbung: Es schrieb von sich selbst als „irgendwo mitten im Nirgendwo“ gelegen.

Dass Nemont und andere ländliche Mobilfunkanbieter in einem Dutzend US-Städten Technik von Huawei nutzen, lässt ein zentrales Versagen der Politik erkennen.[2] Weil in der Stadt nur ein paar Tausend statt Zehntausender Menschen leben, waren größere Telefongesellschaften nicht interessiert, dort ausreichend zu investieren. Und Nemont stellte fest, dass Technik von Ericsson, Nokia oder Samsung selbst mit Zugriff auf Mittel der US-Regierung zu teuer war.

Getreu der Mao-Strategie, „Städte vom Land aus zu umzingeln“, konzentrierte sich Ren Zhengfei mit Huawei auf Märkte, die von westlichen Anbietern übersehen wurden.[3] „Geht aufs Land, geht aufs Land, eine riesige Welt und viele Erfolge warten", forderte eine frühe Broschüre die Beschäftigten auf.[4] Huawei machte seine ersten Schritte im ländlichen China, expandierte international in Entwicklungsländer und hatte bei seiner Ankunft im ländlichen Amerika schon eine lange Erfolgsgeschichte der Vernetzung von vergessenen Märkten vorzuweisen.

Die Erfahrung von Glasgow unterscheidet sich nicht wesentlich von der, die Entwicklungs- und Schwellenländer rund um die Welt machten. Mit ihren begrenzten Ressourcen für Mobilfunkmasten, Switches für Highspeed-Internet und Glasfaserkabel haben kleinere Märkte vom ländlichen Amerika bis nach Afrika nur wenige Optionen. Gleichzeitig wissen sie, dass es einem Todesurteil gleichkäme, sich nicht mit globalen Netzen zusammenzuschalten. Huawei war nicht ihre erste Wahl, aber oft die einzige bezahlbare.

Rund um die Welt florierten chinesische Anbieter in den digitalen Gräben, die westliche Unternehmen hinterlassen hatten. Wenige sahen hinter diesen Projekten mehr als verstreuten Opportunismus. Aber indem Chinas Champions sich ins Ausland vorwagten, sammelten sie wichtige Erfahrungen und positionierten sich dafür, die am schnellsten wachsenden Märkte von morgen zu dominieren.

DER REICHSERBAUER

Als ich im August 2019 nach Glasgow fuhr, folgte ich der Route, durch die diese Stadt entstanden war. Wie viele im Nordwesten der USA ist Glasgow das Produkt von Netzwerk-Technologie einer früheren Ära. In den 1880er-Jahren baute der Eisenbahn-Tycoon James Hill Gleise durch die Great Plains und in den Pazifischen Nordwesten. Er war keineswegs der Erste, der davon träumte, den Kontinent mittels Schienen zu verbinden, aber sein Ansatz war systematischer. Statt in Richtung Küste zu hetzen, sah Hill eine Gelegenheit, das Land zu besiedeln und neue Märkte für Frachtverkehr zu schaffen.

Der Expansion von Hills Reich stand wenig im Weg. Die Regierung förderte den Ausbau von Eisenbahnen, stellte Land und Kredite für neue Strecken zur Verfügung und ignorierte dabei die gesellschaftlichen und ökonomischen Auswirkungen, die Eisenbahn-Unternehmen mit sich brachten. Deren Führungskräfte bestachen Politiker mit kostenlosen Fahrten und Aktienoptionen. Mehrere Bundesstaaten versuchten, Eisenbahnen zu regulieren, was ihnen nicht gelang, weil diese über Staatsgrenzen hinweg operierten.

Ich begann meine Reise in Chicago, bestieg einen Doppeldeckerzug und machte es mir für die Nacht gemütlich. In Minnesota schlief ich ein und wachte am nächsten Morgen in North Dakota auf. Der Blick aus dem Fenster zeigte gelb-braune Weiten, die kein Ende nahmen.

Als die Sonne aufging, fuhr der Zug weiter in Richtung der nördlichen Grenze der USA. Die nächsten sechs Stunden über passierte er Städte, deren Namen an die Zeit erinnern, in der Züge eine hochmoderne Technologie waren: Devils Lake, Minot, Williston, Wolf Point. Entlang dieser Routen entstanden so viele neue Städte, das Hill, der als „der Reichserbauer“ bekannt war, nicht genügend Zeit hatte, um ihnen selbst Namen zu geben.

Als ein Fleckchen im nordöstlichen Montana benannt werden musste, drehte einer von Hills Technikern einen Globus und landete bei Glasgow in Schottland. Im Jahr 1887 wurde die Stadt offiziell gegründet und wuchs, weil billige Zugtickets und die Aussicht auf ein neues Leben Rancher und Farmer anlockten. Für zehn Dollar konnte eine Familie einen Waggon mit ihren Besitztümern füllen und sich auf den Weg in den Westen machen. „Glaube fest an Glasgow und du wirst Diamanten tragen“, lockte eine Anzeige dafür.[5]

Doch Hill und andere Eisenbahn-Tycoons sollten nicht vollkommen unkontrolliert weitermachen. 1887, im Gründungsjahr von Glasgow, richtete der US-Kongress die Interstate Commerce Commission (ICC) ein, die maximale Frachtpreise für Eisenbahnen festlegen sollte, und erweiterte ihr Mandat später auf Telefone, Telegrafen und drahtlose Kommunikationsdienste. Als erste unabhängige Behörde der USA wurde die ICC zum Vorbild für spätere Regulierungsbehörden, darunter die FCC, die nach ihrer Gründung im Jahr 1934 die ICC-Aufgaben im Bereich Kommunikation übernahm.

Glasgow ist noch heute eine Eisenbahn-Stadt, aber eher ein Zwischenstopp als ein eigener Start- oder Zielpunkt. Zweimal am Tag halten Passagierzüge auf dem Weg von Küste zu Küste dort kurz an. Mein Zug traf relativ gut besetzt ein, aber ich war der einzige Passagier, der ihn in Glasgow verließ. Als ich die Metallstufen hinunterstieg, trat ich aus der mittäglichen Geschäftigkeit an Bord in relative Ruhe.

Auf der anderen Seite der Gleise lockte ein Ziegelbau mit einer Reihe von Wasserstellen: Montana Tavern, Alley's Palace und Stockmans Bar. Ein Schild in der Nähe warb für das Klassentreffen der lokalen Highschool. Das Drehen des Eisenbahn-Technikers am Globus warf einen langen Schatten: Das Maskottchen der Schule ist Scottie, kurz für Scottish Terrier.

Leere Gebäude und kleiner werdende Klassenzimmer erzählen eine Geschichte des Niedergangs. Als Ende der 1960er-Jahre die Schließung einer nahe gelegenen Basis der Air Force begann, verließen ungefähr 16.000 Personen die Gegend. In den 1980er- und 1990er-Jahren setzte sich der Exodus fort, als Bahnhöfe in den Great Plains zusammengelegt wurden. Der von Glasgow blieb zwar erhalten, doch die Schließung von Haltestellen in der Nähe war verheerend für seine Nachbarn.

Gregg Hunter, in Glasgow geboren, hat diese Veränderungen selbst erlebt und in dieser Zeit unterschiedliche Jobs gehabt, oft mehrere gleichzeitig. Als er im Jahr 1977 die Highschool abschloss, bestand sein Jahrgang aus 158 Schülern. Zunächst ging er ins Autogeschäft, indem er beschädigte Fahrzeuge abschleppte und lokalen Händlern Teile verkaufte. Landwirtschaft ist der Lebenssaft der lokalen Volkswirtschaft, und später wechselte Hunter in den Verkauf von Agrartechnik, bei dem er 25 Jahre lang blieb.

Hunter ist die Art von Mann, die man anruft, wenn etwas schiefläuft. An Wochenenden arbeitet er nebenbei als Rettungsassistent. Außerdem ist er geprüfter Schlosser und sitzt in den Vorständen seiner Kirche und der lokalen Handelskammer.

Die Begeisterung für seine Heimatstadt ist ungebrochen. Er liebt die Natur, und nach der Arbeit kann er laufen, jagen und angeln, alles direkt vor der Haustür.

Die Finanzkrise 2008 zwang Hunter, seine Pläne zu überdenken. „Ich war 50 geworden, hatte kein Geld auf meinem Vorsorgekonto und musste überlegen, wie ich Ruhestand und Krankenversicherung finanziere“, erzählte er mir.

Nemont suchte Leute und bot attraktive Nebenleistungen. Hunter bekam einen Job als Spezialist für Öffentlichkeitsarbeit und Marketing, und in den vergangenen zwölf Jahren half er Nemont dabei, zu wachsen, obwohl die Bevölkerung von Glasgow schrumpfte.

2020 machten an der lokalen Highschool, Hunters Alma Mater, nur noch 52 Schüler einen Abschluss, eine kleine, aber wichtige Zahl für die Region – die Nachbarstadt Froid hatte 2007 nur eine einzige Absolventin. Die durfte Motto des Jahrgangs, Farbe und den Keynote-Redner alleine aussuchen: den Gouverneur des Bundesstaats Montana.

In den meisten Teilen der Welt ist der Wegzug von ländlichen in städtische Gebiete ein positiver Trend, der mit Weiterentwicklung einhergeht. Das Schrumpfen von ländlichen Gemeinschaften in den USA aber ist oft eher ein Verfall: Deindustrialisierung, sinkende Einkommen und schlechtere Gesundheit.

Technologie hat zu diesem Teufelskreis beigetragen. „Digitale Ungleichheit in den USA nimmt eine traurige Entwicklung“, erklärt Susan Crawford in *Fiber: The Coming Tech Revolution and Why America Might Miss It*. „Wer weniger Geld hat, auf dem Land lebt, eine Behinderung hat oder zu einer Minderheit gehört, hat zu Hause mit viel geringerer Wahrscheinlichkeit schnellen Festnetz-Zugang zum Internet als reiche Menschen in städtischen Gegenden – genau, wie es vor 100 Jahren bei Strom war.“[6]

Schnellere Breitbandnetze wurden in urbanen Gegenden aufgebaut, was die Lücke zu ländlichen US-Städten wie Glasgow vergrößerte. Geschäfte schlossen und zogen in besser vernetzte Gebiete um. Die Klügsten aus der jungen Generation von Glasgow verließen zum Studieren die Stadt, und nach dem Abschluss warteten zu Hause immer weniger Jobs auf sie. „Stärkere Wirtschaft“, „Industrie außerhalb der Landwirtschaft“ und „Haltet die Kinder hier, kommt nach der Ausbildung zurück“ schrieben Bürger nach einem Treffen zur Wirtschaftsplanung der Stadt im Jahr 2013 auf ihre Wunschliste.[7]

Glasgow befindet sich auf einer neuen Grenze. Die Stadt entstand durch eine abenteuerliche Migration Richtung Westen, die durch ein Netz aus Schienen möglich wurde. Ihre ersten Bewohner nahmen auf der Suche nach etwas Größerem und Besserem als ihrer aktuellen Situation hohe Risiken auf sich. Doch während Netze aus Glasfasern und Funkwellen immer besser werden, muss die von den Eisenbahnsiedlern geschaffene Gemeinschaft kämpfen, um nicht zurückgelassen zu werden.

DIGITALE GRÄBEN

Wie ein Sturm in der Prärie kam die digitale Spaltung zwischen dem städtischen und dem ländlichen Amerika schnell, aber nicht ohne Vorwarnung. Als die FCC im Jahr 1999 den Kommunikationsmarkt untersuchte und ihren ersten Bericht über die Breitbandabdeckung in den USA veröffentlichte, zeichnete sie ein überwiegend rosiges Bild: „Wir sind ermutigt davon, dass die Einführung moderner Telekommunikation derzeit im Allgemeinen angemessen und rechtzeitig erscheint".[8] Doch schon ein Jahr später brauten sich die Sturmwolken zusammen: „Wir kommen zu der beunruhigenden Schlussfolgerung, dass Marktkräfte allein den Zugang vieler ländlicher Amerikaner zu modernen Services aller Wahrscheinlichkeit nach nicht gewährleisten können."[9] Seit dieser Zeit lautet die Frage nicht, ob es eine Spaltung gibt, sondern nur, wie groß sie ist.

Diskussionen über ihre Überwindung beginnen oft mit Uneinigkeit darüber, wie sie sich messen lässt. Die frühen Berichte der FCC ermittelten Verfügbarkeit nach Postleitzahlen: Wenn es in einem solchen Bezirk auch nur einen einzigen Breitbandkunden gab, wurde er als versorgt eingestuft.[10] Das ist so ähnlich wie die Annahme, jeder in einem bestimmten Postleitzahl-Gebiet könne einen Mercedes kaufen, nur weil eine Person dort ein solches Auto fährt. Selbst in Detroit, Cleveland und anderen dicht besiedelten städtischen Regionen übergingen manche Provider Viertel mit niedrigeren Einkommen, wenn sie schnellere Netze aufbauten; Kritiker bezeichnen diese Praxis als

„digitales Redlining".[11] Die ersten Analysen identifizierten also einige Lücken in der Breitbandversorgung, doch insgesamt wurde die Herausforderung systematisch unterschätzt.

Die hitzigsten Debatten werden über die minimalen Anforderungen geführt. Eigentlich haben sie technischen Charakter, doch ihnen liegen oft philosophische Differenzen über die Rolle von Staat und Privatsektor zugrunde. Im Jahr 2004 sah die FCC 200 Kilobit pro Sekunde (Kbps) als ausreichend für Breitband an. Vier Jahre später hob sie das Minimum auf 4 Megabit pro Sekunde (Mbps) für Downloads und 1 Megabit pro Sekunde für Uploads an. Solange die Bandbreiten weiter steigen, werden solche Definitionen vorübergehend bleiben. Und während die Regierung versucht, die digitale Spaltung von gestern zu überwinden, entstehen schon wieder neue Gräben.

Tom Wheeler, von 2013 bis 2017 Vorsitzender der FCC, sorgte dafür, dass es unmöglich wurde, das Thema ländliches Breitbandinternet zu ignorieren. Im Jahr 2015 stellte seine Behörde fest, dass mehr als jeder zweite Amerikaner auf dem Land keinen Breitbandzugang nach der neuen Messlatte 25 Mbps/3 Mbps hatte.[12] „Der Standard richtete sich danach, wie das Internet in Haushalten tatsächlich genutzt wurde", erklärte mir Wheeler. „Ich sagte damals aber, das sei das Mindeste und es müsse mit der Zeit mehr werden."[13]

Nicht jeder teilte diese Ansicht. Die FCC erlaubt ihren Kommissaren, abweichende Meinungen zu Protokoll zu geben, und Ajit Pai schrieb eine vernichtende Kritik. Er begann mit einer literarischen Anspielung: „Bevor Humpty Dumpty in *Alice hinter den Spiegeln* tief fiel, sagte er zu Alice: ‚Wenn ich ein Wort benutze, (...) bedeutet es genau das, was ich will – nicht mehr und nicht weniger.' So geht anscheinend auch die FCC vor. Denn der heutige Bericht erklärt, dass Internetzugang mit 10 Mbps kein Breitband mehr ist. Nur noch 25 Mbps oder mehr zählen." Die Regierung lege die Latte nur höher, um ihre Macht zu vergrößern, argumentierte Pai.[14]

Im Jahr 2017 berief Präsident Trump Pai zum Nachfolger von Wheeler an der Spitze der FCC. In seiner ersten Rede als Vorsitzender beschrieb er seine Prioritäten und stellte das Schließen digitaler Gräben ganz vorne an. „Es gibt eine digitale Spaltung in diesem Land", sagte er vor seinen Kollegen. „Ich glaube, eine unserer Kernprioritäten für die Zukunft sollte sein, diese Spaltung zu beseitigen – alles zu tun, was nötig ist, um dem Privatsektor zu helfen, Netzwerke aufzubauen, Signale zu senden und Informationen an US-Verbraucher zu verteilen. (...) Wir müssen daran arbeiten, allen Amerikanern Zugriff auf die Vorteile des digitalen Zeitalters zu gewähren."[15]

Die Ziele von Wheeler und Pai sind sich bemerkenswert ähnlich. Beide glauben, dass Breitbandinternet eine notwendige Voraussetzung für florierende Gemeinschaften ist. Beide wollen besseren Zugang, vor allem für ländliche Gegenden. Pai ist mit den ländlichen USA bestens vertraut, denn er ist in Parsons im Bundesstaat Kansas aufgewachsen, einer Eisenbahnstadt mit rund 9.000 Einwohnern. Beide glauben, dass es zu gefährlich ist, in amerikanischen Netzen Huawei-Technik zu verwenden.

Doch wenn man genauer hinhört, fällt auf, dass Wheeler stärker über die positive Rolle spricht, die der Staat spielen kann. Pai dagegen lobt lieber die Tugenden freier Märkte und warnt vor den Gefahren von Regulierung. Diese Diskussion zieht sich durch die gesamte US-Geschichte. Es gab sie in der Zeit der Eisenbahnindustrie und der Gründung der ICC und schon bei den konkurrierenden Visionen von Alexander Hamilton und Thomas Jefferson. Sie ist die Spaltung hinter der digitalen Spaltung der USA.

„ES GEHT UM MENSCHENLEBEN"

Um zu verstehen, wie sich diese Herausforderungen auf der lokalen Ebene auswirken, leistete ich Hunter, seinem Kollegen Leif Handran und einem dritten Nemont-Beschäftigten einen Tag lang Gesellschaft bei ihren Service-Telefonaten.

Ich hatte erwartet, dass die Bewohner von Glasgow erschrocken sein würden, wenn sie chinesische Technik in ihrer Mitte entdeckten. Zwei Monate zuvor hatte Präsident Trump einen nationalen Notstand ausgerufen. Fast 70 Prozent der Einwohner in dem Bezirk stimmten im Jahr 2016 für ihn, und der amerikanische Blick auf China hatte sich landesweit eingetrübt. Täglich lieferten US-Politiker neue Warnungen und ließen so einen stetigen Strom von Schlagzeilen über die Risiken entstehen, die durch Huawei entstanden. Laut einem Bericht von CNN steckte Technik von Huawei in lokalen Mobilfunknetzen nahe der Malmstrom Air Force Base in Montana. Dort sind mehr als 100 Interkontinental-Raketen untergebracht, die mit nuklearen Sprengköpfen bestückt werden können.[16]

Doch als ich den Bürgern von Glasgow zuhörte, ergab sich eine andere Geschichte. Sie zeigt einen schwierigen Kampf für Politiker, die vor Sicherheitsrisiken warnen, ohne bezahlbare Alternativen anzubieten.

An einem Montag um 8 Uhr morgens traf ich im Service-Büro von Nemont ein. Techniker dort beschäftigten sich bereits mit offenen Anfragen und legten eine Reihenfolge fest. Bei einer älteren Kundin funktionierte das Gerät nicht, das ihr Inhalte vorlas. Sie kannten sie. Sie wussten, dass vor Kurzem ihr Ehemann gestorben war. Und sie wussten, dass die eingehenden Anrufe und E-Mails sie wahrscheinlich überwältigen würden. Aus dem Anruf hörten sie heraus, dass das Haus voller erweiterter Familie und Freunde war. Praktisch jeder dort hatte eine Meinung darüber, was mit dem Bildschirm-Leser nicht in Ordnung war, aber niemand reparierte ihn. Die Techniker schrieben die Frau ganz oben auf ihre Liste, baten sie, an dem Gerät nichts zu verstellen, und fünf Minuten später war einer von ihnen auf dem Weg zu ihr.

Als ich das beobachtete, wurde mir klar, dass ich noch nie jemanden am anderen Ende einer Kundenservice-Leitung physisch getroffen hatte. Ich begann, die altbekannten Plattitüden infrage zu stellen. Wenn bei einem Unternehmen „alle Kunden an erster Stelle" stehen, führt das nicht dazu, dass man einen ganzen Mob von Leuten bekommt, die Hilfe verlangen? Und wenn der „Kunde immer Recht" hat, wie erklärt man ihm dann, wenn er sich täuscht? Die Vorgehensweise von Nemont war erfrischend ehrlich.

Bei Nemont sind die Beziehungen anders. Die Besitzer des Unternehmens sind zugleich seine Kunden. Im Jahr 1950 schloss sich eine Gruppe von Bürgern, hauptsächlich Farmer, zusammen, um die erste Telefon-Kooperative in Montana zu gründen – Nemont steht für

Northeastern Montana. Das gemeinsame Leben in einer Kleinstadt erzeuge weitere Anreize, erklärte Hunter: „Wir sind Teil dieser Gemeinschaften. Wir sehen unsere Kunden im Fitnessstudio, in der Kirche, beim Highschool-Football, überall."

Der nächste Serviceanruf kam von der Stadtverwaltung von Glasgow. Ihre Internetverbindung hatte über Nacht den Dienst eingestellt, und weil sie auch für Telefonate genutzt wurde, war die Verwaltung weitestgehend lahmgelegt. Als wir dort eintrafen, taten die Beschäftigten ihr Bestes, um nicht-digitale Arbeiten zu erledigen. Aber selbst in den ländlichen USA ist ein Großteil der „Papierarbeit" elektronisch.

Im selben Gebäude tritt zweimal pro Monat der Glasgow City Council zusammen, der die Gründerväter der USA stolz machen würde. Die Sitzungen beginnen mit dem Treueschwur auf die amerikanische Flagge, und Bürger können sich zu beliebigen Themen äußern. Dann geht der Rat seine Tagesordnung durch, meist innerhalb einer halben Stunde, und es gibt erneut Gelegenheit für öffentliche Kommentare, bevor das Treffen endet.

Der Techniker öffnete einen Schrank, machte ein paar Tests und ersetzte einen Router. Nach 15 Minuten, die ein freundliches Gespräch über Aktivitäten am vergangenen Wochenende und das Wetter der kommenden Woche mit einschlossen, konnte das Büro der Stadt wieder arbeiten.

Der nächste Kunde war ein pensionierter Farmer, dessen Internetzugang nicht funktionierte. Nach 22 Minuten Fahrt vom Zentrum aus verließen wir den Highway und folgten fünf Kilometer einer Schotterstraße. Neben der Einfahrt hing eine Fahne der USA, und an ihrem Ende stand ein kleines weißes Haus. „Er mag nicht so gern Besucher", erklärte der Techniker. Ich blieb draußen und genoss die Landschaft.

Hinter sanften Hügeln und Weizenfeldern in alle Richtungen verbirgt sich hier viel Hightech. Landwirtschaft ist die wirtschaftliche Basis von Glasgow, und moderne Agrartechnik ist hochgradig vernetzt. Traktoren nutzen drahtlose Netze, um Satellitenbilder zu verarbeiten, die Aussaat zu optimieren und die Erträge zu steigern. Die lokale Vertretung von John Deere ist eher Apple Store als Maschinenhandel. Die Produkte schicken Daten per Mobilfunk zu einem virtuellen „Operations Center“, das Kunden dabei hilft, ihre Produktion zu erfassen und zu optimieren.[17]

Vor dem Haus war auf einem hölzernen Telefonmast in zehn Metern Höhe eine weiße, schüsselförmige Funkantenne montiert. Von diesem Punkt aus konnte sie einen Funkturm in mehreren Kilometern Entfernung erreichen. Ein Kabel war von der Spitze des Mastes zum Dach des Hauses verlegt. Das System kann Windgeschwindigkeiten von bis zu 200 Stundenkilometern und Temperaturen zwischen –40 und +54 Grad standhalten. Solche speziellen Antennen bieten Internetgeschwindigkeiten von bis zu 30 Mbps/30 Mbps für 50 Dollar pro Monat.[18] Statt fünf Kilometer Glasfaserkabel zu verlegen, was fast 100.000 Dollar gekostet hätte, musste Nemont nur die Antenne installieren und ein Kabel ins Haus verlegen.[19]

Wo wir auch hingingen, schien der nationale Notstand noch nicht eingetreten zu sein. Den meisten Kunden war nicht bewusst, dass ihre Telefonate und E-Mails über chinesische Technik transportiert wurden. Bis kurz zuvor hatten sie gar keinen Grund gehabt, sich dafür zu interessieren, aus welchem Land ihre Netzwerk-Hardware stammte. Oder wissen Sie, über die Technik welcher Marke Ihr Mobiltelefon gerade Signale austauscht?

Die meisten Leute, mit denen ich sprach, hatten keine klare Meinung über China. Wenn doch, dann war sie meist positiv, weil das Land als Kunde für lokale Agrarprodukte gesehen wurde. Es gab Sorgen wegen des Handelskrieges, der zu höheren Zöllen und niedrigeren Agrarexporten geführt hatte. Doch der Technologiekrieg hinter dem Handelskrieg blieb größtenteils unsichtbar. Die lokale Zeitung hatte noch keine Artikel veröffentlicht, die sich mit Huawei beschäftigten. „Für die meisten von uns ist Chinaware das, mit dem man zu Thanksgiving den Tisch deckt“, scherzte Hunter.

Die größte Sorge war, komplett vom Netz getrennt zu werden. Die Notfalldienste in dem Gebiet hingen von Huawei-Technik ab, ebenso wie ein Großteil des täglichen Lebens. Jagen, Fischen und andere Outdoor-Aktivitäten sind beliebt bei der lokalen Bevölkerung und attraktiv für Touristen. Für all das braucht man Mobilfunk. „Es geht nicht nur darum, dass Jim-Bob seinen Kumpel anrufen kann“, erklärte ein anderer Einwohner von Glasgow. „Es geht um Menschenleben."

Solche Prioritäten sind vollkommen vernünftig – und stehen doch im Widerspruch zu Warnungen der US-Politik vor Huawei und anderen chinesischen Technologieunternehmen. Nach der Maslow'schen Pyramide ist das physiologische Bedürfnis nach Luft, Wasser, Lebensmitteln und Unterkunft das grundlegendste. Die zweite Stufe bilden persönliche Sicherheit, Beschäftigung und sonstiges Schutzbedürfnis. Auf der dritten Stufe steht unter anderem das Bedürfnis, Kontakt mit anderen zu haben. Auf den ersten Blick erscheint das Ansinnen der US-Regierung also angemessen. Im Prinzip bat die Politik die Bürger darum, die Bedrohung durch Huawei über ihr Bedürfnis nach Kontakt zu stellen.

Doch die digitale Maslow-Hierarchie der Bedürfnisse sieht anders aus. Digitale Konnektivität erfüllt nicht nur Bedürfnisse der höheren Stufen wie Kontakt mit Freunden und Familie, sondern auch grundlegende wie Zugang zu kritischen Notfalldiensten. Für Menschen, die Netze mit Huawei-Technik nutzen, kann sich das Risiko, Zugang zu bestehenden Diensten zu verlieren, unmittelbarer und bedrohlicher anfühlen als die abstrakte Angst vor Überwachung oder Störungen im Netz durch ausländische Einwirkung. Die meisten Kunden, ob in den ländlichen USA oder in Staaten rund um die Welt, interessieren sich weniger für Bedrohungen aus dem Ausland als einfach dafür, zu hohe Rechnungen zu vermeiden. Wenn sie keine bezahlbaren Alternativen anbieten, kämpfen US-Politiker einen aussichtslosen Kampf.

Die Nemont-Führung war nicht naiv, als sie beschloss, Technik von Huawei zu verwenden. Sie wusste, dass die Reputation des chinesischen Unternehmens in Washington Schaden genommen hatte. Im Oktober 2012 veröffentlichte der ständige Geheimdienstausschuss des US-Repräsentantenhauses einen vernichtenden Bericht über nationale Sicherheitsrisiken durch Huawei und ZTE. „China hat die Mittel, die Gelegenheit und das Motiv, Telekommunikationsunternehmen für bösartige Zwecke einzusetzen", hielt er fest.[20]

Was dem Kongress-Ausschuss damals nicht bekannt war: Einer der größten Mobilfunk-Netzbetreiber in den Niederlanden, KPN, hatte

2010 seine eigene Untersuchung gestartet und deutlich konkretere Risiken durch seine Einkäufe bei Huawei entdeckt. Laut einem internen Bericht des Unternehmens waren Huawei-Beschäftigte in den Niederlanden und in China in der Lage, alle Anschlüsse innerhalb des Netzes abzuhören, darunter den des niederländischen Premierministers und von chinesischen Dissidenten in den Niederlanden; außerdem konnten sie sehen, welche Nummern von Polizei und Geheimdiensten überwacht wurden. KPN hatte die Sorge, dass der Bericht den eigenen Ruf erheblich schädigen würde, und veröffentlichte ihn erst 2021, nachdem der Zeitung *De Volkskrant* ein Exemplar davon zugespielt worden war.[21]

Schon das Urteil des US-Kongresses war für Huawei und ZTE denkbar schlecht. Der Ausschuss bezichtigte Huawei, nicht zu kooperieren und Fragen nicht angemessen zu beantworten. Seine Empfehlung war klar: „US-Netzbetreiber und -Systementwickler werden nachdrücklich ermutigt, andere Anbieter für ihre Projekte zu suchen. Auf der Grundlage verfügbarer vertraulicher und öffentlicher Informationen kann nicht darauf vertraut werden, dass Huawei und ZTE frei von staatlichem Einfluss sind, weshalb sie eine Sicherheitsgefahr für die USA und unsere Systeme darstellen.“

Der Kongress-Bericht sorgte für viel Aufmerksamkeit für diese Risiken, aber hinsichtlich Lösungen war er weniger fantasievoll. Huawei-Produkte würden unter dem Marktwert verkauft, hielt er fest. Als Gegenmittel schlugen die Parlamentarier vor, die unfairen Handelspraktiken Chinas zu untersuchen, den Informationsaustausch im Privatsektor zu verbessern und die Rolle des Committee on Foreign Investment in the United States zu stärken, das dafür zuständig ist, ausländische Investitionen auf Gefahren für die nationale Sicherheit zu überprüfen. Nicht Teil ihrer Empfehlungen aber war staatliche Unterstützung, damit bessere Alternativen verfügbar würden.

Als Folge davon hatte Nemont nur wenige attraktive Optionen. „Wir sind eine kleine regionale Gesellschaft und verfügen nicht über die Ressourcen von größeren, die landesweit aktiv sind“, erklärte Hunter. Ende 2009 und Anfang 2010 musste Nemont über die Aufrüstung seines Mobilfunknetzes für 3G entscheiden, und die Preise von Huawei lagen um 20 bis 30 Prozent unter denen der Konkurrenz.[22] Und dafür konnte Nemont nicht nur ein Standard-Paket kaufen: Huawei war auch bereit, den Auftrag zu niedrigeren Kosten zu individualisieren.

Die US-Regierung bietet Finanzierungshilfen für Internet und Telefon in ländlichen Gebieten an. Mike Kilgore, der CEO von Nemont, wollte diese Unterstützung nicht gefährden und schrieb an Politiker, bevor er sich 2011 für Huawei-Technik entschied. „Ich bettelte darum, dass sie sagen: ‚Nein, kauf das nicht'", erklärte er der *New York Times*.[23] Doch als niemand Einspruch erhob, beschloss Nemont, das Angebot anzunehmen.

Man muss Huawei zugutehalten, dass es lieferte. Mehrere Wochen lang schliefen chinesische Techniker in den Nemont-Büros und arbeiteten rund um die Uhr, um 3G-Technik zu installieren und lokale Kollegen zu schulen. „Überall lagen Pizza-Schachteln herum", erinnert sich ein Nemont-Mitarbeiter. „Alle waren erschöpft. Aber wir haben zusammengearbeitet und den Job erledigt." Sie waren stolz darauf, mit einem knappen Budget ein großes Projekt abgeschlossen zu haben. Doch der Partner, mit dem das möglich wurde, war bemerkenswert: Ein chinesisches Unternehmen half Nemont, das zu tun, was die US-Regierung nicht konnte und große US-Konzerne nicht wollten.

„FÜR UNSER NACKTES ÜBERLEBEN"

Als die Huawei-Techniker in Glasgow eintrafen, hatte das Unternehmen schon mehr als ein Jahrzehnt lang abgelegene und gefährliche Orte weltweit vernetzt. Mitte der 1990er-Jahre erkannte Ren Zhengfei, dass er sich dem internationalen Wettbewerb stellen musste. Wenn Huawei darin keinen Erfolg hätte, so glaubte er, würde sich das Unternehmen schwertun, um einen schrumpfenden Anteil am chinesischen Inlandsmarkt zu kämpfen.[24] „Wir waren gezwungen, für unser nacktes Überleben auf den internationalen Markt zu gehen", sagte Ren später.[25]

Nachdem es für sein erstes Auslandsprojekt in Hongkong nahe der Heimat geblieben war, ging Huawei riskantere, stärker übersehene

Märkte an. Das Timing dafür sah auf den ersten Blick so aus, als hätte es nicht schlechter sein können. Huawei traf oft gerade dann ein, wenn Krisen auf- oder überkochten. Aber das bedeutete oft zugleich weniger Konkurrenz, weil westliche Unternehmen sich zurückzogen oder abwarteten, bis das geschäftliche Umfeld wieder sicherer wurde. Um in Schwellenländern Fuß zu fassen, konzentrierte sich Huawei auf regionale Anker. Erfolg in Russland zum Beispiel konnte die Expansion in frühere Sowjetstaaten erleichtern.

In diesen riskanteren Umfeldern verfeinerte Huawei seine Verkaufstaktiken, und seine Mitarbeiter gewannen Erfahrung im Umgang mit Ausländern. Das Unternehmen entwickelte ein wirkungsvolles Rezept aus niedrigen Kosten, schneller Lieferung und Eingehen auf den Kunden. „Die Produkte von Huawei mögen nicht die besten sein, aber was soll's? Was ist der Kern von Wettbewerbsfähigkeit?“, fragte Ren sein Team. „Ganz einfach: mich zu wählen und nicht dich!“[26]

Internationale Märkte wurden mit Dringlichkeit, aber auch hartnäckig und ausdauernd umworben. Im Jahr 1997 startete Huawei in Russland mit dem Joint Venture Beto-Huawei für die Produktion von Switches, gegründet mit einem lokalen Telekom-Anbieter. Im Jahr darauf zahlte die russische Regierung ihre Staatsschulden nicht zurück, wertete ihre Währung ab und setzte Zahlungen von Geschäftsbanken an ausländische Gläubiger aus.

Aber Huawei war geduldig. „Die anschließende Finanzkrise war wie schwerer Schneefall, der das gesamte Land einfrieren ließ“, erinnerte sich einer der ersten Huawei-Beschäftigten in Russland. „Also hatte ich keine andere Wahl, als zu warten, mich von einem Wolf in einen Eisbären im Winterschlaf zu verwandeln.“[27] Als der Mitarbeiter zwei Jahre später Ren traf, konnte er als einzigen Erfolg einen Batterievertrag über 38 Dollar vorweisen. Trotzdem glaubte Ren, dass es zu früh war, um Russland zu verlassen. „Wenn sich der russische Markt eines Tages erholt, aber Huawei vor einer verschlossenen Tür steht, kannst du von diesem Gebäude springen“, scherzte er düster.[28]

Bei den frühen Vorstößen von Huawei ins Ausland öffnete die chinesische Regierung die Türen. In Russland zum Beispiel schaltete sich der Botschafter ein, um eine Genehmigung des Joint Ventures mit Huawei zu erreichen. „Nur politische Überlegungen konnten den Stillstand durchbrechen", gab ein früherer Huawei-Mitarbeiter und Autor eines Buches zu, in dem er die Leistungen des Unternehmens preist.[29] Einen wichtigen Durchbruch gab es 2001, als eine Delegation der russischen Regierung das Hauptquartier von Huawei besuchte und einen Vertrag über 10 Millionen Dollar unterschrieb.[30] Im Jahr 2003 zählte Russland mit Jahresumsätzen von mehr als 100 Millionen Dollar zu den größten Märkten von Huawei.[31] Die Ausdauer von Ren zahlte sich aus, ebenso wie seine Fähigkeit, die chinesische Regierung für sich einzusetzen.

Huawei tat sich schwer, seine Marke zu etablieren. Ausländische Kunden konnten den Namen nicht aussprechen und dachten bei China an Lowtech-Produkte von schlechter Qualität. Nachdem er erfahren hatte, dass Beto-Huawei chinesisch ist, fragte ein russischer Manager: „Ein chinesisches Hightech-Unternehmen? Ihr verkauft keine elektrischen Wasserkocher, oder?"[32]

Die Beschäftigten von Huawei lernten noch, aber sie waren gewillt, dorthin zu gehen, wo westliche Unternehmen nicht sein wollten. Nachdem er 13 Monate in Russland verbracht hatte, erklärte sich ein unerschrockener Mitarbeiter bereit, als Nächstes das nationale Telekom-Netz im Jemen mit aufzubauen. „Der Jemen ist arm, mit ziemlich harten Bedingungen in jeder Hinsicht: hohe Temperaturen, große Höhen. Sanitäre Anlagen, Transport und Sicherheit waren sämtlich sehr unangemessen", erinnerte er sich. „Die brennende Sonne stand direkt über uns und der Strom war ausgefallen. Die sengende Hitze war unerträglich. Wir haben im Keller geschlafen."[33] In einem Rückblick auf seine Arbeit erklärte er später: „Im Vergleich zu meiner Kindheit in einem armen Dorf in Hunan, zu den Tagen, in denen ich barfuß über die Stoppel in den Feldern lief, fand ich es eigentlich gar nicht so schlimm. Ich habe bei Huawei meinen Platz gefunden."[34]

Die Flexibilität von Huawei gab dem Unternehmen die Möglichkeit, auf vollkommen unterschiedlichen Märkten Erfolg zu haben. Sein erstes Projekt in Afrika war 1999 ein Mobilfunknetz in Kenia. Als ein Mitarbeiter in Naivasha eintraf, einer großen Stadt 100 Kilometer nordwestlich von Nairobi, stellte er fest, dass das „Hotelzimmer kein

Telefon, keinen Fernseher und keine sanitären Anlagen“ hatte. Die nächsten neun Monate verbrachte er damit, das System einzurichten und zu reparieren – an einem Tag arbeitete er bis 3 Uhr morgens, um ausgefallene Teile zu ersetzen. Im Jahr darauf war er in Äthiopien, wo er die gleiche Mobilfunktechnik installierte. Das bergige Terrain des Landes war eine noch größere Herausforderung, und die Antenne des Systems brauchte spezielle Modifikationen, um dem starken Wind zu widerstehen.[35] In einer Publikation für Huawei-Mitarbeiter berichtete er nostalgisch von Arbeiten mit Nasenbluten, ungewohntem Essen und davon, alles alleine zu machen.

Noch auffälliger war der Erfolg von Huawei im Umgang mit unterschiedlichen Kunden. Kenia und Äthiopien sind direkte Nachbarn, aber ihre Telekom-Sektoren liegen Welten auseinander. Um in Kenia anzutreten, musste man Angebote für Ausschreibungen abgeben und mit anderen privaten Unternehmen wie Vodafone zusammenarbeiten. In Äthiopien dagegen hatte die Regierung ein Monopol auf Telekommunikation, das die meisten westlichen Unternehmen ausschloss. Huawei kam in beiden Umfeldern zurecht, indem es Beamte umwarb, die Konkurrenz unterbot und Projekte rasch realisierte. Auch eine Reihe von Korruptionsvorwürfen und -urteilen konnte seinen Fortschritt nicht bremsen.[36] Bis 2019 hatte Huawei geschätzte 70 Prozent aller 4G-Netze in Afrika aufgebaut.[37]

In der Huawei-Kultur wird Aufopferung idealisiert, und Ren hat dauerhafte Härten zum Normalfall statt zur Ausnahme gemacht. „Viele Länder sind sehr arm. In manchen gibt es sogar Malaria“, sagte er im Jahr 2000 vor Mitarbeitern. „Beschäftigte im Ausland bekommen keine hohen Gehälter. Ihre Löhne unterscheiden sich nicht sehr von denen im Inland. Das Wichtigste ist der Kampfgeist der Huawei-Mitarbeiter.“[38] Bei einer anderen internen Rede im Jahr 2006 schätzte Ren, der zu Übertreibungen neigt, dass mehr als 70 Prozent der Huawei-Beschäftigten in Afrika eine Malaria-Infektion hatten.[39]

Deren Berichte über ihre Erfahrungen im Ausland lesen sich wie eine Mischung aus der Besiedlung der Neuen Welt vor Jahrhunderten und der Erkundung einer Science-Fiction-Zukunft – die Pilgerväter treffen *Prometheus*. „Wir lebten in einem Viertel namens

'Dreamland'", schrieb ein Mitarbeiter nach fünf Jahren im Sudan. „In einer dunklen Hütte mit niedriger Decke waren Kojen für sieben oder acht Personen in einen Raum gestopft. (...) Das baufällige Gebäude vor unserem Zimmer war der Konferenzraum des Kunden."[40] Glasgow, Montana, ist abgelegen, ist aber im Vergleich dazu geradezu luxuriös.

Persönliche Tragödien vergisst das Unternehmen schneller. Als Ren im Scherz verlangte, sein Mitarbeiter müsse von einem Gebäude springen, wenn Huawei in Russland keinen Erfolg hätte, konnte der lachen. Aber ein Untersuchungsbericht zählte sechs unnatürliche Todesfälle von 2006 bis 2008, darunter drei Selbstmorde.[41]

Rens größte Sorge, sagen Kritiker, gilt nicht der Sicherheit seiner Mitarbeiter, sondern dem Gewinn des Unternehmens. Im Jahr 2007 gab er 7.000 länger Beschäftigten Geld, damit sie kündigten und neue kurzfristige Verträge unterschrieben. Der Schritt wurde weithin als Versuch kritisiert, ein neues Arbeitsgesetz in China zu umgehen, das Mitarbeitern mit zehn oder mehr Jahren im Unternehmen die Möglichkeit gab, unbefristete Verträge zu bekommen.[42] Außerdem leisten hohe Führungskräfte bei Huawei einen Eid zur „Selbstdisziplin", in dem es unter anderem heißt: „Wir lieben Huawei so sehr, wie wir unser Leben lieben."[43]

Selbst wenn es eigentlich um Arbeitssicherheit geht, kann Ren nicht anders, als über Kosten und Gewinn zu sprechen. „Wir müssen alles tun, was wir können, um für ihre Sicherheit zu sorgen, und alles vermeiden, was zu riskant ist", erklärte er 2015 vor Mitarbeitern.[44] Das Huawei-Büro im Jemen, so schlug er vor, „kann innen Stahlplatten installieren, Fenster durch laminiertes Glas ersetzen und mechanische Lüftungssysteme einbauen. Es muss nur die Installationskosten tragen", schränkte er allerdings ein und fuhr fort: „Wenn wir unser Leben riskieren, um inmitten von Krieg oder Gewalt Produkte und Dienstleistungen bereitzustellen, dann sollte der Preis für unsere Produkte steigen. (...) Wir versuchen nicht, irgendjemanden zu erpressen, aber es ist wichtig, dass die Telefongesellschaften unsere Situation verstehen. Auf diese Weise können wir in kleinen Ländern die Gewinnschwelle erreichen."

Die mangelnde Scheu von Huawei vor Schwierigkeiten ging manchmal nach hinten los. Im Jahr 2000 hatte das Unternehmen Büros in Kuba, Burma und im Irak – sämtlich Länder unter Sanktionen der USA.[45] 2002 wurde ihm vorgeworfen, UN-Sanktionen gegen den Irak gebrochen zu haben, indem es Hightech-Glasfasertechnik lieferte, die für Luftverteidigungssysteme eingesetzt werden konnte.[46] Außerdem geht aus Dokumenten hervor, die der *Washington Post* zugespielt wurden, dass Huawei der Regierung Nordkoreas bei Aufbau und Wartung eines Mobilfunknetzes half.[47] Im Jahr 2018 beschuldigten die USA Huawei, Sanktionen gegen den Iran verletzt zu haben, und kanadische Behörden nahmen Meng Wanzhou fest, die CFO von Huawei und zugleich Rens Tochter ist.

Das Eindringen von Huawei in ausländische Märkte wurde von den USA weitgehend ignoriert, in manchen Fällen sogar unterstützt. Als Anfang 2003 eine US-Invasion im Irak zunehmend wahrscheinlich wurde, begann Huawei, Chancen auszukundschaften. Im Februar, einen Monat vor der Invasion, reiste ein Mitarbeiter in die semiautonome Kurdenregion und begann Verhandlungen über den Ausbau eines Mobilfunknetzes. „Jeden Tag wurde die Situation im Irak angespannter. US-Soldaten bereiteten nach und nach den Einsatz ihrer Offensivkräfte vor. Die Flammen des Krieges standen wirklich jede Sekunde davor, sich zu entzünden“, erinnerte sich der Mitarbeiter. Aber der Ausbruch des Krieges scheint für ihn dann nur ein vorübergehendes Hindernis gewesen zu sein. „Die Entscheidung, zurück in den irakischen Markt zu expandieren, war ein Thema, das von der Führungsspitze des Unternehmens diskutiert wurde“, schrieb der Mitarbeiter. Im Mai war er wieder im Nordirak, um das Projekt fortzusetzen.[48]

Die US-Invasion im Irak war für Huawei ein Geschenk. Um die Kommunikation ihres Gegners zu stören, griffen US-Kräfte auch die zugehörige Infrastruktur an. Anschließend half Huawei gern beim Wiederaufbau. Im Jahr 2007, als das unsichere Umfeld die meisten westlichen Unternehmen noch auf Abstand hielt, bekam Huawei einen Vertrag über 275 Millionen Dollar für seine Beteiligung am Aufbau eines Mobilfunknetzes im Irak.[49] 2013 blickte ein Mitarbeiter auf fünf Jahre Arbeit in dem Land zurück. Er erinnerte sich an

„aufsteigenden Rauch an den Ufern des Tigris, während Mörsergranaten durch die Luft pfiffen", „bedrohliche Hummer und Panzer des US-Militärs, die durch Straßen und Gassen patrouillierten" und „die Feier zum erfolgreichen Start neuer Netze und zum Abschluss neuer Verträge".[50]

Auch in Afghanistan fand Huawei Chancen. Im Jahr 2003 unterschrieb die Regierung mit Huawei und ZTE einen Vertrag für ein Mobilfunknetz.[51] Im Jahr darauf stellte die Asian Development Bank (ADB), deren größte Aktionäre die USA und Japan sind, einen Kredit für Roshan zur Verfügung, den größten Mobilfunkanbieter Afghanistans. Zunächst kaufte er Technik von Alcatel und Siemens, aber nach einer weiteren Prüfung ließ die ADB den Wechsel zu Huawei zu, dessen Geräte nach ihren Angaben „niedrigere Lebenszyklus-Kosten und mehr Flexibilität bei der Konfiguration" boten.[52] Soldaten der USA und des Bündnisses sicherten diese Projekte ab, genau wie sie es taten, als ZTE das Breitbandnetz von Afghanistan aufbaute.

Das Huawei-Personal arbeitete in Afghanistan unter harten Bedingungen und weitete seine Aktivitäten aus, als die USA im Jahr 2009 ankündigten, weitere Soldaten zu schicken. „Einmal wurde unsere lokale Belegschaft als Geiseln genommen. (...) Wir hatten immer ein paar kugelsichere Westen im Büro. Zwei Kollegen in dem Büro sind an Typhus erkrankt", erinnerte sich ein Mitarbeiter an die Herausforderungen.[53] Als das ausländische Geld hereinzuströmen begann und sich das Sicherheitsumfeld verbesserte, expandierte das Huawei-Büro von einem einzigen Mitarbeiter 2009 auf zwanzig im Jahr darauf, und bald arbeitete es mit allen vier führenden Telekom-Anbietern in Afghanistan zusammen. Afghan Wireless, zweitgrößte Mobilfunkgesellschaft des Landes und gemeinsam mit der afghanischen Regierung im Besitz eines US-Unternehmens, nahm im Mai 2017 das erste 4G-Netz nach LTE-Standard in Afghanistan in Betrieb, realisiert mit Technik von Huawei.[54]

Die zunehmende Bedeutung von Huawei in Afghanistan und im Irak wirft mit Blick auf die Strategie der USA – oder den Mangel daran – unangenehme Fragen auf. „Die USA kämpfen in Nahost seit 20 Jahren, aber sie gewinnen nicht, während China seit 20 Jahren gewinnt, aber nicht kämpft", sagte ein asiatischer Außenminister zu Jon B. Alterman, einem führenden US-Experten für die Region.[55] Die USA sorgten mit hohen finanziellen und menschlichen Kosten für Sicherheit, und chinesische Unternehmen machten sich die neuen Geschäftsgelegenheiten zunutze. Bevor die USA begannen, Huawei als Bedrohung für die nationale Sicherheit anzusehen, nutzten im Prinzip sogar ihre eigenen Streitkräfte Technik des Unternehmens bei militärischen Operationen im Ausland.[56]

Bis Nemont nach Anbietern für sein 3G-Netz in Glasgow und anderen ländlichen Gegenden suchte, hatte Huawei schon eine lange Erfolgsgeschichte in der Vernetzung schwieriger Standorte vorzuweisen. Selbst als das Unternehmen wuchs und Aufträge in europäischen Städten bekam, sah es ländliche und Schwellenmärkte immer noch als entscheidend für seinen Erfolg an. Seine Netze verbanden US-Regierungspersonal im Irak, Bergsteiger auf dem Mount Everest und einen immer größeren Teil der Menschheit. „Wir wollen Netze für die Gesellschaft anbieten (...), im sauerstoffarmen Hochland, in der sengenden Wüste, im eiskalten Nordpolarmeer, in gefährlichen Gebieten voller Minen, in Wäldern, Flüssen, Ozeanen (...). Wo auch immer auf der Erde Menschen sind, werden sie vernetzt sein", versprach Ren seiner Belegschaft im Jahr 2011.[57]

„DIESE GIGANTISCHE AUFGABE"

„Schau, der Überlauf!", sagte Hunter aufgeregt, als wir zurück in die Stadt fuhren. Er zeigte auf den Fort-Peck-Damm, ein riesiges öffentliches Bauprojekt, das Präsident Franklin D. Roosevelt (FDR) in den 1930er-Jahren begonnen hatte. Aus dem Damm wurde Wasser abgelassen, was selten genug vorkommt, dass die lokalen Medien darüber berichten. Wir hielten an, um uns das Ereignis näher anzusehen.

Wenn man auf einer Brücke über den 16 Toren des Überlaufs steht, kann man leicht nostalgisch werden und an die Tage zurückdenken, als die US-Regierung noch große Projekte anging. Auf der einen Seite liegt ein See mit einem Ufer, das länger ist als die Küste Kaliforniens.

Auf der anderen transportiert ein Kanal, der aussieht wie eine riesige Bowlingbahn aus Beton, Wasser zurück in den Missouri River. Die schiere Größe und Weite des Dammes sind atemberaubend. Er erstreckt sich über drei Kilometer und war schon der größte mit Erde aufgeschüttete Damm der Welt, als er erst zu einem Fünftel fertig war. Nach acht Jahrzehnten produziert er immer noch Strom für Montana und benachbarte Bundesstaaten.

Mir war etwas peinlich, vor Hunter und Handran zuzugeben, dass ich von dem Projekt noch nie zuvor gehört hatte. Er ist buchstäblich das größte Stück amerikanischer Geschichte, bei dem Glasgow eine wichtige Rolle gespielt hat. Aber zugleich war ich fasziniert. Nachdem ich die Vernetzungsprobleme des ländlichen Amerika gesehen hatte, war der Damm für mich eine Überraschung. Mehr als 100 Meter unter uns rauschte das Wasser durch ihn hindurch und flüsterte, dass große Dinge möglich sind. Ginge das nicht noch ein weiteres Mal?

Am Abend musste ich lange an den Damm und die Landschaft um ihn herum denken. Seit ich in Glasgow aus dem Zug gestiegen war, wies das meiste von dem, was ich sah, auf eine Diskrepanz zwischen privaten und öffentlichen Interessen hin. Große US-Unternehmen sahen keinen Wert in dem kleinen Markt der Region. Die Regierung leistete nur begrenzt Unterstützung. Ein ausländisches Unternehmen hatte die Lücke gefüllt. Der Damm war ein Monument für eine andere Philosophie, aber wie mir klar wurde, auch für eine grundlegend andere Zeit.

Das Leben während des Baues des Fort-Peck-Damms war hart und chaotisch. Das Vorhaben war so groß, dass Tausende Männer und Frauen dafür abgestellt wurden, angeleitet vom Corps of Engineers der U.S. Army. Drei Schichten waren so organisiert, dass die Arbeit 24 Stunden am Tag, 7 Tage die Woche und fast 7 Jahre lang voranschritt. In einem Bericht von 1936 hielt die Army fest, dass die Zahl der Todesfälle, bereinigt nach Arbeitsstunden, unter dem US-Durchschnitt lag.[58] Zwei Jahre später tötete ein Erdrutsch acht Männer. Insgesamt kamen bei der Arbeit an dem Projekt 60 Menschen ums Leben.

In den frühen Jahren des Projekts trafen täglich 10 bis 15 Familien neu in Glasgow ein und sorgten dafür, dass die Stadt zunehmend überquoll.[59] Behelfsstädte mit Namen wie Square Deal, New Deal und Delano Heights entstanden. „Flussufer, 3 Meilen vom Damm, Wohn- und Gartengrundstücke zu vermieten, reichlich gutes Wasser und Schatten. Kein Hochwasser. Genügend Abstand, damit nicht alle Häuser brennen, wenn eines brennt: 2,50 Dollar pro Monat“, war in einer Immobilienanzeige in der Lokalzeitung zu lesen.[60] Viele Arbeiter konnten sich solchen Luxus nicht leisten und wohnten stattdessen in baufälligen Unterkünften ohne Strom oder fließendes Wasser.

Der Pioniergeist, durch den Glasgow ein halbes Jahrhundert zuvor entstanden war, kehrte zurück. Als die Journalistin Margret Bourke-White im Jahr 1936 die Baustelle für Fort Peck besuchte, stieß sie auf „einen winzigen Flecken in den langen, einsamen Weiten des nördlichen Montana, so primitiv und wild, dass die gesamte verfallene Stadt das Gefühl der ungestümen Zeiten des Goldrauschs zu verbreiten schien. Sie war vollgestopft mit Bauarbeitern, Ingenieuren, Schweißern, Kurpfuschern, Barmädchen [und] eleganten Damen.“ Die Fotos dazu waren auf der Titelseite der ersten Ausgabe des Magazins *Life* zu sehen. Ein Blick darauf und die Berichte der damaligen Arbeiter ließen den Fort-Peck-Damm für mich nur noch fremdartiger erscheinen.

Die beste moderne Parallele für die Rauheit dieser Szenen findet sich nicht in den USA. So wie die frühen Beschäftigten von Huawei ließen die Damm-Arbeiter ihr Zuhause zurück und machten sich auf in eine unbekannte Umgebung. Dort kamen sie an und fanden sich mit schwer erträglichen Bedingungen ab. Mit staatlicher Unterstützung versuchten die beteiligten Unternehmen, die Grenzen des technisch Möglichen zu sprengen. Statt sich mit jahrelangen Risikoabschätzungen aufzuhalten, begann das Projekt rasch, und die Erbauer kümmerten sich um Probleme erst, wenn sie auftraten. Die Plackerei dauerte den ganzen Tag, ununterbrochen und jahrelang. Der Job wurde erledigt.

Während der Großen Depression zählte zu den kurzfristigen Zielen des Projektes die Schaffung von Arbeitsplätzen. Material und Dienstleistungen wurden aus den gesamten USA bezogen: Schaltanlagen aus Dallas, Tunnelbohrer aus New York, Tunneleinsätze aus Baltimore, elektrische Leitungen aus Los Angeles, Kanalsysteme aus Sioux City, Umspannwerke aus Pittsburgh und so weiter.[61] Unter Einbeziehung dieser langen Lieferkette waren insgesamt eher 40.000 bis 50.000 Arbeitskräfte an dem Projekt beteiligt.[62]

Das Ausmaß des Projekts lässt sich kaum mit seinen Kosten in Einklang bringen. Insgesamt kostete es 100 Millionen Dollar, nach dem heutigen Wert ungefähr 2 Milliarden Dollar. Das ist eine hohe Summe, die aber im Vergleich zu heutigen Megaprojekten verblasst. Die erste Phase der U-Bahn-Linie Second Avenue in New York City kostete 2,7 Milliarden Dollar – pro Meile, und eine Erweiterung wird wohl noch deutlich teurer werden.[63]

Eine genauere Beschäftigung mit dem Damm führt zu einigen Erkenntnissen über dieses Mysterium von Größe und Kosten. Ihn zu bauen, war nicht einfach, aber sein Design ist elegant. Die Anlage hat zwei Kraftwerke, eines installiert im Jahr 1952 und das andere 1961. Ein Team von 20 Personen betreibt sie. Das System, durch das Wasser fließt, Turbinen sich drehen und Strom erzeugt wird, ist einfach genug, um es Gruppen von Grundschülern zu erklären, die jedes Jahr zu Führungen kommen. Modernere Infrastruktur ist komplexer, und das macht sie teurer.

Natürlich verlief der Bau des Fort-Peck-Damms keineswegs reibungslos. Neben den getöteten Arbeitern brachte das Projekt weitere gesellschaftliche und ökologische Kosten mit sich. Anwohner mussten umziehen, und es gab Streit darüber, ob die Regierung faire Preise für ihr Land bezahlte. Entlang des Missouri River wurden mehrere weitere Dämme gebaut, und im Zuge davon wurden amerikanische Ureinwohner ohne oder mit geringer Entschädigung von ihrem Land vertrieben. Ablagerungen im Fluss durch Fort Peck und andere Dämme haben einige Fischarten dezimiert.[64]

Aber das Projekt war zugleich Teil einer längerfristigen Vision. FDR erklärte es bei einem Besuch im Jahr 1934 einige Monate nach der Genehmigung von Fort Peck so: „Weil wir uns diese gigantische Aufgabe vorgenommen haben, deren Vervollständigung mehr als eine Generation lang dauern wird, und weil wir sie uns jetzt vorgenommen haben und die Bürger der USA das Ziel dieser Idee verstehen, bin ich mir sehr sicher, dass wir es zu einem erfolgreichen Abschluss bringen werden."[65]

Eines dieser Ziele war Elektrifizierung. Im Jahr 1935 richtete FDR die Rural Electrification Administration (REA) ein, um die Lücke zwischen den 90 Prozent der städtischen US-Bürger mit Strom und den 90 Prozent der Landbevölkerung ohne Strom zu schließen.[66] Von den 37.000 Farmen in der Nähe des Fort-Peck-Damms hatten im Jahr 1937 nur 12 Strom.[67] Private Unternehmen konzentrierten sich auf städtische Gebiete, in denen die Nachfrage höher und die Märkte größer waren. So wie die größten Internetprovider von heute sahen sie keinen Wert darin, sich in dünn besiedelte Regionen mit häufig ärmeren Kunden zu begeben.

Die REA hielt ländliche Gemeinden an, Kooperativen zu bilden, Versorgungsunternehmen in Eigenbesitz, die Strom aus öffentlichen oder privaten Quellen kauften oder ihn selbst erzeugten. Als Unterstützung bot sie langfristige Kredite zu niedrigen Zinsen sowohl für große Projekte als auch für einzelne Haushalte an. Fast alle davon wurden vollständig zurückgezahlt, sodass die Kosten für die US-Steuerzahler relativ niedrig blieben.[68] Die Kooperativen sorgten dafür, dass sich die Zahl der Farmen mit Strom verdoppelte, und bauten mehr Stromleitungen als private Unternehmen in dem halben Jahrhundert zuvor.[69]

Das ländliche Leben wurde transformiert. „Wenn wir Leute auf dem Land an das Netz anschlossen, kam dadurch nicht nur Strom ins Haus. Es hat sie aus dem Dreck geholt, aus dem Dunklen. Sie kamen in das 20. Jahrhundert“, erinnerte sich ein Einwohner von Montana und früherer Kooperativen-Manager.[70] Auch die wirtschaftlichen Vorteile waren erheblich. Durch die Elektrifizierung erhöhten sich die Beschäftigung in der Landwirtschaft, die Zahl der Bewohner ländlicher Farmen und der Wert von Grundstücken auf dem Land.[71] Das Überbrücken der elektrischen Spaltung führte zu lang anhaltenden Vorteilen, und die Gegenden, die früh einen Anschluss bekamen, verzeichneten jahrzehntelang höheres Wirtschaftswachstum. Bis zum Tod von FDR im Jahr 1945 drehte sich das Verhältnis um: 90 Prozent der ländlichen US-Amerikaner hatten jetzt Strom.

Ein Projekt wie der Bau des Fort-Peck-Damms wäre heute nur schwer vorstellbar. Die führende Rolle des Staates wäre vielen Politikern ein Graus, vielleicht sogar einschließlich der gewählten Vertreter von Montana selbst. Ein Dickicht von Bürokratie, von nationalen und bundesstaatlichen Vorschriften, würde im Weg stehen. Würden sich genügend amerikanische Arbeitskräfte für so ein Vorhaben verpflichten lassen? Das schiere Ausmaß und das Tempo dieses Megaprojekts scheinen der Vergangenheit anzugehören. Und noch wichtiger: Das gilt auch für die Vision, die es leitete.

„STROM DES 21. JAHRHUNDERTS"

In der US-Politik gilt als praktisch ausgemacht, dass Breitband heute so entscheidend ist wie im vergangenen Jahrhundert Elektrizität. Als FCC-Vorsitzender betonte Ajit Pai, wie wichtig es sei, „dafür zu sorgen, dass die nächste Generation von Amerikanern Zugang zum Strom des 21. Jahrhunderts hat, nämlich Breitband."[72] „Breitband ist zum Strom des 21. Jahrhunderts geworden", erklärte auch Brad Smith, Präsident und Chief Legal Officer von Microsoft.[73] Und der Demokraten-Politiker Michael Bennet schrieb: „Im 21. Jahrhundert keinen Zugang zu hochwertigem Breitbandinternet zu haben, ist wie ohne Strom zu leben."[74]

Die Verwendung von Elektrizität als Maßstab lässt allerdings zugleich eine Diskrepanz zwischen großer Rhetorik und Taten erkennen. Insgesamt hat sich die Breitbandversorgung in den USA verbessert, aber die digitale Spaltung hält an und weitet sich mit zunehmendem Tempo aus. In ländlichen Gegenden hat immer noch ungefähr jeder vierte US-Bürger keinen Zugang zu einfachen Breitbanddiensten über das Festnetz, geht aus dem FCC-Bericht für 2019 hervor.[75] Die reelle Zahl dürfte eher bei jedem dritten liegen.[76] Mit 100 Mbps/10 Mbps ist nur jeder zweite ländliche Haushalt versorgt, während in Städten 92 Prozent darüber verfügen.[77]

Über die Bedeutung von Breitband wird intensiv gesprochen – die Investitionen aber waren weitaus weniger ausgeprägt. Im Jahr 2020 stellte die FCC den Rural Digital Opportunity Fund vor, der über ein

Jahrzehnt 20,4 Milliarden Dollar für verbesserten Breitbandzugang ausgeben soll. Aber nach ihrer eigenen sehr konservativen Schätzung würde es 80 Milliarden Dollar kosten, das gesamte Land mit Breitband zu versorgen. Unter Berücksichtigung der zusätzlichen Nachfrage, die 5G für die Netze bedeutet, kam eine Studie der Beratungsfirma Deloitte zu dem Schluss, dass zwischen 130 Milliarden Dollar und 150 Milliarden Dollar über einen Zeitraum von fünf bis sieben Jahren gebraucht würden.[78]

Ein digitales Infrastrukturpaket mit wirklich transformativer Wirkung könnte aus mehreren Teilen bestehen. Wie Susan Crawford in ihrem Buch *Fiber* beschreibt, könnte eine nationale Infrastruktur-Bank eingerichtet werden, die Eigenkapital, Kredite, Kreditgarantien und Versicherungen bereitstellt. Build America Bonds, wie sie nach der Finanzkrise 2008 genutzt wurden, ließen sich wiederbeleben. Zusätzlich zu physischer Infrastruktur schlägt Elsa B. Kania, eine Expertin für neue Technologien und chinesische Militärinnovation, ein „Digital-Aufbauprogramm“ vor, das auch „Ausbildung von Arbeitskräften für kritische digitale Kompetenzen wie Cybersicherheit und Datenwissenschaft“ umfassen könnte.[79]

Der American Jobs Plan, ein Paket von 2 Billionen Dollar, das von der Regierung Biden-Harris geschnürt wurde, könnte den Breitbanddurchbruch bringen, der bislang auf sich warten ließ. „Breitbandinternet ist die neue Elektrizität“, erklärt die Regierung in Übereinstimmung mit Politikern beider Parteien. Ihr Vorschlag unterfüttert diese Aussage mit echten Ressourcen, darunter 100 Milliarden Dollar für universellen Zugang zu Breitbanddiensten sowie Investitionen in andere Infrastruktur, F&E, Weiterbildung und weitere Gebiete, die im globalen Wettbewerb wichtig sind.[80] Ermutigend dabei: Gleichzeitig investiert der US-Kongress über den US Innovation and Competition Act, eine überparteiliche Initiative, die 250 Milliarden Dollar für F&E und fortschrittliche Produktion über fünf Jahre vorsieht, in neue Technologien.

Strategische Investitionen im Inland könnten zugleich Technologien in Schwung bringen, die dazu beitragen, dass die USA und ihre Partner im weltweiten Geschäft mit Mobilfunknetzen wettbewerbsfähiger werden. Derzeit ist eine bedeutende Verschiebung in Gang, weg von traditionellen Funknetzen, in denen Hardware und Software eng miteinander verknüpft sind, hin zu einem offenen Ansatz, der Hardware und Software trennt. Beim traditionellen Ansatz sind Netzwerk-Hardware und -Software proprietär, sodass Kunden wie Nemont gezwungen sind, sich durchgängig für einen Anbieter zu entscheiden. Huawei hat das geschickt ausgenutzt, indem es zu niedrigen Preisen ein Radio Access Network (RAN) anbietet, das einen erheblichen Teil der Netzwerk-Kosten ausmacht.

Open-RAN-Netze könnten die Spielregeln zugunsten der USA verändern.[81] Indem Teile des Netzes, das derzeit von proprietärer Hardware bedient wird, virtualisiert werden, können Netzbetreiber mit Open RAN unterschiedliche Netzwerk-Komponenten verschiedener Hersteller zusammen verwenden. Für die Betreiber verspricht das mehr Auswahl, niedrigere Einführungskosten und ein geringeres Risiko, an einen einzelnen Anbieter gefesselt zu sein. Die USA könnten profitieren, weil ihre Unternehmen zu den führenden Herstellern der spezialisierten Software und Halbleiter zählen, auf denen Open RAN basiert.

Vielversprechende Beispiele für die Einführung von Open RAN gibt es bereits rund um die Welt. Parallel Wireless, ein Unternehmen aus dem US-Bundesstaat New Hampshire, hat solche Netzwerke schon mit verschiedensten Geschwindigkeiten aufgebaut, von 2G bis 5G und auf sechs Kontinenten.[82] Es hat mit Betreibern in Afrika, Lateinamerika und Südostasien zusammengearbeitet – und dabei chinesische Konkurrenten aus dem Feld geschlagen – und ebenso in Wisconsin, Idaho und anderen ländlichen Gegenden der USA. „Unser Markt für Kommunikationsinfrastruktur wird durch einen staatlichen Akteur verzerrt", sagt Steve Papa, der CEO von Parallel Wireless. Er verweist auf das massiv subventionierte Vorgehen Chinas: „Wir können das geschehen lassen oder wir können auf eine ähnliche Weise darauf reagieren."[83]

Trotzdem muss die Technologie noch reifen. Die Kehrseite von mehr Auswahl bei den Anbietern ist größere Komplexität. Trotz umfangreicher Tests gibt es immer noch Probleme zu lösen, wenn Komponenten unterschiedlicher Hersteller in einem Netz zusammenkommen. Kleinere Betreiber verfügen nicht immer über die technische Expertise, um mit diesen neuen Anforderungen zurechtzukommen, während es größeren an der Geduld dafür fehlen kann. Manchen ist immer noch lieber, einfach einen einzelnen Anbieter zu wählen, selbst wenn das mehr kostet. Die größten US-Betreiber, darunter T-Mobile, AT&T und Verizon, haben Interesse an Open RAN bekundet, setzen in ihren Plänen für die 5G-Einführung aber noch nicht konsequent darauf.

Bis Open RAN die alte Art des Netzwerk-Baus verdrängt hat, könnten noch mehrere Jahre bis zu einem Jahrzehnt vergehen. Das Thema wird im US-Kongress überparteilich unterstützt, und der Verteidigungshaushalt für 2021 sah 750 Millionen Dollar für die Entwicklung von 5G-Netzen und die Beschleunigung von Open RAN vor. Ein größeres Paket für digitale Infrastruktur könnte darauf aufbauen und zusätzliche Anreize für die Einführung von Open RAN sowie Investitionen in Innovationen bei Mobilfunk-Chips schaffen. Dadurch ließe sich die breite Einführung in den USA beschleunigen, und es würde US-Unternehmen dabei helfen, zu wachsen und auf ausländischen Märkten erfolgreich zu sein. Es könnte den Status quo ändern. China könnte nicht mehr nur durch Sicherheitswarnungen, sondern durch kommerziell überlegene Alternativen in die Defensive geraten.

Eine digitale Infrastruktur-Initiative für die USA würde breite öffentliche Unterstützung erfordern, und zum Glück scheinen die Amerikaner „das Ziel der Idee“ zu verstehen, wie FDR es formulieren würde. Neun von zehn US-Bürgern sprachen sich in einer Umfrage im Jahr 2020 für öffentliche Mittel für besseren Internetzugang aus, und mehr als 60 Prozent waren der Meinung, dass dies ein „sofortiges Thema“ für den Kongress sei.[84] Natürlich würde es Herausforderungen geben. „Die etablierten Anbieter werden bis zum Tod darum kämpfen, dass die US-Regierung nichts davon tut“, schreibt Crawford.[85] Branchenverbände begannen eilig mit dem Versuch, Einfluss auf die Breitbandinvestitionen im American Jobs Plan zu nehmen.[86]

Als ich im Jahr 2019 in Glasgow war, lag der unmittelbare Fokus der US-Regierung eher darauf, etwas abzureißen. Trumps Executive Order mit dem Huawei-Verbot vom Mai 2019 zwang Nemont dazu, eine geplante Erweiterung seines Netzes auf Eis zu legen. Im selben Jahr beschloss die FCC, den Austausch bestehender Huawei-Technik zu verlangen. Finanzielle Unterstützung dafür wurde vom Kongress allerdings erst Ende Dezember 2020 mit dem zweiten Covid-Hilfspaket verabschiedet.

Und selbst nachdem diese 1,9 Milliarden Dollar verfügbar wurden, könnte sich der Prozess des Austauschs noch lange hinziehen. Die Telefongesellschaften müssen Angebote von Herstellern einholen, was allein schon Monate dauern kann. Noch länger werden die beauftragten Anbieter dann brauchen, um die Geräte tatsächlich zu ersetzen. Unterdessen haben erste Unternehmen schon Schwierigkeiten, ihre bestehende Technik zu reparieren, sodass in extremen Fällen regional die Versorgung ausfiel.[87]

Ob die staatlichen Hilfen für den Austausch der Technik ausreichen werden, ist offen. Nemont zum Beispiel wird mehrere 100 Antennen auf seinen mehr als 80 Mobilfunkmasten ersetzen müssen. Zu den reinen Hardware-Kosten kommen Arbeitskosten für Abbau und Neuinstallation. Wie andere ländliche Anbieter lässt Nemont das Besteigen seiner Masten extern erledigen, weil die Versicherung dafür zu teuer wäre. Insgesamt rechnet das Unternehmen mit Kosten von 50 Millionen Dollar.[88] Diese Herkulesaufgabe ist dazu gedacht, die US-Netze sicherer zu machen, aber es wird sie nicht unbedingt beschleunigen.

Anders als Strom ist Breitband ein bewegliches Ziel, und die Einführung von 5G dürfte die Ungleichheit der Versorgung erhöhen. US-Telefongesellschaften bieten unter dem Etikett „5G" unterschiedliche Dienste an, was zu Verwirrung über ihre Verfügbarkeit und ihren Nutzen für unterschiedliche Umfelder führt. Die schnellste Version nutzt hochfrequente Millimeterwellen und verspricht Download-Geschwindigkeiten von bis zu 1 bis 2 Gbps (40- bis 80-mal so viel wie beim aktuellen Standard 25 Mbps). Aber diese Wellen kommen nur knapp 300 Meter weit, durchdringen keine Hindernisse und verlangen eine teure Infrastruktur. Kurze Distanzen und hohe Kosten sind kein überzeugendes Rezept für das Land. „Es könnte unser Netz in ländlichen Gegenden drastisch beeinträchtigen", befürchtet Hunter.[89]

Das ländliche Amerika wird 5G langsamer bekommen, und die dort genutzte Version wird zudem eine langsamere sein. Dass hochpräzise Landwirtschaft von schnellerem Breitband profitieren würde, kann man sich leicht vorstellen. Schwerer vorzustellen aber ist eine kritische Masse von Kunden, die bereit wäre, genug zu bezahlen, damit Mobilfunk-Provider extrem teure 5G-Hotspots verbauen. „Das Versprechen von 5G mit mehreren Gigabit und ultraniedriger Latenz wird in nächster Zeit noch nicht wahr werden – und wird es vielleicht nie, bevor diese Gemeinden so groß geworden sind, dass sie gar nicht mehr richtig ländlich sind“, warnt Jim Salter, ein Reporter für *Ars Technica*.[90]

Das 5G für die ländlichen USA wird weniger transformativ sein, als suggeriert wird. Im Rahmen ihres Fusionsvertrages versprachen T-Mobile und Sprint, innerhalb von drei Jahren 97 Prozent 5G-Abdeckung in den USA zu erreichen und innerhalb von sechs Jahren 99 Prozent. Dabei nutzen sie eine niedrigere Frequenz, 600 MHz, die weiter reicht und Hindernisse besser durchdringt. Doch damit sind nur bescheidene Fortschritte zu erreichen: nach Angaben von T-Mobile im Durchschnitt 20 Prozent höhere Geschwindigkeiten als in 4G-Netzen. Zu rechnen wäre deshalb mit um die 30 Mbps – schneller als der Status quo auf dem Land, aber nur ein Bruchteil von dem, was US-Bürger in Städten erwarten können.[91] Wenn 5G wirklich die ultravernetzte Welt bringt, die viele Beobachter vorhersagen, könnte es die digitale Spaltung auf dramatische Weise vergrößern. Städte nutzen drahtlose Sensoren, um Abläufe von Verkehr bis zu Müllabfuhr effizienter zu machen. Alle großen Städte in den USA hatten in einer Befragung von 2018 bereits mindestens ein solches Projekt für intelligente Vernetzung, aber nur 7,5 Prozent der kleinen.[92] Deutlich schnellere Mobilfunknetze könnten mehr solcher Aktivitäten ermöglichen, aber ländliche Regionen bekommen höchstens eine etwas schnellere Version von dem, was sie heute haben. Auf längere Sicht könnte die Spaltung zwischen vernetzt und supervernetzt so drastisch sein wie die heutige zwischen vernetzt und nicht vernetzt.

Natürlich ist der aktuelle Hype um 5G mit einiger Vorsicht zu genießen. Zur Ernüchterung kann man sich vor Augen halten, dass seinerzeit schon 3G als „Beginn einer großen Revolution in der Mobiltelefonie" bezeichnet wurde – und dann dauerte die Einführung dieser Technologie Jahre, und mehrere große Unternehmen holten damit letztlich ihre Investitionen nicht wieder herein.[93] Aber so wie schnellere Mobilfunknetze zur Grundlage von Fahrdiensten wie Uber und Lyft wurden, könnte auch 5G Aktivitäten ermöglichen, die heute noch nicht offensichtlich sind. Nicht alle diese Veränderungen werden uneingeschränkt „gut" sein. Der Prozess wird auch Disruptionen, nicht nur neu geschaffene, sondern auch verlorene Jobs mit sich bringen. Durch die zunehmende Vernetzung von Geräten, auch bezeichnet als das Internet der Dinge, entstehen zudem Herausforderungen im Bereich Sicherheit, wie das nächste Kapitel erklärt.

Trotzdem können Regionen mit 5G auf viel mehr Vorteile hoffen als nur schnellere Video-Downloads. Ihre Schulen könnten im Unterricht mit erweiterter virtueller Realität arbeiten, sodass Schüler die Orte und Dinge, über die sie lernen, virtuell besuchen und mit ihnen interagieren könnten. Autos könnten mit der Straße, anderen Fahrzeugen und ihrem Umfeld kommunizieren, was schnelleres Pendeln und weniger Unfälle verspricht. Krankenhäuser könnten mit besseren Systemen für Patienten-Monitoring, Personal-Management und Logistik eine überlegene medizinische Versorgung gewährleisten. Fabriken könnten produktiver werden. Zusammengenommen klingen diese Veränderungen – intelligentere Schulen, sicherere Straßen, bessere Krankenhäuser, stärkere Wirtschaft – nach einer ganz anderen Welt. Ein bisschen wie die Welt der Jetsons gegen die der Feuersteins.

Niemand möchte zurückgelassen werden, insbesondere nicht Entwicklungs- und Schwellenländer. Zu Hause kann die US-Regierung vorschreiben, dass Nemont seine Technik austauscht. Jenseits der eigenen Grenzen aber wird sie bessere Argumente brauchen, um Gemeinschaften zu überzeugen. Das chinesische Angebot ist finanziell attraktiv, und die meisten Entwicklungsländer sehen Informationssicherheit eher als zweitrangig denn als lebenswichtiges Bedürfnis an. Ihre Entscheidung hängt, wie die von Nemont, letztlich vom Preis ab. Aus diesem Grund wird die US-Regierung ebenso sehr an

Wirtschaftlichkeit denken müssen wie an Sicherheit, wenn sie mit Chinas Staatskapitalismus in Konkurrenz treten will.

Das Sicherheitsargument hat selbst unter Verbündeten der USA nur begrenzt Wirkung, wie ihr früherer Verteidigungsminister Mark T. Esper während einer Rede bei der Münchener Sicherheitskonferenz im Februar 2020 feststellte. „Die Arbeit mit chinesischen 5G-Anbietern (...) könnte die kritischen Systeme unserer Partner anfällig für Störung, Manipulation und Spionage machen“, warnte er. „Sie könnte zudem unsere Fähigkeiten für Kommunikation und Informationsaustausch und somit unsere Allianzen gefährden.“[94] Damit hatte Esper die Aufmerksamkeit des Raumes sicher. Im Publikum saßen Politiker aus NATO-Staaten.

Toomas Hendrik Ilves, der frühere Präsident von Estland, stand auf und stellte eine kritische Frage, auf die er die Antwort schon kannte: „Viele von uns in Europa stimmen zu, dass mit Blick auf Huawei erhebliche Gefahren bestehen, und die USA empfehlen uns seit mindestens einem Jahr, keine Huawei-Technik einzusetzen. Bieten Sie eine Alternative an?“[95] Der Raum applaudierte. Im Lauf des nächsten Jahres führten Regierungen und große Netzbetreiber in fast allen NATO-Mitgliedsstaaten – mit Ausnahme von Ungarn, Island, Montenegro und der Türkei – Hürden für die Beteiligung von Huawei an ihren 5G-Netzen ein. Doch Ilves hatte seinen Finger auf eine kritische Schwäche der US-Strategie gelegt.

Und auch wenn europäische Länder die Huawei-Beteiligung an ihren 5G-Netzen einschränken, sind sie alles andere als bereit, sich völlig von chinesischer Technologie zu trennen. Deutschland und Frankreich, die wirtschaftlich stärksten Länder der EU, haben die Sorge, dass China sich in anderen Sektoren rächen könnte. „Der Gedanke an eine Situation, in der deutsche Unternehmen zwischen zwei entstehenden Technologie-Ökosystemen zerrissen werden, in der sie sich für eine von zwei unterschiedlichen digitalen Sphären entscheiden müssen, verängstigt die Wirtschaft“, sagt Maximilian Mayer, Junior-Professor an der Universität Bonn.[96]

Chinesische Diplomaten waren in dieser Hinsicht nicht subtil. „Wenn Deutschland eine Entscheidung trifft, die zum Ausschluss von Huawei vom deutschen Markt führt, wird es Konsequenzen geben", warnte im Dezember 2019 Wu Ken, Chinas Botschafter in Deutschland. „Die chinesische Regierung wird nicht tatenlos zusehen."[97] Jedes dritte Auto aus Deutschland wird in China verkauft, und Wu ließ durchblicken, dass sein Land deutsche Autos für unsicher erklären könnte.

Kein deutscher Politiker will riskieren, die Jobs zu verlieren, die an der Autobranche hängen. Doch der Industrie zu erlauben, die deutsche Außenpolitik zu bestimmen, ist noch gefährlicher. Denn wenn chinesische Diplomaten bereit sind, Auto-Verkäufe als Druckmittel einzusetzen und damit den Fluss von physischen Gütern der Wirkung nach zur Waffe zu machen, wie werden sie sich dann in Zukunft gegenüber Ländern verhalten, deren Netze auf chinesische Technologie angewiesen sind? Wenn die deutsche Politik den Forderungen ihrer Industrie aus dem vergangenen Jahrhundert nachgibt, könnte sie damit die Zukunft aufgeben. Doch wenn deutsche und französische Politiker in die Zukunft blicken, sind sie auch besorgt, von Technologieunternehmen aus den USA abhängig zu sein. „Wir Europäer haben eine Entscheidung zu treffen. Und ich sage in aller Offenheit, dass ich weder das chinesische noch das US-Digitalmodell für eine Option halte", erklärte im Oktober 2020 der deutsche Außenminister Heiko Maas.[98] „Es wird Zeit, dass wir technologisch eigenständig werden und nicht mehr von amerikanischen oder chinesischen Lösungen abhängig sind", sagte im Dezember 2020 Frankreichs Präsident Emmanuel Macron.[99] Das sind nicht unbedingt Lockrufe von transatlantischen Verbündeten, die es gar nicht erwarten können, die USA zu umarmen.

Natürlich besteht Europa nicht nur aus Deutschland und Frankreich. Aber die Macht der geschäftlichen Interessen ist überall zu spüren, insbesondere in Großbritannien, das nach dem Austritt aus der Europäischen Union seine Handels- und Investitionsbeziehungen stärken will. An den östlichen Rändern Europas, wo Ungarn, Griechenland und andere Länder um Investitionen wetteifern, ist der Sog des chinesischen Geldes noch stärker. Man kann von den wirtschaftlich schwächeren Ländern des Kontinents kaum erwarten, dass sie

Drohungen aus China trotzen, wenn nicht einmal die größten bereit dazu sind.

Jenseits von Europa sind Entwicklungsländer noch wesentlich weniger bereit, ihre Auswahl zu begrenzen. Als Politiker aus den USA im Oktober 2020 Brasilien besuchten, boten sie an, Käufe von nicht chinesischer Telekommunikationstechnik zu finanzieren.[100] Das war ein Schritt in die richtige Richtung, aber zu viel verlangt – oder nicht genug angeboten. Im Monat darauf weigerten sich die vier größten Telekom-Gesellschaften des Landes, die US-Vertreter zu treffen. „Wir sollten in der Lage sein, frei unsere finanziell besten Entscheidungen zu treffen“, erklärte eine Quelle aus der Branche.[101] Für viele Länder bedeutet das, in der Mitte zu bleiben und konkurrierende Angebote gegeneinander abzuwägen, statt sich für eine Seite zu entscheiden.

Am Ende seiner Rede in München forderte Esper das Publikum auf: „Kurz gesagt: Lassen Sie uns intelligent agieren; lassen Sie uns von der Vergangenheit lernen; und lassen Sie uns 5G richtig machen, damit wir unsere Entscheidungen später nicht bereuen. Die Realität im 21. Jahrhundert ist, dass viele wirtschaftliche Entscheidungen zugleich Entscheidungen über nationale Sicherheit sind.“ Doch die Realität ist auch, dass für die meisten Menschen wirtschaftliche Überlegungen im Vordergrund stehen, ob in den ländlichen USA oder in Afghanistan. Intelligent zu sein, erfordert bezahlbare Alternativen, die den eigenen Bedürfnissen und Wünschen entsprechen. Und die Vergangenheit spricht dafür, dass sich Chinas Netze bestens entwickeln werden, so lange es an einer attraktiven US-Vision fehlt, die von zu der Rhetorik passenden Ressourcen unterstützt wird.

FÜNF-HUNDERT MILLIARDEN AUGEN

Es war ein heller, kalter Tag, und die Kameras stellten sich automatisch scharf, ihre Linsen in die späte Nachmittagssonne gerichtet.[1] Sie beobachteten, wie der Rechtsprofessor Guo Bing sein Büro in der Zhejiang Sci-Tech University in Hangzhou verließ. Sie beobachteten ihn auf der Straße. Sie beobachteten ihn auf dem ganzen Weg nach Hause.

Guo kann sich glücklich schätzen. Er genießt ein Maß an Privatsphäre, wie es nicht allen Einwohnern von Hangzhou zuteilwird. In manchen Mietshäusern beobachten Kameras die Bewohner auch *innerhalb* ihrer Wohnungen. Nachdem es nicht gelungen ist, den Zustrom von internen Migranten zu stoppen, die größte Bewegung von Menschen irgendwo auf der Welt im vergangenen Jahrhundert, hat sich die chinesische Polizei ihr Vorgehen aus *1984* von George Orwell abgeschaut. Sie nennt dieses Programm „Aufbau intelligenter Gemeinschaften".[2]

Die KP hat Chinas Bürger schon immer beobachtet, aber Technologie ermöglicht jetzt einen weiteren und tieferen Blick in ihr Leben als je zuvor.[3] Explizites Ziel der Partei ist nichts weniger als die totale Überwachung jedes Zentimeters im öffentlichen Raum und jedes Gesichts, zurückgemeldet an eine zentrale Datenbank. Erreichen will sie das, indem sie ein „omnipräsentes, vollständig vernetztes, immer funktionierendes und vollständig kontrollierbares" System aufbaut, erklärt Charles Rollet, ein führender Branchenanalyst. Dies sei ein „von ganz oben ausgehender Vorstoß für Video-Überwachung in einem global beispiellosen Ausmaß".[4] Bis Ende 2020 wollte China 626 Millionen Kameras installieren, fast eine für jeden zweiten Bürger.[5]

Hangzhou ist die inoffizielle Hauptstadt des überwachungsindustriellen Komplexes in China. Die drei größten Hersteller von Überwachungskameras des Landes sind hier angesiedelt: Dahua, Hikvision und Uniview. Mit großzügiger staatlicher Unterstützung haben sie sich von Verkäufern einfacher Technik zu Produzenten von immer moderneren Systemen weiterentwickelt. Von 2010 bis 2020 hat sich die zusammengerechnete Marktkapitalisierung von Hikvision und Dahua von 8 Milliarden Dollar auf 76 Milliarden Dollar fast verzehnfacht.[6]

Nachdem sie zu Hause rapide gewachsen sind, wollen Chinas Überwachungsriesen jetzt globale Märkte dominieren. Zusammen liefern Hikvision und Dahua fast 40 Prozent aller Überwachungskameras weltweit.[7] Chinesische Überwachungstechnologie wird in mehr als 80 Ländern eingesetzt, auf jedem Kontinent mit Ausnahme von Australien und der Antarktis, hat Sheena Chestnut Greitens recherchiert, eine führende Expertin für autoritäre Systeme und Außenpolitik.[8] „Wenn die Pläne von Xi und der Partei Erfolg haben, wird das die Rückkehr des Totalitarismus in einem digitalen Gewand sein", schreibt der erfahrene Journalist Kai Strittmatter in *We Have Been Harmonized*. „Und Autokraten in aller Welt bekommen dadurch eine Abkürzung in die Zukunft: ein neues Betriebssystem, das sie einfach in China bestellen können, wahrscheinlich sogar zusammen mit einem Wartungsvertrag."[9]

Tatsächlich bringen diese beiden verbundenen Trends – die drakonische Überwachung durch China im Inland und der massenhafte Export dieser Systeme ins Ausland – viele Beobachter zu dem Schluss, dass das Land „Autoritarismus exportiert".[10] Nur China hat auf jeder Stufe konkurrenzfähige Unternehmen, von der Produktion von Kameras bis zum Training von KI und dem Einsatz von Analytik, erklärt Charles Rolette. Chinesische Hersteller stellen den Umgang der Regierung mit ihrer Technik nicht infrage, und staatliche Subventionen nähren ihre globale Expansion.[11]

Allerdings wird die Herausforderung durch das Narrativ vom „Export von Autoritarismus" zu stark vereinfacht dargestellt.[12] Es lässt schwierigere Fragen außer Acht, beispielsweise, warum diese Technologien außerhalb Chinas gefragt sind, welche Faktoren beeinflussen, wie sie eingesetzt werden, und welche Grenzen sie noch haben. Genau den gleichen Fehler machten US-Politiker am Ende des Kalten Krieges, als sie glaubten, dass die USA Demokratie exportieren könnten, indem sie Technologie verkaufen. Technologie ist bis heute ein Werkzeug geblieben.

„Überwachung wird in Demokratien wie Autokratien eingesetzt", beobachtet Steven Feldstein, Autor von *The Rise of Digital Repression*.[13] „Die größere Frage lautet, ob ein Regime entscheidet, beim Einsatz dieser Werkzeuge gegen bestehende Normen und Grundsätze zu verstoßen." Tatsächlich verkaufen westliche Unternehmen schon lange Überwachungstechnik in alle Welt. Nach den Protesten am Tiananmen-Platz im Jahr 1989 nahmen chinesische Behörden Material von Verkehrskameras und strahlten es im staatlichen Fernsehen aus, um Demonstranten zu identifizieren. Diese Kameras waren in Großbritannien produziert und von der Weltbank bezahlt worden.[14]

Heute beobachten Kameras aus chinesischer Produktion den Tiananmen-Platz ebenso wie öffentliche Plätze in Großbritannien, den USA und anderen Demokratien. Die Allgegenwart von Technik aus China spricht dafür, dass die Entscheidung hierfür nicht nur politisch, sondern auch stark wirtschaftlich motiviert ist, was in der US-Politik aber weniger beachtet wird. Abhängig von den lokalen Umständen kann dieselbe Technologie auf dramatisch unterschiedliche Weise eingesetzt werden, vom Zählen von Kunden und dem Verbessern der Verkehrssicherheit bis hin zum Verhindern öffentlicher Versammlungen und technischer Unterstützung für die schwersten Menschenrechtsverletzungen der jüngeren Geschichte.

SCHARFE AUGEN

Das Ausmaß und die zunehmende Raffiniertheit des chinesischen Überwachungsmodells sind bemerkenswert, und doch ist es alles andere als perfekt. In ihrem Streben nach einem gottesähnlichen Blick hat die KP auch für Verwirrung, Verschwendung und Unmut gesorgt. Sie verlangt von lokalen Funktionären, dass sie Überwachungsnetze einführen, selbst wenn es bei ihnen noch an der dafür nötigen Infrastruktur fehlt, und will, dass sogar arme Gemeinschaften ältere Kameras durch hochauflösende Modelle ersetzen.[15] Allein im Jahr 2019 kaufte ein Drittel aller Bezirke in China Überwachungstechnik.[16]

Gefüttert von massiven Ausgaben des Staates, sind Kameras wie Vögel an öffentlichen Orten aufgetaucht. Sie landeten auf Ampeln an Kreuzungen, an Straßenecken, auf den Dächern von Gebäuden und über Eingängen. Im Jahr 2005 kündigte China Skynet an, ein städtisches Überwachungsprogramm zur „Bekämpfung von Verbrechen und Verhinderung möglicher Katastrophen".[17] Sein Name ist von einem chinesischen Sprichwort abgeleitet: „Das Netz des Himmels ist riesig – weit verteilt, und doch entgeht ihm nichts." Ein Jahr später wurde dieses Vorhaben mit einem Programm namens „Sharp Eyes" auf ländliche Regionen ausgeweitet. Der chinesische Name des Projekts wird wörtlich als „Hell wie Schnee" übersetzt, was sich auf einen alten Maoisten-Slogan bezieht: „Die Augen der Massen sind so hell wie Schnee."

Sharp Eyes geht sogar über die Dystopie von Orwell hinaus. In Ozeanien, dem autoritären Staat in *1984*, überwacht die Gedankenpolizei die Bürger. Sharp Eyes macht das in einem beispiellosen Ausmaß möglich, und in manchen Gemeinschaften können Bürger sich sogar gegenseitig beobachten. Von ihrem Sofa aus können Einwohner von den staatlichen Nachrichten zu Video-Bildern aus ihrer Nachbarschaft wechseln. Alternativ können sie Videos über eine Smartphone-App aufrufen und per Knopfdruck die Behörden alarmieren, wenn sie etwas Ungewöhnliches sehen. Das System ist auf grausame Weise intelligent. Es bietet reichlich Material für Voyeure und nutzt sozialen Druck, wie es ihn schon vor mehr als 1.000 Jahren gab, als die ersten kollektiven Nachbarschaftsorganisationen geschaffen wurden.[18]

Lokalen Regierungen ist daran gelegen, für ihre Bemühungen gelobt zu werden, und staatliche Medien berichten fast täglich über Erfolge von Sharp Eyes. In diesen Geschichten sind Überwachungssysteme die Superhelden. Sie bekämpfen Verbrechen, finden verlorene Kinder und helfen älteren Bürgern zu Hause. Nicht erwähnt wird, wie diese Systeme genutzt werden, um verdächtige Demonstranten und Dissidenten im Auge zu behalten; chinesische Behörden bezeichnen diese Ziele als „Schlüsselpersonen".[19] Nur wenige trauen sich zu fragen, ob das Geld für Überwachungstechnik, die oft mehrere Millionen Dollar für einen einzelnen Bezirk kostet, an anderer Stelle nicht besser investiert wäre.[20] Die Regierung sieht schließlich zu.

Seit einiger Zeit verbreitet sich eine intelligentere Art von Kameras an öffentlichen Orten in China. Sie sind hochauflösend und reagieren automatisch auf blendendes Licht, Dunkelheit oder Nebel, sodass sie bei allen Bedingungen rund um die Uhr schärfere Bilder liefern. Sie schwenken, kippen und zoomen, um bewegte Objekte zu verfolgen. Ihre Aufnahmen werden in KI-Software eingespeist, die Nummernschilder erfasst, Personen zählt und Gesichter analysiert. Diese Daten können mit Geräten kombiniert werden, die eindeutige Kennungen von Mobiltelefonen auswerten, um die sichere Identifizierung von Personen zu verbessern.[21]

Im chinesischen Überwachungsstaat ist jeder berühmt. Aber die Kameras blicken viel tiefer als die von Paparazzi, die Filmstars verfolgen. Sie zeichnen nicht nur Bilder auf. Sie schätzen Geschlecht, Alter und ethnische Zugehörigkeit ein. Sie prüfen Ihre Körpertemperatur auf Anzeichen von Krankheit. Sie messen und bewerten, wie Sie gehen. Mit genügend Material, so behaupten manche Anbieter, können ihre Kameras Sie von hinten erkennen. Man wird nicht nur beobachtet, sondern quantifiziert.

In China sind die Erwartungen an Privatsphäre niedriger als in vielen westlichen Ländern, aber trotzdem werden die Bürger der ständigen Kontrolle und willkürlichen Anwendungen von Gesichtserkennung müde. In der ersten größeren öffentlichen Befragung zu Datenschutz, vorgenommen im Jahr 2019, gab ein Drittel der Teilnehmer an, dass ihre Gesichter ohne vorherige schriftliche Zustimmung gescannt worden seien.[22] Mehr als jeder Zweite äußerte die Befürchtung, dass seine Bewegungen verfolgt werden. Eine überwältigende Mehrheit bevorzugte traditionelle Methoden der Identifizierung und machte sich Sorgen wegen Datensicherheit. Diese Bedenken bedeuten keine Ablehnung von Gesichtserkennung, sprechen aber für den Wunsch, Grenzen zu setzen und für bessere Schutzmaßnahmen zu sorgen.

Im November 2019 wurde Guo das öffentliche Gesicht von Datenschutzproblemen in China, nachdem er den Hangzhou Safari Park verklagt hatte. Dessen Löwen, Tiger und Affen haben den südwestlich gelegenen Park zu einem der beliebtesten Touristenziele der Stadt gemacht. Trotz des Namens, der eine natürliche Umgebung suggeriert, ist er im Grunde ein gewöhnlicher Zoo, der seine Tiere in Gehegen voneinander getrennt hält. Das offenste Element ist ein Wagen, der Besucher durch mehrere größere Gehege fährt, wo Personal des Parkes steht und manchmal nur ein paar Meter von den Tieren entfernt ist.

Dieser Park hatte Guo im Oktober eine merkwürdige Textnachricht geschickt: „Lieber Jahresabonnent, das Abonnementsystem des Parkes wurde zu einem System mit Zutritt mittels Gesichtserkennung modernisiert. Das frühere System mit Fingerabdruck-Erkennung wurde abgeschafft. Von heute an können Nutzer, die nicht mit Gesichtserkennung registriert sind, den Park nicht mehr ordnungsgemäß betreten. Wenn Sie sich noch nicht registriert haben, bringen Sie bitte Ihren mit Fingerabdruck verifizierten Jahrespass mit zum Abonnement-Center, um dies so schnell wie möglich zu erledigen. Viel Spaß bei Ihrem Besuch!"[23]

„Ich würde mich mit Blick auf Technologie nicht als konservativ verstehen", erklärte Guo, „aber wenn ich auf Gesichtserkennung und ähnliche technologische Innovationen stoße, frage ich oft ein bisschen mehr nach dem Warum."[24] Nachdem er mit Kollegen gesprochen hatte, reichte er eine Klage beim lokalen Bezirksgericht ein. Außerdem schlug er lokalen Behörden vor, Immobiliengesellschaften das Sammeln von biometrischen Daten der Bewohner ihrer Häuser zu verbieten.[25] So etwas in Hangzhou zu fordern, der Heimat von Chinas größten Überwachungsunternehmen, ist wie eine Kampagne gegen Schokolade in der Schweiz.

Aber Guo wollte gar nicht David spielen und den Goliath des Überwachungsstaats besiegen. Seine juristischen Aktionen richteten sich gegen Unternehmen, die mit Gesichtserkennung arbeiten, nicht gegen die Regierung. „Ich kann akzeptieren, dass Behörden für öffentliche Sicherheit und ähnliche Institutionen aus einem gewissen öffentlichen Interesse heraus Informationen über Gesichter sammeln wollen, aber wenn auch ein Tierpark diese Informationen sammeln will, habe ich Sorgen wegen Sicherheit und Datenschutz dort", erklärte er. „Wenn Daten gestohlen werden, wer trägt dann die Verantwortung?"[26]

Die chinesische Regierung zeigt sich nicht völlig taub gegenüber solchen Stimmen, ist aber nicht bereit, irgendetwas von ihrer Macht abzugeben. Ein Gesetzentwurf, dessen Finalisierung für Mitte 2021 erwartet wurde, sieht hohe Strafen für Unternehmen vor, die persönliche Informationen missbrauchen, und verlangt, dass Daten aus Überwachungssystemen an öffentlichen Orten nur für Zwecke der öffentlichen Sicherheit genutzt werden.[27] Guo bezeichnete den ersten Entwurf als „Verbesserung", fand aber auch, dass er vage formuliert sei.[28]

Im November 2020 gab ihm das Gericht teilweise Recht und ordnete an, dass der Park seine Gesichtserkennungsdaten löschen und ihm umgerechnet 158 Dollar bezahlen muss. Es schloss sich jedoch nicht seiner Meinung an, dass der Hinweis des Parkes zur Sammlung dieser Daten automatisch ungültig sei und Datenschutzrechte der Besucher verletze.[29] Sowohl Guo als auch der Park gingen gegen die Entscheidung in Berufung.

Unabhängig vom letztlichen Ergebnis ist der Fall von Guo schon jetzt voller Symbolkraft. Die ernsthafteste Herausforderung an das chinesische Überwachungsrecht betrifft eine Freizeiteinrichtung. Und in einem noch grundlegenderen Sinn ist das Unternehmen, um das es dabei geht, der ultimative Ausdruck von Überwachung, die ins Extrem getrieben wurde. Menschen können dort Kreaturen beobachten, die nicht verstehen, wie und warum sie beobachtet werden – und haben dem sicher niemals zugestimmt. Im Namen der Sicherheit werden die Beobachteten ihres natürlichen Lebens beraubt. Chinas Überwachungsstaat ist der größte Safari-Park der Welt.

„DIE GESCHICHTE IST STEHEN GEBLIEBEN"

In der nordwestlichen chinesischen Provinz Xinjiang hat die Regierung mehr als eine Million Uiguren, Kasachen und andere vor allem muslimische Minderheiten in Lager gezwungen. Die Uiguren wurden schon über Jahrzehnte verfolgt, doch nach Protesten in der Hauptstadt von Xinjiang, bei denen im Jahr 2009 mehr als 200 Menschen starben und Hunderte weitere verletzt wurden, griff die chinesische Regierung zu extremeren Maßnahmen.[30] Als Berichte über die Lager öffentlich wurden, bestritten chinesische Politiker ihre Existenz und behaupteten dann, der Aufenthalt dort sei freiwillig.

Durchgesickerte Planungsdokumente der Kommunistischen Partei aber lassen ein System erkennen, das in einem US-Dokument als „größte Massen-Einsperrung einer Bevölkerungsminderheit in der heutigen Welt" bezeichnet wird.[31] Bethany Allen-Ebrahimian, die für das International Consortium of Investigative Journalists die Berichterstattung über diese Dokumente leitete, beschrieb den Stil darin als eine Kombination des „üblichen Bürokraten-Chinesisch mit Orwell'schem Doppelsprech".[32] Wie das „Ministerium für Liebe", das in Ozeanien für Folter zuständig ist, nennt China seine Internierungslager „Bildungscamps" und die Gefangenen „Schüler".

Das Leben in diesen Lagern ist brutal, geht aus Berichten von Überlebenden hervor. Jeder Tag ist strikt darauf ausgelegt, den Insassen ihre Individualität zu nehmen und sie zu Untertanen des Staates zu machen. Sie werden gezwungen, zu bereuen und zu gestehen. Sie werden mit staatlichen Propaganda-Videos bombardiert und mit Unterricht in Mandarin und Ideologie der Kommunistischen Partei abgerichtet. Wenn es um Essen geht, bleibt ihnen nur eine inhumane Wahl, erzählten frühere Lagerbewohner dem *Telegraph*: Sie können „Lang lebe Xi Jinping" rufen und erhalten dann ein Dampfbrötchen oder eine Portion Reis. Oder sie schweigen und bekommen den scharfen Schmerz eines elektrischen Viehstocks zu spüren.[33] „Macht bedeutet, menschliche Seelen in Stücke zu zerreißen und sie nach selbst gewählten Mustern wieder zusammenzusetzen", beobachtet O'Brien, der Antagonist in Orwells *1984*.[34]

Die Lager arbeiten mit kontinuierlicher Überwachung und harter Bestrafung. Laut staatlichen Dokumenten soll dort „vollständige Video-Abdeckung von Schlafsälen und Unterrichtsräumen ohne tote Winkel" gewährleistet sein. Die kleinsten Vergehen können den Aufenthalt der Gefangenen verlängern. „Man kommt mit 1000 Punkten in das Lager und kann keine dazugewinnen. Man kann sie aber verlieren, indem man gähnt oder lächelt", berichtete ein Ehemaliger.[35] „Wenn man unter 500 Punkte geriet, musste man ein weiteres Jahr bleiben." Dies ist das Kalkül eines Systems, das Schaden anrichten soll, denn es zählt nur nach unten. Eine Freilassung verdient man sich nicht, indem man aufsteigt, sondern indem man nicht zu tief fällt.

Auch nach der Zeit im Arbeitslager wartet auf die Insassen keine Freiheit. Sie kehren zurück in Gemeinschaften, die mit Kameras und Sicherheitskräften gepflastert sind. Nachdem die chinesische Regierung die Telefone von Uiguren jahrelang mithilfe von Malware überwacht hatte, sind ihre Methoden inzwischen noch offener geworden.[36] Sie verlangt von der Bevölkerung, dass sie Anwendungen installiert, die Standorte, Anrufe und Nachrichten protokollieren. Sie müssen sich „Gesundheitsprüfungen" unterwerfen, bei denen Blut- und DNA-Proben genommen werden, und tragen so zu der wachsenden biometrischen Datenbank des Staates bei.[37]

Die digitale Repression in China geht Hand in Hand mit weniger modernen Methoden der Kontrolle. Bärte und Kopftücher sind streng verboten, und chinesische Überwachungsunternehmen bieten als Teil ihrer Gesichtsanalysen neben „Minderheitenerkennung" auch „Barterkennung" an.[38] Die Uiguren ihrer Identität zu berauben, reicht der chinesischen Regierung zudem noch nicht. In täglichen „Antiterror"-Sicherheitsübungen werden sie für einen Kampf gegen einen unsichtbaren und fiktionalen Feind gedrillt, der einer hässlichen und massiv verzerrten Karikatur ihres früheren Selbst ähnelt.

In ihrem Bestreben, Identitäten auszuradieren, haben die chinesischen Behörden die physischen Orte, die zentral für die uigurische Kultur waren, abgerissen und umgewidmet. In Kashgar, einer historischen Handelssiedlung mit heiligen Stätten der Uiguren, wurden im Jahr 2009 die ältesten Gebäude der Stadt zerstört, nach offiziellen Angaben aus Gründen der Erdbebensicherheit.[39] Durch staatliche Paranoia ist die Id-Kah-Moschee in Kashgar, ein jahrhundertealtes Gebäude und friedlicher Ort der Andacht, zu einer Maschine für die Katalogisierung von Muslimen geworden. Checkpoints rund um die Stadt überwachen die Bewegungen einzelner Personen und speichern sie zusammen mit Angaben über ihre Familie, Ausbildung und früheren Aktivitäten in einer Datenbank.[40]

Hotan, eine Oasenstadt im südwestlichen Xinjiang, war über Jahrhunderte ein florierendes Handelszentrum und ein Sammelpunkt für uigurische Pilger. Um auf den Basar zu gelangen, muss man sein Gesicht scannen lassen und eine ID-Karte vorweisen.[41] Auf dem Marktplatz steht eine Statue von Kurban Tulum, einem uigurischen Bauern und Politiker, der die Hand von Mao schüttelt. Gut einen Kilometer entfernt wurden 2019 ein tausend Jahre alter Uiguren-Friedhof und ein heiliger Schrein plattgewalzt.[42] Laut Behörden diente der Abriss der Weiterentwicklung und „der Förderung eines großzügigen, schönen Umfelds für alle Menschen der Stadt".[43] Auf einem Teil des Geländes wurde später ein Parkplatz gebaut.

„Ist Ihnen klar, dass die Vergangenheit ab gestern tatsächlich beseitigt wurde?", fragt Winston, der Protagonist in *1984*. „Jede Aufzeichnung wurde zerstört oder verfälscht, jedes Buch neu geschrieben, jedes Bild neu gemalt, jede Statue und Straße und jedes Gebäude wurden neu benannt, jedes Datum wurde verändert. Und dieser Prozess setzt sich Tag für Tag und Minute für Minute fort. Die Geschichte ist stehen geblieben. Nichts existiert mehr außer einer endlosen Gegenwart, in der die Partei immer Recht hat."[44]

Die KP will die Zukunft kontrollieren, indem sie die Vergangenheit umschreibt. Satellitenbilder zeigen laut dem Australian Strategic Policy Institute, dass seit 2017 zwei Drittel der Moscheen in Xinjiang als Folge staatlicher Maßnahmen zerstört oder beschädigt wurden.[45] Was noch steht, wurde mit Kameras ausgestattet. Bei einem Projekt von Hikvision ging es darum, Kameras an den Eingängen von fast tausend Moscheen in einem einzigen Bezirk von Xinjiang zu installieren.[46] Allein 2016 und 2017 bekamen Hikvision und Dahua Aufträge im Wert von mehr als 1 Milliarde Dollar für Überwachungsprojekte in Xinjiang, haben die Untersuchungen von Rollet gezeigt.[47]

Ausländische Politiker sind von den repressiven Praktiken Chinas nicht etwa entsetzt, sondern fasziniert. Viele sehen eine Chance, Werkzeuge in die Hand zu bekommen, mit denen sie Verbrechen verhindern und Wachstum in ihre Städte bringen können.[48] Natürlich sehen die stärker Autoritären unter ihnen zugleich eine Chance, ihre Herausforderer in der Heimat im Auge zu behalten und die eigene Herrschaft zu zementieren. Doch Bürgermeistern in Entwicklungsländern ist nicht weniger daran gelegen, für mehr Jobs zu sorgen und städtische Dienstleistungen zu verbessern als ihren Pendants in reicheren Ländern. Sie verfügen allerdings über weniger Ressourcen, was chinesische Technologie umso attraktiver machen kann.

Hikvision, das größte Unternehmen aus dem Hangzhou-Trio, ist durch großzügige staatliche Unterstützung zu Hause und niedrige Preise im Ausland zum weltweiten Überwachungsschwergewicht geworden. Seine Fabriken können pro Tag 260.000 Kameras produzieren – zwei für jeweils drei Personen, die in derselben Zeit geboren werden.[49] Im Jahr 2019 produzierte Hikvision fast ein Viertel aller Überwachungskameras weltweit, mit Verkäufen in mehr als 150 Ländern.[50]

Das Unternehmen begann als staatliche Gesellschaft und hat noch immer enge Verbindungen. Die China Electronics Technology Group Corporation (CETC), ein komplett in Staatsbesitz stehendes Industrie- und Rüstungskonglomerat, ist der größte Aktionär von Hikvision und mit Produkten von Laser bis Waschmaschinen im zivilen wie im militärischen Sektor aktiv.[51] CETC hat das ans Militär erinnernde Kontroll- und Überwachungssystem für Kashgar geliefert, die Gesichtserkennung am Bazar von Hotan und für Xinjiang ein riesiges Polizeisystem, das Daten verknüpft und auf Personen hinweist, die als potenziell gefährlich eingestuft werden.[52] „Unser Ziel ist, die Weiterentwicklung der chinesischen Elektronikindustrie anzuführen und zum Eckpfeiler der nationalen Sicherheit zu werden", sagte der Chairman von CETC im Jahr 2017.[53]

Seit seiner Notierung an der Börse Shenzhen im Jahr 2010 hat Hikvision seine Verbindungen zur chinesischen Regierung gestärkt. Bei der ersten Partei-Versammlung des Unternehmens 2015 betonte der Chairman, wie wichtig es sei, die Politik der KP in geschäftliche Entwicklungsziele zu integrieren.[54] Einige Wochen später besuchte der chinesische Präsident Xi Jinping das Hauptquartier von Hikvision, um sich seine Produkte und das F&E-Zentrum anzusehen. „Die große Verjüngung der chinesischen Nation steht unmittelbar bevor", sagte er vor den Arbeitern.[55] Später im selben Jahr stellte die Regierung Hikvision einen Dispokredit von 3 Milliarden Dollar zur Verfügung.[56]

Zugleich haben Chinas Überwachungsgiganten von Technologie und Investitionen aus den USA profitiert. Um seine KI-Algorithmen zu trainieren, kaufte Hikvision programmierbare Chips von Nvidia. Außerdem nannte das Unternehmen Intel, Sony und Western Digital als Partner – Letztere warben noch Anfang 2019 auf Messen selbst damit.[57] Im Jahr 2005 tat sich Seagate mit Hikvision zusammen, um ein Produkt auf den Markt zu bringen, das als erste Festplatte speziell für Überwachungstechnik bezeichnet wurde. Als im Jahr 2017 die erste Seagate-Festplatte folgte, die für Überwachung mit KI-Hilfe entwickelt wurde, zitierte das US-Unternehmen Vertreter von Hikvision, Dahua und Uniview. „Die Technologie von Seagate als strategischem Partner wird Dahua dabei helfen, im KI-Bereich eine neue Spitze zu erreichen", sagte der Leiter von Dahuas inländischem Vertriebszentrum.[58]

„BAUE DEIN SMART LIFE"

Auch wenn Sie noch nie in China waren, dürften Hikvision-Kameras Sie schon gesehen haben. Bis 2017 hatte das Unternehmen bereits 12 Prozent des nordamerikanischen Marktes erobert.[59] Seine Kameras beobachteten Apartment-Gebäude in New York City, öffentliche Anlagen in Philadelphia und Hotels in Los Angeles.[60] Die Polizei in Memphis im US-Bundesstaat Tennessee und in Lawrence im Bundesstaat Massachusetts nutzte sie, um Straßen zu überwachen, in Colorado wurde ein illegales Labor damit gefilmt.[61] London und mehr als jede zweite der 20 größten Städte Großbritanniens haben Hikvision-Kameras gekauft und installiert.[62]

Um die Ausbreitung von Hikvision richtig zu erfassen, braucht man eine Karte. Mit dem Suchwerkzeug Shodan lassen sich mit dem Internet verbundene Geräte lokalisieren. Im April 2020 suchte ich damit nach Hikvision-Kameras und fand mehr als 105.000 davon in den USA. Die Ergebnis-Karte zeigte für jedes Gerät einen roten Punkt und sah aus wie ein Pandemie-Tracker, mit einer Häufung in größeren Städten. Houston lag mit mehr als 2.500 Geräten ganz vorn. In Los Angeles, Chicago und Miami gab es jeweils mehr als 1.000 Hikvision-Kameras. Selbst im ländlichen Montana waren hier und da rote Punkte zu sehen. Als ich näher heranzoomte, entdeckte ich eine Kamera bei einem Nemont-Kunden in Westby, Montana (168 Einwohner).

Die niedrigen Preise von Hikvision überzeugten sogar Unternehmen, die einige der sensibelsten Standorte der US-Regierung ausstatteten. Mit riesigen Rabatten schafften es die Kameras bis in die Peterson Air Force Base im Bundesstaat Colorado, Sitz des North American Aerospace Defense Command und von militärischen Einheiten, die später in die U.S. Space Force integriert wurden.[63] Die US-Botschaften in Kiew in der Ukraine und in Kabul in Afghanistan installierten ebenfalls Hikvision-Kameras.

Sie verbreiteten sich so sehr, dass die US-Regierung Schwierigkeiten hatte, sie alle zu finden. Als der Kongress staatlichen Stellen aus Sorge, sie könnten heimlich Informationen zurück nach China schicken, im Jahr 2018 den Einsatz von Kameras von Hikvision und Dahua verbot, gab er ihnen ein Jahr, um sich davon zu trennen.[64] Doch mehr als 90 unterschiedliche Anbieter hatten die chinesischen Kameras unter eigenen Marken weiterverkauft, meldete IPVM, eine Forschungsorganisation zur Überwachungsindustrie. In manchen Fällen hatten Behörden keine andere Wahl, als verdächtige Geräte zu zerlegen und ihre Teile zu inspizieren.

EZVIZ, die US-Tochtergesellschaft von Hikvision, hatte versucht, ihren Produkten ein freundlicheres Gesicht zu geben. Das Unternehmen spielt seine wahre Herkunft herunter und betont, dass es seinen Sitz in der Stadt City of Industry in Kalifornien hat. Eine Zeit lang suggerierte es in seinen Anzeigen sogar, es sei von drei Millennials aus dem Mittleren Westen mit einer „Video-Obsession" gegründet worden.[65] Nach dem Start in den USA im Jahr 2015 nahm die Marke EZVIZ zusätzlich zu Kameras auch Türklingeln, Schlösser und sogar automatische Vorhänge ins Programm. Die Produkte werden von Home Depot, Walmart und anderen großen Handelsketten verkauft. „Baue dein Smart Life mit EZVIZ", lockte im Jahr 2020 die Amazon-Seite dazu.[66]

Smarthomes bilden das Zentrum eines Siegeszugs von Geräten mit Internetverbindung. Die Preise für Prozessoren und Sensoren sind tief gefallen, die Breitbandgeschwindigkeiten haben zugenommen, und immer mehr Technik wird vernetzt. Waschmaschinen, Fernseher und selbst Toaster haben inzwischen Automatik-Funktionen, die einen Internetanschluss erfordern. Im Jahr 2020 schätzte Cisco die Zahl aller mit dem Internet verbundenen Geräte in und außerhalb von Häusern auf 50 Milliarden. Für 2030 werden 500 Milliarden solcher Geräte erwartet.[67] Anders ausgedrückt sind das 500 Milliarden Augen und Ohren.

Überwachungskameras mögen ein extremes Beispiel sein, doch auch die ständige Sammlung von Daten durch andere Geräte bringt gravierende Risiken mit sich. Fitnessuhren und -bänder werden immer beliebter und erfassen oft Bewegungen, Puls und Schlafmuster. Xiaomi, ein großer Hersteller von Telefonen und anderer Elektronik aus China, verkauft für 35 Dollar ein Fitnessarmband mit Sensor nach Militärstandard und 30 Tagen Batterielaufzeit. „Jede deiner Bewegungen verstehen", lautet das Motto dafür.[68] Produkte wie dieses bieten neue Arten von Komfort, aber es fehlt ihnen oft an passenden Datenschutz- und Sicherheitsvorkehrungen.

Auch wenn manche Regierungen kritischer werden, scheinen Verbraucher nicht sehr besorgt zu sein. Bis Mitte 2020 hatte Xiaomi gut 13 Millionen Fitness-Armbänder verkauft, mehr als irgendein anderer Anbieter weltweit.[69] Sein neuestes Modell hatte auf Amazon Ende des Jahres mehr als 16.000 Bewertungen mit fünf Sternen. Im Januar 2021 setzte das US-Verteidigungsministerium Xiaomi auf eine schwarze Liste mit Unternehmen, denen Verbindungen zum chinesischen Militär vorgeworfen werden.[70] Die Verordnung, die später von einem Bundesrichter gestoppt und dann zurückgezogen wurde, zwang US-Anleger, sich aus dem Unternehmen zurückzuziehen. Aber US-Bürger hielt sie nicht davon ab, Produkte von Xiaomi zu kaufen.

Vernetzte Häuser sind ein Traum der Bequemlichkeit und ein Albtraum in Sicherheitsfragen. Mikrofone stecken nicht mehr nur in Smartphones, sondern auch in Lautsprechern, Weckern, Fernsehern, Autos, Kühlschränken und fast überall, wo Menschen ihre Zeit verbringen. Ein Kühlschrank mit Internetanschluss mag sich harmlos anhören. Aber wie Laura DeNardis in *The Internet in Everything* erklärt, kann er Details über die Gesundheit einer Person ebenso verraten wie über ihre Anwesenheit zu Hause.[71] Außerdem könnte er als Portal zum Eindringen in andere Geräte im selben Netz genutzt werden.

Die öffentlichen Warnungen von US-Politikern blieben weitgehend unbeachtet. „Geheimdienste könnten das [Internet der Dinge] für Identifizierung, Überwachung, Beobachtung, Positionsverfolgung und Targeting zur Rekrutierung verwenden, oder um sich Zugang zu Netzwerken oder Nutzerdaten zu verschaffen", sagte im Jahr 2016 James Clapper, nationaler Geheimdienst-Koordinator der USA, vor dem Kongress.[72] Vernetzte Geräte können sogar für Angriffe genutzt werden. Sieben Monate nach Clappers Warnung infizierte eine Bot-Software namens „Mirai" mehr als eine halbe Million Geräte, viele davon Dahua-Webcams, und setzte sie ein, um große Webseiten unerreichbar zu machen.[73]

Das Internet breitet sich immer weiter in die physische Welt aus, und Sicherheit ist bei Konsumelektronik zu oft nur Nebensache statt wichtiges Verkaufsargument. „Erster am Markt zu sein, ist das Wichtigste", erklärt DeNardis in ihrem Buch. Die Entwicklung von Geräten, die sicherer sind und aktualisiert werden können, wenn später Lücken entdeckt werden, nimmt mehr Zeit und Geld in Anspruch. Diese Anreizstruktur sorgt dafür, dass Unternehmen nur das Mindestmaß an Sicherheit erfüllen, wenn Verbraucher oder Aufsichtsbehörden nicht etwas anderes verlangen. Und dadurch entstehen Risiken nicht nur durch Geräte aus China: „Chinesische Akteure scheinen kaum Schwierigkeiten zu haben, auf Daten und Geräte in den USA zuzugreifen, selbst wenn sie keine chinesischen Dienste nutzen und nicht in China hergestellt wurden", hat der Cybersicherheitsexperte James A. Lewis beobachtet.[74]

Hikvision kämpft um die lukrative Chance, Ihre Haustür im Auge zu behalten, und möchte sogar hereingebeten werden. Bei der Consumer Electronics Show 2018, vergleichbar mit der Detroit Auto Show für Autos, bekam EZVIZ einen Innovationspreis für seinen „Smart Door Viewer". Das Gerät blickt durch ein Guckloch, analysiert Gesichter und vergleicht sie mit einer vom Nutzer definierten Datenbank.[75] In einer Pressemitteilung zu der Auszeichnung behauptete EZVIZ, das Unternehmen habe bescheidene Wurzeln, „gestartet als kleines

Team mit dem Ehrgeiz, mehr Menschen innovative Technologien zu bringen".[76]

Halten Sie kurz inne und lassen Sie das auf sich wirken: Genau die Technologie, die zur größten menschlichen Tragödie dieses Jahrhunderts beiträgt, könnte zugleich Straßen in Ihrer Stadt beobachten, Gebäude in Ihrer Nachbarschaft und sogar das Wohnzimmer nebenan.

Die technischen Gemeinsamkeiten sind beunruhigend, aber die gleiche Technologie wird überaus unterschiedlich eingesetzt. In den USA zum Beispiel entwickelt sich das Überwachungsrecht noch. Manche Städte verbieten Gesichtserkennung, andere erlauben sie, und es gibt eine zunehmende Dynamik für gewisse Einschränkungen. In der Zwischenzeit aber setzen lange bestehende US-Gesetze zu Bürgerrechten und Privatsphäre der Regierung Grenzen beim Einsatz dieser Werkzeuge. In China und anderen autoritären Ländern dagegen gibt es keine echten Schranken für Sicherheitsdienste und keine Anzeichen dafür, dass jemand sie ernsthaft hinterfragen würde.

DER BLINDE FLECK DES BIG BROTHER

Als ich versuchte, mehr über die Funktionsweise dieser Werkzeuge zu erfahren, stellte ich fest, dass man sich noch für Schulungs- und Zertifizierungskurse von Hikvision anmelden konnte. Die Inhalte reichten von Nummernschild-Erkennung bis zu Wärmebildkameras. Ich wollte erfahren, wie das Unternehmen seine Produkte präsentiert, vor allem vor dem Hintergrund der zunehmenden Bedenken mit Blick auf Menschenrechte, und trug mich für zwei professionelle Zertifizierungen ein.

Der erste Kurs, das Verkaufstraining von Hikvision für Nordamerika, versprach als Inhalt die „Schlüsselthemen, die entscheidend für das effektive Positionieren und Verkaufen von Hikvision-Produkten sind". Teilnehmer sollten „Grundlagen der Video-Überwachung lernen", „die Basis-Konfiguration von Hikvision-Geräten verstehen" und „allgemeine Probleme bei der Installation von Hikvision-Geräten lösen". Was ich dort tatsächlich bekam, war ein Einblick in eine alternative Realität.

Der Kurs begann mit einer stolzen Nacherzählung des Aufstiegs von Hikvision von einem kleinen Anbieter zum Marktführer innerhalb von nur einem Jahrzehnt. Eine Zeitleiste zeigte das schnelle Wachstum und wichtige Meilensteine wie die Eröffnung des ersten US-Büros im Jahr 2006, gefolgt von Aktivitäten in Indien, Amsterdam, Russland und Dubai. Man hob die 14.500 Beschäftigten im Verkauf, die F&E-Investitionen in Höhe von 8 Prozent des Jahresumsatzes und die Präsenz von Hikvision in mehr als 150 Ländern hervor. Diese Daten sollten nützlich sein, um das chinesische Unternehmen als Verkäufer potenziellen Kunden vorzustellen. „*Wie* lautet der Name?", konnte ich englischsprachige Interessenten schon fragen hören.

Manche Kunden würden natürlich schon von Hikvision gehört haben. Und ihr erster Eindruck war vielleicht nicht positiv. Wegen der wachsenden Probleme für das Unternehmen in den USA hatte ich erwartet, dass der Kurs einige Vorschläge für Antworten auf häufig gestellte Fragen enthalten würde: Wie ist das Verhältnis zwischen Hikvision und der chinesischen Regierung? Verkauft Hikvision Technik an chinesische Sicherheitskräfte in Xinjiang?

Doch diese Themen wurden vollständig ignoriert. Menschenrechtsfragen kamen nicht vor und schon gar nicht die Vorwürfe zu Verstößen. Es gab keine Erklärung, warum ein großer Kunde, nämlich die US-Regierung, zum lautesten Kritiker von Hikvision wurde. Mit keiner Silbe wurde erwähnt, dass das Unternehmen Schwierigkeiten auf dem US-Markt hat. Hikvision beschrieb sich als florierendes Unternehmen, dem keine Hindernisse und nichts als Chancen bevorstanden.

Trotzdem enthält der Kurs einen direkten Appell, sich für das Image von Hikvision einzusetzen. „Aktivitäten in sozialen Medien, Auftritte als Referent und Engagement in Cybersecurity-Initiativen helfen beim Gewinnen von Kunden. Wenn sich ein Haus- oder Unternehmensbesitzer über Hikvision informiert, wird er ein großartiges Unternehmen sehen. Verstehen Sie uns nicht falsch, wir sind wirklich ein großartiges Unternehmen, aber heutzutage beziehen die Leute ihre Informationen aus dem Internet. Wenn wir dort gut aussehen, werden Sie beim Kunden gut aussehen." Die Realität ist natürlich weitaus weniger schmeichelhaft. Anfang 2021 lautete die von

Google zuerst vorgeschlagene Frage bei der Suche nach dem Namen des Unternehmens: „Warum ist Hikvision verboten?"

Im zweiten Kurs ging es stärker um die Fähigkeiten und Grenzen der Geräte. Er war für Profis in der Überwachungsbranche gedacht und handelte davon, wie man Hikvision-Systeme plant, installiert und betreibt. Im Verkäufer-Kurs wurde erklärt, was die „intelligenten" Funktionen können, im technischen Kurs erfuhr ich, wie sie realisiert sind und wie man die Kameras richtig dafür einrichtet. Zum Beispiel gibt es die Option „Erkennen von Objekt-Entfernung", die bemerkt, wenn etwas fehlt. Um solche Veränderungen zu erkennen, muss die Kamera ein Modell des Hintergrundes einer Szene erstellen.

Bei den meisten Fallstudien ging es um den Schutz von privatem Eigentum. Dass „Erkennen von Eindringlingen", das einen Alarm auslöst, wenn eine Person oder ein Fahrzeug in eine definierte Zone gerät, wurde als Absicherung für eine Ölpumpe präsentiert. „Erkennen von Grenz-Übertretung" bewachte einen Zaun entlang einer Straße. „Personen-Zählung" und „Wärmebild-Karten" dienten dazu, in einem Kaufhaus die Kundenwege zu beobachten. Überwachung werde oft als Kostenfaktor verstanden, hieß es in dem Kurs. Doch die dabei gesammelten Daten könnten einem Geschäftsinhaber zum Beispiel verraten, in welchen Bereichen seine Kunden die meiste Zeit verbringen – wertvolle Informationen, mit denen sich der Umsatz steigern lässt.

Nicht erwähnt wurde, dass diese Fähigkeiten auf dramatisch unterschiedliche Weise genutzt werden können. Mit dem Zählen von Personen kann man den Umsatz von Supermärkten steigern, man kann aber auch repressive Regierungen alarmieren, wenn sich große Gruppen bilden. Eine Grenz-Überwachung kann die lokale Polizei benachrichtigen, wenn ein Auto in der falschen Richtung über eine Straße fährt, und sie kann ihr melden, dass Personen das Haus eines Dissidenten besuchen oder verlassen. Automatische Alarme können Menschen vor Gefahren warnen, und sie können ihnen die Freiheit rauben. Jede Nacht, einige Stunden auseinander, aber unter demselben Mond, beobachten Kameras von Hikvision öffentliche Schulen in Minnesota ebenso wie die Lager von Xinjiang.[77]

Eine Funktion stach unter den anderen heraus. Mit „Privatsphäre-Schild" können Nutzer Teile des Blickfeldes einer Kamera von der Beobachtung ausnehmen. Man kann also einen virtuellen Schirm vor ein Haus ziehen, um sich selbst daran zu hindern, hineinzublicken. In den mehr als 22 Stunden Unterrichtsmaterial war dies die einzige Funktion, die dem Ziel diente, Überwachung zu begrenzen. Sie hätte ein starkes Verkaufsargument für Märkte mit Datenschutz-Bedenken sein können, vor allem in Nordamerika, wurde aber nur nebenbei erwähnt. Anschließend kehrte der Kurs schnell wieder zu der Frage zurück, wie man das Blickfeld einer Kamera vergrößert.

Das Arsenal von Hikvision bei Gesichtserkennung enthält ein System, das Strafen ebenso verteilt wie Belohnungen. „Erkennen Sie Personen von Ihrer schwarzen Liste und benachrichtigen Sie die Security, um Maßnahmen zur Verringerung von Risiken zu ergreifen", heißt es in einer Broschüre. „Erkennen Sie Kunden von der weißen Liste, damit diese exklusiven VIP-Service erfahren können, sobald sie eintreffen."[78] Selbst abgesehen von den rassistischen Ausdrücken, für deren Abschaffung sich Branchenvertreter eingesetzt haben, ist das Missbrauchspotenzial offensichtlich. Mithilfe von Gesichtserkennung kann ein Clubbesitzer geschätzte Gäste erkennen und sie mit kostenlosen Drinks verwöhnen. Und ein Diktator kann mit derselben Technologie Gegner identifizieren, verfolgen und zum Schweigen bringen. Ob es für Sie in den Himmel oder in die Hölle geht: Dank KI-Überwachung wird die Wartezeit kürzer.

Der Schwerpunkt beider Kurse lag natürlich darauf, die Fähigkeiten der Produkte herauszustellen, gelegentlich gab es aber auch Hinweise zu ihren Grenzen. Die Funktion für das Zählen von Personen, so erklärte Hikvision, ist bei viel Andrang nur zu 90 Prozent genau. Auf einer Folie wurden die Erwartungen von Kunden gedämpft: „Fernsehserien sind Fiktion. Was man in *CSI*, *NCIS* und anderen Sendungen sieht, ist nicht die Realität. Man kann mit einem CCTV-System NICHT mit unbegrenztem Zoom scharfe Bilder bekommen."

Die Systeme sind zunehmend leistungsfähig, aber ich hatte den Eindruck, dass es immer noch übertrieben wäre, sie als intelligent zu bezeichnen. Wenn zum Beispiel Glas oder Fliesen Licht reflektieren, kann das die Kamera verwirren. Blätter, die sich im Wind bewegen, können fälschlich als neue Objekte identifiziert werden. Tiere und sogar kleine Insekten, vor allem solche mit Flügeln, können Alarme auslösen. Nutzer können die Empfindlichkeit dafür einstellen und werden aufgefordert, die Kameras optimal zu positionieren. Doch Fehler sind immer noch relativ häufig, was den Einsatz dieser Werkzeuge für autoritäre Zwecke umso gefährlicher macht.

Diese Risiken werden gegenüber potenziellen Kunden nicht offen kommuniziert. Manchmal bewirbt Hikvision die Genauigkeit seiner Gesichtserkennung mit „mehr als 90 Prozent", sodass Kunden glauben können, sie sei höher, vielleicht sogar nahezu perfekt. Einer der Wiederverkäufer von Hikvision-Produkten behauptet, seine Kameras würden Gesichtserkennung mit einer Trefferquote von mehr als 99 Prozent ermöglichen.[79] Allgemein gibt es bei solchen KI-Systemen abhängig von den Daten, mit denen sie trainiert werden, Verzerrungen. Unabhängige Tests haben gezeigt, dass die Algorithmen von Hikvision am genausten bei Menschen aus Ostasien sind und am wenigsten genau bei Personen aus Afrika.[80]

Die Produktreihe DeepinMind ist laut Hikvision ein „intelligent denkender Network Video Recorder mit eigenem ‚Geist', der Inhalte analysieren und informierte Entscheidungen für Sie treffen kann".[81] Allerdings stellte IPVM, eine bedeutende Organisation der Überwachungsbranche, in einer unabhängigen Evaluation fest, dass das System voller Fehler steckte.[82] Es identifizierte Hasen und Fahrzeuge fälschlich als Personen und übersah in anderen Fällen Menschen. Die Tester räumten ein, dass das System teilweise richtiglag: Es habe zwar ein SUV für eine Person gehalten, aber tatsächlich habe das Fahrzeug keinen Rucksack getragen. Ein weiterer Test nach einer Aktualisierung des Systems ein Jahr später kam zu dem Ergebnis, dass DeepinMind jetzt weniger Fehler machte. Es erkannte aber immer noch regelmäßig Menschen nicht richtig und gab falsche Alarme aus.[83]

Mit mehr Training und Daten werden solche Systeme besser, aber ich würde ihnen keine Entscheidungen anvertrauen. Wenn ein System in der Gemüseabteilung eines Supermarkts Personen zählt und dabei Fehler macht, ist das die eine Sache. Eine ganz andere Sache aber ist es, wenn ein System einen Menschen irrtümlich als eines Verbrechens verdächtig identifiziert. Tests zeigen, dass Technologie zur Gesichtserkennung hartnäckig vor allem Geschlechts- und Rassenverzerrungen aufweist, was zu mehr falsch positiven Treffern bei Frauen und Minderheiten führt.[84] Dies sind keine theoretischen Risiken, und sie betreffen auch nicht nur chinesische Produkte. Bis Ende 2020 wurden drei US-Amerikaner aufgrund von falsch positiven Treffern in der Gesichtserkennung zu Unrecht verhaftet.[85] Alle drei waren schwarz.

Im weiteren Verlauf beschäftigte sich der Hikvision-Kurs näher mit Möglichkeiten der Überwachung, während er alle Einschränkungen ignorierte. Das Ziel bei jedem Szenario in der Schulung war, mehr überwachen und erkennen zu können. In jedem Fall gewinnt die Person hinter der Kamera an Macht, während die davor, ob das gut ist oder schlecht, zum Ziel wird. Bei einem autoritären Ansatz spielt dieses Ungleichgewicht keine Rolle. Er ist wenig oder überhaupt nicht bemüht, die Nachteile möglichst gering zu halten.

Grundsätze für einen verantwortungsvollen Einsatz waren nicht Thema des Kurses. „Vor dem Beobachten NACHDENKEN", hätte ich mir vorstellen können. Ebenso fehlte eine Erinnerung daran, lokale Regulierung zu berücksichtigen. So haben manche US-Städte ihren Behörden verboten, mit Gesichtserkennung zu arbeiten. In seinen Beispielen für Unternehmen, die mithilfe von Überwachungstechnik Informationen sammeln, empfahl Hikvision nicht etwa, Kunden um ihre Zustimmung zu bitten. Ich musste an die Klage von Guo gegen den Hangzhou Safari Park denken.

Die Verwendung militärischer Sprache, in der Überwachungsbranche nicht unüblich, verstärkt das Gefühl, dass diese Werkzeuge leicht zu Waffen werden können. Kameras können in einen „Patrouille"-Modus geschaltet werden, in dem sie nach voreingestellten Intervallen schwenken und kippen, um einen größeren Bereich abzudecken. „Erkennung von Eindringlingen" klingt nach der Verteidigung einer Bank oder Militärbasis, nach einem System, das nur die Bösen fängt. Doch die Kameras von Hikvision überprüfen keine Identitäten. Sie „erfassen" Gesichter.

Nachdem ich beide Kurse abgeschlossen hatte, war ich erleichtert, fertig zu sein, aber auch unzufrieden. Ich hatte zwei Prüfungen absolviert und war damit technisch gesehen qualifiziert, um Systeme zu verkaufen und zu installieren, die mithilfe von künstlicher Intelligenz Gesichter identifizieren und Verhalten analysieren. Ich kannte den Unterschied zwischen Datenspeicherung nach RAID 0 und RAID 5. Ich lernte, wie man eine Zone zum Erkennen von Eindringlingen einrichtet und wie man einstellt, wohin die Alarme geschickt werden. Aber ich hatte nichts darüber gehört, wie man mit den Fragen von Privatsphäre und Menschenrechten umgehen soll, die diese Systeme aufwerfen.

Diesen ethischen blinden Fleck findet man nicht nur bei chinesischen Anbietern und nicht einmal nur in der Überwachungsbranche. Oracle hat Polizei-Anwendungen seiner Software in Ländern mit unschönen Menschenrechtsbilanzen wie China, Brasilien, Mexiko, Pakistan, der Türkei und den Vereinigten Arabischen Emiraten verkauft, berichtete Mara Hvistendahl.[86] Noch grundlegender ist die massenhafte Sammlung von Daten durch private Unternehmen. Die Harvard-Professorin Shoshana Zuboff bezeichnet sie als „Überwachungskapitalismus", und sie hat weitreichende Bedeutung nicht nur hinsichtlich Privatsphäre, sondern auch mit Blick auf gesellschaftliche Kontrolle.[87]

Viele Technologieunternehmen haben versucht, sich als Hightech-Baumärkte darzustellen, die nur Werkzeuge an Kunden verkaufen, die letztlich selbst dafür verantwortlich sind, was sie damit machen. Als er gefragt wurde, ob Huawei für den staatlichen Einsatz seiner Produkte in Xinjiang zur Verantwortung gezogen werden könnte, antwortete Ren Zhengfei: „Unsere Situation ist ähnlich wie zum Beispiel bei einem Autohersteller in Spanien. Kann der Autohersteller entscheiden, an wen er seine Autos verkauft? Was er verkauft, ist nur das Auto selbst. Was mit dem Auto transportiert wird, bestimmt der Fahrer. Der Autohersteller verkauft keine Fahrer, nur Autos."[88]

Doch Huawei, Hikvision und andere exportieren nicht nur Konsumelektronik. Sie verkaufen auch Kompetenzen und Methoden. Um es mit der Metapher von Ren zu sagen: Sie bieten Fahrer-Trainings an und manchmal sogar Chauffeure. Sie überprüfen nicht, ob ein Kunde zuvor als schlechter Fahrer aufgefallen ist oder überhaupt einen Führerschein hat. Sie waren bereit, jedes ihrer Produkte an jeden zu verkaufen, der es haben will, mit sehr wenigen Ausnahmen.

Diese Laissez-faire-Haltung erscheint immer weniger durchhaltbar. Über die Vor- und Nachteile von KI-Überwachung wird zunehmend diskutiert, und Unternehmen werden gezwungen sein, eine aktivere Rolle beim Verhindern von Schäden zu spielen. Wenn sie sich konstruktiv in diese Diskussion einbringen, können sie Vertrauen gewinnen und davon profitieren, dass sie zu einer Lösung für gesellschaftliche Sorgen beitragen. Wie bei der Umweltbewegung könnte ein Markt für sozial verantwortliche KI entstehen.

Die USA könnten mit ihren Partnern und Verbündeten zusammenarbeiten, um diese Bewegung anzuführen. „Die Volkswirtschaften Afrikas, Lateinamerikas und Südostasiens schreiten in ihrer Entwicklung und in ihrem Urbanisierungsprozess voran. Warum sollte man nicht eine globale Initiative für intelligente Städte unterstützen, die technologische Innovation, ökologische Nachhaltigkeit und gute Governance fördert?", fragt Liz Economy, China-Expertin und Senior Fellow beim Council on Foreign Relations.[89] Eine solche Initiative würde die aktuellen Aktivitäten Chinas infrage stellen, indem sie einen deutlichen Kontrast aufzeigt und eine überlegene Alternative anbietet. Unternehmen, die sich von solchen Fragen nicht aufhalten lassen, könnten feststellen, dass ihre Kundenliste auf Namen zusammenschrumpft, die sie ungern veröffentlichen würden.

Für ein Unternehmen mit dem Motto „weit sehen, weiter gehen" erschien Hikvision mit Blick auf die einsetzende Abwehrreaktion gegen seine Marke bemerkenswert kurzsichtig, wenn nicht absichtlich blind. Schon im Jahr 2018 tauchten erste Belege für seine Beteiligung an den Lagern in Xinjiang auf.[90] Aber erst 2019, nachdem westliche Investoren mit dem Ausstieg begannen, veröffentlichte das Unternehmen seinen ersten Bericht über Fragen von Umwelt, Gesellschaft und Governance.[91] „Im vergangenen Jahr gab es zahlreiche Berichte darüber, dass Produkte für Videoüberwachung in Menschenrechtsverletzungen involviert waren", hieß es darin. Der Bericht war voller Passivkonstruktionen und wenig konkret.

Das Interesse von Hikvision an Menschenrechten erscheint oberflächlich. Das Unternehmen versprach, bei seiner Arbeit unter anderem die Allgemeine Erklärung der Menschenrechte der Vereinten Nationen zu berücksichtigen, und beauftragte die US-Kanzlei Arent Fox LLP mit einer internen Überprüfung, deren Ergebnisse nicht veröffentlicht wurden. Nachdem er lange auf diesen Bericht gewartet hatte, löste ein dänischer Pensionsfonds im November 2020 seine Hikvision-Investition letztlich auf. Er habe die „Geduld mit dem Unternehmen verloren", erklärte er.[92] Außerdem berief Hikvision einen Chief Compliance Officer mit der vagen Verantwortung für die „Förderung des Compliance-Ausbaus auf den Gebieten Schutz von Menschenrechten, Datensicherheit und Schutz der Privatsphäre sowie gesellschaftliche Verantwortung etc.". Offenbar machte sich das Unternehmen nicht einmal die Mühe, den Satz richtig zu Ende zu bringen und die Position genauer zu beschreiben, die man auch als Chief Complaint Officer hätte bezeichnen können. Vielleicht ging das Unternehmen davon aus, dass Anleger und Kunden nur ein paar beruhigende Worte brauchten und nicht allzu genau hinsehen würden.

Gesellschaftliche Risiken sind ein noch größerer blinder Fleck für die Hikvision-Klientel einschließlich der chinesischen Regierung. Der Aufbau eines Überwachungsstaates, der tief in das Leben seiner Bürger hineinreichen soll, ist von Angst vor sozialen Unruhen motiviert. Doch die ungeschickte Einführung von immer invasiveren Methoden könnte genau die Kräfte stärken, die er am meisten fürchtet. Wenn die chinesischen Systeme nicht so präzise funktionieren wie versprochen, sind zudem nicht nur Datenschützer und Dissidenten-Gruppen unzufrieden: Nach genügend Fehlern fangen selbst Befürworter von Überwachungsmaßnahmen an, Fragen zu stellen.

„SICHERE STÄDTE"

Die Diskrepanz zwischen dem, was chinesische Überwachungsunternehmen versprechen, und dem, was sie abliefern, könnte im Ausland noch größer sein. Mit der finanziellen und diplomatischen Unterstützung Pekings verbreiten sie sich in immer mehr Städten weltweit. Ihr Verkaufsversprechen ist überaus attraktiv: Technologie der nächsten Generation zu bezahlbaren Preisen und sofort. Doch in dem eiligen Bemühen, ausländische Märkte zahlenmäßig zu dominieren, kann die Qualität ihrer Projekte zu kurz kommen.

Stellen Sie sich vor, Sie sind Bürgermeister einer größeren Stadt in einem Schwellenland. Sie haben es mit einer Kaskade von Krisen zu tun, die sich gegenseitig verstärken. Die Covid-19-Pandemie hat Ihr Gesundheitssystem überlastet und droht erneut auszubrechen. Noch schlimmer sind die finanziellen Nachwirkungen. Die Schulden sind gefährlich hoch, was Ihren Spielraum für Kreditaufnahme und Finanzierung von Entwicklungsprojekten begrenzt. Währenddessen tickt eine demografische Zeitbombe: Ihre Bevölkerung ist vorwiegend jung, und es gibt nicht genügend Jobs für alle. Die Kriminalität nimmt zu und droht, ausländische Investoren zu verschrecken. Ihre eigenen politischen Aussichten sind so unsicher wie die Zukunft der Stadt. In zwei Jahren stehen wieder Wahlen an.

Wie ein Geist aus der Flasche erscheint ein Unternehmen und verspricht, Ihnen drei Wünsche zu erfüllen. Sie bitten um Hilfe bei der Gesundheitskrise, mehr Wirtschaftswachstum und weniger Kriminalität. All diese Wünsche, sagt das Unternehmen, können wahr werden, wenn Sie Ihre Stadt intelligenter machen. Kameras mit Temperatur-Sensoren können helfen, Bürger mit Fieber zu erkennen. Das Erfassen von Verkehrsströmen und das Durchsetzen von Verkehrsregeln kann Staus verringern. Mit Gesichtserkennung und Verhaltensanalysen kann man gesuchte Kriminelle identifizieren und die Polizei auf auffälliges Verhalten aufmerksam machen, etwa Jogging oder Wandern in der Nähe von Sperrgebieten. Diese Elemente werden in eine zentrale Datenbank mit Kommandozentrum eingespeist.

Das Kommandozentrum, das Ihnen gezeigt wird, sieht aus wie die Mission Control der NASA – so etwas haben sonst nur die reichsten Länder der Welt. Reihen von Computer-Arbeitsplätzen sind in konzentrischen Bögen aufgestellt, alle mit Blick auf eine hohe Wand aus riesigen Bildschirmen. Karten erscheinen, um die Standorte von Fahrzeugen, die Identitäten von Personen und verschiedene Warnmeldungen anzuzeigen. Wenn alles außer Kontrolle gerät, ist dieses Kommandozentrum das Paradies für eine Regierung. Die lokalen Medien würden sich um eine Führung reißen. Sie würden Artikel über einen Sprung an die vorderste Front der Innovation und die reiche Zukunft einer intelligenten Stadt schreiben. Der Rest der Welt würde darauf aufmerksam werden. Ausländische Investoren würden mehr Chancen und weniger Risiko sehen.

All das kommt in einem einzigen Paket, das auf Ihre Bedürfnisse und Ihr Budget abgestimmt werden kann. „Die Hikvision Safe City Solution bietet robuste, stabile und zuverlässige kommunale Sicherheit", erklärt das Unternehmen. „Alle Komponenten, Software und Dienstleistungen in der Safe City Solution stärken die öffentliche Verwaltung, verbessern das Leben der Bürger und unterstützen die langfristige Entwicklung erheblich."[93] Um das Angebot noch besser zu machen, stellen chinesische Staatsbanken einen subventionierten Kredit mit mehr als 20 Jahren Laufzeit bereit. Bis dahin dürfte die Stadt schon transformiert sein. Das Projekt wird sich selbst bezahlen. Und selbst wenn es das nicht tut, werden Sie bis dahin schon nicht mehr im Amt sein, sodass sich jemand anderes darum kümmern muss.

Der Reiz des chinesischen Angebotes ist leicht zu verstehen. Regierungen rund um die Welt wollen die Effizienz und Sicherheit, die neue Technologien für Messungen und Überwachung auf Entfernung versprechen. Die Kosten für Rechenleistung sind rapide gesunken und die Breitbandgeschwindigkeiten gestiegen. Städte nutzen diese Entwicklung und führen automatisierte Kameras und Sensoren ein, um von Müllabfuhr bis zu Notfalldiensten alles besser zu machen.

Die Ausbreitung von chinesischer Technologie in Städten im Ausland macht US-Politikern Sorgen. In ihren Augen werden diese Projekte nicht nur von China, sondern auch für China realisiert. Bei einem Besuch in Kenias Hauptstadt Nairobi war der Senator Marco Rubio erschrocken, als er sah, dass die Wege seiner Delegation von einem der Flaggschiff-Projekte von Huawei beobachtet wurden. „An buchstäblich jeder Kreuzung wurde irgendein Bild aufgenommen", sagte er im Jahr 2019.[94] „Sie wissen, in welchem Hotel man schläft, sie wissen, welches WLAN-Netz man nutzt. Das Unternehmen und

[Peking] bekommen immer mehr Gelegenheiten, auf Ihre geschäftlichen Informationen zuzugreifen und sie zu stehlen."

Die Vernetzung von Städten weltweit durch China schreitet schneller voran, als die Politik darauf reagieren konnte. Im August 2019 baten die Senatoren Rubio und Ron Wyden das US-Außenministerium, die amerikanische Öffentlichkeit auf die Gefahren von Reisen in ausländische Städte hinzuweisen, die chinesische Technologie benutzen. „Von der Lieferung von Technologie an Länder mit schlechten Menschenrechtsbilanzen profitieren möglicherweise nicht nur lokale Herrscher, sondern auch China selbst", warnten sie.[95] Die Senatoren zitieren einen Bericht der *New York Times*, die schätzte, dass chinesische Systeme in mehr als 18 Ländern genutzt wurden. Tatsächlich ist die Zahl noch viel spektakulärer: Nach Recherchen von Katherine Atha, James Mulvenon und Kollegen bei der Marktforschungsfirma SOS International haben Unternehmen aus China Produkte und Dienstleistungen für „intelligente Städte" in mehr als 100 Länder exportiert.[96]

Selbst Lokalpolitiker in Großbritannien griffen bei chinesischen Anbietern zu. Die Stadt Bournemouth verhandelte über einen Smart-City-Vertrag mit Alibaba, bei dem das chinesische Unternehmen große Mengen an Daten kontrolliert hätte, berichtete die *Financial Times*.[97] Das Projekt wurde abgesagt, nachdem die britische Regierung interveniert hatte. Doch die Bedrohung ist weiterhin bedeutend genug, dass der britische Geheimdienst GCHQ im Mai 2021 Richtlinien veröffentlichte, in denen er lokale Behörden vor ausländischer Technik für intelligente Städte warnte.[98]

Die aktivsten Unternehmen in China verkaufen ihre Produkte unter dem Etikett „Safe Citys", stellen also Sicherheit in den Vordergrund. Es gibt keine universelle Definition für intelligente Städte, und selbst Anwendungen derselben Technik können sich abhängig von den lokalen Bedingungen unterscheiden. Hikvision und Huawei sind laut SOS International die führenden chinesischen Anbieter auf dem Weltmarkt, gefolgt von Dahua und ZTE.[99] Ihre Geschäfte mit nicht demokratischen Ländern haben zu der Kritik geführt, China würde „Autoritarismus exportieren".

Die Wahrheit ist natürlich komplizierter. Viele Länder waren nicht unbedingt Vorzeige-Demokratien, schon bevor sie chinesische Technik importierten. Chinesische Überwachungsunternehmen haben keine überlegenen Produkte im Angebot, sind aber eher bereit, sie jedem zu verkaufen, der bezahlen kann. Manche US-Unternehmen enthalten ihre Produkte für Gesichtserkennung sogar US-Strafverfolgungsbehörden vor, solange es kein Bundesgesetz für den Umgang damit gibt.[100] Mehrere von ihnen haben zudem die Regierung aufgefordert, Exportbeschränkungen für diese Technologie einzuführen.

Wenn der Markt für Überwachungstechnik eine Waffenmesse wäre, wären chinesische Unternehmen diejenigen Händler, die nicht nach Ihrem Hintergrund fragen. Ihnen ist ziemlich egal, wer Sie sind oder was Sie mit ihren Produkten vorhaben. Und wenn ein Kunde den Verkauf lieber auf dem Parkplatz abwickeln möchte als in der Halle, wo andere Leute zuschauen, dann sind sie auch dazu gern bereit. Weniger Bedingungen, mehr Optionen und weniger Kontrolle machen das Wesen des chinesischen Angebots für Überwachung aus – und all das zu Preisen, die man sich leisten kann oder jedenfalls leisten zu können glaubt, weil die Produkte so viele Vorteile bringen werden.

Überraschend wenige Leute haben die Frage gestellt, ob der Flaschengeist diese Wünsche wirklich wahr macht. Befürworter sprechen von massiven Zugewinnen an Effizienz und Sicherheit. Solche Systeme machen die Regierung allgegenwärtig, warnen Kritiker. Die beiden Seiten sind sich also uneins über das letztliche Ziel chinesischer Projekte für digitale Infrastruktur, doch beide neigen zu der Annahme, dass die Technologie funktioniert. Dabei zeigt eine nähere Beschäftigung mit den chinesischen „Safe City"-Exporten eine gemischtere Bilanz. In ihrem Eifer, Aufträge zu gewinnen, waren die Unternehmen dahinter gern bereit, die Wahrheit zu dehnen.

Manchmal versprachen sie nicht weniger als ein Wunder.[101] ZTE gibt in seinem Marketing-Material an, seine Systeme würden die staatliche Effizienz erhöhen, indem sie Transportkosten um 20 bis 30 Prozent, den Zeitaufwand für Genehmigungsverfahren um 40 bis 50 Prozent und die Telekommunikationskosten um 50 bis 70 Prozent verringern. Und als wäre das noch nicht genug, verspricht dieselbe Folie, dass Armut und Analphabetismus reduziert, neue Beschäftigungschancen geschaffen und ausländische Investitionen angezogen werden.[102]

Nach der Einführung einer Safe-City-Lösung von Huawei, so behauptet das Unternehmen, verzeichnete eine anonyme Stadt namens „XX" einen 15-prozentigen Rückgang der Gewaltverbrechen, eine um 45 Prozent höhere Aufklärungsquote und eine Verkürzung der Reaktionszeit von Notdiensten von 10 Minuten auf 4,5 Minuten. Und das war noch nicht alles: Die „Bürgerzufriedenheit" in der Stadt nahm von 60,2 Prozent auf 98,3 Prozent zu. Offenbar waren die 1,7 Prozent der Bürger, die sich als nicht zufrieden zu erkennen gaben, entweder sehr anspruchsvoll oder sehr mutig.

Die Erbauer von Safe Citys aus China haben eine Spur von verdächtigen und potenziell gefährlichen Behauptungen hinterlassen. Hikvision, Dahua und Uniview verfälschten sämtlich Tests, die für den Export ihrer Produkte nach Südkorea erforderlich waren.[103] Inmitten der globalen Reaktion auf die Covid-19-Pandemie übertrieben Hikvision und Dahua die Fähigkeiten ihrer Wärmesensor-Kameras, indem sie behaupteten, diese könnten die Temperatur von bis zu 30 Personen pro Sekunde messen.[104] Ein Schulbezirk im US-Bundesstaat Alabama ließ sich dadurch überzeugen, 1 Million Dollar für Fieber-Kameras von Hikvision auszugeben und so öffentliches Geld zu verschwenden und die Bevölkerung zu gefährden.[105]

Viele Regierungen unterschreiben solche Verträge, weil sie unabhängig davon, ob das Projekt wirklich funktioniert, politisch profitieren können. Prestige spielt dabei eine große Rolle. Ein Projekt für eine „Smart City" zu verkünden, signalisiert einen Schritt an die vorderste Front des Fortschritts. Die Anbieter machen sich etwas zunutze, das Soziologen als „technologische Grandiosität" bezeichnen – eine mächtige Anziehungskraft, die Entscheidungsträger dazu verleitet, über den eigentlichen Bedarf hinaus Extras und Optionen zu bestellen.[106] Jede Kamera, die in der Stadt installiert wird, ist eine sichtbare Erinnerung, dass die Regierung zusieht. Kommandozentralen sind mit ihrer eindeutigen Bezeichnung und hochmodernen Gestaltung die perfekten Projekte für Regierungen, die den Eindruck erwecken wollen, dass sie technologisch fortgeschritten sind und alles unter Kontrolle haben. Die Sicherheitsästhetik – der Anschein von Kontrolle – lockt Regierungen zu Safe-City-Systemen, ähnlich wie Autos von Lamborghini Menschen anziehen, die reich erscheinen wollen.

Pakistan gab 100 Millionen Dollar aus, um seine Hauptstadt mit einem solchen System von Huawei auszustatten. Huawei installierte fast 2000 Kameras, mehr als 500 Kilometer Glasfaserkabel und ein LTE-Mobilfunknetz. Die optisch mit Abstand beeindruckendste Neuerung war ein 300 Quadratmeter großes Kommandozentrum mit 72 Bildschirmen, so gebaut, dass es Erdbeben der Stufe 9 und massiven Explosionen standhält. Um Unterstützung für das Projekt zu gewinnen, hielt Huawei Präsentationen vor Vertretern der Regierung ab. „Wer in unserem Safe City CCC Command Center war, war definitiv sehr beeindruckt von unseren riesigen Bildschirmen", erinnerte sich ein Huawei-Mitarbeiter.[107]

Die tatsächliche Leistung des Systems war weniger beeindruckend, wie Sheridan Prasso für Bloomberg berichtete.[108] Im Jahr 2018 nahmen die Fälle von Mord, Entführungen und Diebstahl in Islamabad gegenüber dem Vorjahr sämtlich zu, und die Kriminalität insgesamt um 33 Prozent, geht aus Daten des National Police Bureau Pakistans hervor.[109] Die Hälfte der Kameras funktionierte nicht. Im selben Jahr brachte der Sprecher der pakistanischen Nationalversammlung diese Probleme bei einem Treffen mit Huawei und chinesischen Regierungsvertretern zur Sprache. Es habe „einige Fehler und Defekte im Projekt Islamabad Safe City gegeben, und für eine sichere und geschützte Stadt wollen wir diese Defekte nach einer Konsultation mit den betroffenen Behörden beheben", erklärte er in einer Pressemitteilung.[110]

Manche Fehler waren menschlicher Natur. Anfang 2019 tauchten im Internet Bilder von Personen in ihren Autos auf, die von Kameras der intelligenten Stadt Islamabad zu stammen schienen. Politiker dementierten diese Herkunft und erklärten, die operativen Prozesse im Kommandozentrum würden unautorisierten Zugriff verhindern. Doch sie räumten auch ein, dass drei externe Regierungsbehörden ebenfalls auf die Kameras in der Stadt zugreifen konnten.[111] Das Kommandozentrum gab zu, dass es nicht immer die Kontrolle hatte.

Im Lahore, fünf Stunden südlich von Islamabad, bekam die Stadtverwaltung von Huawei mehr, als sie bezahlt hatte. Sie ließ 1.800 Kameras installieren, in denen Techniker später WLAN-Karten feststellten, auf die sie nicht zugreifen konnten.[112] Huawei erklärte, die Karten seien in den Angebotsdokumenten für das Überwachungssystem erwähnt und für den Fernzugriff durch Techniker gedacht. Skeptiker aber verwiesen darauf, dass das System einen Remote-Zugang bereits durch die primäre Vernetzung der Kameras per Kabel hatte. Ein zweiter Zugangspunkt erhöhte das Risiko von unautorisierten Zugriffen.

Spionierte China Pakistan aus? Die Belege aus Lahore sind alles andere als eindeutig. Angesichts der Probleme, Smart-City-Exporte aus China in ausländischen Großstädten richtig zum Laufen zu bringen, kann man sich kaum vorstellen, dass die Kameras in Lahore aktuell ein zentralisiertes und gestochen scharfes Bild nach Peking liefern. Doch in Pakistan steht für China mehr auf dem Spiel als in den meisten anderen Ländern. Chinesische Politiker werben für den China-Pakistan Economic Corridor, eine Sammlung von Infrastrukturprojekten im Volumen von 25 Milliarden Dollar mit steigender Tendenz, als das Flaggschiff von Präsident Xis außenpolitischer Vorzeige-Vision, der Initiative Neue Seidenstraße.[113] Außerdem hat China geschätzte 10.000 bis 15.000 eigene Staatsbürger zu schützen, die im Ausland an diesen Projekten arbeiten.[114] Der Wunsch nach ihrer Überwachung in Echtzeit wäre nicht überraschend.

Die dafür gewählte Methode ist allerdings fragwürdig. Mittels WLAN-Zugriff könnte eine dritte Partei ausgewähltes Video-Material herunterladen, oder auch größere Mengen, wenn geeignete Technik in unmittelbarer Nähe installiert ist. Das könnte funktionieren, wenn es nur um eine oder zwei Kameras geht, die auf besonders wertvolle Ziele gerichtet sind. Massenhafte Übertragungen aber würden über Glasfaserkabel stattfinden müssen. Zufälligerweise hat Huawei im Jahr 2018 eine solche Leitung zwischen Pakistan und China installiert.[115]

Unabhängig davon liegt das größere und unmittelbare Risiko für Pakistan nicht darin, dass die Kameras eine doppelte Funktion haben könnten, sondern darin, dass sie nicht richtig arbeiten. Nachdem das Land für Safe-City-Technik in Islamabad, Lahore und anderen großen Städten hohe Kredite aufgenommen hat, braucht es den Erfolg. Denn für andere Projekte hat sich Pakistan noch viel mehr Geld geliehen, und schon länger bestehende Herausforderungen bedeuten, dass im Staatshaushalt wenig Spielraum für einen Wirtschaftsabschwung oder unerwartete Ereignisse bleibt.

Wie Senator Rubio erlebt hat, ist ein weiterer stolzer Gastgeber für Safe-City-Lösungen von Huawei in Kenia zu finden. Ein Werbevideo des Unternehmens über das Projekt, zu dem unter anderem 1.800 Kameras in Nairobi und Mombasa gehören, ist angelegt wie ein Spionagethriller.[116] Es beginnt mit einem militärischen Satellitenbild von weit oben, zusammen mit einem Fadenkreuz, und zoomt dann auf Nairobi. „Seit einer Weile denken Kenianer, die CCTV-Kameras, die in Nairobi und Mombasa installiert wurden, seien inaktiv", sagt der Erzähler. „Doch das ist alles andere als richtig. Unbemerkt von der Bevölkerung haben Sicherheitsbehörden bereits das neue Safaricom-Sicherheitssystem aktiviert." Statt die Fähigkeiten des Systems herunterzuspielen und zu versichern, dass die Privatsphäre gewahrt bleibt, geben die kenianischem Sicherheitskräfte an: „Diese Kameras sind sehr genau und sehr scharf", sagt ein hochrangiger Polizeibeamter in dem Video. „Jeder, der irgendetwas tut, wird beobachtet."

Als ich im Jahr 2019 in Nairobi war, erwartete ich, dass der Blick dieser Kameras unangenehm sein würde. Meine Bewegungen würden verfolgt und beobachtet, dachte ich, und dass ich stets im Fadenkreuz sein würde. Doch als ich die Straßen entlangging, bemerkte ich, wie lächerlich diese Erwartung war, fast schon paranoid. Ich war einfach nur ein weiterer Tourist. Wenn der chinesische Staat mir zusah, musste er sehr viel Freizeit haben. Ich wanderte stundenlang von Block zu Block, um ein Gefühl für die physische Präsenz des Überwachungssystems zu bekommen. Damit hätte ich einen ganzen Arbeitstag irgendeines einfachen Beamten verschwendet.

Als die Sonne unterging, wurde mir im kleinen Maßstab klar, wie mögliche physische Gefahren Sorgen bezüglich Privatsphäre überwiegen können. Die Augen, die mir wirklich folgten, befanden sich auf denselben Straßen wie ich, und sie handelten nicht im Auftrag irgendeiner Regierung. Ich war offensichtlich ein Ausländer, ein leichtes Ziel in einer Stadt mit hoher Kriminalität. Auf diesem unbekannten Terrain war Privatsphäre das Letzte, was ich wollte. Ich hielt mich unter den Straßenlaternen. Statt die Kameras zu meiden, blieb ich in ihrem Blickfeld. Ich fühlte mich sicherer in dem Wissen, dass sie mich beobachteten – genau das Gegenteil zu dem Gefühl der Verfolgung, das ich erwartet hatte. Möglicherweise war beides gleich falsch.

Später erfuhr ich, dass diese Kameras weniger beeindruckend funktionieren als in der Werbung. Nach Angaben von Huawei hat seine Safe-City-Lösung die Kriminalität in Nairobi und Mombasa drastisch verringert.[117] Doch im Jahr nach der Installation des Systems meldete der National Police Service von Kenia für Nairobi einen geringeren Rückgang der Kriminalität, als Huawei behauptet hatte, und für Mombasa einen deutlichen Anstieg.[118] Im Jahr 2017 nahmen die Verbrechen in Nairobi sprunghaft um 50 Prozent zu, womit ihre Zahl wieder höher war als vor dem Projekt. Natürlich hängt das Auf und Ab in solchen Statistiken von einer Vielzahl von Faktoren ab. Aber Unternehmen, die sich für die Verringerung von Kriminalität loben lassen, müssen mit Fragen rechnen, wenn es in die andere Richtung geht.

Doch diese Fragen werden nur selten gestellt. Viele Staaten haben Verbraucherschutzbehörden, die Betrug verhindern sollen. Doch wenn die Regierung wie bei den meisten Projekten für intelligente Städte selbst der Kunde ist, gibt es nur wenig öffentliche Kontrolle. Nach dem Vertragsschluss haben beide Seiten einen Anreiz, Systeme als Erfolg darzustellen. Zu erklären, dass sie nicht wie versprochen funktionieren, würde Kritik provozieren, dass die Regierung öffentliches Geld verschwendet und nicht effektiv gearbeitet hat. Manche Länder scheuen sich zudem, ihre Beziehung zur chinesischen Regierung aufs Spiel zu setzen, die ein großer Kreditgeber und Handelspartner für sie ist. Demzufolge beschäftigen sich manche staatlichen Kunden weniger damit, strikt zu evaluieren, ob diese Projekte wirklich funktionieren, als damit, ihren Erfolg zu preisen.

In Machakos County, zwei Stunden von Nairobi entfernt, hilft China Kenia dabei, eine digitale Stadt aus dem Nichts aufzubauen.[119] im Jahr 2008 gab die Regierung das Projekt Konza Technopolis bekannt, aus dem ein Technologiezentrum von Weltrang hervorgehen soll.[120] „Durch die Nutzung des Smart-City-Frameworks kann Konza seine Services optimieren und eine nachhaltige Stadt werden, die direkt auf die Bedürfnisse von Bewohnern, Arbeitnehmern und Besuchern reagiert", erklärte die Regierung.[121] Doch das Projekt liegt hinter dem Zeitplan. Zuletzt sollten Straßen-, Wasser- und weitere Basis-Infrastruktur Ende 2021 fertig sein.[122]

Die Gründung einer neuen Technologiestadt ist genau die Art von großem, historischem Projekt, das Politiker begeistert. Jeder möchte der Bürgermeister seines eigenen Silicon Valley sein. Das Problem dabei ist, dass viele der weltweit bekanntesten Innovationszentren durch eine Mischung aus staatlicher Unterstützung und organischem Wachstum so bedeutend geworden sind. So etwas am Reißbrett zu planen, ist überaus schwierig. Selbst mit Steuererleichterungen und anderen finanziellen Anreizen tut sich Konza schwer, kenianische und westliche Unternehmen aus Nairobi und anderen großen Städten anzulocken, in denen sich weiterhin die wahre geschäftliche Aktivität abspielt.

Die kenianische Regierung scheint von diesen Herausforderungen unbeeindruckt, selbst über ein Jahrzehnt nach der Ankündigung des Projekts noch. Mittlerweile prüfen Politiker die Machbarkeit einer „Digital Media City" innerhalb von Konza.[123] Angesichts des lebhaften Unterhaltungs- und Mediensektors in Kenia, der in den letzten Jahren zweistelliges Wachstum verzeichnete, ist das eine interessante Idee. Doch der Plan für eine Stadt in einer Stadt, die selbst noch nicht fertig ist, erscheint vielleicht ein wenig zu weit hergeholt. Und je mehr Aufgaben Konza bekommt, desto weniger wahrscheinlich wird, dass es irgendeine davon richtig erfüllt.

Trotzdem drängeln sich chinesische Unternehmen um einen Anteil daran. Als die finanzielle Zukunft des Projekts unsicher war, schaltete sich Chinas Export-Import Bank mit 172,7 Millionen Dollar an vergünstigten Krediten ein.[124] Huawei wurde mit der Entwicklung des Projekts einschließlich eines Überwachungssystems und eines Datenzentrums beauftragt, das Dienste sowohl für die Regierung als auch für den Privatsektor bereitstellen soll. John Tanui, früherer stellvertretender Leiter der Huawei-Vertretung in Kenia, wurde im Jahr 2015 zum CEO von Konza berufen.[125] Für die Stromversorgung der Stadt beauftragte die kenianische Regierung die China Aerospace Construction Group, eine 40 Kilometer lange Leitung zur Anbindung an das nationale Netz zu verlegen, die ebenfalls von der chinesischen Export-Import Bank finanziert wurde.[126] Selbst wenn die Technopolis-Blase platzt, werden chinesische Unternehmen also für ihre Arbeit daran bezahlt werden.

INTELLIGENTERE AUGEN

Am 31. März 2020 zog Chinas Präsident Xi Jinping eine blaue OP-Maske über und machte sich auf zu einem Besuch in Hangzhou. Covid-19 verbreitete sich um die Welt, aber in China gingen die gemeldeten Neuinfektionen und Todesfälle zurück. Jeden Tag wartete die Bevölkerung ungeduldiger auf eine Rückkehr des Lebens zur Normalität und die Welt wurde wütender auf China. Xi wollte die Bürger ermutigen, diszipliniert zu bleiben. Er wollte der Welt zeigen, dass die chinesische Reaktion auf die Pandemie modern war. Er wollte, dass jeder wusste, dass er die Kontrolle hatte.

Als Ziel wählte er das Hangzhou City Brain Operation Command Center. Im Jahr 2016 hatten Alibaba und Hikvision zusammen ein System installiert, das mit KI-Algorithmen und Daten von mehr als 4.500 Verkehrskameras Ampeln steuert, Unfälle meldet, Staus verhindert und Nutzern Verkehrs- und Navigationsinformationen in Echtzeit liefert.[127] Seit es in Betrieb ging, hat das System nach Angaben der Unternehmen dazu beigetragen, Staus um 15 Prozent zu verringern und die Reaktionszeiten von Notdiensten zu halbieren.[128] „Wir sind in der Lage, Menschen mit nur einem Foto zu lokalisieren, selbst mit einem Foto von hinten", behaupten Alibaba-Forscher von einem ähnlichen System in Quzhou.[129]

Das „City Brain" mag die Lorbeeren dafür bekommen, doch ganz altmodische Methoden haben sicher auch geholfen. Hangzhou führte eine Obergrenze für die Zahl der Auto-Neuzulassungen pro Jahr ein und betreibt das weltweit größte Programm für Fahrrad-Sharing.[130] Auch an automatisierten Ampeln ist nichts besonders Revolutionäres mehr. Im Jahr 2018 installierte Alibaba eine zweite Version des Systems in Kuala Lumpur, der Hauptstadt Malaysias.[131] Die Staus dort nahmen nach Daten der Geo-Informationsfirma TomTom weiter zu, doch die Marke „City Brain" ist weiterhin unbefleckt.[132]

Im Kommandozentrum blickte Xi auf die hochmodernen Alibaba-Bildschirme. Ein großes Display zeigte eine 3-D-Karte von Hangzhou, auf der die wechselnden Personenzahlen in unterschiedlichen Bezirken und Gebäuden der Stadt zu sehen waren. Ein anderes zeigte Verkehrsinformationen. Eine Einblendung oben nannte die Zahl der Fahrzeuge in Bewegung und die Durchschnittsgeschwindigkeit auf großen Straßen und Autobahnen. Ein dritter Bildschirm zeigte Gesundheitsdaten für die Einwohner von Hangzhou an, einschließlich Farbcodes für den Covid-19-Infektionsstatus und Berechnung der täglichen Entwicklung der Infektionsraten.[133]

Xi rief dazu auf, Städte „intelligenter" zu machen, und würzte seine Rede mit der Erwähnung von Big Data, Cloud-Computing, Blockchain und KI. Er rief zum Einsatz dieser Technologien auf, die er als „neue Infrastruktur" bezeichnete, um das Staatssystem Chinas von Grund auf zu modernisieren.[134] Die Technologien waren neu, aber das doppelte Ziel von Weiterentwicklung und Kontrolle blieb unverändert.

Was Xi nicht erwähnte, waren die Gefahren, die das Sammeln von so vielen persönlichen Daten mit sich bringt. Im Januar stellte ein unabhängiger Forscher fest, dass Daten des City Brain für unautorisierte Nutzer zugänglich waren.[135] Im Jahr zuvor war eine bei Alibaba gespeicherte Datenbank eines Systems, das Bürger in Teilen von Peking beobachtet, wochenlang nicht gesichert, sodass jeder auf ihre Gesichtserkennungsdaten zugreifen konnte.[136] In der Datenbank gab es Erwähnungen von City Brain, und sie enthielt Funktionen für das Identifizieren von Uiguren, doch Alibaba dementierte, dass seine bekannte KI-Plattform dafür verwendet wurde.

Xi hatte für solche Feinheiten keine Zeit. Er wollte einen der größten PR-Zaubertricks der jüngeren Geschichte vollführen. Obwohl China der Ursprung des Covid-19-Ausbruchs war und wertvolle Zeit mit dem Versuch verschwendet hatte, das zu vertuschen, wollte es sich mit der Reaktion darauf als Vorbild für die Welt zeigen. Es schickte Masken und medizinische Experten in andere Länder und setzte sich für technologische Lösungen für Viruserkennung und Kontaktnachverfolgung ein.[137]

Chinesische Unternehmen reagierten direkt auf Xis Aufruf. Mehr als 500 von ihnen gaben an, zum Umgang mit der Pandemie KI einzusetzen, hat Jeffrey Ding ermittelt, ein KI-Experte und Autor des Newsletters „ChinAI".[138] Bei einigen von ihnen war die Wahrheit damit mehr als nur gedehnt. Dahua zum Beispiel vermarktete seine Kameras mit Temperatur-Sensor aggressiv mit der Aussage, sie würden dabei helfen, Personen mit Fieber zu identifizieren. Irreführend behauptete das Unternehmen zum Beispiel, seine Geräte könnten Menschen trotz Kopfbedeckung und auch in größeren Gruppen korrekt erfassen, zum Beispiel beim Aussteigen aus Zügen. IPVM hat diese Behauptungen widerlegt.[139]

Zugleich zeigte Chinas Reaktion auf die Coronavirus-Pandemie, wie schwierig es ist, unterschiedliche Datensammlungen zu kombinieren und zu zentralisieren. Unterschiedliche Ebenen der Regierung führten ihre eigenen Systeme für Gesundheitsmonitoring ein, und chinesische Unternehmen wollten ebenfalls mithelfen, was doppelte Arbeit und Konfusion zur Folge hatte.[140] Bürger sollten unterschiedliche Gesundheits-Apps auf ihren Telefonen nutzen, die auf unterschiedliche Datenquellen zugriffen. Die Regierung war gezwungen, auf Techniken für Überwachung und Kontrolle im Mao-Stil zurückzugreifen, mit persönlichen Hausbesuchen, um die Bewohner im Blick zu behalten.[141] Offenbar waren die chinesischen Städte doch noch nicht „intelligent" genug.

Diese Herausforderung fragmentierte die zentrale Vision, die chinesische Behörden mit Sharp Eyes zu erreichen hofften. Den ärmsten Gemeinschaften fehlt es immer noch an der grundlegenden Infrastruktur, damit diese Systeme funktionieren können. Es gibt keine Standard-Methoden für ihre Einführung, also ging sie ungleichmäßig vonstatten. In der Realität sind die chinesischen Behörden weit davon entfernt, ihr Ziel von vollständig zentralisierter und verwertbarer Überwachung zu erreichen.

Noch kann die Kommunistische Partei besser sehen als denken. Es gibt schlicht zu viele Video-Ströme, verstreut über zu viele unterschiedliche Systeme, die gesichtet und massenhaft verarbeitet werden müssen. Regierungsvertreter und Wissenschaftler diskutieren, wie sich solche „Daten-Inseln" vermeiden lassen. Selbst der Kopf hinter City Brain hat Bedenken geäußert. „Städte belasten sich mit zu vielen intelligenten Systemen", sagte im Jahr 2018 Wang Jian, der Gründer von Alibaba Cloud. „Zehn Kameras an einem Strommast zu installieren, ist kein intelligenter Plan."[142] Aber es ist ein gutes Geschäft für Hikvision, Dahua und andere chinesische Überwachungsunternehmen. „Smart-City-Installationen machen Städte zu Monstern", warnte Wang.

Ähnliches könnte man über den Hangzhou Safari Park sagen. Trotz seines Eifers, Kunden mit KI-Überwachungssystemen zu kontrollieren, scheint er bei grundlegenderen Sicherheitsfragen versagt zu haben. Im Mai 2021 gab der Park verspätet zu, dass drei Leoparden entkommen waren, nachdem lokale Einwohner ihre Sichtungen in sozialen Medien geteilt hatten.[143] Zu diesem Zeitpunkt waren die Tiere schon seit mehr als zwei Wochen frei. Suchtrupps schwärmten mit Hunden, Drohnen und lebenden Hühnern als Beute aus. Offenbar war „Erkennung von Großkatzen" in den Überwachungssystemen für den Park und seine Umgebung noch nicht enthalten.

Das staatliche Überwachungsmodell Chinas ist ineffizient in Auslegung und Anwendung. Es setzt gezielt die Massen darauf an, sich gegenseitig zu kontrollieren, und es nährt eine Branche, die auf Vervielfachung basiert. Diese Anreize sind so mächtig, dass sie letztlich sogar verhindern könnten, dass die Regierung den von ihr angestrebten zentralisierten Überblick bekommt. Selbst wenn sich die schiere technologische Herausforderung lösen ließe, und sie ist wirklich kolossal, würde die Regierung wahrscheinlich immer noch auf die „Masse" in ihrem Modell setzen, wie Mulvenon und seine Kollegen erklären.[144]

Auch die Grausamkeiten in Xinjiang lassen die Grenzen des chinesischen Modells erkennen. Die erschreckende und inhumane Art und

Weise, wie Technologie eingesetzt wird, kann Chinas Methoden und die Technologie dafür fortgeschrittener erscheinen lassen, als sie es in Wirklichkeit sind. „Wenn wir die chinesische Repression in Xinjiang mit moderner, KI-basierter Polizeiarbeit assoziieren, trauen wir ihr möglicherweise zu viel zu", warnt Yuan Yang, stellvertretende Büroleiterin der *Financial Times* in Peking.[145] In Wirklichkeit sei das chinesische Vorgehen „getrieben von politischen Zielen, die unscharf und willkürlich sind". Statt Technologie zu nutzen, um nur einzelne Personen zu identifizieren, zielen die Behörden auf eine komplette ethnische Gruppe ab.

Dieser Ansatz lässt sich konkret in der Programmierung einer mobilen Polizei-App für Xinjiang erkennen, die im Rahmen einer Untersuchung von Human Rights Watch analysiert wurde. Die App arbeitet mit einem System zusammen, das Daten aggregiert und Personen als potenziell gefährlich identifiziert. Außerdem kennzeichnet es Verhaltensweisen wie „kein Kontakt mit Nachbarn, vermeidet oft die Vordertür" und eine Vielzahl anderer Aktivitäten und Merkmale. „Informationen zu sammeln, um echten Terrorismus oder extremistische Gewalt zu verhindern, ist kein zentrales Ziel des Systems", erklärt Maya Wang, leitende Forscherin der Untersuchung.[146] Gleichzeitig bewertet die App die Fähigkeit der Nutzer, bestimmte Aufgaben zu erledigen, und dient so als Werkzeug für die staatliche Überwachung von niedrigen Beamten. Schließlich müssen auch die Kontrolleure an der Front kontrolliert werden.

Bei allen Überwachungssystemen besteht ein grundlegender Zielkonflikt zwischen Präzision und Recall, erklärt die Politologin Jennifer Pan in ihrem Buch *Welfare for Autocrats*. Wenn „Präzision" im Vordergrund steht, werden falsch positive Meldungen minimiert (also Fälle, in denen eine Person zu Unrecht als gefährlich gekennzeichnet wird). Bei Systemen mit mehr „Recall" dagegen sind die falschen Negative (Fälle, in denen gefährliche Personen übersehen werden) minimiert. Chinesische Behörden, die soziale Unruhen vermeiden und hohe Sicherheitsbudgets rechtfertigen wollten, haben eindeutig die zweite Variante bevorzugt. Ihr Ziel ist nicht, den Schaden durch Falschidentifizierungen zu minimieren, sondern sicherzustellen, dass keine potenzielle Bedrohung unerkannt bleibt.[147]

Wie von Xi gewünscht, hat Hikvision sich vorgenommen, intelligenter zu werden. Im Jahr 2019 wurde das Unternehmen auf die Liste von Chinas nationalen Champions für KI aufgenommen, eine Einstufung, die erstrangigen Zugang zu Staatsaufträgen bedeutet.[148] Die Konzentration auf KI ist sinnvoll, weil Hikvision über viel Erfahrung mit Bildverarbeitung und riesigen Datenmengen verfügt. Allerdings gibt es hier auch Konkurrenz von SenseTime, Megvii und anderen chinesischen Unternehmen. Die Jahresberichte von Hikvision stimmen in diesem Zusammenhang nicht sehr zuversichtlich, denn sie liefern eher technologische Wortwolken als Informationen über das Geschäft. Im Bericht für 2019 behauptet das Unternehmen in einem einzigen Satz, dass es „das Konzept ‚Big-Data-KI-Fusion' voranbringt, das KI und perzeptives Big Data kombiniert, um kognitive Intelligenz zu erreichen; es erweitert den Fokus von Produkten auf Systeme, von Technologien auf geschäftliche Expansion, von einzelnen Unternehmen auf Unternehmen in mehreren Branchen; in dem kooperativen Ökosystem, das durch die offene Plattform entsteht, bietet es Nutzern vollständig intelligente Lösungen für Industrie und intelligente Städte".[149]

Man kann unmöglich wissen, wie viel davon Realität und wie viel bloße Rhetorik ist – oder ob der verwirrende Satz vielleicht selbst mittels künstlicher Intelligenz geschrieben wurde. Eine global akzeptierte Definition dafür, was KI ausmacht, gibt es nicht, sodass Unternehmen Spielraum haben, bei ihren Produkten zu übertreiben. Die Anlagefirma MMC Ventures hat 2.830 europäische Start-ups befragt, die als KI-Unternehmen klassifiziert waren, und stellte fest, dass 40 Prozent von ihnen keinerlei KI einsetzten.[150] Hikvision hat die Grenzen von KI-Anwendungen im Bereich Video weitergetrieben. Aber wenn man bedenkt, dass seine Produkte immer noch manchmal Autos für Menschen halten, kann man wohl kaum behaupten, sie würden „kognitive Intelligenz" für ganze Städte bieten.

Doch Hikvision weiß, was seine größten Kunden wollen. Und selbst wenn die Technologie noch nicht reif ist, verkaufen kann man sie längst. Im Jahr 2020 begannen chinesische Städte und Bezirke mit der Umsetzung der nächsten Phase von Sharp Eyes, die sich laut staatlichen Medien auf KI, Cloud, Big Data und andere „Kerntechnologien" konzentriert. Leicht könnte man das als bloßes Werben mit Modeworten abtun, doch einige Projekte haben bereits begonnen. Sharp Eyes fängt an, noch bedrohlicher auszusehen.

In Zhucheng in der südöstlichen Provinz Shandong führen die lokalen Behörden „intelligente Mediation" und „intelligente Korrektur" ein.[151] Bürger können elektronisch Beschwerden einreichen, und staatliche Mediatoren sammeln dann Informationen und sprechen per Video-Streaming Empfehlungen aus. Nicht nur hat die Zufriedenheitsrate damit 100 Prozent erreicht, wie staatliche Medien berichten: Die Big-Data-Analyse des Systems generiert auch frühzeitige Hinweise, die Konflikte verhindern. Diese falsche Sicherheit lässt das System weniger wie *Judge Judy* erscheinen als wie *Judge Dredd.*

Manche lokalen Behörden nehmen sich auch ein Beispiel an *Minority Report*. Für Vergehen von Prostitution bis zu politischem Protest werden Bürger bei buchstäblich jedem Schritt beobachtet. Elektronische Armbänder messen ihren Puls, Blutdruck und andere Körperdaten und senden sie in Echtzeit an die Aufpasser. Mit der Analyse großer Mengen an Positionsdaten erstellen die Behörden „Raum-Zeit"-Profile der Beobachteten, um deren zukünftiges Verhalten vorherzusagen. Das gibt ihnen laut staatlichen Medien gottesähnliche Kräfte, „um traditionelle Modelle der Überwachung zu vernichten, die nur die Gegenwart kennen, aber nicht die Vergangenheit, und um eine exakte Charakterisierung des Aktivitätspfads von Personen zu erreichen, die in der Gemeinschaft unter Bewährung stehen".

Um die erschreckende Richtung im eigenen Raum-Zeit-Profil der KP zu erkennen, braucht man keine Big-Data-Analysen. Die Vergangenheit der Partei zeigt ihre Bereitschaft, selbst friedliche Opposition gewaltsam zu unterdrücken. Zu ihrer Gegenwart zählen Genozid und Verbrechen gegen die Menschlichkeit.[152] Die KP arbeitet an einer Gesellschaft, in der jede Infragestellung ihrer Herrschaft, einschließlich Demonstrationen beliebiger Größe, beschnitten werden kann, bevor sie wächst. Jedes Werkzeug – Netze der nächsten Generation, vernetzte Geräte, Cloud-Computing – wird für dieses Ziel eingesetzt.

Die KP ist noch dabei, ihr digitales Überwachungsarsenal zu verfeinern. Neue Systeme entstehen unkoordiniert parallel zueinander, aber sie müssen auch gar nicht perfekt sein. Denn China kombiniert Hightech-Überwachung mit altmodischer Einschüchterung. „Das alles sehende Auge muss nicht auf Sie blicken, damit das Panoptikum funktioniert", schreibt der Journalist Strittmatter. „Wichtig ist nur, dass Sie glauben, es könnte so sein – selbst wenn das Auge in Wirklichkeit noch nicht einmal da ist."[153] Offizielle Berichte, in denen die Überwachungsfähigkeiten Chinas übertrieben werden, dienen genau diesem Zweck und können zusätzlich das Interesse von ausländischen Käufern wecken.

Was bei der KP zu Hause funktioniert, wird im Ausland allerdings auf größere Herausforderungen stoßen. China gibt weitaus mehr Geld für solche Systeme aus als jedes andere Land, was sein eigenes Modell für viele Länder teuer oder sogar unmöglich zu replizieren macht, selbst wenn sie die Werkzeuge und Methoden übernehmen können. Vielleicht vom vielen Lob der eigenen Regierung verwöhnt, übertreiben manche chinesischen Überwachungsanbieter auch ihre Fähigkeiten und haben keine guten Antworten auf Fragen nach der Leistung ihrer Systeme.

„Wenn man alles glaubt, was in den Zeitungen steht, könnte man glauben, dass unsere Welt am Rande von dramatischen und potenziell schrecklichen Veränderungen durch künstliche Intelligenz und neue Computer-Technologien steht", schreibt Pan. „Wenn man politikwissenschaftliche Forschung außer der zu sozialen Medien liest, könnte Computer-Technologie ebenso gut keine Rolle spielen. Die Wahrheit dürfte irgendwo dazwischen liegen, verborgen in den Feinheiten der Art und Weise, wie Politik funktioniert."[154]

Bei der KP bestehen wenig Zweifel daran, dass ihre Politik auch weiterhin darin bestehen wird, mithilfe von Technologie ihre Kontrolle im Inland zu verstärken. Und chinesische Überwachungsriesen werden ihre Produkte auch weiterhin an jeden verkaufen, der sie haben möchte.

EIN KNICK IM INTERNET

Um von Los Angeles aus Hangzhou zu erreichen, die Hauptstadt der chinesischen Überwachungskamera-Industrie, brauchen Daten 230 Millisekunden. Das ist ungefähr ein Wimpernschlag – leicht zu übersehen, wenn man nicht gut aufpasst. Doch im Dezember 2015 sah Doug Madory genau hin, und was er beobachtete, gefiel ihm nicht. Der Weg bestimmter Daten hätte von Los Angeles direkt nach Washington, D.C., führen sollen. Stattdessen strömten sie durch ein Unterseekabel auf dem Grund des Pazifischen Ozeans nach China und erst von dort wieder zurück nach Los Angeles und dann Washington.

Madory beginnt seine meisten Tage, indem er Tabellen von Daten studiert, die das Internet vermessen. Bei einem kleinen Start-up namens Renesys hat er zum Aufbau eines riesigen Monitoring-Systems beigetragen, das pro Tag Hunderte Millionen Tests vornimmt. Jedes seiner „Traceroute"-Signale wird von einer bekannten Quelle aus zu einer Zieladresse geschickt. Unterwegs sammelt es Informationen über die Knoten, die es passiert, und wie lange der Weg bis dorthin jeweils dauert. Insgesamt liefern diese massenhaften Messungen eine feinkörnige, wenn auch nicht perfekte Landkarte des Internets.

Das Spezialgebiet von Madory ist Routing über das Border Gateway Protokol (BGP), so etwas wie das Postsystem des Internet.[1] BGP entscheidet darüber, wie Daten zwischen autonomen Systemen, abgekürzt als AS und vergleichbar mit Post-Filialen, befördert werden. Internetprovider wie Verizon oder Comcast betreiben AS, ebenso wie Universitäten und große Unternehmen, und jedem davon ist ein Block von Adressen nach dem Internet Protocol (IP) zugewiesen. Wenn Sie eine Website aufrufen, nimmt Ihr Computer Verbindung zu Ihrem lokalen AS auf, das mithilfe von BGP den besten Weg zu dem AS mit der gewünschten Seite findet. Welches die optimale Route ist, hängt von Geschwindigkeit, Kosten und anderen Faktoren ab.

Anders als bei der Post gehören jedoch nicht alle AS zu derselben Organisation. Wie der Name sagt, sind sie „autonom", und es gibt unterschiedliche Beziehungen zwischen ihnen. Die größeren verkaufen Zugang an kleinere. Manche sind ebenbürtige „Peers", tauschen ihren Verkehr also kostenlos untereinander aus. Jedes AS hat eine Tabelle von Routen, die es von seinen Nachbarn gelernt hat, die diese wiederum von weiteren AS gelernt haben und so weiter. Der Prozess wird als „Routing per Gerücht" bezeichnet. Es ist ungefähr so, als würde man jemanden nach einer Wegbeschreibung fragen, der sie nur geben kann, weil er sie vorher von einem Freund gehört hat.

Das Navigieren in Netzen ist in den vergangenen Jahren gefährlicher geworden. Vor der Erfindung von BGP bei einem Mittagessen im Jahr 1989, festgehalten auf zwei Servietten, war das Internet noch so klein, dass Forscher oft die Namen der Personen am anderen Ende der Verbindung kannten.[2] Ende 1989 gab es ungefähr 500 AS, bis 2020 wurden fast 100.000 daraus.[3] Was als kleines Viertel begann, ist explosiv zu einer lebhaften Metropole herangewachsen, voller produktiver Aktivität, aber auch voller Unfälle und Verbrechen.

Als Madory tiefer in die Daten eintauchte, fand er die Ursache des Problems.[4] Das südkoreanische Unternehmen SK Broadband hatte nur etwas mehr als eine Minute lang gut 300 Routen von Verizon verbreitet, aber das reichte aus, um eine Kaskade in Gang zu setzen, die weitere AS überzeugte, SK Broadband sei Verizon. Die Bekanntgabe erfolgte über ein AS von China Telecom, das Peering-Partner von SK Broadband war. Als Folge davon begannen Netze rund um die Welt, für Verizon gedachte Daten über China Telecom zu schicken. Es war ein Knick in der Karte des Internet.

China leite gezielt Datenströme um, warnen Experten für nationale Sicherheit in den USA unter Verweis auf diesen und andere Zwischenfälle. Mit Routing-Veränderungen, auch als „network shaping" bezeichnet, lässt sich die Wahrscheinlichkeit dafür erhöhen, dass Daten über Verbindungen laufen, die China überwachen kann. „Das Entführen, Umlenken und dann Kopieren von Datenverkehr, der in die USA oder nach Kanada fließt oder diese Länder passiert, kann sich enorm lohnen", schrieben die Forscher Chris C. Demchak und Yuval Shavitt in einer Analyse der Routing-Praktiken von China Telecom, hinter denen sie „bösartige Absichten" sahen.[5]

Routing-Experten sind sich einig, dass China Telecom keine Vorsorgemaßnahmen getroffen hat, sagen aber auch, dass der Unterschied zwischen unschuldigen Fehlern und gezielter BGP-Manipulation meist unmöglich zu erkennen ist.[6] Der berüchtigtste Vorfall bei China Telecom aus dem Jahr 2010 wurde detailliert untersucht, mit der Schlussfolgerung, dass er wohl ein Versehen war, Absicht aber nicht auszuschließen ist.[7] Er betraf ungefähr 8 Prozent der US-Routen, darunter Daten, die zum Senat, zu militärischen Einrichtungen sowie zu IBM, Microsoft und weiteren Unternehmen geschickt wurden.[8] Weil sensible Daten verschlüsselt werden, spekulieren manche Experten, dass China umgeleitete Daten kopiert, um sie nach zukünftigen Durchbrüchen bei Quantencomputern entschlüsseln zu können. Laut Madory war das Leck von 2020 jedoch „so minimal und kurzlebig, dass man damit unmöglich effektiv Daten abfangen konnte – ob verschlüsselt oder nicht".[9]

Unabhängig davon, ob chinesische Behörden Verkehr umleiten oder chinesische Provider nur unvorsichtig sind, besteht kein Zweifel daran, dass Peking noch mehr Kontrolle über globale Datenströme will. Im Jahr 2014 rief Präsident Xi Jinping das Land dazu auf, zu einer „Cyber-Großmacht" zu werden. „Netzwerk-Informationen überschreiten nationale Grenzen", erklärte er. „Der Strom der Information lenkt den Strom von Technologie, Kapital und Talent. Die Menge der kontrollierten Informationen ist zu einem wichtigen Indikator für den Einfluss und die Wettbewerbsfähigkeit eines Landes geworden."[10]

Die Herausforderung für Peking besteht darin, dass mehr Vernetzung den Verzicht auf einen Teil der Kontrolle erfordert. Die größten Internetknoten der Welt sind neutral und offen, was es für Unternehmen einfach macht, sich untereinander zu verbinden. Chinesischen Behörden aber ist Neutralität ein Gräuel, denn sie sehen im globalen Internet eine Bedrohung für ihre Herrschaft. Seine unerschütterliche Obsession der Kontrolle macht es für China schwieriger, bei globalen Netzen die gewünschte Bedeutung zu erreichen.

Dieses Spannungsverhältnis ist auf drei Gebieten zu beobachten. Zu Hause verlangt Chinas Große Firewall, dass jeglicher eingehende Verkehr von den staatlichen Providern transportiert wird; dadurch kann die Regierung Datenströme kontrollieren, zensieren und stoppen. Unter Wasser erhöht China seinen Anteil an Kabeln, die den Großteil aller internationalen Daten befördern. Auf ausländischen

Märkten rund um die Welt richten chinesische Cloud-Anbieter neue Datenzentren ein. Stück für Stück zeichnet China die Landkarte des Internet neu.

DIE GROSSEN DREI

Wie ein mittelalterliches Schloss hat das inländische Netz von China nur eine Handvoll Zugangspunkte. Weil internationale Verbindungen durch diese Engpässe gezwängt werden und ausländische Gesellschaften Kunde eines der drei staatlichen Telekom-Unternehmen Chinas sein müssen, kann die Regierung in beispiellosem Ausmaß Datenverkehr kontrollieren, zensieren und stoppen. Doch diese Wagenburg-Mentalität bringt auch ökonomische Kosten zu Hause und Schwächen im Ausland mit sich.

China Telecom, China Unicom und China Mobile werden auch als die Großen Drei bezeichnet. Sie sind die Torwächter für das Netz des Landes. Zusammen machen die drei staatseigenen Unternehmen 98,5 Prozent der internationalen Bandbreite Chinas aus.[11] Wer sich mit dem chinesischen Netz verbinden möchte, muss eine Vereinbarung mit ihnen treffen. Die Großen Drei wiederum sind dem Staatsrat gegenüber verantwortlich, sodass die Regierung das letzte Wort über ihre Aktivitäten hat.

Ausländische Cloud-Anbieter können die Große Firewall ebenfalls nicht so leicht überwinden. Eigenständig in China auftreten dürfen sie ohnehin nicht. Stattdessen müssen sie Partnerschaften mit chinesischen Cloud-Unternehmen schließen, ihre Technologie und ihr geistiges Eigentum aushändigen und sich Beurteilungen durch die Regierung unterwerfen.[12] Amazon und Microsoft haben sich darauf eingelassen, aber die Arrangements lassen nur eine begrenzte Auswahl ihrer Services zu. „Die Netzwerk-Latenz zwischen China und dem Rest der Welt ist aufgrund der zwischengeschalteten Technologien, die grenzüberschreitenden Internetverkehr regulieren, unvermeidlich", heißt es diplomatisch im Nutzerhandbuch von Microsoft zu seinen Cloud-Dienstleistungen in China.[13]

In den vergangenen Jahren hat China seinen festungsartigen Ansatz verschärft, obwohl seine Internetbevölkerung explosiv gewachsen ist. Anfang 2021 gab es dort nur 564 registrierte AS, wie Kirtus G. Leyba, ein Informatiker an der Arizona State University, ermittelt hat.[14] Im Jahr 2009 konnten chinesische Behörden 90 Prozent des Verkehrs mit dem Ausland abfangen, indem sie die zehn größten AS des Landes überwachten. Ein Jahrzehnt später erreichten sie dasselbe Ziel über nur noch zwei AS.[15]

Chinas Große Firewall setzt an diesen Engstellen und an den Zugangspunkten auf Provinzebene direkt dahinter an. Sie liest Datenverkehr zwischen China und der Außenwelt und nutzt mehrere Methoden, um das Abrufen verbotener Inhalte zu verhindern. Tatsächlich ist die Bezeichnung etwas irreführend, denn die große chinesische Firewall ist weniger disruptiv als eine traditionelle Firewall, die Datenpakete unterwegs wegfallen lassen kann und stärkere Verzögerungen im internationalen Verkehr auslösen würde.[16]

Trotzdem hat der eingehende Verkehr nach China mit etwas zu kämpfen, das eine Gruppe von Forschern als den „Großen Engpass" bezeichnet.[17] Chinas internationale Datenströme sind asymmetrisch. Bei ankommenden Daten gibt es deutliche Verzögerungen und Instabilität, während das Versenden aus China relativ schnell und stabil vonstattengeht. Verantwortlich für den Betrieb der Stationen, an denen die Daten ausgebremst werden, sind die Großen Drei. Mehr als 70 Prozent dieser Engpässe befinden sich innerhalb von China, was dafür spricht, dass sie ein Bestandteil von Chinas Netzwerk-Strategie sind und nicht etwa ein Versehen oder Folge unzureichender internationaler Anbindungen.

Eines der mächtigsten Werkzeuge in der Zensurstrategie Chinas ist Reibung. Informationen etwas schwieriger oder teurer erhältlich zu machen, kann eine wirkungsvolle Abschreckung für viele Personen sein, erklärt die Politologin Margaret E. Roberts in dem Buch *Censored: Distraction and Diversion Inside China's Great Firewall.*[18] Wollen Sie ein bisschen länger warten, bis der Download des ausländischen Filmes beginnt, oder wollen Sie einen zugelassenen Titel jetzt sofort sehen?

Wohlhabendere und technisch geschickte Bürger können immer noch Möglichkeiten finden, um auf blockierte Informationen zuzugreifen. Eine beliebte Methode waren früher virtuelle private Netze (VPN). Zuletzt wurden jedoch auch diese Werkzeuge massiv beschnitten. Reibung ist ein strategisches Mittel. Denn mit ihrer Hilfe kann man diejenigen erkennen, die bereit sind, mehr zu bezahlen, und die Regierung kann sie sich später vornehmen, wenn sie möchte.

Im Oktober 2020 schien eine Phantom-App für Android eine neue Möglichkeit zu bieten, die Große Firewall zu umgehen. Mit der App, genannt Tuber, konnten chinesische Internetnutzer Inhalte auf Google, Twitter, YouTube und anderen Seiten sehen, die normalerweise von Peking blockiert werden. Mit mehr als fünf Millionen Downloads innerhalb von weniger als einem Tag war sie ein sofortiger Hit. Aber dies war keine illegale Operation. Hinter der App steckte Chinas größte Cybersecurity-Firma, die offenbar eine staatliche Genehmigung hatte. Doch nur einen Tag nach ihrem offiziellen Start war die App verschwunden.

„Die kurze Existenz von Tuber spricht dafür, dass die Große Firewall durch den Großen Filter ersetzt werden könnte", erklärt David Bandurski, Co-Direktor des China Media Project an der Universität Hongkong.[19] Statt ganze Websites zu verbieten, würde ein solches System eine stärker lokalisierte Erfassung des Nutzerverhaltens ermöglichen. In der App wurden laut Personen, die sie testen konnten, Video-Inhalte und Suchergebnisse gefiltert. Außerdem mussten Nutzer ihre Mobiltelefonnummer angeben, die mit einer eindeutigen nationalen ID verknüpft ist, und Tuber wollte auf ihre Kontakte zugreifen.[20]

Die Zugbrücke auf eine derart kontrollierte Weise herunterzulassen, könnte zugleich den nationalistischen Kommentatoren Chinas die Möglichkeit geben, in größerer Zahl auf ausländische Plattformen auszuschwärmen, um sich mit Kritikern anzulegen und offizielle Positionen zu verteidigen. Dabei könnten sie behaupten, China würde Restriktionen lockern und sich öffnen, wie wenig plausibel das auch sein mag.

Doch der Große Engpass hat auch seine Anhänger, darunter einige mächtige Interessengruppen.[21] Wenn der internationale Verkehr instabil ist, müssen mehr ausländische Unternehmen ihre Server in China aufstellen. Das bedeutet mehr Gelegenheiten für chinesische Sicherheitsdienste, ausländische Aktivitäten zu überwachen, und mehr Geschäft für chinesische Datenzentren. Chinesische Unternehmen im Bereich Suche, soziale Medien, E-Commerce und anderen Onlinediensten profitieren ebenfalls, wenn der Zugriff auf ihre ausländischen Konkurrenten schwieriger ist. Der Große Engpass schützt chinesische Internetunternehmen also zusätzlich vor ausländischer Konkurrenz.

Die Großen Drei haben aus dem langsamen Verkehr in Richtung ihres Landes eine Marketingchance gemacht. Wie andere Telekom-Gesellschaften bieten sie im internationalen Geschäft Service auf unterschiedlichen Stufen an. Bei China Telecom zum Beispiel stehen für AS-Betreiber vier Bandbreiten zur Auswahl, von denen die höchste 38.000 Dollar pro Monat zuzüglich einer Servicegebühr von 10.000 Dollar kostet.[22] Solche Dienste können sich natürlich nur große Unternehmen leisten. Auf diese Weise bleibt die Reibung erhalten, die Chinas Zensur unterstützt, und die staatlichen Anbieter haben eine weitere Einnahmequelle. Der Staat gewinnt doppelt.

Die Großen Drei kommen nicht gut mit anderen zurecht – und manchmal auch nicht untereinander. In weiten Teilen der Welt vereinbaren große Betreiber, sich zusammenzuschließen und vergleichbare Mengen an Daten kostenlos auszutauschen. In China aber gibt es den Austausch nicht umsonst. China Mobile war gezwungen, seinen Geschwistern mehr als 280 Millionen Dollar pro Jahr dafür zu bezahlen.[23] Für die Großen Drei hat China diese Gebühren im Jahr 2020 abgeschafft, doch kleinere inländische Netzbetreiber müssen immer noch zahlen. Denn schließlich erhalten die Gebühren eine hierarchische Struktur, die den Sicherheitsinteressen des Landes dient, indem sie die Vernetzung innerhalb von China begrenzt hält.[24]

In seiner Festung ist China perfekt positioniert, um sich vom globalen Internet abzuschneiden.[25] Im Jahr 2009 demonstrierte die Regierung das im regionalen Maßstab während ihres Durchgreifens in Xinjiang. Ein halbes Jahr lang war dort Internetzugang unmöglich, ebenso wie größtenteils mobile Textnachrichten und internationale

Telefongespräche. Selbst als die Dienste wiederhergestellt wurden, stellten Nutzer anfangs fest, dass ihre Nachrichten verkürzt und internationale Websites blockiert waren.[26]

Internetblockierungen zeigen deutlich die Reichweite des chinesischen Staates, aber ihre Unverblümtheit kann auch nach hinten losgehen. Statt spezielle Personen und Verhaltensweisen zu bestrafen, betreffen Sperren jeden in einem bestimmten Gebiet. Als Xinjiang ohne Internet war, mussten Geschäftsleute in die Nachbarprovinz Gansu reisen, um mit Kunden zu kommunizieren.[27] Solche Maßnahmen werden oft im Namen der Stabilität gerechtfertigt, sie können aber auch Unzufriedenheit schüren.

Gleichzeitig entwickelt China raffiniertere Methoden der Kontrolle. Access Now, eine nicht kommerzielle Organisation, die Internetsperren erfasst, zählte 2019 von 213 weltweit nur eine einzige in China; zu dieser kam es im Vorfeld des 30. Jahrestags der Proteste auf dem Tiananmen-Platz. Die tatsächliche Zahl ist mit Sicherheit höher, wenn man bedenkt, dass die chinesische Zensur es schwierig macht, Sperren zu entdecken und zu verifizieren. Aber sie könnte auch widerspiegeln, dass die Regierung Informationsflüsse jetzt besser im Griff hat.

So wie China, wie in Kapitel 4 erklärt, die „Masse" in seinem Überwachungsmodell nicht aufgibt, geht das Land auch bei seinem Modell für Zensur vor. Die Regierung beschäftigt rund zwei Millionen Internet-Zensoren, also eine Armee für Online-Inhalte, deren Stärke ungefähr der Zahl der aktiven Soldaten in der Volksbefreiungsarmee entspricht; zusätzlich kann sie auf ein Netzwerk von mehr als 20 Millionen freiwilligen Internet-Trollen zurückgreifen.[28] Zusammen können diese Kräfte mehr als nur Inhalte blockieren und löschen. Nach Schätzungen von Roberts und ihren Kollegen lässt die Regierung pro Jahr 448 Millionen Kommentare in sozialen Medien fälschen, oft, um staatliche Positionen zu unterstützen oder von unerwünschten Themen abzulenken.[29]

Eine spätere Analyse von ProPublica zeigte, dass auch Anfang Januar 2020 Chinas Zensoren zur Stelle waren.[30] Als Gerüchte über ein neuartiges Virus zu zirkulieren begannen, entfernten sie Videos von Leichen auf der Straße und Streitigkeiten in Krankenhäusern. Sie löschten Gedenknachrichten an Li Wenliang, einen chinesischen Arzt, der vor dem Ausbruch gewarnt hatte und dann von der Polizei bedroht wurde, bevor er selbst an dem Virus starb. Sie machten auf Artikel aufmerksam, in denen das Ausmaß der Krise heruntergespielt wurde, und vermieden beunruhigende Worte wie „fatal" oder „lockdown". Und sie stellten die heroischen Taten von Mitgliedern der Kommunistischen Partei heraus.

Die zeitliche Abfolge der Ereignisse dagegen zeigt die Feigheit der Partei. Noch bevor das Virus definitiv identifiziert war, beeilten sich die Behörden, es herunterzuspielen. Chinas Zensoren reagierten schneller als seine medizinischen Experten. Gesellschaftliche Kontrolle war wichtiger als öffentliche Sicherheit. Statt lebenswichtige Informationen mit der eigenen Bevölkerung und dem Rest der Welt zu teilen, wurden sie von der Regierung unterdrückt. Und während die Zensoren fieberhaft daran arbeiteten, den Eindruck zu vermitteln, die KP habe alles fest unter Kontrolle, entwickelte sich der Ausbruch zu einer globalen Pandemie. Die Wahrheit war ihr erstes Opfer.

Diese Internetmacht hat einen zweischneidigen Charakter. Die KP konnte eine Massenunruhe verhindern, aber zu welchem Preis? In der nächsten Krise könnten sich die Bürger daran erinnern, wie die Regierung das Virus unter Kontrolle gebracht hat, aber gewiss werden sie auch nicht vergessen, dass sie getäuscht wurden. Mit dem Schicksal von Li Wenliang im Gedächtnis steigt die Wahrscheinlichkeit, dass Personen mit wichtigem Wissen schweigen werden. Je besser es den chinesischen Zensoren gelingt, andere von ihren positiven Darstellungen zu überzeugen, desto weniger wahrscheinlich werden negative Informationen die Behörden erreichen, selbst wenn es um überlebenswichtige Wahrheiten wie das Auftreten eines neuen Virus geht.

In einer Zeit zunehmender Rivalität könnte Chinas Festung allerdings andere strategische Vorteile bieten. Inländischer Datenverkehr verlässt das Land nicht, was Überwachung durch das Ausland erschwert. Weniger Zugangspunkte begrenzen die „Angriffsoberfläche", also die Zahl der Wege, die ausländische Eindringlinge nehmen könnten. Aber auch dieser Ansatz ist nicht ohne Nachteile. Angreifer könnten ihre Bemühungen auf einige wenige Routen konzentrieren. Wenn sie sich Zugang zu einer der großen Telekom-Gesellschaften verschafften, könnte das Auswirkungen auf einen größeren Anteil aller Internetnutzer in China haben, als wenn das Netz des Landes komplexer wäre.

Gleichzeitig werden offensive Maßnahmen erleichtert, wenn man internationale Datenströme in streng kontrollierte Zugangspunkte zwingt. So war es zum Beispiel bei Chinas Great Cannon, einem Werkzeug, das auf ausländische Besucher auf chinesischen Webseiten abzielt. Im Jahr 2015 fing die Große Kanone Verkehr zu Servern von Baidu ab und schickte als Antwort auf manche Anfragen ein schädliches Script, ergab eine Untersuchung von Bill Marczak und Kollegen am Citizen Lab.[31] Durch das Script wurden fremde Computer zum Bestandteil eines Denial-of-Service-Angriffs auf GreatFire, eine wohltätige Organisation, die chinesischen Internetnutzern Hilfsmittel zur Umgehung der Zensur zur Verfügung stellt.

Aber die chinesische Festung bringt auch kolossale Kosten mit sich. „Die extrem hierarchische Typologie (...) und die enge Kontrolle über eine winzige Zahl von zentral gesteuerten internationalen Gateways bedeuten, dass das Land nicht das globale Internet erlebt oder mit ihm interagiert, sondern nur mit einem Teil davon", erklärt die Internet Society.[32] Davon profitieren die Großen Drei, aber es schadet Millionen chinesischen Unternehmen, vor allem kleinen und mittleren, die mit höheren Gebühren, längeren Wartezeiten und begrenztem Zugang zu internationalen Netzen konfrontiert sind.

Die geltenden Zensurregeln durchzusetzen, bedeutet für Unternehmen einen Drahtseilakt zwischen widerstreitenden juristischen und kommerziellen Interessen.[33] Auf der einen Seite müssen sie Anweisungen der Regierung folgen, um im Geschäft bleiben zu dürfen. Auf der anderen Seite brauchen sie attraktive Inhalte für ihre Nutzer. Die richtige Balance zu finden, also zwischen den Kosten von Verstößen und dem Verzicht auf Kunden abzuwägen, erfordert Zeit und Personal. Dabei haben Manager es mit widersprüchlichen Aussagen verschiedener Behörden zu tun. Betreiber sozialer Medien beschäftigen Hunderte Zensoren.[34] Zensur bedeutet Bürokratie.

Den Zugang zu Informationen einzuschränken, ist zugleich schädlich für Innovationen. Nachdem China im Jahr 2014 Google verboten hatte, ging der Wert chinesischer Patente nach einer Schätzung um 8 Prozent zurück.[35] Wenn die Restriktionen konsequenter durchgesetzt würden, wären auch Chinas nationale Champions betroffen. Huawei zum Beispiel nutzte für die Entwicklung seiner 5G-Prozesse einen Fachaufsatz eines türkischen Mathematikers. Das Unternehmen verfügt über genügend Ressourcen, um Zugang zur Außenwelt zu behalten, aber vielen Start-ups fehlen sie. Man kann unmöglich erfassen, wie hoch die gesamten Kosten solcher Maßnahmen sind: Unternehmen, die nie gegründet wurden, Patente, die nie angemeldet wurden, und Ideen, die nie entstanden.

Außerdem begrenzt Chinas Festung seinen Einfluss in globalen Netzen. Städte auf dem chinesischen Festland glänzen in den globalen Ranglisten der am stärksten vernetzten Zentren durch Abwesenheit. Im Jahr 2020 befanden sich acht der nach internationaler Bandbreiten-Kapazität zehn wichtigsten davon in Europa und den USA. Die anderen beiden waren Hongkong und Singapur.[36]

Hongkong dient als Puffer zwischen Chinas inländischem Netz und dem Rest der Welt, aber sein Status als Drehscheibe ist durch die Verabschiedung von drakonischen Gesetzen zur nationalen Sicherheit durch China bedroht. Im Januar 2021 blockierte einer der größten Internetprovider Hongkongs eine prodemokratische Website. Das war der erste Fall einer Totalsperrung nach dem neuen Gesetz und eine Warnung, dass die chinesische Festung erweitert werden könnte.[37]

Hongkong und alle anderen wichtigen Zentren weltweit haben Internetknotenpunkte, die „Carrier-neutral" sind, also von unabhängigen Anbietern eingerichtet und betrieben werden. Neutralität ermöglicht Wachstum, weil sie Zugangshürden beseitigt und Wettbewerb fördert. Wenn Carrier diese Knotenpunkte selbst betreiben, könnten sie Konkurrenten davon ausschließen, sie zu nutzen, oder empörend hohe Gebühren dafür verlangen. Doch weniger Verkehr macht einen Standort wenig attraktiv für andere Netze.

Der erste Versuch Chinas mit einem Carrier-neutralen Knoten zeigt, wie das Beharren der Regierung auf Kontrolle mehr Vernetzung erschwert. Im Dezember 2015 glaubte Song Wang, CEO und Mitgründer von ChinaCache, eine Chance entdeckt zu haben. Bei der Wuzhen

World Internet Conference rief Präsident Xi Jinping andere Länder dazu auf, „den Aufbau von globaler Internetinfrastruktur zu beschleunigen und Interkonnektivität zu fördern".[38] Natürlich ging diesem Appell ein noch längerer Aufruf zum Schutz digitaler Souveränität voraus. Doch Wang bereitete die Eröffnung des ersten neutralen Internetknotens Chinas vor, und er verstand Xis Betonung von Konnektivität als Unterstützung für sein Vorhaben.[39]

Wang und seine Kollegen stellten ein überzeugendes Angebot zusammen. Als Standort wählten sie die Tianzhu Free Trade Zone nahe am internationalen Flughafen von Peking und hofften, so weniger staatlicher Aufsicht zu unterliegen. Außerdem sicherten sie sich die Unterstützung der Amsterdam Internet Exchange, eines nicht kommerziellen Knotens, der mit 800 Netzen einer der größten der Welt ist. „Durch die Zusammenarbeit mit AMS-IX hoffen wir, so bald wie möglich die modernen internationalen IXP-Standards nach Festland-China zu bringen", schrieb Wang in einem Blog-Beitrag auf der Website von ChinaCache.[40] Das Unternehmen baute zwei weitere Knotenpunkte auf, in Schanghai und in Guangzhou, und gewann wichtige chinesische Technologie-Unternehmen wie Alibaba, Tencent, Baidu und JD als Kunden.[41]

Jedoch tat ChinaCache sich schwer mit weiterem Wachstum, hatte operative Probleme und ließ am Ende eine lange Spur von Klagen zurück. Im Jahr 2016 war eine seiner Anlagen mehrere Stunden lang nicht am Netz – der schlimmste Albtraum eines Knotenpunkt-Betreibers. Führende Serviceprovider versprechen 99,999 Prozent Verfügbarkeit oder „fünfmal neun", was nur knapp fünfeinhalb Minuten ungeplante Ausfälle pro Jahr bedeutet. Im Jahr nach der Störung verlor das Unternehmen mehr als jeden dritten Kunden.[42] Seine Partner, Lieferanten und Investoren warfen ihm Verzögerungen beim Ausbau, verspätete Zahlungen für Technik und irreführende Aussagen vor. Im Mai 2019 nahmen chinesische Behörden Wang wegen Bestechung fest. Vier Monate später stellte die Nasdaq den Handel mit Aktien von ChinaCache ein und strich die Notierung des Unternehmens.

Doch selbst wenn ChinaCache diese Fehltritte vermieden hätte, stand seine Mission – ein offener und neutraler Internetknotenpunkt – in grundlegendem Widerspruch zu der chinesischen Festung. Anfang 2021 gab es in China 14 Internetknoten, und an dem größten kommerziellen davon tauschten 18 Unternehmen Daten aus, sämtlich aus China.[43] In den USA gab es 140 Internetknoten.[44] Chinas Arbeit mit den Großen Drei und das Verbot für ausländische Betreiber zerstört die Nachfrage nach Austauschpunkten, wie sie in einem vielfältigeren und offeneren Umfeld gebraucht würden.

Im globalen Maßstab sehen die Großen Drei viel kleiner aus. Eine Analyse der 100 beliebtesten Websites weltweit ergab, dass acht von den zehn AS mit dem höchsten Datenverkehrsvolumen ihren Sitz in den USA hatten, darunter die größten drei.[45] In China befanden sich nur zwei der wichtigsten dreißig AS, auf Platz 11 und 13, betrieben von China Telecom und China Unicom. Dieses schwache Abschneiden fällt umso mehr auf, wenn man sich die große Internetbevölkerung Chinas und die Tatsache vor Augen hält, dass 14 der 30 beliebtesten Seiten chinesisch sind.[46] Die Großen Drei profitieren von einem riesigen geschützten Markt, aber anders als ihre US-Konkurrenten können sie in ihrer Heimat nicht problemlos internationale Verbindungen knüpfen. Stattdessen müssen sie dafür physisch ins Ausland gehen.

Wenn sie das tun, sind die Großen Drei erheblich auf amerikanische, europäische und japanische Netze angewiesen. Das aktivste internationale AS von China Telecom bietet Übergänge zu 326 AS weltweit.[47] Das aktivste AS der USA wird von Level 3 betrieben, und es ist mit 17-mal so vielen anderen AS verbunden, die 32-mal so viele Kunden haben.[48] Tatsächlich ist Level 3 auch Provider für China Telecom, ebenso wie die wichtigsten AS in Japan (betrieben von NTT), der Europäischen Union (betrieben von Telia) und Australien (betrieben von Telstra). Ihre dominierende Stellung haben sich diese Anbieter erarbeitet, indem sie als First Mover frühe Internetverbindungen aufgebaut haben, unterstützt von der Offenheit der Länder, in denen sie massiv investiert haben.

Weil sich die meisten seiner Verbindungen auf ausländischem Boden befinden, ist der internationale Verkehr Chinas stärker anfällig für Überwachung. Madorys Werkzeuge zum Internet-Monitoring, mit denen er Zwischenfälle beim Routing erkennen und analysieren kann, verschicken Traceroutes an Server rund um die Welt. Fast zwei Drittel davon (63 Prozent) mit dem Ziel China gelangten über Netze in den USA dorthin und weitere 17 Prozent über Westeuropa. Die Mathematik ist einfach, aber bemerkenswert: 80 Prozent von Chinas internationalem Datenverkehr geht durch amerikanische und europäische Hände.[49]

KOMPLETT ROTE ROUTEN

Um seine Abhängigkeit von ausländischen Betreibern zu verringern, verlegt China mehr Kabel auf dem Meeresgrund, über den der allergrößte Teil des internationalen Datenverkehrs befördert wird. Abgesehen von der neuen Technologie ähneln Chinas globale Aktivitäten in diesem Bereich denen des imperialen Großbritannien im späten 19. Jahrhundert: Wie bei der alten britischen Strategie mit Telegrafenleitungen investiert China in kommerziell interessante Routen ebenso wie in solche, die strategischen Zielen dienen können. Leitung für Leitung baut es ein schnelles Netz mit hoher Kapazität auf, das Asien, Afrika, Europa und Südamerika umfasst.

Anfangs waren die Motive Großbritanniens vor allem geschäftlich. Seine Unternehmen verlegten in den 1850er-Jahren die ersten Unterseekabel und dominierten mit ihren innovativen Materialien und Methoden den Markt. Der größte Anbieter des Landes lieferte im 19. Jahrhundert fast zwei Drittel aller Kabel weltweit und später noch fast 50 Prozent.[50] China strebt eine ähnliche Dominanz im Rahmen von Made in China 2025 an, das unter anderem 60 Prozent Anteil am globalen Glasfasermarkt vorsieht.[51]

Als gegen Ende des 19. Jahrhunderts die strategische Bedeutung von Telegrafie klar war, begann die britische Regierung, ein kleineres Kabelsystem zu entwickeln. Es wurde als „All-Red Routes" bezeichnet und verband nur das britische Empire und seine Territorien. Ohne dieses System wäre die Kommunikation während eines Konflikts anfällig für Überwachung und Unterbrechungen gewesen, weil sie fremde Gebiete passiert hätte. Großbritannien habe ein System von Leitungen, „das wie ein Netz über die gesamte Welt verbreitet ist", prahlte vor dem Ersten Weltkrieg eine Militärzeitschrift.[52]

China macht am Meeresboden schneller Fortschritte als seine britischen Vorgänger. Im Jahr 2009 wurde das Joint Venture Huawei Marine gegründet, mit den Partnern Huawei und Global Marine, einem Unternehmen mit Sitz in Großbritannien, das auf die British Eastern Telegraph Company zurückgeht. Beim Aufbruch in dieses neue Territorium folgte Huawei dem üblichen Drehbuch. Es schloss eine Partnerschaft mit einem ausländischen Unternehmen, das über die technische Expertise verfügte, die ihm selbst fehlte, profitierte von chinesischer Staatsfinanzierung, die Projekte mit einem Lerneffekt möglich machte, und übernahm nach und nach mehr technische Funktionen selbst. In seinem ersten operativen Jahrzehnt war Huawei an 104 Projekten beteiligt und verlegte mehr als genügend Unterseekabel, um die Welt zu umkreisen.[53]

Drei Flaggschiff-Projekte zeigen Chinas Ambitionen, Kontinente zu verbinden, und sprechen dafür, dass die Motive dahinter nicht rein kommerzieller Natur sind. Mit dem ersten sollten Finanz- und Handelsinformationen über den Atlantik übertragen werden, und daraus wurde eine Vorschau auf die Schwierigkeiten, die Huawei später auf westlichen Märkten erleben sollte. Im Jahr 2010 gab Hibernia Networks, ein Telekom-Dienstleister in den USA, den Aufbau eines neuen Systems namens Hibernia Express zur Verbindung von Handelszentren in New York, New Jersey und London bekannt. Für Huawei Marine, das als junges Unternehmen sehr daran interessiert war, sich zu beweisen, bot das Projekt eine Abkürzung auf dem Weg in die Elite der führenden Kabelproduzenten, in der seit Langem westliche und japanische Unternehmen dominierten.

Schon die noch kurze Geschichte von Huawei Marine ließ große Ambitionen erkennen. Strategisch ging das Unternehmen immer schwierigere Projekte an, um zu lernen und seine Fähigkeiten zu demonstrieren. Sein erstes Kabel, zwischen Tunesien und Italien, war kurz und kam ohne Repeater aus, wie sie für längere Strecken gebraucht werden.[54] Aber selbst kurze internationale Kabel sind ein komplexes Unterfangen. „Wir mussten während der Verlegung nicht nur mit dem Meer und dem Wetter zurechtkommen, wir mussten auch intensive Verhandlungen mit Zoll, Marine, Fischern, Häfen sowie Transport- und anderen Behörden führen", erinnerte sich ein Huawei-Mitarbeiter. Das nach dem karthagischen General Hannibal benannte Kabel wurde Ende 2009 fertiggestellt.[55]

Das erste Huawei-Kabel mit Repeatern und Abzweigungen wurde dagegen zu einer Lektion in Demut.[56] Das Projekt sollte Trinidad und Tobago mit Guyana verbinden und einen Abzweig nach Surinam haben, mit insgesamt einem Sechstel der Länge von Hibernia Express. Das Kabel wurde von dem norwegischen Unternehmen Nexans hergestellt. Huawei lieferte zwar die Repeater und die Hardware, verließ sich für Koordination und Verlegung aber stark auf seinen britischen Partner Global Marine. Huawei-Ingenieure verbrachten viel Zeit in Chelmsford in Großbritannien, um die Technik zu testen, bevor sie nach Rognan in Norwegen reisten, um Hardware und Kabel zusammenzubringen. „Die Integrationsarbeit bei Unterseekabeln war ein vollkommen neues Konzept für uns", berichtete ein Huawei-Mitarbeiter.[57]

Bei diesem Versuch wurden reichlich Fehler gemacht.[58] Das Team für die Kabelplanung übersah, dass in den drei beteiligten Ländern zu unterschiedlichen Zeiten Festivals stattfanden, sodass sich kaum Hotelzimmer finden ließen. Nachdem das Kabel installiert war, versuchten Techniker in Guyana, in Trinidad anzurufen. Dazu nutzen sie eine Telefonleitung, die zusammen mit dem Kabel verlegt wird, damit die Landestationen kommunizieren können. Als stattdessen Surinam antwortete, wurde ihnen klar, dass die Signalleitung falsch herum installiert worden war. Aber das Team machte weiter, lernte aus seinen Fehlern und stellte das Kabel im Mai 2010 fertig.[59]

Das Projekt Hibernia Express spielte in einer anderen Liga. Sein Ziel war, den Weg von Daten von New York nach London und zurück fünf Millisekunden schneller zu machen. Das mag sich nach einer minimalen Verbesserung anhören, doch Finanzinstitute waren hungrig auf das erste neue Transatlantik-Kabel seit mehr als einem Jahrzehnt. Algorithmisches Trading ließ die Handelsvolumina steigen, und Händler wollten die Vorteile, die schnellere Systeme bieten konnten.

Sicherheit und Zuverlässigkeit sind für die Finanzbranche entscheidend. Unterseekabel befördern mehr als 10 Billionen Dollar an Transaktionen pro Tag, darunter Geschäfte an den Börsen weltweit.[60] „Wenn diese Kabelnetze gestört sind", so erklärte einmal ein Stabschef des Vorsitzenden der US-Notenbank Fed, „kommt der Finanzdienstleistungssektor nicht langsam zum Stillstand, sondern abrupt."[61]

Huawei wusste, dass es für das Projekt ein Angebot abgeben musste, das man nicht ablehnen konnte. Im Jahr 2007 hatte Hibernia das chinesische Unternehmen für eine Modernisierung seiner bestehenden terrestrischen Systeme in Europa sowie von Unterwassersystemen zwischen Kanada, den USA und England ausgewählt.[62] Doch die Unterwasser-Erfolgsgeschichte von Huawei war noch überschaubar. Das Unternehmen wollte dringend zeigen, dass es ein Transatlantikkabel realisieren konnte, und bot 250 Millionen Dollar Finanzierung für das Projekt an. Die führenden Anbieter hatten mehr Erfolge vorzuweisen, aber keiner konnte mit dem Finanzpaket von Huawei mithalten.

Im Jahr 2012 bekam Huawei Marine den Vertrag, das Kabel zu produzieren und zu installieren.[63] „Projekt Express ist spannend für Huawei", sagte sein CEO Nigel Bayliff, und sprach von einem „bedeutenden und technisch anspruchsvollen System".[64] Für das junge Unternehmen war das wie der Schritt eines Schauspielers von einer Nebenrolle am Nachmittag zum Star eines Hollywoodfilms. Huawei wollte beweisen, dass es liefern und die Standards von Regulierern in den USA und Europa erfüllen konnte, insbesondere auf einem so kritischen Gebiet wie Börsenhandel, denn das versprach noch tieferen Zugang zu diesen Märkten. Und die chinesische Regierung konnte auf einen in die westliche Infrastruktur für Finanzinformationen eingebetteten nationalen Champion hoffen.

Doch Huawei freute sich zu früh. Nachdem der Kongress seinen Bericht über Huawei und ZTE veröffentlicht hatte, blickten US-Behörden skeptischer auf das Angebot. Hibernia versicherte, dass es letztlich die Kontrolle über die Systeme haben würde, unabhängig davon, wer sie produzierte und installierte, konnte aber nicht überzeugen. Konfrontiert mit der Aussicht auf unendliche Verzögerungen sagte das Unternehmen Huawei wieder ab und beauftragte stattdessen den US-Kabelproduzenten SubCom.

Seit dem Rauswurf bei Hibernia Express im Jahr 2013 hat Huawei Marine kein einziges Kabel gebaut, das die USA berührt.[65] Das Unternehmen war gezwungen, seine Spuren im globalen Süden zu hinterlassen, wo seine finanziellen Anreize noch attraktiver sind und das geopolitische Umfeld empfänglicher ist. Gemieden vom Westen, machte sich Huawei daran, den Rest der Welt zu vernetzen.

Das erste Transatlantik-Kabel von Huawei Marine erwies sich als sogar noch historischer als Hibernia Express. Im Jahr 2017 kündigte das Unternehmen den South Atlantic Inter Link (SAIL) an, ein System zwischen Brasilien und Kamerun mit dem Ziel, die erste Verbindung durch den Südatlantik zu werden. Die Vorgehensweise dabei brachte alle für chinesische Megaprojekte im Ausland typischen Elemente zusammen: Geschäfte von Regierung zu Regierung, Staatsfinanzierung aus China und eine Bevorzugung von Tempo gegenüber Absicherung. Trotz riesiger Lücken in der kommerziellen Logik kam SAIL schnell voran, getrieben von politischen Winden.

Geschwindigkeit war entscheidend, denn das Projekt hatte Konkurrenz. Drei Jahre zuvor hatte das japanische Unternehmen NEC, einer der drei weltweit größten Anbieter von Unterseekabeln, ein Kabel zwischen Brasilien und Angola namens South Atlantic Cable Systems (SACS) angekündigt. Huawei Marine musste einen engen Zeitplan einhalten, oder der japanische Konkurrent würde die Schlagzeilen bekommen. Dieser alles überragende Wunsch, der Erste zu sein, ging möglicherweise auf Kosten der kommerziellen Sinnhaftigkeit des Projekts.

Vereinbart wurde es von Regierung zu Regierung. China Unicom übernahm einen Anteil an SAIL, ebenso wie Camtel, das sich im Besitz Kameruns befindet und finanzielle Schwierigkeiten hatte. Um den Preis von 136 Millionen Dollar für das Projekt vertretbar erscheinen zu lassen, stellte die Export-Import Bank of China einen Kredit von 85 Millionen Dollar und China Unicom 34 Millionen Dollar an

Finanzierung zur Verfügung.[66] Als sich die beiden Regierungen einig waren, wurde der Deal beschlossen, und das Projekt startete unverzüglich.

Am 4. September 2018 schrieb Huawei die Pressemitteilung, von der seine Führung geträumt hatte, seit das Unternehmen das Hibernia-Projekt verloren hatte: „Dies bedeutet einen wichtigen Meilenstein: Zum ersten Mal sind zwei Kontinente, Afrika und Amerika, in der südlichen Hemisphäre vollständig miteinander verbunden."[67] Außerdem war es Südamerikas erstes internationales Kabel seit 18 Jahren, das nicht direkt in die USA führte. Huawei ließ eine erhebliche geopolitische Bedeutung anklingen: „Dieses Kabel wird direkte Verbindungen mit BRICS-Staaten wie Brasilien und Südafrika in der südlichen Hemisphäre und nach China, Russland und Indien in Eurasien ermöglichen."

Zwei Jahre später war nach den Tests von Madory immer noch nicht belegt, dass das SAIL-Kabel erhebliche Datenmengen befördern würde. „Die Aktivierung des SACS-Kabels konnten wir am ersten Tag bestätigen und analysieren", sagte er mit Blick auf das japanische Projekt. „Eine Route von Brasilien nach Kamerun mit ähnlich geringer Latenz tauchte einfach nie auf."[68] Kamerun unterstützte das SAIL-Projekt, weil es seine landwirtschaftlich geprägte Wirtschaft modernisieren wollte. Aber im Vorfeld gab es keine Nachfrage dafür, und sie hat sich bis heute nicht entwickelt. Huawei Marine bekam sein Vorzeigeprojekt und Kamerun einen Haufen Schulden.

China könnte aus diesen Schulden einen strategischen Vorteil machen. Nach der Covid-19-Pandemie ist die Finanzposition von Kamerun geschwächt, und das Land wird möglicherweise versuchen, das Kabel zu verkaufen. Ein offensichtlicher Kandidat für den Kauf des Camtel-Anteils ist China Unicom. Kommerziell und politisch gesehen wäre das eine riskante Entscheidung. Der Verkehr auf dem Kabel dürfte gering bleiben. Wenn China es komplett kauft, würde das gleichzeitig seinen größten Kritikern in die Hände spielen, denn die warnen vor einer chinesischen „Schuldenfallen-Diplomatie" zur Aneignung strategischer Vermögenswerte. Auf der anderen Seite käme das Land in den alleinigen Besitz eines Kabels zwischen zwei Kontinenten, auf denen es zunehmend aktiv ist. China könnte eine Verbindung in die westliche Hemisphäre kontrollieren, die kein US-Territorium berührt.

Mit dem Verlegen eigener Leitungen tritt China in die Fußstapfen der westlichen Imperialmächte.[69] Die Konkurrenz bei modernen Netzen ist heftig, und der Einsatz ist noch viel höher, wenn man bedenkt, wie wichtig Datenströme sind. Aber es gibt einen entscheidenden Unterschied. „Nach dem Zusammenbruch der Kolonialmächte verschob sich der Fokus bei der Sicherung des Leitungsnetzes von Routen über eigenes Territorium oder durch Kolonien zu nationaler Kontrolle über den Prozess von Bau, Betrieb und Wartung des Netzes", erklärt die Anthropologin Nicole Starosielski in *The Undersea Network*.[70] In diesem Licht betrachtet war die Gründung von Huawei Marine Chinas Abkürzung zu verbesserter Netzwerk-Sicherheit. Um Kabelsysteme zu kontrollieren, muss China keine fremden Länder einnehmen. Die Vernetzungsbedürfnisse von Entwicklungsländern zu erfüllen, erfordert erhebliche Investitionen, sodass Chinas Finanzierungspakete reizvoll erscheinen können. Zudem kann es von dem Wunsch mancher Länder nach einer Diversifizierung weg von US-dominierten Netzen profitieren. „Unsere Kommunikationswege mit der Welt verlaufen hauptsächlich durch die Vereinigten Staaten", sagte Brasiliens Kommunikationsminister Maximiliano Martinhão im Jahr 2013 nach den Enthüllungen von Edward Snowden. „Das schafft eine Schwachstelle in unserem Kommunikationssystem."[71] Mit der Installation von SACS und SAIL bekam Brasilien zwei unabhängige Verbindungen nach Afrika.

China ist nicht allein in dem Versuch, von der Nachfrage nach Alternativen zu profitieren. Das europäisch finanzierte Kabel EllaLink verbindet Brasilien und Portugal und sollte Mitte 2021 in Betrieb gehen. „Datensicherheit wurde zuvor als entscheidender Grund für das Kabel hervorgehoben, weil Kommunikation zwischen Brasilien und der EU derzeit durch Nordamerika geleitet wird", sagt Philippe Dumont, der CEO des Projekts.[72] Teil davon sollte eine Erweiterung von Sines in Portugal nach Marseilles in Frankreich sein, einem zunehmend wichtigen Zentrum für asiatische Telekom-Carrier und einem entscheidenden Knoten im bislang ambitioniertesten Projekt von Huawei Marine.

Dieses dritte Flaggschiff-Projekt Chinas, geschickt als PEACE-Kabel bezeichnet, erinnert am stärksten an die britische Strategie mit Telegrafenleitungen. Ursprünglich hieß es Pakistan East Africa Cable Express. Vermarktet als kürzeste Verbindung zwischen Asien und Afrika, zieht es zugleich eine Linie zwischen aktuellen und zukünftigen militärischen Ambitionen Chinas.

Das asiatische Ende des Kabels landet im Hafen Gwadar in Pakistan, dem südlichen Ende des China-Pakistan Economic Corridor, kurz CPEC; dabei handelt es sich um ein Bündel aus Infrastrukturprojekten im Umfang von 25 Milliarden Dollar, das von chinesischen Politikern als Flaggschiff der Initiative Neue Seidenstraße bezeichnet wurde. Trotz des „Korridors" im Namen umfasst es nur wenige grenzüberschreitende Infrastrukturprojekte.

Eine wichtige Ausnahme ist ein Glasfaserkabel, das von Huawei im Jahr 2018 über die chinesisch-pakistanische Grenze hinweg installiert wurde. Bevor diese Verbindung stand, war Pakistan auf Unterseekabel angewiesen, die in Karachi ankamen, und damit auf Unternehmen aus dem rivalisierenden Indien. „Das Netz, das Internetverkehr über Unterseekabel nach Pakistan bringt, wurde von einem Konsortium mit indischen Unternehmen als Partnern oder Investoren entwickelt, was ein erhebliches Sicherheitsrisiko darstellt", sagte ein hochrangiger pakistanischer Militär im Jahr 2017, als er sich für das Huawei-Kabel einsetzte.[73]

Auch China kann profitieren. „Alle Kabel, die China mit Ländern in Europa verbinden, verlaufen über Hongkong und Singapur, wobei die Routen relativ einfach sind und an einem effektiven Schutzmechanismus mangeln", heißt es wörtlich übersetzt in einer englischen Pressemitteilung zu dem PEACE-Kabel.[74] Bei Naturkatastrophen oder gezielten Angriffen sei die Stabilität dieser Kabel beeinträchtigt. Ein durchgesickertes chinesisches Planungsdokument geht noch weiter: „Chinas Telekommunikationsdienstleistungen nach Afrika müssen über Europa geleitet werden, was eine gewisse versteckte Gefahr für die Gesamtsicherheit bedeutet", heißt es darin.[75]

Bislang überträgt das neue terrestrische Kabel laut Branchenanalysten allerdings relativ wenige Daten. Pakistan gab erst im Juli 2020 bekannt, dass es in Betrieb sei, zwei Jahre nach der offiziellen Eröffnung. Möglicherweise wird die damit realisierte Route so betrieben, dass sie schwierig zu entdecken ist. Auch könnte die Verbindung mehr Aktivität auf sich ziehen, wenn das PEACE-Kabel Gwadar mit Dschibuti verbindet. Oder es könnte zu einer Investitionsruine werden wie der Hafen selbst.

Die mäßige kommerzielle Entwicklung von Gwadar nährt Spekulationen über seinen eigentlichen Zweck. China hat deutlich mehr zur Finanzierung und Erweiterung beigetragen, als wirtschaftlich unmittelbar notwendig gewesen wäre. Pakistanische Politiker wollten schon seit Jahrzehnten einen Hafen in einem unterentwickelten Gebiet und könnten China im Gegenzug Zugang für seine Marine angeboten haben. „Wir haben unsere chinesischen Brüder gebeten, eine Marinebasis in Gwadar aufzubauen", sagte Pakistans Verteidigungsminister im Jahr 2011 der *Financial Times*.[76]

Von Pakistan aus ist die nächste Station des PEACE-Kabels Dschibuti, wo China im Jahr 2017 seine erste ausländische Militärbasis eröffnete. Die Republik hat einige der mächtigsten Länder der Welt dazu gebracht, für Zugang zu seiner Küste zu bezahlen, indem sie einen relativ sicheren Hafen in einer stürmischen Umgebung bietet. In Dschibuti sind auch Militäranlagen der USA, Frankreichs, Italiens und Japans zu Gast. „Gott hat uns kein Öl gegeben", sagt ein hoher Berater seines Präsidenten, „aber er gab uns eine strategische Position."[77]

China kam spät zu der Party, hat seine Präsenz in Dschibuti in den vergangenen Jahren aber vergrößert. Zu der Militärbasis kam eine Freihandelszone mit Logistik, Unternehmen und Fabriken hinzu. In der ersten Phase ist die Zone nur etwa 2,5 Quadratkilometer groß, später aber soll sie auf 46 Quadratkilometer in bester Küstenlage wachsen.[78] Bei einer Bootsfahrt entlang der Küste von Dschibuti im Jahr 2019 konnte ich sehen, wie sich die chinesische Militärbasis fast nahtlos in die Hafen- und Logistik-Infrastruktur in ihrer Nähe einfügt. Lokale Fischer sagten, sie würden von chinesischen Soldaten bedrängt, wenn sie ihr zu nahe kämen. China ist hier nur Mieter, doch seine Präsenz wirkt nicht vorübergehend.

China wieder loszuwerden, dürfte für Dschibuti schwierig werden, denn es hat zugelassen, dass sein lautester Mieter auch der größte Kreditgeber wurde. Der Bauboom in dem Land hat seine Verschuldung gefährlich steigen lassen, und China hält nach Schätzungen 57 Prozent seiner Auslandsschulden.[79] US-Vertreter haben gewarnt, China könne einen weiteren Hafen übernehmen, den Dschibuti im Jahr 2018 dem Unternehmen DP World mit Sitz in Dubai wieder abnahm.

Die Unterwasseraktivitäten um Dschibuti werden weniger aufmerksam beobachtet, könnten aber noch entscheidender sein. Das Land ist ein wichtiger Engpass in der globalen Kommunikation: Mindestens elf Kabel landen bereits an seiner Küste oder sollen es bald tun.[80] Die Großen Drei aus China sind als Investoren an fünf dieser Kabel beteiligt. Huawei und ZTE arbeiten seit Mitte der 2000er-Jahre mit der staatlichen Monopolgesellschaft Djibouti Telecom zusammen.

Die wachsende Präsenz Chinas verkompliziert die amerikanischen Aktivitäten in der Region. Das US-Militär verfügt über eigene Unterwasser-Verbindungen, häufig als „schwarze Glasfaser" bezeichnet. Aber für den überwältigenden Großteil seiner Kommunikation, nach einer Schätzung von 2009 bis zu 95 Prozent, nutzt es privat betriebene Infrastruktur.[81] Der Einsatz von Drohnen mit immer raffinierteren Sensoren treibt seinen Bedarf an zuverlässiger Bandbreite noch weiter nach oben. Als im Dezember 2008 drei Unterseekabel zwischen Ägypten und Italien zerstört wurden, gingen die US-Drohnenflüge im Irak von Hunderten auf einige Dutzend am Tag zurück.[82]

Das US-Militär behält auch die geplante Erweiterung des PEACE-Kabels zu den Seychellen im Auge, rund 1600 Kilometer abseits der Küste Afrikas gelegen. Der Inselstaat dürfte von einer zweiten Unterwasser-Anbindung profitieren, weil sie seine Anfälligkeit für Störungen verringert. Doch auf den Seychellen sind auch US-Militärkräfte untergebracht, darunter Drohnen-Einheiten, die über Somalia fliegen. Wenn das neue Kabel kommt, könnte es schwieriger werden, zu verhindern, dass Kommunikation der US-Regierung über von China installierte oder betriebene Systeme läuft.

Das PEACE-Kabel verbindet Chinas heutige und zukünftige militärische Fähigkeiten noch auf andere Weise. Sein wichtigster Investor, die Hengtong Group, wurde von der Regierung für „militärisch-zivile Fusion" gelobt, also als ein Unternehmen, von dessen Arbeit das Militär profitiert. Es hat sich ein Viertel des chinesischen Marktes für Glasfaserkabel gesichert und betreibt offizielle Forschungspartnerschaften mit der Volksbefreiungsarmee. Der operative Chef des PEACE-Kabels ist ein früherer Hengtong-Mitarbeiter.

Seit seiner Ankündigung ist das PEACE-Kabel gewachsen. Im Jahr 2018 stimmte Frankreichs größter Carrier Orange zu, es über den Suezkanal in Marseille anlanden zu lassen. Unter Beibehaltung der früheren Abkürzung wurde das System in Pakistan and East Africa Connecting Europe umbenannt. Orange befindet sich in Staatsbesitz, doch seine Beteiligung lässt nicht etwa Naivität erkennen: Die Anlandung könnte Frankreich eigene Überwachungsgelegenheiten verschaffen. „Eigentlich sagen die Franzosen, ‚Natürlich könnt ihr euer Kabel hier parken, wir passen schon darauf auf'", erklärte mir ein Branchenexperte.[83]

Zusammengenommen sprechen diese Projekte dafür, dass eine neue Landkarte entsteht. Mit dem SAIL-Kabel hat sich China eine Verbindung zwischen Südamerika und Afrika verschafft. Mit dem PEACE-Kabel vernetzt es Asien, Afrika und Europa. Darüber hinaus hat das Land Möglichkeiten erkundet, Südamerika und Asien zu verbinden. Insgesamt bilden diese Routen ein globales Netz mit China im Zentrum, das vor einem Jahrzehnt noch nicht existiert hat.

Die neuen Routen haben auch ihre Grenzen. Wie alle internationalen Leitungen bleiben sie anfällig für ausländische Eingriffe, wenn sie internationale Gewässer passieren. Sie sind nicht zusammenhängend, und anders als die „All-Red Routes" der Briten besitzt China nicht das Land, auf dem diese Systeme aus dem Meer ankommen. Allerdings betreffen viele der neuen Verbindungen Länder, in denen China durch seine kommerziellen Aktivitäten und seine hohe Kreditvergabe vor genauerem Hinsehen geschützt sein könnte.

In diesem Unterwasserwettbewerb hat China mit ausländischen Unternehmen noch nicht gleichgezogen. Im Jahr 2019 übernahm

Hengtong Huawei Marine und brachte das Joint Venture so weiter unter chinesische Kontrolle. Das in HMN Technologies umbenannte Unternehmen hat weniger als 10 Prozent Anteil am Markt für Unterseekabel, was einen verbesserten, aber immer noch weit entfernten vierten Platz hinter seinen amerikanischen, europäischen und japanischen Konkurrenten bedeutet.[84] Hengtong arbeitet immer noch mit Global Marine zusammen, um manche Systeme zu testen, zu installieren und zu reparieren. Seine Abhängigkeit liegt weniger in einem Mangel an Schiffen als darin, dass es schwierig ist, die Kompetenzen aufzubauen, die es braucht, um solche komplexen Projekte im Alleingang erfolgreich abzuschließen.

Trotz dieser Einschränkungen ist der Aufstieg Chinas augenfällig. Innerhalb von weniger als einem Jahrzehnt hat sich das Land aus seiner Abhängigkeit von ausländischen Unternehmen befreit und kontrolliert jetzt den viertgrößten Anbieter von Unterseekabeln weltweit. Früher kaufte China die Kabel, heute werden sie im Inland produziert. Das nächste Ziel von Hengtong lässt sich leicht erraten: Kabel ohne fremde Hilfe installieren und reparieren zu können, würde dem chinesischen Champion Kontrolle über den Installationsprozess von Unterseekabeln von Anfang bis Ende geben. Aus strategischer Sicht ist diese Fähigkeit nicht weniger wichtig, als die Kabel selbst zu produzieren und zu besitzen.

Hengtong versucht kaum, seine nationalistische Mission zu verbergen. „Hengtong Marine hatte den Mut, das von internationalen Giganten gehaltene Unterseekabel-Monopol zu brechen, seine eigenen Unterwasser-Glasfaserkabel zu entwickeln, die Entwicklung von globaler Informatisierung zu fördern, kraftvolle Unterstützung für die Modernisierung der nationalen Verteidigung unseres Landes zu leisten, auf den internationalen Markt zu marschieren, ein hochmodernes internationales Unterseekabel zu installieren und ‚globale Qualität aus China' zu erreichen", heißt es in einer Pressemitteilung, die nur auf der chinesischen Version seiner Website zu finden ist.[85]

Entscheidend für Großbritanniens Dominanz bei globalen Telegrafennetzen waren nicht nur die eigenen Leitungen, sondern auch konkurrenzloses technisches Wissen. In den späten 1890er-Jahren gehörten dem Land 24 der 30 Schiffe für Kabelreparaturen weltweit.[86] Als der Erste Weltkrieg ausbrach, war es besser vorbereitet als alle anderen Länder, die Kommunikation unter den eigenen Kräften aufrechtzuerhalten und die des Feindes abzuhören und zu stören. Zu Beginn des Krieges wurden schnell britische Schiffe zum Einsatz gebracht, um feindliche Verbindungen zu zerstören. Für manche deutschen Militärs folgte auf die Kanonen vom August 1914 eine tödliche Stille.[87]

DIE NEUE PERIPHERIE

Chinas bestehende Netzperipherie, also die Punkte, an denen es mit dem globalen Internet verbunden ist, befindet sich fast vollständig außerhalb seiner Grenzen und vor allem in Ländern, mit denen die politischen Beziehungen schwieriger werden.[88] Also sind chinesische Unternehmen geschäftlich und strategisch gezwungen, Wachstum auf Schwellenmärkten in Asien, Afrika und Lateinamerika zu suchen. Sie bauen eine neue Netzperipherie auf – mit chinesischer Technologie und in Ländern, in denen China mehr Einfluss hat.

Bei ihrem Eindringen in neue Märkte im Ausland stoßen chinesische Cloud-Anbieter auf intensive Konkurrenz. Amazon bot 2006 den ersten Cloud-Dienst an und hat seitdem massiv in dieses Geschäft investiert. Im Jahr 2016 nahm das Unternehmen pro Tag genügend neue Server-Kapazität in Betrieb, um den Speicher- und Rechenbedarf eines Fortune-500-Unternehmens zu decken.[89] Im Jahr 2020 kontrollierte Amazon nach Daten der Marktforschungsfirma Canalys fast ein Drittel des globalen Marktes für Cloud-Dienstleistungen, gefolgt von Microsoft und Google. Diese drei Anbieter sind die größten weltweit. Sie stammen sämtlich aus den USA und machen mehr als die Hälfte des globalen Cloud-Marktes aus.[90]

Alibaba ist innerhalb Chinas ein Cloud-Riese, im Ausland aber ein Zwerg. Im Jahr 2009 startete das Unternehmen Alibaba Cloud, auch als Aliyun oder AliCloud bezeichnet, und sicherte sich bis 2020 fast die Hälfte des chinesischen Marktes. Fünf Jahre später folgte ein internationales Angebot, doch das hat weniger Funktionen und gewann deutlich langsamer Kunden. Im Jahr 2019 kamen nur 10 Prozent der Umsätze von Alibaba Cloud von außerhalb Chinas, und anders als bei den größten US-Anbietern wurde der Dienst erst Ende 2020 profitabel.[91] Allerdings ist der chinesische Inlandsmarkt so groß, dass Alibaba der weltweit viertgrößte Cloud-Anbieter ist und fast 6 Prozent globalen Marktanteil hat.[92]

Geschickt positioniert sich Alibaba als Brücke nach China und nutzt so die Hürden für ausländische Unternehmen zu seinem Vorteil. Selbst bei ihren sanftesten Eingriffen sorgt Chinas Große Firewall dafür, dass Daten ausgebremst werden. Oft gehen auch Pakete unterwegs verloren, was ansonsten effiziente Systeme stark beeinträchtigen kann. Alibaba bietet sich als erfahrener Lotse an, der jeden durch diese Barrieren führt, wenn er stecken bleibt. Am besten eignen sich seine Dienstleistungen für Anbieter, die Anschluss nahe an Chinas Grenzen suchen: Laut der US-Firma ThousandEyes sind Verbindungen zwischen Festlandchina und Singapur oder Hongkong mit Alibaba schneller als bei der Konkurrenz.[93]

Für chinesische Unternehmen, die global expandieren, ist AliCloud sogar noch attraktiver als für westliche, die es nach China zieht. Alibaba hat Partner-Vereinbarungen mit den Großen Drei, die auch eine Kooperation bei Cloud-Computing umfassen. Das Unternehmen hat sich als bevorzugter Dienstleister für den chinesischen Staat positioniert und von 2016 bis 2019 von der Regierung 105 Aufträge bekommen.[94] Chinesische Unternehmen im Staatsbesitz bieten nahe liegende Expansionschancen. Viele sind bereits im Ausland aktiv und wollen dafür auf die gewohnten Daten und Services zugreifen. Im Jahr 2020 gab Alibaba bekannt, über drei Jahre 28 Milliarden Dollar in seine Cloud-Division zu investieren.[95]

Aber Alibaba ist nicht der einzige aufstrebende Cloud-Provider aus China. Einige Wochen später übertrumpfte Tencent seine Pläne mit der Ankündigung, innerhalb von fünf Jahren 70 Milliarden Dollar in Cloud-Computing, KI und andere wichtige Technologien zu investieren.[96] Als größtes Gaming-Unternehmen der Welt und Entwickler der beliebten App WeChat hat sich Tencent als Anbieter von KI-Anwendungen in der Cloud wie Bilderkennung, Spracherkennung und Maschinenlernen positioniert. Anfang 2021 betrieb das Unternehmen 20 Datenzentren außerhalb von China und plante, bis Ende des Jahres weitere 10 Auslandsstandorte zu eröffnen.[97]

Reichlich andere wollen ebenfalls ein Stück von dem Kuchen. Im November 2020 kündigte China Telecom an, Cloud-Computing solle in Zukunft sein „Hauptgeschäft" sein.[98] Baidu hat bis 2030 vor, 5 Millionen „intelligente Cloud-Server" aufzubauen.[99] Kingsoft hatte im Jahr 2019 einen Marktanteil von 5,4 Prozent in China. „Wir werden uns auf ‚Seidenstraßen'-Länder konzentrieren, in denen die Cloud-Märkte weniger gesättigt sind und attraktivere Chancen bieten", heißt es in Dokumenten des Unternehmens.[100] Zwar hat jeder dieser Anbieter sein eigenes spezielles Angebot, aber ihre Herausforderungen bei der globalen Skalierung ähneln sich.

Huawei gibt an, schon Cloud-Dienstleistungen in mehr als 140 Ländern bereitgestellt zu haben, darunter mehr als 330 Projekte für Regierungen.[101] Öffentliche Mitteilungen sprechen allerdings dafür, dass Anfang 2021 eher nur 40 Länder seine Services nutzten.[102] Manche Projekte könnten unangekündigt geblieben sein, doch denkbar wäre auch, dass die angeblichen „Regierungen" nur staatliche Stellen unterhalb der nationalen Ebene innerhalb Chinas waren. Trotzdem ist die Aktivität im Ausland insgesamt signifikant, und Huawei will dort weiter wachsen. Nachdem US-Sanktionen seinen Zugang zu Halbleitern eingeschränkt hatten, traf das Unternehmen die strategische Entscheidung, noch intensiver auf Cloud-Computing zu setzen.[103]

„Es ist unser Ziel, die Nutzung von Cloud-Diensten von Huawei für Kunden so bequem zu machen wie die Nutzung von Strom", erklärte Ren Zhengfei im Jahr 2020 seinen Beschäftigten.[104] Die Pandemie gab diesem Geschäft einen Schub. Sie beschleunigte den globalen Umstieg auf Cloud-Dienstleistungen um ein bis drei Jahre und ließ den Umsatz von Huawei in diesem Bereich 2020 um 168 Prozent steigen, gab Ken Hu an, zu dieser Zeit turnusgemäß Chairman des Unternehmens.[105]

Der Erfolg der Cloud-Angebote von Huawei bei Regierungen in Entwicklungsländern ist bemerkenswert, wenn man bedenkt, wie intensiv seine 5G-Hardware in Industrienationen unter die Lupe genommen wurde. Dort diskutierten viele Regierungen darüber, ob es einen sicheren Weg gäbe, Huawei nur in der Peripherie nationaler Netze zuzulassen, und entschieden sich letztlich für allgemeinere Verbote. Andere Länder aber vertrauen Huawei sensibelste staatliche Funktionen an. Seine Cloud-Server kommen mit staatlicher Kommunikation ebenso in Berührung wie mit Sozialversicherungs- und Gesundheitsdaten, Haushaltsplanung und sogar elektronischen Wahlen.[106] Aus Industrienationen wird Huawei herausgedrängt, doch in Entwicklungsländern arbeitet sich das Unternehmen nicht nur tief in die Märkte, sondern buchstäblich in ihre Regierungen vor.

Der globale Boom bei Datenzentren steht erst am Anfang, erklärt James Hamilton, Vice President und leitender Ingenieur im Team von Amazon Web Services.[107] Eines der weltweit größten Netze für Inhalte-Auslieferung wird von Netflix betrieben. Es besteht aus ungefähr 1.000 Standorten, was zeigt, wie viele „Regionen" jeder globale Cloud-Anbieter letztlich abdecken muss. In jeder dieser Regionen braucht man zudem jeweils drei bis zehn Datenzentren, um als Betreiber hinreichend gegen Stromausfälle, Naturkatastrophen und andere Risiken geschützt zu sein. Abhängig von der Zahl der globalen Anbieter könnten so zwischen 10.000 und 100.000 Datenzentren weltweit zusammenkommen.

Diese Landkarte würde deutlich anders aussehen als heute. Weltweit gab es Mitte 2020 ungefähr 540 Datenzentren der Hyperscale-Klasse, von der Synergy Research Group definiert als mindestens 5.000 Server auf 900 Quadratmetern. In den USA waren 38 Prozent davon angesiedelt. Großbritannien, Deutschland, Japan und Australien kamen zusammen auf 21 Prozent, China auf 9 Prozent.[108] Mehrere Faktoren sorgen dafür, dass Datenzentren an neuen Standorten entstehen, darunter die steigende Nachfrage in Schwellenländern, der Wunsch nach lokaler Datenspeicherung und Technologien, die eine Verarbeitung näher am Nutzer erfordern. Zu den Hyperscale-Zentren gesellen sich bereits kleinere, stärker verstreute Datenzentren, deren Zahl sich in den kommenden Jahren vervielfachen dürfte.

Den chinesischen Cloud-Ambitionen in Industrienationen stehen intensiver Wettbewerb und Sicherheitsbedenken entgegen. Alibaba

Cloud hat über Anbieter geteilter Standorte kleine Schritte in die USA und nach Europa gemacht, tut sich aber schwer, gegen die Cloud-Giganten aus den USA zu bestehen. Wenn Kunden sich einmal für einen dieser Dienste entschieden haben, neigen sie dazu, dort zu bleiben, weil sie keinen Wechsel in ein neues System organisieren wollen. Selbst wenn chinesische Unternehmen niedrigere Preise verlangen, ist kaum zu erkennen, warum ausländische Kunden die Kosten eines Umstiegs auf sich nehmen sollten, obwohl das neue Angebot weniger Funktionen umfasst.

Zunehmende Bedenken gegenüber chinesischer Technologie und Datensicherheit schaffen ein weiteres Hindernis. Die weitreichenden Gesetze Chinas zu Cybersicherheit bedeuten ein Risiko für ausländische Daten. „Keinerlei Information auf irgendeinem Server innerhalb von China wird ausgenommen. (...) Keine Kommunikation von oder nach China wird ausgenommen. Es wird keine Geheimnisse geben. Keine VPNs. Keine privaten oder verschlüsselten Nachrichten. Keine anonymen Online-Accounts. Keine Geschäftsgeheimnisse. Keine vertraulichen Daten. Jegliche und sämtliche Daten werden für die chinesische Regierung verfügbar und offen sein", erklärt Steve Dickinson, ein Experte für chinesisches Recht.[109]

Um solchen Sorgen zu begegnen, werden Unternehmen ihren Kunden weitaus mehr Kontrolle über ihre Daten und mehr Transparenz bieten müssen. Alibaba hat als Hauptquartier für seine internationale Cloud-Einheit Singapur gewählt, und nach Angaben des Managements hält sie sich an das dortige Datenrecht.[110] Doch Alibaba weist auch darauf hin, dass Kunden weder selbst festlegen können, über welche Wege und durch welche Länder ihre Daten transportiert werden, noch eine Dokumentation darüber bekommen.[111]

Darüber hinaus haben es chinesische Cloud-Anbieter mit regulatorischen Hürden zu Hause zu tun, die ihre Möglichkeiten einschränken, den Finanzsektor zu bedienen – eine wichtige Quelle für Umsätze und Gelegenheiten, die eigenen Fähigkeiten zu verfeinern. „Wenn Banken und Wertpapierfirmen als Kunden nicht zulässig sind, haben chinesische Cloud-Anbieter keine Chance, für zwei der anspruchsvollsten Anwendungsfälle der Branche native Cloud-Lösungen zu entwickeln", erklärt Kevin Xu, Autor von *Interconnected*, einem Newsletter über chinesische Technologie.[112]

Angesichts dieser Herausforderungen haben chinesische Unternehmen Schwellenländer in Asien, Afrika und Lateinamerika ins Visier genommen. Bis 2020 hatten sie auf diesen Märkten laut der Marktforschungs- und Beratungsfirma International Data Corporation wenig Bedeutung.[113] Alibaba hatte sich nur 0,3 Prozent des asiatisch-pazifischen Marktes (ohne Japan und China) für öffentliche Cloud-Dienstleistungen gesichert. Huawei war mit 0,9 Prozent Anteil in Lateinamerika sowie 0,7 Prozent in Nahost und Afrika das führende chinesische Unternehmen. Doch sein Wachstum um 175 Prozent beziehungsweise 125 Prozent auf diesen Märkten spricht dafür, dass Großes bevorsteht.

Am intensivsten ist der globale Cloud-Wettbewerb für China ganz in seiner Nähe: in Südostasien mit seiner Internetökonomie, deren Wert sich nach Schätzungen bis 2025 auf 300 Milliarden Dollar verdreifachen wird.[114] Um dabei zu sein, kündigte Huawei an, über drei Jahre 1 Milliarde Dollar in die Ausbildung von 100.000 Entwicklern und die Unterstützung von 100.000 Start-ups in der Region zu investieren. Singapur ist das angestammte Zentrum der Region mit einem wirtschaftsfreundlichen Umfeld und der Möglichkeit des Anschlusses an 27 Kabel, die an seiner Küste anlanden.[115] Alle großen Cloud-Anbieter aus China sind in Singapur aktiv – sie sehen den Stadtstaat als regionale Startrampe. Doch der Platz dort wird bereits knapp, was Singapur zu einer der teuersten Datendrehscheiben der Welt macht.[116]

Auf der anderen Seite der Straße von Singapur bleibt noch mehr Raum für Wachstum, und dort entwickelt sich die indonesische Hauptstadt Jakarta zu einem alternativen Zentrum. Im Jahr 2018 eröffnete Alibaba als erster globaler Cloud-Anbieter ein lokales Datenzentrum in Indonesien und im Jahr darauf ein zweites. Google schloss sich 2020 an. Beide Unternehmen haben sich für geteilte Standorte entschieden, nutzen also bestehende Datenzentren, statt eigene aufzubauen. Tencent wollte bis Ende 2021 zwei Datenzentren in Indonesien eröffnen, Microsoft bereitet neue vor, und Amazon hat für 2022 ebenfalls den Start von Cloud-Diensten angekündigt.[117]

Der einst vielversprechende indische Markt wird für chinesische Unternehmen zu einem großen Fragezeichen. Im Juni 2020 gab es einen Zusammenstoß zwischen Soldaten beider Länder über umstrittenes Gebiet im Himalaja, der die Beziehungen zwischen ihnen auf den tiefsten Punkt seit Jahrzehnten sinken ließ. In Indien wurden mehr als 100 chinesische Apps verboten, darunter TikTok mit seinen geschätzten 125 Millionen Nutzern im Land. Trotzdem ist Indiens Markt für chinesische Unternehmen alles andere als verschlossen, wie Kapitel 7 detaillierter erläutert, und er ist weiterhin stark abhängig von chinesischer Hardware. Im Jahr 2019 importierte das Land fast zwei Drittel seiner Technik für Datenzentren aus China und Hongkong.[118]

In Afrika könnte die Cloud-Präsenz Chinas seinen staatlichen Unternehmen folgen. Der Kontinent ist Heimat für rund 17 Prozent der Weltbevölkerung, aber für weniger als 1 Prozent der globalen Datenzentren-Kapazität. Anfang 2020 hatte London ungefähr viermal so viel davon wie ganz Subsahara-Afrika.[119] „Afrika ist der letzte Grenzmarkt für nachhaltiges zweistelliges Wachstum", sagt John Melick, früherer Chairman des Djibouti Data Center.[120]

Für Alibaba Cloud aber bleibt Afrika weitgehend unerschlossen. Mitte 2021 hatte Chinas größter Cloud-Anbieter noch kein eigenes Datenzentrum in Afrika, was angesichts des massiven Engagements chinesischer Unternehmen auf dem ganzen Kontinent erstaunlich ist. Die Alibaba-Tochter Whale Cloud bietet Cloud-Dienstleistungen in Südafrika an.[121] Früher gehörte das Unternehmen zu ZTE und hieß ZTESoft, bevor Alibaba es kaufte und umbenannte.

Die größten Kunden in Afrika waren in den letzten Jahren Regierungen. Huawei stellt nach Recherchen von CSIS Cloud-Dienstleistungen für mindestens 15 afrikanische Regierungen und die Afrikanische Union zur Verfügung und will das Geschäft auf den ganzen Kontinent ausweiten. Das Unternehmen hat Kapazität in einem Datenzentrum in Johannesburg in Südafrika gemietet, dem traditionellen Zentrum der Region, und plant weitere Zentren in Kenia und Nigeria, wo sich die nächstgrößten Konzentrationen internationaler Firmen befinden.[122]

Cloud-Unternehmen aus den USA sind relativ gut positioniert, um im Zuge der Weiterentwicklung Afrikas zu wachsen. Die Investitionen von Microsoft und Amazon in Südafrika sind höher als die von Huawei.[123] Neue Unterseekabel verbessern den Zugang des Kontinents zu internationaler Bandbreite.[124] Google arbeitet an Equiano, einem Kabel von Portugal bis Südafrika mit einem Abzweig nach Nigeria.[125] Facebook unterstützt 2Africa, das mit China Mobile als einem der Partner 16 Länder auf dem Kontinent verbinden soll.[126] Anders als beim chinesischen Ansatz mit Vereinbarungen von Staat zu Staat werden diese Aktivitäten hauptsächlich privat betrieben.

Der dritte Grenzmarkt ist Lateinamerika. Die Region erstreckt sich von Mexiko bis Chile und hat insgesamt eine Bevölkerung von 650 Millionen Menschen, zwei Drittel davon mit Internetzugang. Für Lateinamerika sind die USA die traditionelle Daten-Drehscheibe, obwohl sie faktisch nicht zu der Region zählen. In ihrem Schatten aber finden chinesische Unternehmen politische Zugangswege.

In Brasilien als dem nächsten zentralen Knoten der Region sowie in anderen Ländern positionieren sie sich als Alternative zu den USA. Der überwältigende Großteil des brasilianischen Datenverkehrs, darunter 84 Prozent der Wege zwischen seinen Netzen zu den wichtigsten 100 Websites der Welt, passiert die USA.[127] Amazon, Google und Microsoft haben sämtlich Datenzentren in Brasilien aufgebaut. Gleichzeitig versuchen brasilianische Politiker, die Verbindungen des Landes zu diversifizieren, wie ihr Interesse an den Kabeln SACS, SAIL und EllaLink erkennen lässt.

Huawei versucht, von diesem Interesse und von länger bestehenden regionalen Querelen zu profitieren. Vor Alibaba baute das Unternehmen eigene Datenzentren in Mexiko, Chile und Brasilien auf. Die Strategie ist, so erklärte sein regionaler Präsident, „ein riesiges Dreieck aus verbesserter Abdeckung und Konnektivität in Lateinamerika zu bilden".[128] Alibaba hat sich für einen vorsichtigeren Ansatz mit lokalen Partnerschaften entschieden, die seine Cloud-Dienstleistungen in Mexiko und Brasilien weiterverkaufen. Mitte 2021 hatte das Unternehmen noch kein Datenzentrum in der Region eröffnet.[129]

Kritik an den USA wird von Huawei als Teil seiner Verkaufswerbung genutzt. „Lateinamerika steckt in mehreren Fallen, wie der Falle der mittleren Einkommen, der größer werdenden Lücke zwischen

Arm und Reich und der Finanzkrise", sagte Ren Zhengfei im Dezember 2019 vor Journalisten aus der Region. „All das wurde tatsächlich von der Monroe-Doktrin der USA verursacht. Die USA wollten Lateinamerika kontrollieren und haben die Region wie ihren Hinterhof behandelt, was die Ursache für all das war. Jetzt investiert China in Lateinamerika, aber die Region behält ihre Souveränität, und mit seinen Investitionen baut China eine echte Leiter, um Lateinamerika aus diesen Fallen herauszuhelfen."[130]

Chile, das sich selbst als das Land der Dichter bezeichnet, mag sich nach einem unpassenden Ziel für das Speichern von Nullen und Einsen anhören, doch es zieht die Aufmerksamkeit der größten Cloud-Provider der Welt auf sich. Die Bevölkerung des Landes ist weniger als ein Zehntel so groß wie die Brasiliens, aber es bietet 7.000 Kilometer Küste mit einer zunehmenden Zahl von Unterseekabeln, die dort an Land kommen, ein günstiges Klima für den Betrieb von energieintensiven Datenzentren und interessante Steueranreize.

Im Jahr 2015 eröffnete Google als erster großer Anbieter ein Datenzentrum in Chile; drei Jahre später wurde es vergrößert. Die Anlage wird mittels einer Fotovoltaikanlage in der Atacama-Wüste zu 100 Prozent mit erneuerbarer Energie versorgt. Im Jahr 2019 stellte Google ein Unterseekabel fertig, das über 10.500 Kilometer von Valparaíso in Chile nach Los Angeles in Kalifornien führt, und kündigte ein zweites Datenzentrum an. Nach Angaben der chilenischen Regierung wurden im selben Jahr 15 Datenzentren neu gebaut oder erweitert.[131] Alibaba hat nach Berichten vor, sich diesem Trend anzuschließen.[132]

Chile könnte sich im wachsenden Netz Chinas zu einem deutlich wichtigeren Knoten entwickeln. Im Jahr 2019 stellte Huawei Marine ein 3.000 Kilometer langes Unterseekabel entlang der chilenischen Südküste fertig, das es stolz als „das südlichste Unterseekabel der Welt" bezeichnete.[133] Einige Monate später eröffnete Huawei ein Datenzentrum in Paine nahe der Hauptstadt Santiago und kündigte Investitionen in Höhe von 100 Millionen Dollar in dem Land an. Das Datenzentrum ist zwar ein geteiltes statt eine eigene Anlage wie die von Google, doch schon diese Schritte lassen größere Ambitionen erkennen.

Beide waren als Vorbereitung für das bislang größte internationale Projekt von Huawei gedacht: die erste Direktverbindung von Südamerika nach Asien. Die chilenische Regierung wollte ein Unterseekabel nach Asien, und natürlich wollte Huawei Marine es legen. Doch im Juli 2020 entschied sich die Regierung für ein japanisches Angebot, das ein Kabel von Chile nach Australien und Neuseeland vorsieht und China außen vor lässt.[134] Chile hat ein zweites Kabel nicht ausgeschlossen, doch aus rein geschäftlicher Sicht wäre es schwierig zu rechtfertigen. So wie Brasilien und andere neu entstehende Zentren kann Chile jedenfalls profitieren, wenn es Konkurrenz in angrenzenden Bereichen schürt. Tatsächlich ließ Huawei sich nicht abschrecken und gab im September 2020 bekannt, dort ein zweites Datenzentrum zu eröffnen.[135]

Bei Chinas Aufbau einer neuen Netzperipherie könnte die südliche Spitze Südamerikas auch sonst attraktiv sein. „Ihr Land befindet sich am Ende der Welt in einer geografisch geschützten Lage. Selbst wenn es einen großen Krieg im Rest der Welt gibt, wird Argentinien gesund und sicher sein", erklärte Ren einem Journalisten von dort.[136] Als historisch interessierte Person ist er gewiss mit dem Rennen um die Verlegung der ersten Unterseekabel der Welt vertraut, das als kommerzieller Wettbewerb begann, sich im Zuge wachsender Sorgen um nationale Sicherheit intensivierte und schließlich zum Teil des Krieges wurde.

DIE KARTE VERTEIDIGEN

Das Telegrafie-Rennen hält Lehren auch für die USA bereit. Als sich in den Jahrzehnten vor dem Ersten Weltkrieg neue Routen über die Welt verbreiteten, war nicht ungewöhnlich, dass Länder von ausländischen Betreibern Gebühren für den Zugang zu ihrem Gebiet verlangten. Großbritannien wählte eine andere Strategie und baute Gebühren und andere Hürden ab, um mehr Verbindungen aus dem Ausland anzuziehen. Diese Offenheit war entscheidend, um London zu der zentralen Drehscheibe für internationale Kommunikation und Finanzen zu machen, die es noch heute ist.

Nachdem sie jahrzehntelang auf eine ähnliche Strategie gesetzt haben, nehmen die USA eine stärker defensive Haltung ein: Sie kontrollieren ihre inländischen Netze, Internetknoten und Unterseekabel genauer. Der Wunsch nach mehr Schutz ist angesichts der zunehmenden Aktivitäten Chinas und seiner Historie von Cyberangriffen, Spionage und Kooperation zwischen Unternehmen und Volksbefreiungsarmee nur natürlich. Doch die USA müssen bedenken, dass jede Entscheidung Einfluss auf ihre Position unter den globalen Netzen haben kann. In welcher Weise, ist nicht so klar, wie es zunächst erscheinen mag.

Fast zwei Jahrzehnte, nachdem sie ihnen Lizenzen gegeben hatte, fing die FCC an, China Telecom und China Unicom vor die Tür zu setzen. Im Jahr 2019 lehnte die Behörde den Antrag von China Mobile auf eine Lizenz für die Übertragung von Anrufen zwischen den USA und Drittländern ab, der 2011 eingereicht worden war. „Die grundlegende Vertrauensbasis, die für eine Vereinbarung zum adäquaten Umgang mit Bedenken bezüglich nationaler Sicherheit und Strafverfolgung erforderlich wäre, ist nicht gegeben", befanden die FCC-Kommissare einstimmig[137] – ihre erste Ablehnung eines Antrags aus Gründen der nationalen Sicherheit und Strafverfolgung.[138]

Für China Mobile war es das Ende einer achtjährigen Qual, doch für China Telecom und China Unicom begann ein neuer Kampf gerade erst. Im April 2020 forderte die FCC diese zwei und zwei weitere chinesische Telefongesellschaften auf, „zu belegen, dass sie nicht dem Einfluss und der Kontrolle der chinesischen Regierung unterliegen".[139] Im Grunde sollten die staatseigenen Unternehmen beweisen, dass sie nicht dem Staat gehören, lautete die Interpretation von Kate O'Keeffe vom *Wall Street Journal*.[140] Im November erließ Präsident Trump eine Exekutiv-Anordnung, die US-Investitionen in Unternehmen mit Verbindungen zur chinesischen Volksbefreiungsarmee untersagte, darunter China Telecom und China Unicom.[141] In den Monaten darauf begann die FCC einen Prozess für den Widerruf der Lizenzen für China Telecom und China Unicom.[142]

Gleichzeitig denken die USA auch über ihre Unterwasser-Verbindungen neu nach. Im Juni 2020 blockierte die US-Regierung teilweise die Aktivierung des Pacific Light Cable Network, der ersten direkten Verbindung zwischen Los Angeles und Hongkong. Die Abschnitte zwischen Los Angeles, den Philippinen und Taiwan wurden aktiviert, doch der Teil des Kabels, der in Hongkong anlandete, blieb auf US-Anweisung dunkel. Amerikanische Behörden kamen zu dem Schluss, dass der Anschluss in Hongkong zusammen mit dem Mehrheitsbesitz des chinesischen Unternehmens Dr. Peng Telecom an dem Kabel ein nicht zu tolerierendes Risiko darstellte. Nur Wochen später löschte Chinas neues Gesetz zur nationalen Sicherheit Hongkong im Prinzip von der Landkarte, und Unternehmen, die Unterwasser-Routen planen, sehen sich schon anderswo in der Region um.[143]

Wenn die USA zu viele Verbindungen beschneiden oder blockieren, könnten sich die globalen Netze allerdings auf eine Weise verändern, die nicht im amerikanischen Interesse liegt. US-Unternehmen könnten Kabel mit alternativen Landepunkten bauen und mehr von ihrer Rechenleistung ins Ausland verlagern. Kanada und Mexiko könnten sich als alternative Gateways positionieren. Tijuana zum Beispiel könnte ein Zentrum an der Westküste werden. Mehrere US-Gesellschaften haben bereits Leitungen in dieser Region, sodass sie auch Übertragungen in ihre Heimat anbieten könnten. Die USA könnten also ebenso Geschäft verlieren wie Zugriffsmöglichkeiten zu Überwachungszwecken.

Ähnliche Zielkonflikte bringt der Versuch mit sich, chinesische Unternehmen aus Internetknotenpunkten in den USA zu vertreiben. Bis zum Jahr 2021 hatten Chinas große Drei insgesamt 62 Präsenzpunkte in den USA eingerichtet, unter anderem in Los Angeles, Seattle, New York und anderen großen Städten.[144] Wenn eine Telekom-Gesellschaft an einem Standort bereits präsent ist, kostet es sie sehr wenig, dort weitere Verbindungen zu schalten. Also waren die US-Betreiber gern bereit, in ihrem eigenen Vorgarten Daten mit chinesischen auszutauschen. Der Nachteil dabei ist, dass mehr Verbindungen zwischen amerikanischen und chinesischen Telekom-Firmen auch mehr Gelegenheiten für die Verbreitung von Routing-Fehlern bedeuten. Wenn sie gezwungen wären, für Verbindungen mit chinesischen Gesellschaften ins Ausland zu gehen, würden sich weniger amerikanische diese Mühe machen.

Demchak und Shavitt, die beiden Forscher, die das verdächtige Routing-Verhalten von China Telecom nicht für einen Zufall halten, sprechen sich für „Reziprozität im Zugang" aus.[145] Sie verweisen auf ein auffälliges Ungleichgewicht: China verbietet ausländischen Unternehmen Präsenzpunkte innerhalb seines Netzes, während chinesische sich mit US-Netzen verbinden dürfen. Die Forscher schlagen ein faireres Verhältnis vor. Wenn sich die Zahl der Präsenzpunkte zum Beispiel nach der Kundenzahl richten würde, dürften US-Unternehmen in China mehr davon haben, weil die Bevölkerung größer ist. Für den Fall, dass China sich dieser Forderung verweigert, rufen Demchak und Shavitt die USA und potenziell verbündete Länder dazu auf, Datenverkehr zu chinesischen Präsenzpunkten und von ihnen weg zu blockieren.

Direkter Zugang in China wäre für US-Unternehmen geschäftlich von Vorteil, würde aber nichts an den eigentlichen Risiken für Netze in den USA ändern, warnen andere Experten. Mehr Austauschpunkte auf chinesischem Territorium würden die Gefahr erhöhen, dass chinesische Behörden US-Unternehmen ausspionieren. Und noch grundlegender: Solange US-Netze offen für – inländische wie ausländische – Betreiber bleiben, die nicht die nötigen Sicherheitsvorkehrungen treffen, bleiben sie anfällig für Routing-Fehler und -Piraterie. Im Juni 2019 zum Beispiel schickte ein Routing-Fehler eines Schweizer Unternehmens Daten, die für einige der größten Mobilfunknetze Europas gedacht waren, von den USA aus durch das Netz von China Telecom.[146]

Die Fokussierung auf Reziprozität übersieht zudem, welche besonderen Vorteile die USA aufgrund ihrer offenen Netze genießen. Chinesische Präsenzpunkte auf ihrem Gebiet erhöhen den globalen Anteil des Internetverkehrs, der durch die USA fließt. Das hat geschäftliche Vorteile und ist zugleich ein Geschenk für US-Geheimdienste, die an ausländischer Kommunikation interessiert sind. Wie groß dieses Geschenk genau ist und was getan wird, um es „auszupacken", ist natürlich geheim. Aber öffentliche Äußerungen und freigegebene Dokumente sprechen dafür, dass die zentrale Position der USA in globalen Datenströmen dem Land entscheidende Informationen verschafft.[147]

Versehentlich könnte das Beharren eines Bündnisses auf Reziprozität manche Daten sogar unsicherer machen, wenn sie die USA verlassen. Wenn es keine vollständige Entkopplung der Datenströme geben soll, müssten sie immer noch auch zwischen westlichen und chinesischen Netzen fließen. Und statt auf dem Boden des Bündnisses würde dieser Austausch in anderen Ländern mit niedrigeren Sicherheitsstandards stattfinden, sodass die Daten anfälliger würden.[148] Auf eine verdrehte Weise könnten solche Drittländer, die der Definition nach nicht zu dem Bündnis gehören, kommerziell und strategisch gewinnen, indem sie umgeleitete Datenströme anziehen.

Die Karte des Internets neu zu zeichnen, hätte noch weitere unerwünschte Konsequenzen. Weniger Effizienz würde höhere Kosten für US-Unternehmen und -Verbraucher bedeuten, und grundlegende Annahmen über Routing würden ihre Gültigkeit verlieren. Abweichendes Routing-Verhalten wäre dadurch noch schwieriger zu entdecken. Das Analysieren von Anomalien würde noch aufwendiger, denn Madory und andere Experten müssten herausfinden, ob eine suboptimale Route angesichts von Restriktionen nicht vielleicht doch die beste Option war.

Statt Daten nur zu vertrauenswürdigen Partnern fließen zu lassen, könnten die USA Technologien entwickeln, die nicht auf Vertrauen basieren und die breite Beachtung von Best Practices fördern. Quantenverschlüsselung zum Beispiel verspricht höhere Sicherheit selbst in den riskantesten Umgebungen. Best Practices wie die Mutually Agreed Norms for Routing Security (kurz MANRS) der Internet Society können dazu beitragen, Routing-Zwischenfälle zu verhindern und schneller auf sie zu reagieren.[149] „Eine echte Lösung", so erklärt die Internet Society, „liegt nicht in der Kontrolle der Zusammenschaltungen, sondern darin sicherzustellen, dass BGP als Protokoll für Internetrouting auf eine sichere Weise operiert."[150]

So wie eine Maske gegen die Verbreitung eines Virus, helfen auch die MANRS-Regeln eher dem Umfeld eines Nutzers als dem Nutzer selbst. Wenn alle sich daran halten würden, wären alle besser dran. China Telecom aber läuft ohne Maske herum und riskiert damit, aus fremden Netzen herausgeworfen zu werden. Mit Verspätung schloss sich das Unternehmen im Dezember 2020 den MANRS an – just an dem Tag, an dem die FCC den Widerruf seiner Lizenz ankündigte. In einem ironischen Zusammentreffen dankte der Kommunikationsdirektor der Amerika-Tochter von China Telecom Madory öffentlich auf Twitter dafür, sich „jahrelang für dieses Thema eingesetzt" zu haben.[151]

Der Zwischenfall vom Dezember 2015 und die verspätete Reaktion darauf lagen nicht allein in der Verantwortung von China Telecom, erklärt Madory. Er verbrachte mehrere Monate mit dem Versuch, Verizon zum Handeln zu überreden. Dieses Unternehmen reagierte nur langsam, doch er konnte andere große Internetprovider überreden, Filter einzusetzen, die über China Telecom geleitete Verizon-Routen blockierten. Der Routing-Fehler wurde letztlich ungefähr im April 2018 korrigiert. Der ursprüngliche Vorfall dauerte weniger als eine Minute, wirkte aber noch zweieinhalb Jahre lang nach.[152] Mitte 2021 hatte sich Verizon den MANRS noch nicht angeschlossen, ebenso wenig wie China Unicom oder China Mobile.[153]

Seit seiner Erfindung bringt die Offenheit des globalen Internets große Chancen ebenso wie große Risiken mit sich. Die Aktivitäten Chinas haben zu einer notwendigen Neuabstimmung und erhöhter Aufmerksamkeit für diese Risiken geführt, insbesondere innerhalb von US-Netzen. Doch die Schotten dichtzumachen und sich mit Freunden zu verstecken, ist langfristig keine gute Strategie. Es wäre ein Fehler für die USA, größere Schritte in die Richtung eines Festungsansatzes wie in China zu gehen.

Schließlich will China die Karte des globalen Internets deshalb neu zeichnen, weil die aktuelle Version überwältigend die USA und ihre Verbündeten bevorzugt. Die Dominanz von US-Unternehmen bei Cloud-Diensten geht auf Vorteile durch ihren frühen Start zurück, aber auch auf Investitionen in physische Infrastruktur und Offenheit für ausländische Konkurrenz in ihrem Land. Chinesische Cloud-Anbieter sind in ihrer Heimat Giganten, außerhalb ihrer Grenzen jedoch noch klein. Weil China seine nationalen Champions zu echten globalen Champions machen will, ist die Bühne bereit für intensiver werdenden Wettbewerb um die die übrigen Märkte.

Um ihn zu gewinnen, müssen die USA zu den Sicherheitsmaßnahmen im Inland einen Ausgleich in Form von mehr Betonung geschäftlicher Offensive im Ausland schaffen. Sie müssen auf die Bedürfnisse und Wünsche der Hälfte der Welt eingehen, die noch nicht online ist. Zusammen mit Partnern und Verbündeten müssen die USA kreativ darüber nachdenken, wie sich die Abwägung zwischen Chancen und Risiken verändern lässt, die bislang dafür sorgt, dass ihre Unternehmen solchen Märkten fernbleiben. Teil einer mutigeren Vorgehensweise wäre, Datenzentren und Unterseekabel zur Vernetzung von Schwellenländern aufzubauen. Sie könnte auch den Einsatz neuerer Technologien umfassen und, ziemlich buchstäblich, den Griff nach den Sternen.

DIE KOMMANDO-HÖHE

Zehn!", donnerte Kommandant Yin Xiangyuan am 23. Juni 2020 um 9:43 Uhr im Xichang Satellite Launch Center und leitete damit den finalen Countdown ein. Wenn er und seine Kollegen bei dieser Mission nervös waren, dann ließ sich das nur an ihren Augen ablesen. Denn als Maßnahme gegen die Verbreitung von Covid-19 waren ihre Gesichter mit chirurgischen Masken bedeckt. Jeder blickte auf die weiße Rakete, die 20 Stockwerke hoch über das Startfeld ragte. Im Inneren baute sich der Druck auf, und weißer Rauch strömte aus ihrem Heck in die Morgenluft.[1]

Vom Triebwerk bis zur Spitze war die Startrakete ein Monument des chinesischen Nationalismus. Weit oben zierte eine aufgemalte rote chinesische Flagge ihre Nase. Ihre Basis bildete eine Rakete des Typs Langer Marsch 3B, benannt nach dem strategischen Rückzug der chinesischen Kommunisten, der 1934 begann und Mao Zedong an die Macht brachte. Das Wichtigste war die Nutzlast: das letzte Element der dritten Generation von Beidou, dem chinesischen System für globale Satelliten-Navigation als Alternative zum GPS der USA.

Beidou ist das Kind einer Verbindung zwischen Wissenschaft und Militär in China. Normalerweise gibt die Regierung Bilder ihrer Raketen erst nach dem erfolgreichen Start frei, doch in einer seltenen Ausnahme wurde dieser Start live übertragen, sodass die Welt zusehen konnte, wie China in die Elite der führenden Weltraummächte aufstieg. Zuvor hatten nur die USA, die Europäische Union und Russland wirklich globale Systeme für Satelliten-Navigation aufgebaut.

Globale Navigationssatelliten wurden während des Kalten Krieges für die Positionierung von Atomwaffen entwickelt. Sie helfen Streitkräften dabei, ihre Bewegungen zu koordinieren, und leiten Geschosse zu ihren Zielen. Jenseits von Schlachtfeldern ist die Nutzung noch viel intensiver – 6,4 Milliarden Empfänger sind in Mobiltelefonen, Autos und anderer Konsumelektronik weltweit integriert.[2] Mit ultrapräzisen Atomuhren liefern diese Systeme das Timing für Anwendungen von Geldautomaten über Börsen bis zu Mobilfunknetzen. Sie halten die Welt am Laufen.[3]

Nach dem Start des ersten Beidou-Satelliten im Jahr 2000 näherte sich Chinas langer Marsch zur Unabhängigkeit bei der Satellitennavigation jetzt der Ziellinie.[4] Doch der Erfolg war nicht garantiert, und schon bei früheren Weltraum-Ambitionen hatte das Land Rückschläge erlebt. Im Jahr 1996 endete der Erstflug von Langer Marsch 3B in einer Tragödie, nachdem ein Fehler im Steuerungssystem die Rakete und den US-Satelliten an Bord in eine nahe gelegene Kleinstadt stürzen ließ. Offiziell kamen 6 Menschen ums Leben und 57 wurden verletzt. Nach späteren Zeugenaussagen könnte es jedoch Hunderte Tote gegeben haben, sodass dies möglicherweise die größte Startkatastrophe der Raumfahrtgeschichte war.[5]

In den Jahren darauf wurde die Rakete verbessert, doch auch ihre jüngere Leistungsbilanz ist weit davon entfernt, makellos zu sein. Im April 2020 wurde eine Langer Marsch 3B auf der Startrampe in Xichang zerstört und ließ Trümmer auf Guam regnen.[6] Der Start zur Komplettierung des Beidou-Systems war ursprünglich für Anfang Juni angesetzt und wurde dann wegen Problemen mit dem Triebwerk verschoben.[7]

„Zündung. Lift-off", hieß es im Kontrollzentrum, und die Rakete begann ihren Aufstieg. Die Übertragung bei China Central Television folgte ihrer Bahn und wechselte zu einem geteilten Bildschirm. Links zeigte eine Computer-Animation Koordinaten, Höhe und Geschwindigkeit. Rechts liefen Aufnahmen von einer Kamera im mittleren Bereich der Rakete, die Livebilder der Triebwerke und der kleiner werdenden Erde lieferte. Satellitenstarts sind stets sorgfältig choreografiert, doch dieser hier war für das Fernsehen gemacht.

Der letzte Akt für das Trägersystem fand 26 Minuten nach dem Start mit der Abtrennung des Satelliten statt. Während die obere Stufe der Rakete in den Weltraum trieb, blieb ihre Kamera auf den Satelliten gerichtet, ein kistenartiges Gebilde, das 200 Kilometer über blauen Meeren schwebte. Wie Akkordeons entfalteten sich auf beiden Seiten Arme. Als sie voll ausgefahren waren, funkelten sie, weil ihre Solarpaneele das Sonnenlicht reflektierten.

Kurz erfüllte eine ordnungsgemäße Welle von Applaus das Kontrollzentrum. Niemand rief etwas in den Raum. Niemand pfiff. Niemand klatschte viel lauter als irgendjemand anders. „[Der] Satellit ist erfolgreich in den vorgesehenen Orbit eingetreten", gab Zhang Xueyu, der Leiter des Start-Zentrums, sachlich von einem Podium aus bekannt. Über ihm war ein großer Bildschirm mit einer kurzen Botschaft in goldener Handschrift auf rotem Hintergrund zu sehen: „Gratulation! Der 55. Satellit des Satelliten-Navigationssystems Beidou war ein vollständiger Erfolg."

Der nüchterne Ton war verräterisch. China hatte sich die Mitgliedschaft in einem der elitärsten Clubs der Welt verschafft, doch seine Politiker nahmen bereits den nächsten Meilenstein in den Blick. Schon bevor das Beidou-System der dritten Generation komplettiert war, hatten sie Pläne für ein weiteres Upgrade bis 2035 bekannt gegeben. Für die chinesische Regierung ist das System in ständiger Weiterentwicklung und niemals wirklich fertig.

Wenn China im Weltraum zu den USA aufschließen will, darf es nicht langsamer werden. Über Technologie wie das Beidou-System verfügten die USA im Grunde schon in den 1990er-Jahren. Während chinesische Unternehmen sich daran abmühten, entwickelten amerikanische noch innovativere Systeme. Nur eine Woche nach der Komplettierung von Beidou startete Elon Musks SpaceX von Cape Canaveral in Florida aus einen GPS-Satelliten der dritten Generation für die U.S. Air Force.

SpaceX wurde einst als Fantasie abgetan, übernimmt aber inzwischen ungefähr zwei von drei Starts für die NASA, nachdem das Unternehmen die Kosten mit wiederverwendbaren Raketen-Komponenten drastisch gesenkt hat.[8] Die NASA gibt ungefähr 152 Millionen Dollar pro Start aus, während er bei SpaceX nur 62 Millionen Dollar kostet. Musk ist zuversichtlich, dass in Zukunft weitere Kostensenkungen möglich sind, und sprach sogar von bis hinab auf 2 Millionen Dollar pro Start.[9] Der CEO hat ein Talent für Schlagzeilen und weiß zudem, was US-Beamte hören wollen. Seine Prognose gab er am ersten Space Pitch Day der Air Force ab.

Gleichzeitig arbeitet SpaceX an einer neuen Satelliten-Konstellation, die sich nach Science-Fiction anhört und das Potenzial hat, globale Kommunikation neu zu definieren. Als eines von mehreren Unternehmen plant SpaceX ein riesiges System von Satelliten in einer niedrigen Erdumlaufbahn (LEO) für globales Breitbandinternet.

Wenn das Projekt Erfolg hat, könnten einige der am weitesten abgelegenen Gegenden der Welt Internetzugang bekommen.

Zu gewinnen gibt es dabei unter anderem riesige Mengen an Daten – einen Preis, um den westliche Unternehmen in Entwicklungsländern gegen dort schon etablierte chinesische Anbieter konkurrieren könnten. Fast alle der größten Technologieunternehmen, von Amazon über Facebook bis Google, zieht es in den Weltraum. „Wer die meisten Daten hat, gewinnt", sagte im Jahr 2017 Matoshi Son, CEO von Softbank und großer Investor bei OneWeb, einem weiteren Anbieter von Satelliten-Breitband.[10]

In den kommenden Jahren wird sich der Wettbewerb bei Satelliten-Internet auf drei Ebenen abspielen. So müssen Unternehmen um den begrenzten Platz auf erdnahen Umlaufbahnen rangeln. Der Kampf um das Spektrum, also die Frequenzbänder zur Kommunikation, ist noch intensiver. Und zuletzt kehrt die Konkurrenz auf die Erde zurück, wo sich Satelliten-Dienstanbieter nationale „Anlande"-Rechte sichern müssen.

China ist auf allen drei Ebenen anfällig, aber es wird nicht nachgeben. Der Weltraum spielt eine zentrale Rolle in seiner Militärstrategie und zunehmend auch bei seinen kommerziellen Ambitionen. Chinas oberster General Xu Qiliang formulierte es im Jahr 2009 so: „Das 21. Jahrhundert ist das Jahrhundert der Informatisierung sowie das Jahrhundert der Raumfahrt. Das Raumfahrt- und das Informationszeitalter haben gleichzeitig begonnen, und Information und Raumfahrt sind die neuen Kommandohöhen im internationalen strategischen Wettbewerb geworden."[11]

Der Ausdruck „Kommandohöhen" passt in politischer wie militärischer Hinsicht. Er geht zurück auf marxistisches Denken und wurde von Lenin benutzt, um für staatliche Kontrolle über Stahl- und Kohleproduktion, Eisenbahnen, Banken und andere kritische Sektoren zu argumentieren. Mit anderen Worten: Diese Aktivitäten sind zu wichtig, als dass der Staat sie der unsichtbaren Hand des Marktes überlassen könnte. Während die KP die chinesische Wirtschaft weiter in das 21. Jahrhundert steuert, hat sie also vor, den Raumfahrtsektor eng im Griff zu behalten.

Doch der Ausdruck ist auch als militärische Metapher passend. Die Evolution der Kriegsführung lässt sich als Streben nach immer höher gelegenen Punkten beschreiben. In der Antike lernten Generäle, ihre Truppen für strategische Vorteile auf Hügeln zu positionieren. Die Entwicklung von Flugzeugen brachte eine weitere Anhebung des Schlachtfelds. Xu erklärte es so: „Wenn man den Himmel kontrolliert, kontrolliert man den Boden, die Meere und den elektromagnetischen Bereich, übernimmt also die strategische Initiative."[12] Das US-Militär und Chinas Volksbefreiungsarmee sind sich einig: Der Weltraum ist die ultimative erhöhte Position.[13]

„EINE UNVERGESSLICHE DEMÜTIGUNG"

China ist ein Nachzügler im Weltraum, aber mit seinem Beidou-Satellitensystem hat es bewiesen, dass es schnell agieren kann, wenn die Sterne militärisch und geschäftlich gut stehen. Beidou wurde nach der chinesischen Bezeichnung für den Großen Wagen benannt und offiziell im Jahr 1994 in Angriff genommen. Über das folgende Vierteljahrhundert gingen chinesische Ingenieure die Herausforderung, eine Satelliten-Konstellation für globale Navigation aufzubauen, in drei Phasen an. Bei jedem dieser Schritte wurden sie bei ihrer Arbeit von Bedrohungen aus dem Ausland vorangetrieben.

Geschickt präsentierte China das Beidou-Programm als vollkommen harmlosen öffentlichen Service und Beispiel für seine Rückkehr an die vorderste Front der Innovation. Im Jahr 2019 war das Land sogar Sponsor für eine Ausstellung im Internationalen Zentrum Wien. Unter dem Titel „Vom Kompass zu BeiDou" war sie in den Monaten vor der jährlichen UN-Satellitenkonferenz zu sehen und stellte chinesische Beiträge zu Systemen für Navigation und Zeitmessung aus. „Wir wollen zeigen, welche wichtige Rolle Navigation für die Entwicklung der menschlichen Gesellschaft spielt und wie sie Wissen erweitert", sagte bei der Eröffnung der stellvertretende Leiter von Chinas Büro für Satelliten-Navigation.[14]

Doch das chinesische Beidou-System hat ebenso militärische Wurzeln wie sein US-Pendant GPS. Im Jahr 1970 startete China seinen ersten Satelliten, genannt Dong Fang Hong-1 oder „Der Osten ist Rot-1" nach der berühmten maoistischen Revolutionshymne. Er wog mehr als die ersten Satelliten, die von der Sowjetunion, den USA, Frankreich und Japan gestartet wurden – zusammen. Er verfügte nur über grundlegende Funktionalität und sollte Telemetrie-Daten sammeln und zurück zur Erde schicken.[15] Doch er brachte die nationalen Ambitionen Chinas auf ein neues Niveau und strahlte während seines 28 Tage kurzen Lebens sein namensgebendes Lied in einer Dauerschleife aus.[16]

Im März 1986 gewannen die chinesischen Investitionen in Weltraum- und andere strategische Technologien an Dynamik, denn damals schrieb einer der vier wichtigsten Wissenschaftler des Landes für strategische Waffen an Deng Xiaoping.[17] Technologische Entwicklung und das internationale Ringen um Macht seien untrennbar miteinander verbunden, betonte er in dem Brief. Wenn China sich weiter zurückhalte, werde es abgehängt.[18] Deng brauchte nur zwei Tage, um zu entscheiden. „In dieser Angelegenheit muss sofort gehandelt werden, sie ist nicht aufzuschieben", schrieb er auf eine Kopie des Berichts.

Zwei Ereignisse in den 1990er-Jahren zeigten die Macht der USA und Chinas Schwäche im Weltraum nur zu deutlich. Der erste Golfkrieg war eine spektakuläre Demonstration von GPS auf dem Schlachtfeld.[19] Chinesische Militärs sahen zu, wie die USA ihre Weltraum-Fähigkeiten für Zielerfassung, Informationssammlung und Kommunikation im Gefecht einsetzten.[20] „Das Geschehen dieses Krieges zeigt, dass elektronische Kriegsführung in modernen Verbundkampagnen bereits zum wichtigsten Mittel des Kampfes geworden ist", beobachtete später eine chinesische Militärzeitschrift. „Das offizielle Debüt des Weltraums [als] Kriegsschauplatz ist nur noch eine Frage der Zeit."[21]

Noch deutlicher wurde die chinesische Anfälligkeit während der Taiwan-Krise 1996. Diese Krise begann ein Jahr zuvor, als sich Taiwans Präsident Lee Teng-hui, unterstützt vom US-Kongress, chinesischem Druck widersetzte und eine Rede an der Cornell University hielt. Als Lees Wiederwahl nahte, gab China militärische Manöver im großen Stil bekannt und feuerte drei Raketen ins Ostchinesische Meer, nur knapp 20 Kilometer von einer taiwanesischen Militärbasis entfernt.

Die erste Rakete schlug an der vorgesehenen Stelle ein, aber die zweite und dritte gingen dem Militär verloren. Jahre später schrieb ein pensionierter chinesischer Oberst das der Deaktivierung der GPS-Abdeckung durch die USA zu. „Es war eine große Schande für die Volksbefreiungsarmee (...), eine unvergessliche Demütigung. So kam es, dass wir beschlossen, unser eigenes globales Navigations- und Positionierungssystem zu entwickeln", sagte er im Jahr 2009 der *South China Morning Post*. „Beidou ist ein Muss für uns. Das haben wir schmerzhaft gelernt."[22]

Um seine Satelliten-Kompetenzen zu verbessern, blickte China bereits auf die USA. Peking sicherte sich die Hilfe von US-Unternehmen, darunter Loral Space and Communications und Hughes Electronics Corporation, die helfen sollten, eine Reihe von Fehlern bei Startversuchen auszumerzen. Deren Empfehlungen führten zu einer höheren Zuverlässigkeit von Chinas Langer-Marsch-Raketen, geht aus einem Kongress-Bericht von 1999 hervor.[23] Die Unternehmen mussten später in den USA eine Strafe bezahlen, und der Kongress verschärfte die Restriktionen für Satelliten-Exporte nach China. Doch wichtige Teile des Satelliten-Puzzles hatte sich das Land bereits gesichert, darunter Verbesserungen an Konstruktion und Steuersystem.

Im Jahr 2000 startete China seinen ersten Beidou-Satelliten, also genau zu der Zeit, zu der militärische Amtsträger begannen, den Weltraum als entscheidend für Kriegsführung auf allen anderen Ebenen zu beschreiben.[24] Natürlich bestand das Land trotzdem darauf, dass das Beidou-Programm und alle seine anderen Weltraum-Aktivitäten friedlich seien. „China ist bereit, sich in Übereinstimmung mit den Grundsätzen von Gleichheit und gegenseitigem Vorteil aktiv an der Entwicklung und späteren Anwendung des Galileo-Systems zu beteiligen", erklärte das Außenministerium, als sich das Land dem im Jahr 2003 angekündigten EU-Projekt Galileo für ein globales Satelliten-Navigationssystem anschloss.[25]

Galileo bot für China eine Abkürzung, um sein Beidou-System zu verbessern.[26] In seinen Arrangements mit der EU, festgehalten in zwölf Verträgen, die bislang nicht veröffentlicht wurden, bekam China die Aufgabe, unter anderem Technologien im Bereich Signalinterferenzen, Satelliten-Positionierung und Bodenstationen zu produzieren und zu testen. Durch die Kooperation bekamen chinesische Wissenschaftler besseren Zugang zu ihren europäischen Kollegen, und China konnte Atomuhren kaufen und technisch analysieren, eine entscheidende Komponente für Navigationssysteme. Die chinesische Beteiligung in Höhe von 228 Millionen Dollar an dem Programm kam unterdessen einheimischen Unternehmen zugute, die auch die Rechte an der Hardware und dem geistigen Eigentum behielten.

Die erste Phase von Beidou wurde im Jahr 2007 mit dem erfolgreichen Start des vierten Satelliten abgeschlossen – die Mindestzahl, die man für ein funktionierendes System benötigt. Es deckte hauptsächlich chinesisches Territorium ab und die Performance war eher experimentell. Trotzdem hatte China einen großen Sprung gemacht. Das Land verfügte jetzt über die wichtigsten Elemente und zeigte, dass es sie korrekt zusammenfügen und das fertige Produkt in den Weltraum bringen konnte.

Von da an ging es rasant weiter bis zur globalen Abdeckung. Ende 2012 bestand das Beidou-System aus 16 Satelliten im Orbit und wurde für die kommerzielle Nutzung in China und den angrenzenden Staaten im asiatisch-pazifischen Raum geöffnet.[27] 2018 kamen weitere 18 Satelliten hinzu, die dem System weltweite Reichweite brachten – und China ein Jahr mit mehr erfolgreichen Missionen als jedem anderen Land, eine Premiere in seiner Raumfahrtgeschichte.[28] „Von nun an wird BDS immer bei Ihnen sein, egal wohin Sie gehen", verkündete ein Sprecher des Programms.[29]

Während China unter Hochdruck sein Beidou-System komplettierte, legte es seine Weltraum- und Cyberspace-Fähigkeiten mit Blick auf den Sieg in zukünftigen Kriegen zusammen. Ende 2015 richtete die Volksbefreiungsarmee die Strategische Kampfunterstützungstruppe mit der Aufgabe ein, Kompetenzen im Bereich Weltraum, Cyberspace und elektronischer Kriegsführung in militärische Operationen zu integrieren.[30] Eine einzelne Organisation war jetzt zuständig für das, was chinesische Militärplaner als „Informationsunterstützung" und „Informationsdominanz" bezeichnen, und sollte dafür sorgen, dass die Volksbefreiungsarmee während eines Konflikts handlungsfähig blieb und feindliche Systeme lahmlegen konnte.[31] Im Jahr darauf gab China in einem Whitepaper seine Absicht bekannt, bis 2021 eine „stabile und zuverlässige Weltraum-Infrastruktur" aufzubauen.[32]

In mancher Hinsicht kann das chinesische Beidou-System sogar mehr als GPS. In der Region Asien-Pazifik ist seine Genauigkeit höher, wenn auch global gesehen insgesamt niedriger.[33] Seine Satelliten nehmen weniger Orbitalebenen ein, was die Wartung erleichtert – eine Erkenntnis aus den früheren Systemen.[34] Außerdem können Nutzer kurze Textnachrichten darüber verschicken, und die breitere Abdeckung bedeutet bessere Verfügbarkeit. Nach einer Untersuchung von *Nikkei Asia* bietet Beidou in 165 Großstädten weltweit besseren Service als GPS.[35]

Die Volksbefreiungsarmee hat sogar Zugriff auf noch leistungsfähigere Beidou-Dienste mit einer Lokalisierungsgenauigkeit von 10 Zentimetern und zögert nicht, davon Gebrauch zu machen. Im August 2020 führte sie Raketensysteme mit Beidou-Funktionalität bei ihren Bodentruppen im Eastern Theater Command ein, das für die Taiwan-Straße zuständig ist.[36] Bei gemeinsamen Übungen von chinesischer Marine und Luftwaffe im Monat darauf könnten ebenfalls die Möglichkeiten von militärischer Technik mit Beidou-Unterstützung getestet worden sein.[37] Die Demütigung durch die Ereignisse ein Vierteljahrhundert zuvor ist nicht in Vergessenheit geraten.

ABHÄNGIGKEIT FÖRDERN

Wie in anderen Bereichen – Mobilfunknetze, vernetzte Geräte und Unterseekabel – hat sich China bei Satelliten-Diensten von einem Nachzügler zu einem führenden Anbieter entwickelt, vor allem in Entwicklungsländern. Davon kann es kommerziell, politisch und strategisch profitieren. Seine Partner dagegen riskieren, sich von Peking abhängig zu machen.

Chinas Partner haben Interesse an Zugang zu modernen Navigationsdiensten, und das macht Beidou zu einem wirkungsvollen Verhandlungswerkzeug. „In einem Kriegsumfeld kann der Unterschied bei der Genauigkeit entscheidend sein, was die Angabe von 10 Zentimetern für potenzielle Partner mit militärischen Ambitionen [in der Initiative Neue Seidenstraße] überaus interessant macht", erklärt Rob Miltersen, Analyst beim China Aerospace Studies Institute der U.S. Air Force.[38] Pakistan bekam als erstes Land Zugriff auf die militärischen Dienste von Beidou, und sowohl Saudi-Arabien als auch der Iran haben Kooperationsabkommen unterschrieben.[39] In Zukunft könnte Peking die Nutzung von Beidou auch als Bonus beim Verkauf von Waffen einsetzen.

Chinas Satelliten-Diplomatie ist umso bemerkenswerter, weil das Land keine militärischen Verbündeten im traditionellen Sinne hat. Anders als Washington mit seinem Netz von Beziehungen, die in Verträgen festgehalten sind, kultiviert Peking lieber Partnerschaften. Bei Staatsbesuchen bietet es beeindruckend klingende Bezeichnungen an, von der üblichen „Partnerschaft" bis zum größeren „umfassenden strategischen Partner" und vielen Variationen dazwischen. Bis Ende 2016 existierten 24 unterschiedliche Arten Partnerschaften Chinas mit 78 Ländern – fast jedem zweiten, mit dem es diplomatische Beziehungen pflegte.[40] Doch diese Arrangements sind weniger formal. Die Bereitschaft, die militärischen Services von Beidou zu teilen, könnte ein Signal für eine engere Beziehung sein.

Ironischerweise profitiert gelegentlich sogar das US-Militär von dem Beidou-System. „Meine Leute in den U-2s fliegen jetzt mit einer Uhr, die GPS nutzt, aber auch Beidou und das russische System und das europäische, damit sie immer noch die anderen haben, wenn jemand GPS stört", sagte General James Holmes, damals Chef des U.S. Air Combat Command, im Jahr 2020 über die Piloten des Aufklärungsflugzeugs U-2 für große Höhen.[41] Natürlich können die USA dabei nur die zivilen Versionen der chinesischen und russischen Positionierungssysteme nutzen. Die Uhren werden von Garmin hergestellt, einem US-Unternehmen, und können frei gekauft werden.

China will, dass mehr Menschen auf der Welt Beidou an ihren Handgelenken, in ihren Taschen und in ihren Autos haben. Hunderte Millionen Geräte enthalten Beidou-Funktionalität, von Telefonen bis zu landwirtschaftlicher Technik. Selbstverständlich ist die Nutzung in China am intensivsten: Dort sind mehr als 70 Prozent aller Mobiltelefone mit Beidou kompatibel. Außerdem gibt es 6,5 Millionen Fahrzeuge mit Beidou, das von staatlichen Medien stolz als „weltweit größtes dynamisches Monitoring-System für Fahrzeuge in Betrieb" bezeichnet wird. Der Gesamtumsatz des Sektors Satelliten-Navigation in China belief sich im Jahr 2019 auf 64 Milliarden Dollar.[42]

Wenn China Elektronik exportiert, dann ist zunehmend auch das Beidou-System dabei. Führende Mobiltelefon-Marken aus dem Land wie Huawei, Xiaomi, Oppo und Vivo bauen es standardmäßig ein. Im Jahr 2020 verkauften sie zusammen 42 Prozent aller Smartphones weltweit, mit einer Verbreitung in mindestens 90 Ländern und Territorien.[43] Auch DJI, Hersteller von mehr als 80 Prozent aller kommerziellen Drohnen weltweit, stattet seine Produkte mit Beidou-Funktionalität aus.[44] Uhren, Fitness-Bänder und andere Wearable-Geräte bieten ebenfalls zunehmend Satelliten-Positionierung, und auch bei solchen Produkten sind chinesische Unternehmen stark. Nach Prognosen soll der Markt für Satelliten-Navigationsgeräte bis 2029 auf 360 Milliarden Dollar wachsen; bis dahin werden fast 10 Milliarden installierte Empfänger weltweit erwartet.[45]

Bei ihrem Kampf um ein Stück von diesem Kuchen setzen auch ausländische Unternehmen auf Beidou. Samsung bietet seit 2013 Produkte mit Beidou-Funktionalität an, und Apple begann damit beim iPhone im Jahr 2020.[46] Mit Volkswagen und Toyota planen die zwei größten Autohersteller der Welt, Beidou-Funktionalität in ihre Fahrzeuge zu integrieren. Die Kosten dafür zusätzlich zu anderen Systemen sind minimal, und Beidou wird immer wichtiger, um in China und der Region insgesamt mithalten zu können. Die Region Asien-Pazifik, wo die Abdeckung des chinesischen Systems am besten ist, macht mehr als die Hälfte des globalen Marktes für Satelliten-Navigationsdienste aus.[47]

Der chinesische Autohersteller Geely geht noch einen Schritt weiter und will eine eigene Satelliten-Konstellation aufbauen, die Daten für autonome Fahrzeuge bereitstellt. Er hat in mehrere ausländische Automarken investiert, darunter in Volvo, Daimler und den malaysischen Hersteller Proton, weshalb seine Satelliten-Ambitionen, wenn sie Erfolg haben, weit über China hinaus reichen könnten. Geely hat zwei experimentelle Satelliten produziert und baut für 326 Millionen Dollar eine Fabrik, die ab 2025 pro Jahr 500 kleinere LEO-Satelliten ausspucken soll. „Mit unseren Füßen am Boden sollten wir immer das ganze Universum im Blick behalten", sagt Li Shufu, der Gründer und Chairman des Unternehmens.[48]

Viele Menschen sind sich gar nicht im Klaren darüber, dass ihre Geräte chinesische Navigationsdienste nutzen. Beidou funktioniert parallel zu anderen Systemen, weil China seinen Aufbau mit der Europäischen Union, Russland und den USA koordiniert hat.[49] Zugriff auf mehrere Navigationsdienste kann die Leistung verbessern, während Mangel an Koordination andere Systeme stören kann. Ein Stachel im Fleisch des chinesischen Programms ist dabei, dass der Name des US-Systems GPS oft allgemein für alle derartigen Dienste verwendet wird. Chinesische Offizielle haben vorgeschlagen, den Hinweis „GPS-Signal" auf Geräten durch das allgemeinere „Signal für Satelliten-Navigation" zu ersetzen.[50] Nachdem China endlich in den globalen Navigationsclub eintreten konnte, verlangt es Anerkennung.

Doch die Anerkennung, die Beidou bekommt, war möglicherweise nicht das, was das Land im Sinn hatte. Manche Kommentatoren warnten, das System könne genutzt werden, um Beidou-fähige Technik nachzuverfolgen. Allerdings können die meisten Geräte Beidou-Signale nur empfangen, nicht senden. Einige, vor allem solche mit Such- und Rettungsfunktionen, können tatsächlich Signale an Beidou übertragen. Doch diese Besonderheit wird dann offen herausgestellt und als Argument für höhere Preise genannt.

Dass China massenhaft Funktionen in Beidou-Geräten versteckt, ist unwahrscheinlich. Die meisten Empfänger für Satelliten-Navigation kosten weniger als 6 Dollar. [51] Die zusätzliche Fähigkeit, Signale zu übertragen, bedeutet deutlich höhere Kosten, und die müsste irgendjemand übernehmen. Außerdem verbraucht die Sendefunktion Energie, was die Leistung des Geräts beeinträchtigen würde. Um sie zu verbergen, bräuchte es darüber hinaus zusätzliche Hardware, die noch teurer ist. All das in Massen zu versuchen, würde fast garantiert dazu führen, dass irgendjemand die versteckte Funktionalität entdeckt.

Um Standortdaten zu bekommen, gibt es viel einfachere Methoden. Man kann sie zum Beispiel schlicht kaufen. Vielen Nutzern ist nicht klar, dass ihre Positionsdaten aufgezeichnet, in Pakete verpackt und verkauft werden.[52] Andere geben sie bewusst weiter, ohne die Risiken vollständig zu verstehen. Der Siegeszug von Wearable-Technik schafft weitere Einfallstore für Datensammlung und deren unerwünschte Konsequenzen. Im Jahr 2018 überarbeitete das US-Militär seine Technologierichtlinien, nachdem die Fitness-App Strava eine globale Karte der Aktivität ihrer Nutzer veröffentlicht hatte.[53] Nathan Ruser, ein damals 20 Jahre alter College-Student, hatte als Erster darauf hingewiesen, dass die Karte die Standorte geheimer US-Militärbasen verriet.[54]

Zugleich nutzt China das Beidou-Netz, um wissenschaftliche Partnerschaften zu festigen, politische Beziehungen zu vertiefen und Produkte zu vermarkten. Im Jahr 2018 richteten China und die Arabische Liga in Tunesien ein Zentrum zur Förderung der Nutzung von Beidou ein. „Das Zentrum könnte als Schaufenster für BDS ebenso dienen wie als Plattform für die Förderung von internationalem Austausch und Kooperation", sagte der Direktor von Chinas Büro für Satelliten-Navigation. Das Zentrum organisiert gemeinsame Forschung, Testaktivitäten und Seminare, in denen die Vorteile von Beidou und den darauf aufbauenden Produkten aus China herausgestellt werden.[55] China vergibt Stipendien für arabische Studenten im Bereich Navigationssysteme, was deren Chancen ebenso verbessert wie die von Beidou.

Das China-Arab States Beidou Cooperation Forum ist eine weitere Bühne für chinesische Unternehmen, um ihre Produkte zu verkaufen. Außer Vorträgen und Produktvorstellungen treten bei diesen Treffen

„Trainer" auf, die neueste Beidou-Anwendungen für Sicherheit, Transport und Landwirtschaft demonstrieren.[56] Im Jahr 2019 veröffentlichte das Forum die Ergebnisse eines technischen Tests des Beidou-Systems mithilfe von Bodenstationen, die von chinesischen Unternehmen stammten.[57] Wenig überraschend wurde es zu einem durchschlagenden Erfolg erklärt.

Die Bodeninfrastruktur des Beidou-Systems bekommt weniger Aufmerksamkeit als seine Satelliten, wurde aber in aller Stille auf jeden Kontinent sowie die Arktis erweitert. China hat 30 Referenz-Stationen weltweit aufgebaut, um die Genauigkeit des Systems zu verbessern. Technisch wäre es möglich, diese Infrastruktur am Boden auch für bösartige Zwecke zu nutzen, zum Beispiel für das Stören feindlicher Signale.[58] Die USA haben keine Beidou-Stationen auf ihrem Territorium erlaubt, ebenso wenig wie russische GLONASS-Stationen.[59] Aber nicht alle ihre Verbündeten waren so vorsichtig. In Australien stehen zwei Stationen und in Kanada und Großbritannien jeweils eine.[60]

Der terrestrische Fußabdruck von Beidou deckt sich noch stärker mit der chinesischen Initiative Neue Seidenstraße. Brasilien, Pakistan, Nigeria, Russland und Sri Lanka sind sämtlich daran beteiligt und beherbergen zugleich globale Referenz-Stationen. China hat erkennen lassen, dass ein viel größeres Netz von kleineren Bodenstationen im Ausland geplant ist, darunter potenziell tausend in Südostasien, und hat in Thailand intensiv dafür vorgefühlt.[61] Vertreter der Regierung haben sogar einen „Seidenstraßen-Weltraum-Informationskorridor" vorgeschlagen, der Satelliten für Fernerkundung, Navigation und Kommunikation umfassen soll. Das ambitionierte und amorphe Ziel soll sich nach ihrer Einschätzung innerhalb von einem Jahrzehnt erreichen lassen.[62]

Diese Aspekte mit in die Seidenstraßen-Initiative aufzunehmen, hat eine zwingende Logik. Chinesische Unternehmen sind im Ausland beim Bau von Kommunikationsnetzen, Pipelines und Stromleitungen aktiv, und all diese Systeme benötigen eine präzise Zeitmessung. „Das bedeutet, dass Beidou eine Rolle spielen wird, nicht nur für Erfassung und Planung wichtiger Baustellen, sondern auch für den grundlegenden Betrieb großer Teile der Infrastruktur, wenn sie fertiggestellt ist", erklärt Dean Cheng, ein Experte für Chinas Militär- und Weltraum-Aktivitäten.[63] Ähnlich könnten Länder versucht sein, mehr bei chinesischen Unternehmen einzukaufen, wenn sie einmal ein schlüsselfertiges System von ihnen haben. Wer zum Beispiel ein 5G-Netz von Huawei installieren lässt, könnte es vorteilhaft finden, auch ein chinesisches Satelliten-System zu nehmen, weil sich beides leichter integrieren lässt.

Die Erfahrungen der USA mit GPS sprechen dafür, dass China von einer breiten Nutzung von Beidou enorm profitieren könnte. Seit das US-System in den 1980er-Jahren für kommerzielle Zwecke freigegeben wurde, hat es dem Privatsektor laut einer staatlich finanzierten Studie ökonomische Vorteile in Höhe von 1,4 Billionen Dollar verschafft.[64] Die Technologie ist so sehr in das tägliche Leben integriert, dass die US-Wirtschaft laut derselben Studie 1 Milliarde Dollar pro Tag verlieren würde, wenn der Zugang zu GPS wegfiele. Während der Saatsaison für US-Farmer würde die Belastung sogar auf 1,5 Milliarden Dollar pro Tag steigen. All das unterstreicht, wie sehr moderne Volkswirtschaften auf Satelliten-Navigationssysteme angewiesen sind.

Parallel zur Einführung des chinesischen Beidou-Systems wird der Einsatz noch höher. Neue Technologien entstehen, die ohne exakte Zeitmessung und Positionierung nicht funktionieren. Beidou könnte irgendwann intelligente Städte, autonome Fahrzeuge und moderne Kommunikationsnetze rund um die Welt versorgen. Davon würde China kommerziell profitieren, so wie US-Unternehmen von GPS profitiert haben. Doch wenn mehr kritische Infrastruktur auf Beidou angewiesen ist, könnte es für China zum Druckmittel gegenüber seinen Partnern werden. Das Land könnte damit drohen, den Zugang abzuschneiden, oder das zu Beginn eines Konflikts ohne Vorwarnung tun – und so die Rollen umkehren, die es in der Taiwan-Krise 1996 erlebte. Unabhängig von GPS zu werden, war nur der erste Schritt. Peking will auch, dass die Welt abhängig von Beidou wird.

„MUTIGER UND STRATEGISCHER SCHRITT"

Zugleich schafft China sich eine Nische als bevorzugter Anbieter für Entwicklungsländer, die ihre eigenen Kommunikationssatelliten wollen.[65] Für ungefähr 250 Millionen Dollar, von denen nur ein Bruchteil vorab zu bezahlen ist, können sie sie bekommen. China bietet über seine Export-Import Bank und die China Development Bank großzügige Finanzierungen an, die oft 85 Prozent der Kosten abdecken. Bis eine Satelliten-Finanzierung fließt, vergeht nach dem ersten Vertrag üblicherweise ein halbes Jahr oder mehr, China aber zahlt sofort nach der Unterzeichnung. Zusammen mit dem Satelliten bietet es auch Bodenstationen, Tests, Schulungen, Starts und Unterstützung beim Betrieb an.

Chinas Einsteiger-Set für Länder mit Weltraumambitionen hat große Anziehungskraft – und weithin ignorierte Risiken. Es gibt jedem Regierungschef Gelegenheit, die Rolle von John F. Kennedy zu spielen: Er kann die Fantasie der Bevölkerung anregen, wenn seine Nation nach den Sternen greift – und China erledigt die ganze schwierige Arbeit dahinter. Nationalstolz wird sogar an den Namen der Satelliten erkennbar. Venezuela nannte seinen in China hergestellten Satelliten „Simón Bolívar". Bolivien entschied sich für „Tupac Katari", benannt nach einem indigenen Anführer aus dem 18. Jahrhundert. Anfang 2021 hatten mindestens neun Staaten Kommunikationssatelliten aus China gekauft oder waren dabei. Damit folgt das Land Unternehmen aus den USA und Europa auf dem Fuß, die seit Jahrzehnten Satelliten verkaufen.[66]

Das populärste chinesische Modell ist DFH-4, ein riesiger Satellit, der so viel wiegt wie ein Elefant und dessen Solarmodule sich auf mehr als 30 Meter ausbreiten.[67] Er ist geostationär, bewegt sich auf seiner Umlaufbahn also so schnell, wie die Erde sich dreht, sodass er immer über derselben Stelle zu schweben scheint. Um Export-Restriktionen zu umgehen, wird er ohne US-Komponenten produziert.

Alle Satelliten-Verkäufe Chinas im Ausland laufen über die China Great Wall Industry Corporation, die von US-Behörden als „Serien-Weiterverbreiter" von militärischer Technologie bezeichnet wurde.[68]

Das im Jahr 1980 gegründete Unternehmen ist eine Tochtergesellschaft des staatlichen Rüstungs- und Industriekonglomerats China Aerospace Science and Technology Corporation (CASC) und wurde in den 1990er-Jahren wegen Exporten nach Pakistan und in den 2000er-Jahren in den Iran sanktioniert.[69] China Great Wall verkauft nicht nur Satelliten und Satelliten-Kapazität, sondern auch Raketen-Services für Kunden, die bereits die Technik haben, aber noch keine Transport-Vehikel. Im Zuge seines Wachstums hat das Unternehmen selbst mehrere Töchter gegründet, unter anderem für Hotels und Immobilien. Dabei baut Great Wall nicht selbst, sondern agiert als eine Art Handelsunternehmen, das von CASC Mietzahlungen verlangt und so die Ineffizienz der staatlich kontrollierten Wirtschaft Chinas erhöht.

Viele seiner Kunden haben inzwischen Probleme. Schließlich machen die Kosten des Satelliten nur einen Teil eines ganzen Unternehmens aus, das auch Entwicklung, Marketing und Kundenservice sowie eine terrestrische Infrastruktur an abgelegenen Orten finanzieren muss. Nach dem Eintritt in den Elite-Club der Satelliten-Betreiber müssen die neuen Mitglieder gegen etablierte Anbieter mit mehr Ressourcen und Erfahrung antreten. Zudem ist die Nachfrage nach Bandbreite nicht unbegrenzt hoch. In Asien – und zunehmend auf der ganzen Welt – kommt in einer Flut neuer Anbieter mehr Kapazität hinzu, als nachgefragt wird, zumal Satelliten mit hohem Durchsatz das Angebot noch weiter erhöhen werden.[70]

Die Ergebnisse sind oft enttäuschend. Blaine Curcio, ein Experte für chinesische Raumfahrtunternehmen und Gründer von Orbital Gateway Consulting, erklärt es so: „Ein Land mag Stolz verspüren, wenn es sieht, wie eine Rakete mit seiner Flagge in den Weltraum startet, aber der Stolz ist kurzlebig, denn viele Satelliten kosteten letztlich mehr, als sie an Vorteilen brachten."[71]

Nigeria wurde im Jahr 2004 Chinas erster ausländischer Satelliten-Kunde. Der Satellit, zugleich der erste Afrikas, war für beide Seiten prestigeträchtig. „Dieser mutige und strategische Schritt in der Entwicklung einer Schlüsselinfrastruktur für Information und Telekommunikation wird für immer das Schicksal nicht nur Nigerias, sondern von ganz Afrika verändern", sagte Robert Boroffice voraus, Leiter der nigerianischen Weltraumagentur.[72]

Seine Mission war ambitioniert. „Das Hauptziel des Projekts NigComSat-1 ist, eine wichtige und innovative Kooperation für den Aufbau von Kompetenzen und die Entwicklung von Satelliten-Technologie für eine Quantentransformation der Telekommunikations-, Rundfunk- und Breitbandindustrie in Afrika zu realisieren, und gleichzeitig Unternehmen in ländlichen und abgelegenen Regionen durch Zugriff auf strategische Informationen neue Chancen und anspruchsvolle Plattformen zu bieten", erklärte Boroffice.[73]

All diese Absichten waren nobel, doch sie standen im Widerspruch zueinander. Wenn das hauptsächliche Ziel des Projekts darin bestand, die einheimischen technischen Fähigkeiten Nigerias weiterzuentwickeln, dann hätte seine geschäftliche Performance von untergeordneter Bedeutung sein müssen. Wenn das Hauptziel die Transformation der Wirtschaft war, hätten Geschäftserfolg und Profitabilität im Vordergrund stehen müssen. Wenn es um besseren Zugang für abgelegene Regionen ging, wären technischer Fortschritt und Gewinne weniger wichtig gewesen als Bezahlbarkeit. Indem Nigeria all diese Ziele einem einzigen Satelliten aufbürdete, bereitete es eine Enttäuschung für sich selbst vor.

Probleme wurden schon deutlich vor dem Start erkennbar. Als Nigeria im Jahr 2004 eine Ausschreibung startete, zeigten 21 Unternehmen Interesse, doch das Teilnehmerfeld wurde schnell dünner. Israelische und russische Unternehmen sollen als nicht dafür qualifiziert eingestuft worden sein, die Anforderungen des Projekts zu erfüllen, und US- und europäische Unternehmen verärgerten nigerianische Offizielle, indem sie ihre Spezifikationen infrage stellten. „Ein hochrangiger Vertreter des Unternehmens kam zu uns und erklärte uns arrogant, was wir bräuchten, und warum wir nicht das bräuchten, was [in unserer Ausschreibung] stand", berichtete Boroffice in *SpaceNews*. „Ich sagte ihm, dass ich von ihm zwei Fragen erwartete, die er nicht stellte, und dann stellte ich sie selbst: Sehen Sie hier Menschen auf Bäumen leben? Sehen Sie Löwen oder Hyänen herumlaufen? Dieses Unternehmen nahm uns nicht ernst."[74]

China Great Wall war letztlich das einzige, das bis zum vorgesehenen Termin ein Angebot einreichte. Nachdem es massiv in DFH-4 investiert hatte, der noch nie gestartet war, wollte es den Satelliten dringend vorführen und damit in ausländische Märkte vordringen.

Mit nur einer noch nicht bewährten Option in der Hand machte Nigeria weiter. Ende 2004 unterzeichnete es einen Vertrag über 311 Millionen Dollar, der den Satelliten und seinen Start sowie Schulung, Versicherung und Optionen für einen zweiten Satelliten umfasste.[75] Nigeria musste allerdings nur ungefähr ein Drittel dieser Kosten selbst tragen. Im Jahr 2006 bekam es, nur Tage, bevor es als erstes afrikanisches Land eine „strategische Partnerschaft" mit China vereinbarte, für das Projekt einen Kredit über 200 Millionen Dollar von der Export-Import Bank of China.[76]

Während Nigeria auf die Lieferung wartete, startete China seinen ersten DFH-4-Satelliten ins All. Gekauft hatte ihn Sinosat, eine weitere CASC-Tochter, um Dienste für Digital- und Live-Fernsehen anzubieten. In dieser Jungfernmission sollte DFH-4 einem internationalen Publikum demonstriert werden. Der Satellit schaffte es in den Orbit, aber seine Solarmodule und Antennen aktivierten sich nicht. Er war bei der Ankunft bereits tot.

Dem nigerianischen Satelliten erging es nur wenig besser. Im Mai 2007 wurde er von Xichang aus gestartet, und beide Seiten erklärten die Operation zum Erfolg. Präsident Olusegun Obasanjo lobte den Start als „das beste Geschenk", das er und die Bevölkerung Nigerias hätten bekommen können.[77] „Dieser Satellit verkörpert die konsistente Mission meines Landes für eine friedliche Nutzung des Weltraums zum Vorteil der Menschheit", erklärte ein chinesischer Politiker.[78] Ein Jahr später kam es allerdings zu einer Fehlfunktion der Solarmodule, und der Satellit verlor an Leistung. Er war für 15 Jahre ausgelegt, arbeitete letztlich aber nur 18 Monate.

Statt das Projekt aufzugeben, wurde der Einsatz verdoppelt. Eine chinesische Versicherung übernahm den Verlust, und Nigeria schloss einen neuen Vertrag mit China Great Wall über einen Ersatz-Satelliten ab, der im Jahr 2011 gestartet wurde. Die Mission gelang, aber der nigerianische Betreiber NIGCOMSAT ist nach wie vor unprofitabel und überbesetzt mit Personal der mittleren Ebene.[79] Laut Branchenexperten hat sich China Great Wall eingeschaltet und versucht, NIGCOMSAT beim Verkauf von Satelliten-Kapazität zu helfen, um das Geld für seinen ersten Satelliten wiederzubekommen und zu rechtfertigen, einen zweiten verkauft zu haben.[80]

Allmählich entsteht politische Unterstützung für einen Kurswechsel. Im Juni 2020 ordnete das nigerianische Parlament eine Überprüfung des Unternehmens an. „Es gibt für diese riesigen Investitionen wenig oder nichts vorzuweisen", erklärte Ndudi Elemelu, der Minderheitsführer. Er verwies auf Unregelmäßigkeiten bei der Beschaffung, unautorisierte Ausgaben und angebliche Bestechung. Zwei Monate später begann ein Ausschuss des Parlaments eine Untersuchung über die Finanzierung für den Start des Ersatz-Satelliten, darunter 500 Millionen Dollar an chinesischen Krediten.[81]

Nigerias ungewisser Weg hin zur Privatisierung könnte das Land sogar noch näher an China heranführen. Im Jahr 2018 gaben China Great Wall und Nigeria eine Vereinbarung über 550 Millionen Dollar für zwei Satelliten bekannt.[82] Nach dem ursprünglichen Vertrag sollte Nigeria 15 Prozent der Kosten übernehmen und China den Rest der Finanzierung bereitstellen. Doch als dieses Arrangement nicht funktionierte, bot China Great Wall an, den Satelliten gegen eine Beteiligung an NIGCOMSAT zu liefern, sagte Adebayo Shittu, damals Nigerias Kommunikationsminister.

Die Einigung bleibt mysteriös. Sie muss noch finalisiert werden, und seit Shittu im Jahr 2019 aus dem Amt schied, wurde die Option einer Beteiligung kaum noch erwähnt. Möglicherweise gab es dieses Angebot nie wirklich und es wurde nur aus innenpolitischen Gründen verkündet. Doch selbst diese Möglichkeit ist interessant. Sie würde bedeuten, dass die herrschende Elite Nigerias der Meinung war, die Begeisterung der Bevölkerung über einen zweiten Satelliten für das Land würde die Bedenken hinsichtlich chinesischen Besitzes an einem Unternehmen überwiegen, das offensichtlich eng mit nationaler Sicherheit verbunden ist. Dieses politische Kalkül wäre ein weiteres Anzeichen dafür, dass Angst allein Chinas digitale Seidenstraße in Schwellenländern nicht aufhalten kann.

China positioniert sich als Zentrum eines entstehenden Satellitennetzes und könnte geschäftlich wie politisch davon profitieren, als Vermittler zwischen seinen Partnern aufzutreten. Nachdem es einen DFH-4-Satelliten von China gekauft hatte, suchte Belarus einen Partner für sein Monitoring.[83] China Great Wall kümmerte sich um den Bieterprozess, den Nigeria gewann, und lud Vertreter des Landes zum Start des belarussischen Satelliten im Jahr 2016 ein. Außerdem behielt China einen Anteil daran: China Satcom gehören mehrere seiner Transponder, die Afrika, den Nahen Osten und Südeuropa abdecken.[84] Im Jahr darauf bauten Nigeria und Belarus ihre Kooperation mit einer Vereinbarung aus, sich gegenseitig Reserve-Satelliten zur Verfügung zu stellen. Vertreter von China Great Wall waren bei der Unterzeichnungszeremonie dabei.[85]

Chinas Beteiligungen an ausländischen Satelliten-Betreibern sind bislang zwar begrenzt, haben aber ebenfalls eine strategische Dimension. Laos, ein Land mit 7,5 Millionen Einwohnern und einem jährlichen Durchschnittseinkommen von 2.570 Dollar, müsste eigentlich dringendere Bedürfnisse haben als den Kauf eines eigenen Satelliten. Doch im Jahr 2015 bekam es von China seinen ersten und einzigen Kommunikationssatelliten geliefert. „Der Start des Satelliten durch China ist ein besonderes Geschenk an Laos zur Feier des 40. Geburtstags [unseres Landes]", sagte Hiem Phommachanh, der Minister für Post und Telekommunikation.[86] Der chinesische Präsident Xi Jinping sprach von einer „bedeutenden Manifestation der umfassenden strategischen kooperativen Partnerschaft zwischen China und Laos unter neuen Umständen".

Doch diese Umstände sind weniger eine Partnerschaft als eine Partie Monopoly, bei der Laos verliert. Nachdem sich das Land für andere Infrastrukturprojekte viel Geld geliehen hat, sind seine Schulden gefährlich hoch, und China ist bei Weitem sein größter Kreditgeber. Der Kommunikationssatellit für 259 Millionen Dollar kam zu diesen Schulden noch hinzu. Im Prinzip war China Verkäufer und Käufer gleichzeitig, indem es sich zum größten Anteilseigner des Satelliten machte. Dadurch sanken die von Laos zu tragenden Kosten erheblich, aber der Preis dafür war die Kontrolle über den eigenen Satelliten.

Durch das Geschäft mit Laos bekam China Zugriff auf eine seltene Ressource: einen Parkplatz für einen weiteren geostationären Satelliten. Die UN-Organisation International Telecommunication Union (ITU) vergibt diese als Orbital Slots bezeichneten Plätze nach dem Prinzip „wer zuerst kommt, mahlt zuerst", also ist der Wettbewerb darum intensiv. Länder tricksen dieses System aus, indem sie mehr Bedarf anmelden, als sie haben. Als Folge davon ist nicht jeder Platz im Orbit von einem Satelliten besetzt, aber für alle gibt es schon einen sogenannten Papier-Satelliten.[87] Mit und durch Laos bekam China einen weiteren Slot.[88]

Nigeria und Laos sind nicht die einzigen Länder, die ein Geschäft mit China Great Wall anschließend möglicherweise bereuten. Der erste und einzige Kommunikationssatellit Venezuelas stellte im März 2020 seinen Dienst ein, vier Jahre früher als geplant.[89] Im Monat darauf erreichte ein indonesischer Satellit nicht seinen Orbit, weil die Rakete vom Typ Langer Marsch 3B, die ihn transportierte, explodierte. Der Satellit war versichert, aber seine Zerstörung peinlich. Trotz dieser Enttäuschungen blieb China von öffentlicher Kritik seiner Partner bislang weitestgehend verschont, möglicherweise weil sie andere wirtschaftliche Chancen nicht aufs Spiel setzen wollen.

Chinas Vorliebe für undurchsichtige Geschäfte erhöht die gesellschaftlichen Kosten seiner Satelliten. Im Jahr 2012 startete das Land den ersten Satelliten Sri Lankas inmitten ungeklärter Fragen darüber, wem er eigentlich gehört. Ein Unternehmen aus Sri Lanka namens SupremeSAT hatte einen Teil davon gemietet, sprach aber von einer Eigenkapital-Investition und wollte den ganzen Satelliten „SupremeSAT-1" nennen, was nach seinem Eigentum geklungen hätte. Als die Genehmigung staatlicher Gelder dafür ausblieb, lenkte das Unternehmen möglicherweise Mittel um, die für den Energiesektor des Landes vorgesehen waren, unterstützt von Rohitha Rajapaksa, dem Sohn des damaligen Präsidenten Mahinda Rajapaksa.[90] Mit chinesischer Finanzierung und technischer Unterstützung durch China Great Wall baute Sri Lanka außerdem ein Satelliten-Kontrollzentrum und richtete eine Weltraumakademie ein – Vorzeigeprojekte, die mindestens 20 Millionen Dollar kosteten.

Trotzdem bleibt der politische Reiz von Chinas Satelliten-Angeboten stark. Das gilt umso mehr, als das Land bereit ist, an jeden zu verkaufen und Details geheim zu halten. Kambodscha, die Demokratische Republik Kongo und Nicaragua haben sämtlich Verträge unterschrieben, und Afghanistan hat Interesse zum Ausdruck gebracht.[91] All diese Länder haben mit erheblichen Finanzproblemen zu kämpfen, weshalb die Zeitpläne für ihre Satelliten-Projekte wiederholt verschoben wurden, und manche von ihnen werden die Sterne in absehbarer Zeit nicht erreichen. Unterdessen planen Chinas bestehende Kunden Nigeria, Pakistan und Brasilien den Kauf weiterer Satelliten.[92] Selbst bei Programmen, die Verluste machen, ist es politisch bequemer, sie zu vergrößern statt zu beenden.

Weil geostationäre Kommunikationssatelliten moderner und bezahlbarer werden, könnte Chinas Einsteiger-Set noch weitere Käufer finden.[93] Satelliten mit hohem Durchsatz, die mit mehreren Strahlen arbeiten und Spektren mehrfach verwenden, versprechen drastisch niedrigere Kosten für Datentransfers.[94] Ende 2017 startete China für Algerien mit Erfolg seinen ersten internationalen Satelliten mit dieser Technologie für kommerzielle Nutzung.[95] In Zukunft könnten solche Fortschritte Ländern zu ungefähr den gleichen Kosten deutlich mehr Bandbreite verschaffen als ältere geostationäre Satelliten. Zugleich könnte neue Konkurrenz für sie durch Technologie auf niedrigeren Umlaufbahnen entstehen.

„DAS INTERNET IM ALL NEU AUFBAUEN“

Die nächste Generation von Kommunikationssatelliten wird noch näher an der Erde kreisen und könnte den Wettbewerb um globale Konnektivität grundlegend verändern. Anfang 2021 waren rund 1800 Kommunikationssatelliten in Betrieb und beförderten zusammen ungefähr 1 Prozent aller internationalen Daten. Doch im Weltraum wird es deutlich voller werden, denn einige der größten Namen der Technologiebranche rangeln darum, Satelliten-Internet auf den Massenmarkt zu bringen.

Im nächsten Jahrzehnt könnten Zehntausende Kommunikationssatelliten gestartet werden, die allermeisten davon in einen niedrigen Erdorbit (LEO) zwischen 500 Kilometern und 2000 Kilometern Höhe. Die Unternehmen hinter diesen Projekten wollen weltweit schnelles Internet mit niedriger Latenz anbieten. Die Sieger in diesem Wettkampf könnten mit der Vernetzung von Nutzern und dem Transport beispielloser Datenmengen ein Vermögen verdienen.

Die größte Konstellation von allen wird von Elon Musks Unternehmen SpaceX aufgebaut. Sie heißt Starlink und besteht aus Satelliten, die jeweils 250 Kilogramm wiegen und so groß sind wie ein Schreibtisch. Die erste Welle wurde im Jahr 2019 gestartet; Mitte 2027 will SpaceX fast 12.000 Satelliten in Betrieb haben und hat für später den Start von 30.000 weiteren beantragt. „Langfristig wäre das, wie das Internet im Weltraum neu aufzubauen", erklärt Musk.[96]

Solche Megakonstellationen könnten ein neues Kapitel der globalen Konnektivität beginnen lassen.[97] Zuerst dürfte sich ihre Wirkung in ländlichen Märkten von Industrienationen bemerkbar machen, später könnten sie auch besseren Breitbandzugang in Entwicklungs- und Schwellenländern ermöglichen. Die Unternehmen, die diese Projekte vorantreiben, kommen fast sämtlich aus den USA oder Europa. Sie sind mit erheblichen technischen und geschäftlichen Hindernissen konfrontiert, doch wenn sie Erfolg haben, könnten sie einige von Chinas aussichtsreichsten Wachstumsmärkten erobern.

Niedriger bedeutet schneller. Bei LEO-Satelliten müssen die Signale kürzere Entfernungen zurücklegen und werden weniger gestört als bei ihren höher kreisenden Verwandten, also wird die Kommunikation beschleunigt. Doch LEO-Satelliten bewegen sich auch schneller, als die Erde sich dreht. Als Folge braucht es mehrere davon, um ein bestimmtes Gebiet abgedeckt zu halten. Eine LEO-Konstellation ist wie eine Staffel. Jeder Satellit übernimmt für etwa fünf Minuten die Abdeckung und gibt dann an den nächsten weiter, der in die richtige Position kommt.[98]

Mit Laser-Verbindungen zwischeneinander können LEO-Satelliten sogar bessere Leistung bieten als terrestrische Netze.[99] Im Vakuum des Weltraums bewegen sich Daten schneller als durch Glasfaserkabel auf der Erde. Intersatelliten-Verbindungen machen Konstellationen im Prinzip zu Mesh-Netzen, die potenziell robuster und weniger abhängig von terrestrischen Systemen sind und gleichzeitig in der Lage, Internet bis in die abgelegensten Regionen der Welt zu bringen.[100]

Staaten mit der Kontrolle über LEO-Konstellationen könnten mehrere strategische Vorteile haben. LEO-Satelliten lassen sich billiger ersetzen, und wenn einer oder sogar mehrere ausfallen, bleibt der Rest des Netzes erhalten. Signale auf niedrigeren Höhen lassen sich schwieriger stören, also könnten LEO-Satelliten als Reserve für geostationäre Navigationssatelliten dienen. Zukünftige LEO-Systeme könnten eine exaktere Positionierung sowie Frühwarnfunktionen ermöglichen und so selbst Hyperschallwaffen entdecken, die von älteren geostationären Systemen möglicherweise übersehen werden.

Das US-Militär experimentiert bereits mit LEO-Satelliten.[101] Unter anderem arbeitet das Pentagon mit Starlink zusammen, um ein sicheres und widerstandsfähiges System für globale Kommunikation und Steuerung zu entwickeln, das Technik an Land, auf dem Meer, in der Luft und im Weltraum verbindet.[102] Die U.S. Air Force hat Starlink-Verbindungen bereits mit Kampf- und Tankflugzeugen getestet. „Was ich von Starlink gesehen habe, war beeindruckend und positiv", sagte William Roper, oberster Einkäufer der Air Force, nach einer Übung mit scharfer Munition und der Satelliten-Unterstützung im Jahr 2020.[103]

Für Verbraucher sind die wichtigsten Verkaufsargumente Verfügbarkeit und Geschwindigkeit. Bei größeren Entfernungen können LEO-Satelliten die Zahl der „Sprünge" zwischen Systemen verringern. Musk nennt gern das Beispiel von Daten, die von Seattle, wo SpaceX sein zweites Büro eingerichtet hat, in seine Heimat Südafrika reisen. Ohne Satelliten würden diese Daten durch Unterseekabel geleitet und dann an der Küste mehrerer Kontinente entlang und könnten dabei 20 Router und Repeater passieren. Mit Starlink ließe sich diese Kette auf drei oder vier Stationen verkürzen, sagt Musk.[104]

Musks Beispiel ist geschickt gewählt, weil die Entfernung zwischen Seattle und Südafrika riesig ist – sie liegen mehr als 16.000 Kilometer auseinander. Bei kürzeren Distanzen wie den ungefähr

6.000 Kilometern zwischen Los Angeles in den USA und Rio de Janeiro in Brasilien hat Starlink weniger Vorteile. Irgendwo wird es eine Grenze geben, bei etwa 3.000 Kilometern, ab der Starlink und andere LEO-Konstellationen langsamer sind als terrestrische Netze.[105]

LEO-Konstellationen könnten dazu beitragen, die digitale Spaltung zu schließen, und viele Betreiber behaupten, sie würden einem größeren gesellschaftlichen Ziel dienen. „Sollte nicht jeder Zugang zu den Informationen der Welt haben?“, fragt OneWeb, das seine eigene LEO-Konstellation aufbaut. „Als globaler Bürger ist unsere Mission, die Konnektivitätslücke zu schließen, und das bedeutet auch, nicht diejenigen zu übersehen, die in den abgelegensten und ländlichsten Gegenden der Welt leben“, sagt ein hochrangiger Vertreter von Intelsat, einem weiteren Anbieter.[106]

Amazon und Facebook haben bislang kaum Details zu ihren LEO-Plänen veröffentlicht, deuten aber breite gesellschaftliche Vorteile an. Der Amazon-Gründer Jeff Bezos kündigte eine Investition von 10 Milliarden Dollar in Project Kuiper an, das nach Eingaben bei der US-Behörde FCC aus 3.200 Satelliten bestehen könnte. Laut Amazon macht das Projekt „erhebliche Fortschritte auf dem Weg zu unserem Ziel, zig Millionen Menschen zu dienen, denen es an grundlegendem Zugang zu Breitbandinternet mangelt“, und es wird geführt von „einem vielfältigen Weltklasse-Team aus Experten mit Leidenschaft für das Überbrücken der digitalen Spaltung“.[107]

Facebook verrät noch weniger. Sein Satelliten-Projekt unter dem Code-Namen Athena wird von einer Tochtergesellschaft namens PointView LLC betrieben, wie eine *Wired*-Recherche ergab. Laut seiner FCC-Anmeldung ist Ziel des Unternehmens, „auf effiziente Weise Breitbandzugang für nicht und schlecht versorgte Gebiete weltweit anzubieten“.[108] Athena experimentiert mit dem E-Band und will noch höhere Geschwindigkeiten von 10 Gbps im Download und 30 Gbps im Upload bieten.[109] Außerdem hat Facebook mit riesigen solarbetriebenen Drohnen experimentiert, fand ihre Herstellung aber letztlich zu teuer.[110]

Ein Jahrzehnt lang zog es Google mit Project Loon in die Höhe. „Wir hatten die Idee, dass ein paar Ballons, die frei im Wind treiben, gut genug gesteuert werden könnten, um wie schwebende Mobilfunkstationen am Himmel zu funktionieren", erinnert sich Astro Teller, Chef von Google X, das oft als die „Moonshot-Fabrik" des Unternehmens bezeichnet wird.[111] Google-Ballons flogen in der Stratosphäre in Höhen zwischen 15 und 21 Kilometern, mit solarbetriebenen Pumpen wurde automatisch Luft nachgefüllt oder abgelassen. Jeder von ihnen kostete mehrere Zehntausend Dollar und bot Bandbreiten vergleichbar mit denen von 4G/LTE-Netzen.[112]

Die Technologie wurde im Lauf der Jahre verbessert, und die Google-Ballons sammelten mehr als 1 Million Flugstunden, in denen sie 100-mal die Entfernung bis zum Mond zurücklegten.[113] Mit den Atmosphären-Daten, die sie sammelten, konnte Google ihre Reiserouten optimieren, sodass weniger Ballons ein größeres Territorium für längere Zeit abdecken und schneller ihre Zielorte erreichen konnten. Im Jahr 2017 stellte Project Loon nach dem Hurrikan Maria Kommunikationsdienste in Puerto Rico bereit und zeigte so seinen Wert für humanitäre Hilfseinsätze.

Die größten Herausforderungen für das Projekt waren weniger technischer als politischer und kommerzieller Natur. Manche Länder hatten die Sorge, die Ballons könnten zu einem schwebenden Überwachungsnetz für die US-Regierung werden. Andere wollten lokale Unternehmen vor der ausländischen Konkurrenz schützen. Indien verbot Project Loon mit der Behauptung, es würde Mobilfunkdienste stören. Im Jahr 2020 setzte Kenia das System als erstes Land außerhalb einer Notfallsituation ein.[114] Die Inhalte des Vertrages sind geheim; einmal ließen Google-Manager allerdings durchblicken, dass der Service letztlich nur fünf Dollar pro Monat kosten sollte.[115]

Im Januar 2021 jedoch gab der Loon-CEO Alastair Westgarth bekannt, dass das Projekt abgewickelt wird. „Wir sprechen viel davon, die *nächste* Milliarde Nutzer zu vernetzen, aber Loon hat sich bei Konnektivität das schwierigste Problem von allen vorgenommen: die *letzte* Milliarde Nutzer, also Gemeinschaften, die zu schwierig zu erreichen oder zu weit abgelegen sind, oder Gegenden, deren Abdeckung mit bestehenden Technologien einfach zu teuer für normale Leute wäre", erklärte er.[116] Loon hatte festgestellt, dass viele der anvisierten Kunden sich kein 4G-Telefon leisten konnten oder nicht genügend Wert in einem Internetanschluss sahen. „Wir haben auf unserem Weg einige bereitwillige Partner gefunden, aber keine Möglichkeit, die Kosten so weit zu senken, dass sich ein langfristiges, nachhaltiges Geschäft aufbauen lässt", räumte Westgarth ein.[117]

Musk macht kein Geheimnis daraus, dass das übergeordnete Ziel von Starlink Gewinn ist und ein Angebot für Satellitenkommunikation nur ein Mittel zu diesem Zweck. Der Zielmarkt sind die „3 oder 4 Prozent der für Telcos am schwierigsten zu erreichenden Kunden, oder Menschen, die aktuell schlicht keine Konnektivität haben oder nur sehr schlechte", sagt er. Viele Details sind noch offen, doch frühe Angaben sprachen dafür, dass Starlink nicht billig sein wird. Anfang 2021 bezahlten Beta-Nutzer 499 Dollar für das Empfangsterminal und 99 Dollar pro Monat für den Internetdienst. Die tatsächlichen Kosten für ein Terminal könnten näher bei 2.400 Dollar liegen, was bedeuten würde, dass Starlink sie massiv subventioniert.[118] Die Kosten könnten mit zunehmenden Stückzahlen und verbesserten Produktionsprozessen noch sinken, doch ohne erhebliche Unterstützung dürften diese Terminals außerhalb der finanziellen Reichweite vieler Menschen ohne Internet bleiben.

Auch Musk hat ein größeres gesellschaftliches Ziel, aber das ist extraterrestrisch. Langfristig will er nicht nur die Erde vernetzen, sondern den Mars besiedeln. „Der gesamte Sinn von SpaceX besteht darin, wirklich dazu beizutragen, das Leben multiplanetar zu machen", sagt er.[119] „Was braucht man, um eine Stadt auf dem Mars zu schaffen? Nun, eines mit Sicherheit: viel Geld. Also brauchen wir Sachen, die viel Geld generieren."[120] Das SpaceX-Geschäft mit Raketenstarts kann maximal 3 Milliarden Dollar pro Jahr einbringen, schätzt Musk, wohingegen Starlink schon mit 3 bis 4 Prozent des Marktes 30 Milliarden Dollar pro Jahr hereinholen könnte.[121]

Selbst die Nutzungsbedingungen von Starlink wurden mit interplanetaren Ambitionen geschrieben. „Für Dienstleistungen auf dem Mars oder während des Transports zum Mars mit Starship oder einem anderen Kolonialisierungsraumschiff erkennen die Parteien den Mars als freien Planeten an, über den keine Regierung auf der

Erde Autorität oder Souveränität besitzt", heißt es darin. „Entsprechend werden Dispute durch Grundsätze der Selbstregulierung geklärt, die zur Zeit der Mars-Besiedlung nach Treu und Glauben aufgestellt werden."[122] Für Dienstleistungen für uns Erdenbürger gelten in der Zwischenzeit die Gesetze Kaliforniens.

Musk ist sich darüber im Klaren, dass andere vor ihm gescheitert sind. In den 1990er-Jahren wollten mehrere Unternehmen große LEO-Konstellationen aufbauen. „Raten Sie, wie viele LEO-Konstellationen nicht pleitegegangen sind? Null", sagte Musk im Jahr 2020. „Iridium geht es inzwischen recht gut, aber Iridium One ging pleite. Orbcomm ging pleite. Globalstar? Pleite. Teledesic? Pleite. (...) Es gibt noch einige weitere, die ebenfalls nicht weit gekommen und pleitegegangen sind." „Nicht pleitezugehen", erklärte Musk, wäre schon ein „großer Schritt".[123]

Auch in jüngerer Vergangenheit sind Vorhaben gescheitert. Der Rückzug von Investoren brachte das Ende von LeoSat, einem Unternehmen, das bis zu 108 LEO-Satelliten starten wollte.[124] Im Jahr 2020 meldeten sowohl OneWeb als auch Intelsat Insolvenz an und gingen mit neuen Eigentümern wieder an den Start. OneWeb wurde an die britische Regierung und das indische Unternehmen Bharti versteigert. Als Folge seines Austritts aus der EU hat Großbritannien Ende 2020 den Zugang zu den höherwertigen Diensten von Galileo verloren, auch für sein Militär. Das Land könnte Interesse daran haben, die OneWeb-Konstellation in Zukunft für einen globalen Positionierungsdienst zu verwenden.

Um dem Schicksal von Ikarus zu entgehen, werden Betreiber von LEO-Satelliten die Kosten drastisch senken müssen.[125] Anlass zum Optimismus gibt, dass Satelliten-Produktion und Raketenstarts bezahlbarer werden. Eine einzige Rakete des Typs Falcon 9 kann 60 Starlink-Satelliten in ihre Umlaufbahn bringen. Nach dem Start holt SpaceX die erste Stufe seiner Rakete zur Wiederverwendung zurück und experimentiert mit Möglichkeiten, auch die Spitze mehrfach einzusetzen.

Das Interesse an Satelliten konzentriert sich oft auf Raketenstarts, aber die nicht weniger wichtigen Entwicklungen auf der Erde werden vernachlässigt.[126] Um mit voller Leistung zu laufen, könnte Starlink laut einer MIT-Studie mehr als 120 Bodenstationen benötigen, mehr als Telesat und OneWeb zusammen.[127] Diese Bodenstationen bräuchten geschätzte 3.500 Gateway-Antennen, und jede würde zwischen 1 und 4 Millionen Dollar kosten.[128] Außerdem müssten Betreiber die Nutzer-Terminals für den Empfang ihrer Signale zu bezahlbaren Preisen anbieten. Das Starlink-Terminal für 499 Dollar ist wie oben erwähnt massiv subventioniert.

So kommt einiges zusammen. Die Kosten für den Aufbau einer großen LEO-Konstellation könnten zwischen 5 und 10 Milliarden Dollar betragen und die Betriebskosten 1 bis 2 Milliarden Dollar pro Jahr. Nach einer Prognose von Morgan Stanley könnte Starlink 33 Milliarden Dollar ausgeben, bevor es 2031 die Gewinnschwelle überschreitet.[129] Dieselbe Studie schätzt die Zahl der Starlink-Abonnenten im Jahr 2040 allerdings auf mehr als 360 Millionen und den Jahresumsatz auf 90 Milliarden Dollar. Ein derart langer Zeithorizont ist inhärent riskant, bietet aber auch die Aussicht auf verlockende Renditen in späteren Jahren. Wenn Musk auf Kurs bleibt, könnte er für seine Mars-Mission eine leistungsfähige Finanzierungsquelle etablieren – und wenn nicht, könnte sie im niedrigen Erdorbit verglühen.

Das LEO-Rennen könnte durchaus zum Marathon werden. Einstweilen kann SpaceX problemlos Kapital aufnehmen, darunter eine im August 2020 abgeschlossene Finanzierung über 1,9 Milliarden Dollar und eine weitere Runde über 850 Millionen Dollar im Februar 2021. Amazon und Facebook verfügen über Kapitalreserven in Rekordhöhe. Für Unternehmen mit knapperen Budgets wie OneWeb könnte der weitere Weg schwieriger sein. China aber verfügt ebenfalls über genügend Ressourcen, um den nächsten langen Marsch zu beginnen.

„DIE BESTEN FREINDE“

China wählt einen anderen Weg in den niedrigen Erdorbit. In dem Rennen um den Aufbau von LEO-Konstellationen liegen seine Unternehmen zurück, doch sie genießen großzügige staatliche Unterstützung, was Gewinne zu einem weniger dringlichen Anliegen macht.

Mit dieser Strategie des staatlich unterstützten Verfolgers kann China beobachten, was funktioniert, und ausländische Erfolge nachahmen; teure Fehler, wie Pioniere sie begehen, lassen sich so vermeiden. Doch während China abwartet, beanspruchen ausländische Unternehmen Slots und wichtige Frequenzen für den Betrieb der Satelliten. Den LEO-Moment verpasst zu haben, könnte Peking noch teuer zu stehen kommen.

Chinas Raumfahrtindustrie ist weiterhin fest in der Hand des Staates, trotz jüngster Schritte zur Privatisierung.[130] Bis Mitte 2019 hatten chinesische Privatunternehmen in dem Sektor laut Curcio weniger als 1 Milliarde Dollar an Kapital aufgenommen.[131] Zum Vergleich: Allein der Umsatz der beiden größten staatseigenen Raumfahrtunternehmen, der China Aerospace Science and Technology Corporation (CASC) und der China Aerospace Science and Industry Corporation (CASIC), betrug im selben Jahr 75 Milliarden Dollar.[132]

Eine Gemeinsamkeit von Chinas LEO-Bemühungen mit denen von US-Unternehmen ist, dass wenige Details öffentlich werden. Eine gewisse Verwirrung aufseiten westlicher Beobachter entsteht dadurch, dass zwei Unternehmen mit ähnlichen Namen – CASC und CASIC – an LEO-Konstellationen mit ähnlichen Namen arbeiten – Hongyan und Hongyun. Die Details sind zwar spärlich, aber der allgemeine Trend ist klar. China intensiviert als Reaktion auf ausländische seine eigenen LEO-Aktivitäten und heizt dazu den Wettbewerb unter seinen zwei staatlichen Champions an. Sowohl CASC als auch CASIC starteten im Dezember 2018 ihre ersten LEO-Breitbandsatelliten.

Chinas Ernsthaftigkeit erkennt man auch an seiner Fähigkeit, diese Pläne selbst während der Covid-19-Pandemie voranzutreiben. Im Dezember 2020 stellte CASIC, ansässig in Wuhan, Chinas erste Anlage zur „intelligenten Produktion" von Satelliten fertig. Die Fabrik, die im Mai 2021 den Betrieb aufnahm, automatisiert die Installation von Komponenten, Fertigung und Tests und ist für 240 kleine Satelliten pro Jahr ausgelegt.[133]

CASC und CASIC sind „die besten Freinde aller Zeiten", wie es Curcio formuliert. Zwei ungefähr gleich große Unternehmen an ähnlichen Projekten arbeiten zu lassen, mag ineffizient erscheinen, aber die chinesische Regierung könnte von dem so entstehenden Wettbewerb profitieren. Laut Larry Press, Professor für Informationssysteme an der California State University, hat China schon in den 1990er-Jahren staatliche Unternehmen gegeneinander antreten lassen, um das inländische Internet aufzubauen, und später für die Entwicklung von KI.[134]

Zum Teil arbeiten Chinas Champions auch zusammen. CASIC ist oft Unterauftragnehmer bei von CASC geführten Projekten, und der erste Hongyun-Satellit von CASIC wurde mit einer Rakete von CASC gestartet. Kooperation bei Start-Diensten ist auch unter Konkurrenten im Privatsektor nicht unüblich. Jeff Bezos' Raumfahrtfirma Blue Origin hat Verträge über Dienstleistungen für Telesat und OneWeb abgeschlossen, beides konkurrierende LEO-Anbieter.[135] Ähnlich äußerte Musk, dass SpaceX offen dafür ist, Satelliten von Mitbewerbern zu transportieren. Doch CASC und CASIC haben viel engere Verbindungen miteinander und gehören letztlich demselben Eigentümer.

CASC ist der Hauptauftragnehmer für Chinas Weltraumprogramm, unter anderem zuständig für die Langer-Marsch-Raketen. Sein wichtigstes Projekt für LEO-Breitband heißt Hongyan oder „Wilde Gans" – eine Anspielung auf die alte Praxis, Nachrichten von Gänsen überbringen zu lassen, die der Legende nach auf die Han-Dynastie zurückgeht. Die Konstellation ist auf 320 Satelliten ausgelegt, von denen 60 bis 2023 in Betrieb sein sollen und der Rest bis 2025.[136]

CASIC hat engere Verbindungen mit der chinesischen Rüstungsindustrie und weniger Erfahrung in der Entwicklung von Satelliten. Sein wichtigstes LEO-Projekt heißt Hongyun oder „Regenbogen-Wolke". Bei der Ankündigung wurde die Zahl der Satelliten mit 156 beziffert, doch nachdem ausländische Konkurrenten größere Pläne bekannt gaben, stieg sie auf 864 Satelliten. Die ursprünglichen 156 Hongyun-Satelliten sollen laut chinesischen Offiziellen ungefähr im Jahr 2023 in Betrieb sein, und die Konstellation soll vor allem Länder abdecken, die sich an Chinas Seidenstraßen-Initiative beteiligen. Doch um wirklich Dienste anbieten zu können, braucht Peking Anlanderechte und Genehmigungen in jedem einzelnen Land, was potenziell massiven diplomatischen Einsatz erfordert.[137]

Wie Google und Facebook experimentiert CASIC mit anderen fliegenden Plattformen. Dank der tiefen Taschen des Staates plant es ungefähr 15,4 Milliarden Dollar für Hongyun und vier weitere „Wolken"-Projekte (-yun) ein.[138] Das Projekt Xingyun ist eine kleinere LEO-Konstellation aus 80 Satelliten, die auf Schmalband-Frequenzen und Intersatelliten-Links ein Netz für das Internet der Dinge bilden sollen.[139] Ziel von Projekt Feiyun ist ein Netz auf der Basis von Solar-Drohnen für Notfallkommunikation über große Distanzen, Internet und Bodenbeobachtung.[140] Projekt Kuaiyun soll mit einem Fluggerät, das leichter als Luft ist, von der Stratosphäre aus rasch Notfalldienste bereitstellen. Im Projekt Tengyun schließlich soll bis 2030 ein horizontal startendes und landendes, wiederverwendbares Raumschiff mit zwei Stufen entstehen.[141] Diese Projekte haben zugleich einen gewissen Marketing-Wert und sollen CASIC als technologisch führend positionieren, während es um einen größeren Anteil am Geschäft von CASC kämpft.

Die große Frage dabei ist, ob Peking diese Initiativen mit Erfolg zusammenführen kann. Chinas 14. Fünf-Jahres-Plan, der von 2021 bis 2026 reicht, verlangt ein integriertes Netz für Kommunikation, Erdbeobachtung und Navigationssatelliten. In einem wichtigen Schritt der Konsolidierung schuf der Staat im April 2021 das staatliche Unternehmen China Satellite Network Group, das für alle Aktivitäten im Bereich Satelliten-Internet verantwortlich sein soll.[142] Von dem neuen Unternehmen wird erwartet, dass es Hongyun und Hongyan zu einer einheitlichen Konstellation kombiniert, vorläufig bezeichnet als Guowang oder „nationales Netz(werk)", und dabei Gebrauch von den Anträgen Chinas bei der ITU für zwei LEO-Konstellationen mit insgesamt fast 13.000 Satelliten macht.[143] „Interessant wird sein, ob auch Xingyun in dieses Projekt integriert wird", sagt Curcio.[144]

So modern diese Aktivitäten sein mögen, sie bleiben hinter denen von kommerziellen Weltraumunternehmen aus anderen Ländern zurück. Bei anderen Branchen hat Chinas Verfolger-Ansatz in der Vergangenheit funktioniert, vor allem bei seinen Eisenbahn- und Telekom-Unternehmen. „Wir können sehen, was funktioniert, und es dann verbessern und breit vermarkten", sagte ein Mitarbeiter eines chinesischen Raumfahrtunternehmens Forschern am Institute for Defense Analyses.[145] Wenn sich die Geschichte wiederholt und Konstellationen von LEO-Satelliten wie in den 1990er-Jahren erneut scheitern, wird China ein potenziell kostspieliges Abenteuer vermieden haben. Und wenn ein oder zwei von ihnen Erfolg haben, kann es versuchen, diesen Erfolgen nachzueifern und sie auf seine eigenen Zielmärkte anzupassen.

Doch als Zweiter in den Weltraum zu kommen, ist riskant. Schon jetzt stecken Unternehmen eilends wie im Goldrausch ihre Claims auf die interessantesten Frequenzen ab, die von der ITU reguliert werden. „Die harte Realität für jeden, der bei globaler Konnektivität wirklich etwas bewegen will, lautet, dass ohne das passende Spektrum kein Erfolg möglich ist", sagt Ruth Pritchard-Kelly, Vice-President für Regulierungsfragen bei OneWeb.[146] Wer es zuerst durch den ITU-Prozess schafft, kann „prioritären" Status bekommen, muss also weniger Vorkehrungen treffen, um Frequenzkonflikte zu vermeiden, als Unternehmen, die sich später melden.

Die drei gefragtesten Frequenzbänder für die neue Generation von LEO-Satelliten heißen Ku, Ka und V. Der Zielkonflikt liegt darin, dass höhere Frequenzen zwar mehr Geschwindigkeit bedeuten, aber auch weniger Reichweite. Ku als das Band mit den niedrigsten Frequenzen der drei hat die breiteste geografische Abdeckung mit einem Einzelstrahl und ist am wenigsten anfällig für Wetter-Interferenzen. Die höheren Frequenzen des Ka-Bandes bieten mehr Bandbreite, also höhere Geschwindigkeit. Das V-Band mit den höchsten Frequenzen schließlich ist kommerziell am wenigsten weit entwickelt. Sie können keine Mauern durchdringen und werden schwächer, wenn Regen oder Feuchtigkeit in der Luft liegt.

Im Satellitenrennen ist frühes Handeln zwar wichtig, doch es reicht bei Weitem nicht aus, als Erster da zu sein. Unternehmen müssen sich mit etablierten Anbietern auf ähnlichen Frequenzen auseinandersetzen, mit Konkurrenten, die ein Stück von ihrem Spektrum wollen, und mit Regierungen mit jeweils eigenen Prioritäten für nationale Politik und Sicherheitsfragen. Konflikte werden über Klagen und Gegenklagen ausgetragen, national wie international. Noch unruhiger wurde es, als die ITU ab 2019 Unternehmen dazu drängte, ihr Spektrum zu nutzen, wenn sie es nicht verlieren wollten. Nach neuen Regeln müssen ihre Konstellationen innerhalb von neun Jahren zu 10 Prozent, nach zwölf Jahren zur Hälfte fertiggestellt und vierzehn Jahre nach der ursprünglichen Anmeldung komplettiert sein.[147]

Diese Hürden zu nehmen, ist nur der Anfang des Rennens, das mit dem Bewerben um Zugang zu den einzelnen Märkten weitergeht. Prioritätsstatus von der ITU macht es für Unternehmen leichter, auf Märkte zu gelangen, die ihren Leitlinien folgen, und auch Geld von Investoren fließt dann eher, aber der Erfolg ist nicht garantiert. Relativ offene Märkte akzeptieren oft Anträge von Unternehmen, auf von der ITU zugelassenen Frequenzen zu operieren, oder verlangen nur kleinere Änderungen. Andere aber geben unmögliche Bedingungen vor oder lehnen Anträge ab, um eigene Unternehmen nicht zu gefährden oder das Land vor vermeintlichen Sicherheitsrisiken zu schützen.

Angesichts all der Hindernisse dürfte der Weg von LEO-Konstellationen zu globaler Abdeckung länger und schwieriger werden als erwartet. Prioritärer Status garantiert keinen finanziellen Erfolg. Im März 2020 startete OneWeb 34 Satelliten und erreichte damit den 10-Prozent-Meilenstein der ITU. Wenige Tage später meldete das Unternehmen Insolvenz an. Der Start in letzter Minute war strategisch, weil er den Wert für potenzielle Käufer erhöhte – die Frequenzrechte waren wahrscheinlich der wichtigste Vermögenswert von OneWeb. Trotzdem warf die Pleite ein Schlaglicht auf die Risiken, die man als Pionier auf sich nimmt. Der letztliche Gewinner wird genügend Ressourcen brauchen, um durch den komplexen Prozess von Genehmigungen und Koordinierung hindurch auf Kurs bleiben zu können.

Mit der Zeit könnte sich das Spielfeld verschieben, weil die Second Mover zugleich diejenigen sind, die mit über die meisten Ressourcen verfügen. Amazon und Facebook sitzen auf Barbeständen in Rekordhöhe, und Chinas Ansatz der staatlichen Unterstützung bedeutet noch größeres Durchhaltevermögen. Nachzügler können sich durch Akquisitionen nach vorne schieben. Amazon zählte nach Gerüchten zu den potenziellen Bietern für OneWeb, ebenso wie zwei nicht namentlich genannte chinesische Organisationen.[148] Alternativ könnten Chinas staatliche Champions Unternehmen aus dem jungen kommerziellen Weltraumsektor des Landes aufkaufen. „Wie Amazon verfügt China über genügend Mittel für eine langfristige Perspektive", beobachtet Press.[149]

DOPPELTE HERAUSFORDERUNG

Wenn China zu lange abwartet, könnte die kommende Welle von LEO-Megakonstellationen jedoch dafür sorgen, dass ihm seine Vorteile in übersehenen Märkten verloren gehen. Wie in Kapitel 3 beschrieben, haben sich chinesische Netzbetreiber in ländlichen und ärmeren Märkten etabliert, von Naivasha in Kenia bis nach Glasgow in Montana, für die sich westliche Unternehmen nicht interessierten. Mit LEO-Konstellationen aber könnten sie diese Märkte bedienen, ohne all die Infrastruktur am Boden bauen zu müssen, die sie bislang abgeschreckt hat.

Im Juli 2020 besuchte ich eines der Starlink-Gateways von SpaceX, versteckt gelegen auf einer gerodeten Fläche auf einem Hügel, am Ende eines Feldweges, der von einer Landstraße ohne Wegweiser abzweigt. Hinter einem hohen grünen Zaun ist eine Gruppe von weißen Kuppeln Richtung Himmel gerichtet, jede mit gut einem Meter Durchmesser. Ein kleines Ziegelgebäude, wahrscheinlich für Stromversorgung und eine Glasfaserverbindung, stand dem Zaun gegenüber. Die ganze Anlage war klein und unauffällig, eine Untertreibung, wenn man bedenkt, dass sich über ihr Konstellationen aus Hunderten Satelliten mit einer Geschwindigkeit von 30.000 Stundenkilometern durch den Weltraum bewegen.

SpaceX baut unauffällig Dutzende solcher Gateways in den ganzen USA auf, unter anderem in Conrad im Bundesstaat Montana, nur ein paar Stunden Autofahrt von Glasgow entfernt. Nach einer Auktion im Jahr 2020 sagte der Rural Digital Opportunities Fund der FCC dem Unternehmen 886 Millionen Dollar über zehn Jahre vorläufig zu, damit es Hunderttausende Kunden in 35 Bundesstaaten versorgt. Das ist eine große Wette auf SpaceX und seine Technologie, nachdem zuvor andere Unternehmen mit ähnlichen Plänen gescheitert sind.

Allerdings bin ich selbst stärker vom Potenzial von Starlink überzeugt, seit ich den Dienst eine Woche lang genutzt habe. Das System traf in einem großen grauen Karton bei mir ein, in dem ich eine Satelliten-Schüssel mit ungefähr 30 Zentimetern Durchmesser, ein Dreibein als Ständer, einen Drahtlos-Router sowie Ethernet- und Stromkabel vorfand. Ich musste lediglich einen Ort im Freien mit ungehindertem Blick zum Himmel finden, wobei eine Smartphone-App von Starlink sogar dabei half. Nach der Aktivierung stellte sich die Schüssel automatisch auf den effektivsten Winkel ein. Der gesamte Prozess vom Öffnen des Kartons bis zur Verbindung mit dem Internet dauerte weniger als 30 Minuten. Es war beeindruckend einfach.

Die Verbindung zeigte sich unbeeindruckt von allem, was ein Frühlingstag in New England gegen sie aufzubieten hatte: dichte Wolken, heftiger Regen und starker Wind. Meistens erreichte sie mehr als 100 Mbps und manchmal sogar 200 Mbps im Download. Fehlerfrei war Starlink nicht. Bei einem Meeting fielen kurz mein Bild und mein Ton aus, und die Konferenz-Anwendung warnte, dass die Verbindung instabil sei. Mit mehr Satelliten wird sich die Abdeckung verbessern. Doch selbst in dieser frühen Phase funktionierte das System, so lange ich damit arbeitete. Nach einem Tag vergaß ich, dass meine Daten über Satelliten im Weltraum transportiert wurden.

Der Reiz war leicht zu verstehen. Ich war an einen Glasfaseranschluss gewöhnt – dass ich keine Veränderung bemerkte, kann also als Erfolg gewertet werden. Für Kunden ohne schnellen oder sogar ganz ohne Internetzugang aber könnte Starlink bedeutende Verbesserungen bringen. In dem ländlichen Teil von New England, in dem ich es nutzte, können Festnetzverbindungen ins Internet für die Einwohner unerschwinglich teuer sein: Das Graben und Verlegen von Kabeln kann einen Einzelhaushalt Tausende Dollar kosten. Ein Starlink-System ganz ohne diesen Aufwand und für weniger Geld hört sich im Vergleich dazu wie ein Schnäppchen an.

Um in Länder mit niedrigeren Einkommen zu expandieren, bräuchten SpaceX und andere Anbieter von LEO-Breitband aber möglicherweise zusätzliche Impulse. Die meisten konzentrieren sich erst einmal auf Marktzugang in den USA und Europa, wo der potenzielle Umsatz pro Kunde am höchsten ist. Trotz der von ihnen behaupteten Mission, die Unvernetzten zu vernetzen, muss für die Anbieter auch die wirtschaftliche Rechnung aufgehen. „Das ist keine Demokratie-Bewegung, sondern ein Geschäft", sagt Peter B. de Selding, Mitgründer von Space Intel Report.[150]

Entscheidend wird die Bezahlbarkeit sein. Die Nachfrage in Entwicklungs- und Schwellenländern ist groß, aber die Kunden dort können nicht hundert Dollar pro Monat bezahlen und schon gar nicht einige hundert Dollar für ein Terminal. Um Afrika zu 90 Prozent mit Internetzugang zu versorgen, müsste man laut der UN Broadband Commission 10 bis 20 Prozent seiner ländlichen Bevölkerung über Satelliten oder andere drahtlose Lösungen anbinden. Doch in einem durchschnittlichen Dorf wohnen weniger als 500 Menschen, von denen jeder vielleicht nur 2 oder 3 Dollar pro Monat bezahlen kann.[151]

Unendlich weit lassen sich die Kosten nicht senken, also muss irgendjemand sie tragen. Realistisch gesehen werden gewinnorientierte Satelliten-Betreiber Möglichkeiten finden müssen, ihre Dienste in Ländern mit geringem Einkommen zu subventionieren. Eine Option dafür wären Partnerschaften mit der Weltbank oder anderen multilateralen Entwicklungsbanken. In der Vergangenheit haben sie Breitbandinternet über geostationäre Satelliten unterstützt, doch bei LEO waren sie wegen der noch jungen Technologie und der längeren Geschichte finanzieller Schwierigkeiten bislang zurückhaltend.

Denkbar wäre auch, dass eine Koalition von Internetunternehmen Kosten übernimmt, doch dafür gibt es große Hürden. Für Kartellwächter hört sich dieses Szenario nach einem Albtraum an, in dem die größten Technologieunternehmen ihre Reichweite tief in die Märkte der Zukunft vergrößern. Natürlich würden sie von mehr vernetzten Nutzern profitieren. Facebook zum Beispiel verzeichnet sein schnellstes Wachstum in Afrika und im asiatisch-pazifischen Raum. Mit steigenden Einkommen in diesen Schwellenländern dürften auch die Umsätze pro Nutzer zunehmen. Aber Aktionäre werden Investitionen in langfristige Projekte mit sozialem Hintergrund kaum unterstützen, selbst wenn am Horizont finanzielle Belohnungen locken.

Alternativ gibt es das philanthropische Szenario, in dem eine superreiche Person oder eine Gruppe reicher Spender die Rechnung bezahlt. Die ersten Internetpioniere der Welt werden allmählich alt, und bessere globale Vernetzung wäre vielleicht genau das richtige Vermächtnis für sie. Der Microsoft-Gründer Bill Gates hat massiv in Teledesic investiert, ein ambitioniertes LEO-Projekt, das im Jahr 2002 scheiterte.[152] Seitdem konzentriert er sich auf globale Gesundheit. „Was ist wichtiger: Konnektivität oder ein Malaria-Impfstoff?", fragte er 2013 die *Financial Times*. „Wenn Sie Konnektivität für das Wichtigste halten, bitte schön. Ich sehe das nicht so."[153]

Mark Zuckerberg, der Gründer von Facebook, hat eine andere Meinung. „Jeden auf der Welt zu vernetzen, ist eine der großen Herausforderungen unserer Generation", sagte er 2015.[154] „Langfristig denke ich tatsächlich, dass es auch gut für unser Unternehmen wäre, wenn man sich Zeiträume von 10, 20 oder 30 Jahren ansieht. Viele dieser Länder und Volkswirtschaften werden sich entwickeln und mit der Zeit bedeutend werden."[155]

Jeff Bezos gab Anfang 2021 bekannt, als CEO von Amazon zurückzutreten, um sich seinen anderen „Leidenschaften" zu widmen, darunter Blue Origin.[156] Das Unternehmen hat vor, Weltraumreisen mithilfe von wiederverwendbaren Raketen billiger, sicherer und verbreiteter zu machen. Bei seiner Mission scheint es keine Eile zu geben. „Wir veranstalten kein Rennen. (...) Wir werden Schritt für Schritt vorgehen, denn es ist eine Illusion, dass wir schneller vorankämen, wenn wir einige davon auslassen. Langsam bedeutet reibungslos, und reibungslos bedeutet schnell."[157]

Doch die Uhr tickt. Westliche Satelliten-Unternehmen müssten für Dienste in Entwicklungsländern nicht nur Unterstützung organisieren, sondern sich auch Rechte dort sichern. Bei Entwicklung und Einsatz der Technologie sowie bei Rechten in Industrienationen und bei der ITU sind sie führend. Aber je länger sie damit in Entwicklungsländern warten, desto besser werden die Chancen Chinas. Wenn das Land die Lücke bei LEO-Technologie schließt, könnten seine bestehenden geschäftlichen und politischen Kontakte in Kombination mit staatlicher Finanzierung ihm wieder Wettbewerbsvorteile verschaffen.

Letztlich könnten dieselben Besonderheiten, die chinesischen Unternehmen geholfen haben, Netze auf der Erde zu knüpfen, auch chinesische LEO-Satellitendienste in ausländische Märkte bringen. Mit staatlichen Subventionen und staatlicher Finanzierung könnten chinesische Konstellationen ihren Service zu niedrigen Preisen anbieten. Der staatsnahe Ansatz Chinas wird auch weiterhin Regierungen gefallen, die mehr Internetzugang wollen, ohne ihre Kontrolle über Kommunikation aufzugeben. Zwar sind bislang nur wenige Details über Chinas Konstellationen bekannt, doch wahrscheinlich werden sie die Vision des Landes für Cybersouveränität in den Weltraum übertragen.

Beginnend in China selbst werden westliche Satelliten-Anbieter entscheiden müssen, ob und wie sie auf die Wünsche von Regierungen eingehen, die nicht wollen, dass ihre Bürger Zugriff auf das offene globale Internet haben. Laser-Verbindungen, über die Satelliten Daten untereinander ohne Vermittlung am Boden austauschen können, versprechen niedrigere Kosten und erhöhte Leistung. Doch diese Technologie ist zugleich eine erhebliche Herausforderung für autoritäre Regierungen, weil sie droht, den Staat aus der Leitung zu werfen und Bürgern uneingeschränkten, unüberwachten Zugang zum globalen Internet zu ermöglichen.

Bislang haben sich westliche Satelliten-Unternehmen meist den Regierungen gebeugt, bei denen sie sich um Anlanderechte bewerben. Die Erfahrung von OneWeb in Russland hat enttäuschende Ähnlichkeit mit der Art und Weise, wie westliche Unternehmen bei ihrem Drängen auf den chinesischen Markt Zugeständnisse gemacht haben. Nachdem russische Regierungsvertreter sich besorgt zeigten, erklärte sich der Anbieter bereit, auf Intersatelliten-Links zu verzichten und sämtlichen russischen Datenverkehr über Bodenstationen im Land zu leiten.[158] Noch mehr Kontrolle gab OneWeb ab, indem es sich damit einverstanden erklärte, der Minderheitspartner in dem Unternehmen zu sein, das seine Dienste in Russland anbietet.

Mark Rigolle, der frühere CEO von LeoSat, vertritt die Meinung, dass Unternehmen letztlich einen Nachteil haben, wenn sie mit Intersatelliten-Links arbeiten. „In einem Land wie China – es ist nicht das einzige, aber ein großes Land, das verlangt, dass wir alles durch das Gateway leiten, bevor es das Land verlässt oder aus dem Ausland hereinkommt. Also ist eines [unserer besonderen Verkaufsargumente] auf gewisse Weise entkräftet", sagte er im Jahr 2018 zu *SpaceNews*.[159] Die verlangten Veränderungen sind zudem teuer umzusetzen, weil sie mehr Bodeninfrastruktur erfordern. Doch wer auf sie verzichtet, läuft Gefahr, aus bestimmten Märkten ausgeschlossen zu werden.

Im November 2019, bevor OneWeb Insolvenz angemeldet hatte, reisten Führungskräfte des Unternehmens nach China, wo sie Pläne für den Bau von drei Bodenstationen bekannt gaben. Sie unterzeichneten einen Vertrag mit der Stadt Sanya in der Provinz Hainan, doch dabei waren beide Seiten möglicherweise etwas voreilig, denn die Zentralregierung hatte noch nicht ihren Segen gegeben. Nach dem Treffen erhielten Beamte in Hainan einen strengen Anruf von Kollegen aus dem chinesischen Ministerium für Industrie und Informationstechnologie.[160]

Musk erkennt an, dass nicht alle Länder Starlink-Dienste werden haben wollen. „Wir könnten wohl weiter senden, und die Länder hätten dann die Wahl, ob sie unsere Satelliten abschießen wollen oder nicht. China wäre dazu in der Lage. Also sollten wir wahrscheinlich nicht dorthin senden. Wenn sie sauer auf uns werden, könnten sie unsere Satelliten zerstören", erklärte er im Jahr 2015 nur halb im Scherz.[161] Außerdem verfügt das Land noch über andere Zwangsmittel, die es vor einem Satellitenabschuss einsetzen könnte. Zum Beispiel könnten die Behörden damit drohen, die Tesla-Fabrik in Schanghai zu schließen, oder ihr den Zugang zum chinesischen Markt verwehren, wo die Marke zu den bestverkauften Elektroautos zählt.

Die doppelte Herausforderung aus Bezahlbarkeit in Entwicklungsländern und Nutzbarkeit in autoritären Staaten in den Griff zu bekommen, könnte Unterstützung von wohlhabenden Demokratien erfordern. Die USA und ihre Partner könnten einen Pool für ihre Ressourcen bilden und Satelliten-Breitband zum Teil eines Bündnisses zur Verbesserung globaler Konnektivität machen. Die Initiative ließe sich als nicht gegen irgendein Land gerichtet darstellen, sondern als

Unterstützung für die Milliarden von Menschen, die noch unvernetzt sind.

Auch Satelliten-Internet ist kein Wundermittel, doch mehr Zugang dazu wäre ein mutiger Schritt, der hilfreich für die Welt ist und ein Gegengewicht zum chinesischen Vordringen in Entwicklungsländern schafft. Diese Märkte werden reifer, und Unternehmen aus den USA und verbündeten Ländern wären damit besser positioniert, auch andere Dienste anzubieten. Das würde dazu beitragen, dass die USA nicht mehr nur über chinesische Netze klagten, sondern mit ihnen in Wettbewerb träten. China würde in die Defensive geraten.

DIE NETZWERK-KRIEGE GEWINNEN

Der Siegeszug Chinas hat den Grundsatz, der lange Zeit die Außenpolitik der USA leitete, ins Gegenteil verkehrt. Technologie werde Demokratie rund um die Welt fördern, verkündeten führende Denker zwei Jahrzehnte lang. Doch dieser Konsens bröckelt, und die Vorhersagen sind viel düsterer geworden. Freiheit hat keine Konjunktur. Digitaler Autoritarismus ist auf dem Vormarsch.

Die neue Hoffnung ist jetzt, dass Demokratien Technologie fördern werden. Demokraten wie Republikaner wollen, dass sich die USA mit anderen Demokratien zusammenschließen, um gegen China anzutreten. Die Vorschläge reichen von einem kleinen Club mit fünf Ländern für die Absicherung von Lieferketten bis zu einer viel größeren „Allianz der Nationen", die sich nicht nur mit Technologie beschäftigt. Allen gemeinsam ist der Glaube, dass Demokratie das zentrale Merkmal ist, um das herum eine Koalition entstehen sollte.

Diese Vorschläge sind so verlockend wie die einstige Vorstellung, dass Technologie auf der Seite von Demokratie stünde. Damals wie heute wird ein wichtiges Thema – die Bereitstellung von Hardware und Know-how – zu einer moralischen Diskussion erhöht. Die Lösung scheint offensichtlich, aber allzu einfach. Sie scheint, wenn überhaupt, nur wenige Opfer zu erfordern: Wir müssen nur wir selbst sein, uns bei unseren Freunden unterhaken, und der Rest ergibt sich dann schon.

Wie bei der ursprünglichen Hoffnung, Technologie könne Demokratie helfen, liegt tatsächlich echtes Potenzial darin, wenn Demokratien im Bereich Technologie zusammenarbeiten. Doch diese Chancen zu nutzen, wird weder billig noch einfach noch alternativlos sein. Erfolg dabei wird eine erhebliche Dosis Realismus benötigen, an dem es beim ersten Anlauf fehlte.

Jede Strategie für den Konkurrenzkampf mit China muss natürlich in der Heimat beginnen. Die USA haben immer noch nicht alle eigenen Gemeinschaften vernetzt, und die digitale Spaltung dort wird größer, wenn man sie den Marktkräften überlässt. Die USA müssen technologisches Neuland erschließen, indem sie die nächste Generation von Innovatoren ausbilden oder ins Land holen und dafür sorgen, dass neue Unternehmen mit den nötigen Ressourcen und in einem wachstumsfreundlichem Umfeld agieren können. Sie müssen Datengesetze schaffen, die Privatsphäre und Sicherheit ihrer Bürger schützen. Diese Initiativen für das eigene Land sind dringend und notwendig, reichen aber nicht aus.

Die Herausforderung durch China liegt in seiner Größe. Die Bevölkerung von 1,4 Milliarden Menschen bietet einheimischen Unternehmen bevorzugten Zugang zum größten Markt von Mittelschichtkunden weltweit und der Regierung Zugriff auf ein Meer von Daten. Dass in China der Staat Ressourcen lenkt, mag ineffizient und verschwenderisch sein, doch es unterstützt neue Technologien und subventioniert chinesische Technik in aller Welt. Während sie auf den Aufruf von Xi reagieren, in der Heimat „neue Infrastruktur" aufzubauen, erhöhen chinesische Unternehmen parallel ihren Einsatz in Schwellenländern.

Das Rennen ist bereits unangenehm eng. Im Jahr 2018 lagen die USA und China beim Anteil an den globalen F&E-Ausgaben mit 28 Prozent bzw. 26 Prozent fast gleichauf.[1] Die Ausgaben Chinas wachsen jedoch schneller und könnten die der USA 2019 schon überholt haben, hat das National Science Board berechnet.[2] Chinesische Unternehmen können inzwischen mehr als Kopieren und sind zu Pionieren auf neuen Gebieten wie Gesichtserkennung, digitalem Bezahlen oder Quantenkommunikation geworden.

Trotzdem ist chinesische Dominanz bei globalen Netzen alles andere als ausgemacht. Die USA liegen auf entscheidenden Gebieten weiterhin vorn, darunter Cloud-Computing und Satelliten-Technologie ebenso wie hochmoderne Halbleiter. Um diesen Vorsprung zu behalten, brauchen sie eine Strategie, die weitere Innovation fördert und die illegale Aneignung von Technologien durch China bekämpft. Außerdem reicht Fortschritt im eigenen Land nicht aus. Um sich genügend Ressourcen für anhaltende Innovationen zu verschaffen, müssen US-Unternehmen ihre Forschung kommerzialisieren und sie breit verkaufen. Ohne die Größe Chinas müssen sich die USA auch auf ausländischen Märkten bewähren.

In den vergangenen Jahren haben US-Politiker eine Kurskorrektur versucht, sich dabei aber auf defensive Maßnahmen konzentriert und übersehen, wie wichtig eine Offensive im Ausland ist. Exportkontrollen, Verbote, Lizenzentziehungen, Einschränkungen für ausländische Investitionen und Verfolgung von Diebstahl geistigen Eigentums sind sämtlich wichtige Mittel. Sie können den US-Markt schützen und chinesische Lieferketten stören. Aber der globale Konkurrenzkampf lässt sich damit nicht gewinnen. Chinas Technologieunternehmen sind nicht nur durch gestohlene Technologie und großzügige Staatshilfen groß geworden, sondern auch durch ihren Schritt in übersehene Märkte. Im weltweiten Wettbewerb mit ihnen muss man bessere Alternativen anbieten.

Eine erfolgreiche Strategie, die Defensive und Offensive vereint, müsste von einer Koalition umgesetzt werden. Ohne Bündnis kann China Unternehmen gegeneinander ausspielen, um Zugriff auf ihre Technologie zu bekommen, so wie in den 1990er-Jahren, als sich Nortel, AT&T und andere globale Telekom-Ausrüster gegenseitig unterboten. Ohne die finanziellen Anreize, die eine Koalition bieten könnte, dürften sich Unternehmen aus den USA und befreundeten Staaten weiterhin auf die größten und reichsten Märkte konzentrieren und die Welt der Entwicklungsländer außer Acht lassen. Auch hier kann es nur eine Koalition mit der Größe Chinas aufnehmen.

Eine Koalition für diese Herausforderung des 21. Jahrhunderts wird sich grundlegend von Bündnissen unterscheiden, die im vergangenen Jahrhundert für die damaligen Herausforderungen geschlossen wurden. Sie sollte als eher offen denn exklusiv dargestellt werden und die positiven Alternativen betonen, die sie zu bieten hat. Sie sollte anerkennen, dass absolute Sicherheit unmöglich und Resilienz ein realistischeres Planungsziel ist.[3] Sie sollte berücksichtigen, dass globale Netze zuallererst ein technologisches und ökonomisches Thema sind, das zusätzlich Bedeutung für Geheimdienste und Militär hat, und nicht umgekehrt. Man könnte sie die Coalition of Open and Resilient Economies oder kurz CORE nennen.

Entscheidend wird Flexibilität sein. Unterschiedliche Gruppen von Ländern werden bei manchen Themen schnell Übereinstimmung finden, aber nicht bei allen. Um aktiv zu werden, sollte keine Einstimmigkeit erforderlich sein. Die Initiative sollte bei Regierungen liegen, doch Unternehmen müssten tiefer in den Prozess der politischen

Planung einbezogen werden. Der Privatsektor steht nicht nur bei Innovation an vorderster Front, sondern buchstäblich auch in den Netzwerk-Kriegen. Regierungen müssen besser verstehen, wie Unternehmen zwischen Chancen und Risiken abwägen, wenn sie über Investitionen und den Eintritt in neue Märkte nachdenken.

Eine solche Koalition kann man sich selbst gut wie ein Netzwerk vorstellen. Es wird eine Gruppe von wohlhabenden Demokratien mit starken gemeinsamen Interessen geben, die der Koalition eine kritische Masse verleihen. Zusammen könnte eine Gruppe von sieben Verbündeten der USA – Australien, Deutschland, Frankreich, Großbritannien, Japan, Kanada und Südkorea – ein Gegengewicht zu China bilden. Diese sieben Länder geben zusammen mehr für Forschung und Entwicklung aus als China, und obwohl die Pandemie ihre wirtschaftlichen Aussichten verschlechtert hat, wird ihnen für 2030 immer noch ein Fünftel Anteil am weltweiten BIP vorausgesagt.[4] All diese Länder haben Bündnisverträge mit den USA und sind Demokratien.

Doch die Mission der Koalition darf nicht nur im Schutz von wohlhabenden Demokratien bestehen. Sie muss auch Kontakt zu aufstrebenden Zentren an der Peripherie suchen und sie unterstützen: große Volkswirtschaften in Entwicklungsländern mit einer Mischung aus übereinstimmenden und gegensätzlichen Interessen. Diese Kategorien werden durchlässig sein. Wenn sich die Koalition mit der Zeit als erfolgreich erweist, werden sich Teile der Peripherie dem Kern anschließen, und Länder am äußeren Rand könnten näher rücken.

Zwei Brücken sind besonders wichtig, um diese Koalition zu schaffen. Die erste reicht über den Atlantik. Trotz gemeinsamer Werte haben die USA und Europa eine unterschiedliche Sichtweise auf globale Netze. Europa fehlt es an einem Technologie-Champion vergleichbarer Größe, weshalb manche Politiker US-Unternehmen noch bedrohlicher finden als chinesische. Die Europäische Union versucht, sich als mittleres Modell zwischen dem offenen der USA und dem staatszentrischen Chinas zu positionieren. Uneinigkeit über Datenströme, Regulierung von Inhalten und digitale Steuern drohen sämtlich, die transatlantische Kooperation aus der Spur zu bringen.

Die zweite Brücke verbindet den Kern mit der Peripherie. Sie beginnt mit Indien, von dem erwartet wird, dass es in den nächsten Jahren das bevölkerungsreichste Land der Welt wird; das macht es zum Zünglein an der Waage des globalen Netzwerk-Wettbewerbs. CORE muss Indien einen klaren Weg zu vollständiger Aufnahme in die Koalition zeigen und auch die Schwellenländer ansprechen, die bis 2030 rund 70 Prozent des globalen Wachstums und die Hälfte des weltweiten BIP ausmachen sollen.[5] Viele Länder in der Peripherie werden sich absichern und versuchen, so viel wie möglich von allen Seiten zu bekommen. Doch wenn man erst gar nicht antritt, bleiben China die Märkte von morgen allein überlassen.

Keine dieser Brücken lässt sich von heute auf morgen bauen. Die Skepsis, die Europa und Indien den USA entgegenbringen, beruht auf Asymmetrien in den Machtverhältnissen und spiegelt Amerikas Stärke im Technologiesektor wider. Der Konkurrenzkampf in Entwicklungsländern wird Anreize erfordern, um die Risiko/Rendite-Abwägung von Unternehmen zu beeinflussen, die es sich in reichen Industrieländern bequem gemacht haben. Bei jedem Schritt wird China versuchen, Zwietracht zu säen und die Konkurrenten zu unterbieten. Doch die Alternative ist inakzeptabel: eine sinozentrische Zukunft, an der das Land bereits arbeitet, Verbindung für Verbindung.

DAS ARSENAL DER DEMOKRATIEN

Die USA haben schon größere Herausforderungen gemeistert. Während des Zweiten Weltkriegs richtete Franklin D. Roosevelt seinen berühmten Appell zur Steigerung der Produktion an die einheimischen Unternehmen. In einer Radioansprache am 29. Dezember 1940 rief er die Industrie zu den Waffen: „Wir müssen das große Arsenal der Demokratie sein."[6]

Könnten die USA heute ein Arsenal der Demokratien anführen? Die Liste der Gebiete für mögliche Kooperation ist lang. Für mehr Innovationen könnte die Gruppe Daten austauschen, Investitionen koordinieren und gemeinsam F&E betreiben. Sie könnte die Definition globaler Standards bei der ITU und anderen Gremien anführen. Sie könnte daran arbeiten, Lieferketten widerstandsfähiger zu machen. Sie könnte einheitliche Exportkontrollen für sensible Technologien verhängen, sich gegenüber China weigern, Technologietransfer als Bedingung für Marktzugang zu akzeptieren, gegen Diebstahl geistigen Eigentums vorgehen und dazu beitragen, wirtschaftliche Erpressung zu verhindern. Mit einer gemeinsamen Front hätten alle diese Aktivitäten bessere Aussichten auf Erfolg.[7] Ohne sie bleibt für China Spielraum, sich zu bereichern, Zwang auszuüben, zu teilen und zu herrschen.

All das ist allerdings leichter gesagt als getan, wie frühere Initiativen für demokratische Einigkeit gezeigt haben.[8] Im Jahr 2000 beteiligte sich die Clinton-Regierung an der Einrichtung der „Community of Democracies", die später 106 Länder umfasste.[9] Nach mehreren Jahren Meetings war ihr einziges Ergebnis ein Statement, in dem sie im Jahr 2003 Birma kritisierte.[10] Doch im Kern blieb das Konzept attraktiv, und in den Jahren darauf schlugen Außenpolitik-Experten in den USA ein „Konzert der Demokratien" vor.[11] Nachdem Präsident Biden zu einem globalen Gipfeltreffen der Demokratie aufgerufen hat, scheint eine Version dieser Idee reif für die Umsetzung zu sein.

Auch Republikaner erwärmen sich schon länger dafür. Im Präsidentschaftswahlkampf 2007 forderte Senator John McCain eine „Liga der Demokratien" und versprach, in seinem ersten Amtsjahr ein Gipfeltreffen zu organisieren.[12] Gegen Ende der Regierungszeit von George W. Bush brachte das US-Außenministerium Politikplaner aus mehreren Demokratien zusammen, und in den Jahren darauf führte der Think Tank Atlantic Council diese Initiative fort.[13]

Trotzdem könnte die schnöde Realität der internationalen Politik hochtrabende Vorschläge für demokratische Koalitionen erneut auf den Boden der Tatsachen fallen lassen. Wenn es hart auf hart kam, haben die USA bislang pragmatisch mit anderen Ländern zusammengearbeitet, unabhängig von deren Regierungsstil. Im Zweiten Weltkrieg schlossen sie sich mit der Sowjetunion zusammen, im Kalten Krieg unterstützten sie Diktatoren in Argentinien, auf den Philippinen, im Iran und anderswo, und im Golfkrieg kooperierten sie mit

Kuwait und Saudi-Arabien. Als Außenpolitiker aus demokratischer wie republikanischer Partei im Jahr 2008 zur Vereinigung von Demokratien aufriefen, arbeiteten die USA weiter mit einem autoritären Regime in Pakistan zusammen, weil sie das für erforderlich hielten.[14]

Kritiker der Idee, sich hinter der Flagge der Demokratie zu versammeln, um es mit China aufzunehmen, verweisen darauf, dass viele wichtige Partner bestenfalls teilweise demokratisch sind. „Für die USA wird es sich als schwierig, wenn nicht unmöglich herausstellen, mit weniger liberalen oder nicht demokratischen Staaten zusammenzuarbeiten, wenn sie die Dinge primär durch eine ideologische Brille betrachten", warnten Elbridge Colby, früher hochrangiger Beamter im US-Verteidigungsministerium, und der Journalist Robert D. Kaplan in der Zeitschrift *Foreign Affairs*. „Für die USA hat es keinen Nutzen, wenn Dänemark oder die Niederlande dabei sind, nicht aber Indonesien, Malaysia, Singapur, Thailand oder Vietnam."[15]

Kompass für die US-Außenpolitik sollten nationale Interessen sein, nicht Ideologie. Doch es gibt handfeste Argumente für ein Zusammenbringen von Demokratien, vor allem in Technologiefragen. Die wichtigsten Partner der USA in wirtschaftlicher wie technologischer Hinsicht sind Demokratien, und sie eint das gemeinsame Interesse an Netzen, die mehr Zugang zu Informationen ermöglichen, Meinungsfreiheit fördern und Privatsphäre und Sicherheit der Nutzer gewährleisten. Auch wenn sich Demokratien schwertun, ihren eigenen Idealen gerecht zu werden, legen sie mehr Wert auf individuelle Rechte als die Regierungen autoritärer Staaten.

Dennoch bestehen unter Demokratien Differenzen, die ein gemeinsames Handeln verhindern werden, wenn man sie nicht angeht. Statt einer universellen demokratischen Haltung zu Technologien gibt es eine Bandbreite von Positionen. Ein Organisieren um Gemeinsamkeiten herum ist der logische erste Schritt, darf aber nicht davon ablenken, sich auch mit den Differenzen zu befassen und mit Nichtdemokratien und Entwicklungsländern zusammenzuarbeiten. Die CORE-Koalition könnte auf natürliche Weise mit einer Gruppe von Demokratien beginnen, aber die Flexibilität haben, abhängig von Interessen und Themen weitere Partner aufzunehmen.

In der Vergangenheit hatten es Aufrufe zu demokratischen Koalitionen oft schwer, weil keine gemeinsame Bedrohung als akut genug wahrgenommen wurde, um aktiv zu werden. „McCain sehnt sich nach der ‚entscheidenden demokratischen Solidarität' des Kalten Krieges zurück und sieht eine Liga der Demokratien als Möglichkeit, sie wiederzubeleben", schrieb im Jahr 2008 Charles A. Kupchan, Dozent und zuvor hochrangiges Mitglied der Regierungen Obama und Clinton. „Aber die Solidarität von gestern war das Ergebnis einer Allianz gegen eine externe Bedrohung, nicht von Einigkeit allein auf der Grundlage einer Regierungsform."[16] Bedrohungen durch terroristische Gruppen erschienen nicht universell und der Klimawandel nicht dringlich genug.

Der Siegeszug Chinas jedoch lässt seine Konkurrenten allmählich zusammenrücken. Vordenker in den USA, Europa und Asien sind sich einig, dass der beste Umgang mit China in verstärkter Kooperation zwischen ähnlich denkenden Staaten liegt, ergab eine CSIS-Befragung im Jahr 2020.[17] Mehr als zwei Drittel dieser Vordenker befürworteten Verbote für chinesische Technik in den 5G-Netzen ihrer Länder. Eine wachsende Mehrheit der US-Amerikaner unterstützt den Aufbau von Beziehungen mit Verbündeten, selbst wenn die das Verhältnis zu China belasten.[18] Und während die Rufe nach demokratischen Koalitionen in der Vergangenheit meist aus den USA kamen, rühren mittlerweile auch mehr europäische Politiker die Werbetrommel dafür.[19]

Manche gewählten Politiker werden schon aktiv. Der Inter-Parliamentary Alliance on China, kurz IPAC, gegründet im Juni 2020 am Jahrestag der Tiananmen-Proteste, gehören inzwischen Abgeordnete aus 18 Ländern und der Europäischen Union an.[20] „Manche Länder hörten davon und traten einfach ein – wir hatten sie nicht einmal gefragt", erinnert sich Sir Ian Duncan Smith, einer der Gründungsvorsitzenden.[21] Der Co-Vorsitz jedes Landes wird mit Vertretern konkurrierender Parteien besetzt, sodass die Gruppe linke wie rechte Positionen repräsentiert. Sie hat sich zu mehreren Themen geäußert: zu der chinesischen Verfolgung hauptsächlich muslimischer Minderheiten in Xinjiang, zu Zwangsarbeit in Tibet, zur Aufnahme Taiwans in die

Weltgesundheitsorganisation, zu Konflikten an der indisch-chinesischen Grenze und zu den Maßnahmen für nationale Sicherheit, die Hongkong auferlegt wurden. In den ersten sechs Monaten ihrer Arbeit hat die Gruppe mehr erreicht als die Community of Democracies in mehreren Jahren.

Die zunehmende Zahl von IPAC-Mitgliedern zeigt den Wunsch nach Zusammenarbeit unter Demokratien, bringt allerdings auch die Gefahr mit sich, wie zuvor die Community of Democracies schwerfällig zu werden. Die vereinte Stärke von Demokratien wirkt umso beeindruckender, je länger die Liste der Partner ist, weshalb es eine natürliche Tendenz zur Vergrößerung gibt. Doch mit den Mitgliedern mehren sich rasch auch die Koordinierungsprobleme. Die Regel in der internationalen Politik, die einem Naturgesetz am nächsten kommt, lautet, dass ausgewachsene konstitutionelle Demokratien keine Kriege gegeneinander führen.[22] Ebenso sicher lässt sich vielleicht sagen, dass sie keine gemeinsame Richtung finden werden, wenn man genügend von ihnen zusammenbringt.

Angesichts solcher Herausforderungen könnten manche Vorschläge für den Anfang übertrieben ambitioniert sein. Richard Fontaine und Jared Cohen etwa fordern eine „neue Gruppierung von führenden Techno-Demokratien", die sie als „T-12" bezeichnen. Zu ihrer Liste zählen sechs der G-7-Mitglieder (die USA, Deutschland, Frankreich, Großbritannien, Kanada und Japan) sowie zusätzlich Australien, Südkorea, Finnland, Schweden, Indien und Israel. Innerhalb von fünf Jahren sollen daraus die T-20 werden. Das ist ein respektables Ziel, und es erkennt an, dass es wichtig ist, über eine Kerngruppe reicher Demokratien hinaus zu wachsen. Aber Indien ist möglicherweise noch nicht bereit, wie ich später in diesem Kapitel erläutern werde, und das Land vorzeitig aufzunehmen, könnte zu einem frühen Scheitern der Initiative führen.

Andere Vorschläge sind zu eng. Dazu zählt die Idee, die Geheimdienst-Allianz Five Eyes für Technologiefragen umzufunktionieren.[23] Die Gruppe entstand aus alliierten Bemühungen, im Zweiten Weltkrieg feindliche Kommunikation zu überwachen, und umfasst die USA, Großbritannien, Kanada, Australien und Neuseeland. In seiner

Geschichte der Allianz beschreibt Anthony R. Wells, der für britische wie US-Geheimdienste gearbeitet hat, sie als „eine wirkungsvolle Kraft in der internationalen Diplomatie und ohne Zweifel die erfolgreichste Geheimdienst-Organisation, die es weltweit je gab".[24]

Aus praktischen und politischen Gründen aber würde Five Eyes nicht den besten Rahmen abgeben. Die Geheimhaltung dahinter ist ein Hindernis für eine Kooperation mit dem Privatsektor, in dem viele Lösungen entstehen werden. „Die Five-Eyes-Regierungen waren bei der Reaktion auf technologische Veränderungen tendenziell hinterher, (...) beklagenswert langsam und behäbig, mit dem Ergebnis, dass die kommerzielle Welt der Aufklärung außerhalb der Geheimdienste ihnen dank ihrer Fähigkeit zu schnellen und effektiven Innovationen weit voraus ist", schreibt Wells.[25]

Die Allianz der fünf Augen wird für manche Aspekte des Technologiewettbewerbs zwischen den USA und China wichtig bleiben, die eng mit elektronischer Aufklärung zusammenhängen. Zum Beispiel ist sie gut aufgestellt für die Zusammenarbeit bei Quantencomputern und die Entwicklung der nächsten Generation von Verschlüsselungstechnik. Doch bei kommerziellen Anwendungen hat die Geheimdienst-Gruppe weniger zu bieten. „GCHQ sind vielleicht genau die Richtigen, um russische Undercover-Agenten in Großbritannien abzuhören, aber nicht unbedingt die erste Wahl, wenn es um das Aufstellen von Mobilfunkmasten geht", beobachtete Alan Beattie von der *Financial Times* mit Blick auf das britische Pendant zu dem US-Geheimdienst NSA.[26]

Das zweite Hindernis ist politischer Natur. Eines der Hauptargumente von US-Politikern bei ihrer Kritik an chinesischer Telekommunikationstechnik ist das Spionagerisiko. Solche Warnungen würden sich hohl anhören, wenn die Alternativen von einer Geheimdienst-Allianz organisiert würden. Das wäre insbesondere in Europa schädlich, wo die Snowden-Enthüllungen noch nicht vergessen sind. Insbesondere für deutsche und französische Politiker war der Vorfall eine Erinnerung daran, dass sie noch nicht zum innersten Kreis der Vertrauten gehören.

Die richtige Größe für die anfängliche Koalition dürfte somit irgendwo zwischen T-12 und Five Eyes liegen. Großbritannien hat eine

Gruppe der D-10 vorgeschlagen, bestehend aus den G-7 plus Südkorea, Australien und Indien.[27] Andere wollen eine D-10 mit ähnlicher Zusammensetzung, aber mit Indien als Beobachter und der Europäischen Union als Mitglied. Aus praktischer Sicht ist ein schlankerer Start besser, um einige konkrete Ziele erreichen und dann expandieren zu können. Alle diese Vorschläge haben gemeinsam, dass europäische Länder den größten Block ausmachen sollen. Doch zusammenzukommen ist nur der Anfang. Gemeinsames Handeln wird auch die Überwindung der transatlantischen Spaltung erfordern.

GEFÄHRLICHE SIGNALE AUS EUROPA

Aufrufe zu Kooperation finden sich inzwischen in Kommentaren, Berichten von Think Tanks und politischen Reden auf beiden Seiten des Atlantiks. Die Tür ist, insbesondere seit dem Ende der Amtszeit von Donald Trump, offen für eine engere Abstimmung über defensive Maßnahmen wie Exportkontrollen und die Überprüfung von Investitionen.[28] Die USA und Europa könnten in die Offensive gehen, indem sie ihre Zusammenarbeit bei der Entwicklung von 5G-Alternativen und bei der Festlegung von Technologie-Standards in internationalen Gremien intensivieren. Um damit voranzukommen, werden sie allerdings Uneinigkeit auf anderen Gebieten tolerieren müssen, vor allem bei Cloud-Computing.

Die USA, China und Europa spielen bei globalen Netzen unterschiedliche Spiele.[29] Um es unverblümt auszudrücken: Das der USA ist Monopoly. In dem Land sind die größten Technologieunternehmen der Welt beheimatet, und wie ein Tycoon will das Land ihnen den Weg für weitere Expansion freimachen. China spielt Risiko. Der Staat steuert die defensive Aufstellung in der Heimat und den Marsch chinesischer Unternehmen in die ausländischen Märkte. Die Europäische Union schließlich spielt Ochs am Berg. Mangels eigener Technologie-Riesen verhält sie sich wie ein Verkehrspolizist, der regulatorische Macht ausübt und von anderen verlangt, sich an seine Regeln zu halten.

Bei dieser Aktivität sendet die EU zudem widersprüchliche Signale, die auf tiefere Differenzen hinweisen. Anfang Dezember 2020 veröffentlichte die EU-Kommission einen Aufsatz, in dem sie eine „neue transatlantische Agenda für globale Kooperation" forderte. „Als offene demokratische Gesellschaften und Volkswirtschaften sind sich die EU und die USA einig über die strategische Herausforderung, die das international zunehmend bestimmte Auftreten Chinas bedeutet", verkündete sie.[30] Es war ein Liebesbrief mit dem Ziel, möglichst viel aus dem Wahlsieg von Biden herauszuholen.

Ende des Monats aber kamen von der Europäischen Union ganz andere Töne. Statt einen Schritt zurückzutreten und zusammen mit den USA eine Neueinschätzung vorzunehmen, verkündete sie ein großes Investitionsabkommen mit China und stellte dem Land engere Beziehungen in Aussicht. Unabhängig davon, ob den Worten Taten folgen, war die Ankündigung vielsagend. Sie „zeigt, dass die EU mit Deutschland an der Spitze immer noch glaubt, dass sich wirtschaftliche und breitere strategische Interessen sauber voneinander trennen lassen – eine Vorstellung, die in Washington nicht mehr akzeptiert wird", erklärt Noah Barkin, langjähriger Journalist und Senior Visiting Fellow beim German Marshall Fund.[31]

Grundlegende Differenzen bei der Wahrnehmung von Bedrohungen lassen sich nicht einfach wegwünschen. EU-Vertreter mögen Werte mit ihren Pendants in den USA teilen, doch sie sind deutlich unentschlossener, wenn es um eine klare Haltung geht, mit der sie die wirtschaftlichen Beziehungen zu China gefährden könnten. Zudem hat die Trump-Regierung bleibenden Schaden angerichtet mit ihren Zöllen auf Importe aus Europa, dem Rückzug aus dem Pariser Abkommen und dem Nuklearabkommen mit dem Iran sowie ihrer Missachtung multilateraler Institutionen. Dieses Auftreten sah für europäische Politiker nach rücksichtlosem Unilateralismus aus, was Vertrauen kostete und lange bestehende Vorbehalte verstärkte.

Während der Amtszeit von Trump erreichte das transatlantische Verhältnis einen Tiefpunkt. Im Frühjahr 2018 sah ein größerer Anteil der Bevölkerung der zwei größten EU-Volkswirtschaften Deutschland und Frankreich eine Bedrohung durch US-Macht und -Einfluss als durch Macht und Einfluss Chinas oder Russlands.[32] Im September 2020 äußerten sich nur 41 Prozent der britischen Bürger positiv über die USA, der niedrigste Wert, der je gemessen wurde. In Frankreich und Deutschland fiel die US-Beliebtheit ungefähr so tief wie zu Beginn des Irak-Krieges, und nur jeder zehnte Bürger vertraute Trump.[33]

Dieser Schaden wird nicht leicht zu reparieren sein, geht aus einer Befragung des European Council on Foreign Relations aus der Zeit nach dem Biden-Sieg im Jahr 2020 hervor. Mehrheiten in wichtigen europäischen Ländern – darunter Deutschland, Frankreich und Großbritannien – hielten das politische System der USA für kaputt, waren der Meinung, dass China innerhalb eines Jahrzehnts mächtiger als die USA werden würde, und wünschten sich, dass ihre Regierungen im Fall eines Konflikts zwischen den beiden Ländern neutral bleiben. „Die Europäer erscheinen darauf aus, ihren eigenen Weg zu gehen, statt sich in die China-Politik der USA einzureihen", schrieben Ivan Krastev und Mark Leonard, die Leiter der Befragung.[34]

Gleichzeitig wurde auch die europäische Wahrnehmung von China kritischer, selbst wenn sie nicht exakt mit der in Washington übereinstimmt. Im Jahr 2019 bezeichnete die Europäische Kommission China als „strategischen Konkurrenten", als „wirtschaftlichen Konkurrenten mit dem Ziel technologischer Führung" und als „systemischen Rivalen, der sich für alternative Governance-Modelle einsetzt."[35] Die Europäische Union hat erweiterte Screening-Mechanismen für Investitionen angekündigt und ihre eigene Initiative für die Verbindung von Europa und Asien vorgestellt, mit digitaler Konnektivität als einem der Schwerpunkte.[36] Chinas Umgang mit Covid-19, Menschenrechtsverstöße, die Repression in Hongkong und die aggressive Rhetorik seiner Diplomaten haben sein Ansehen weiter beschädigt.

Pekings Fehltritte haben, zusammen mit aggressiver US-Diplomatie und Exportkontrollen, zu einer gemeinsamen Haltung der USA und großer Länder Europas bei 5G beigetragen. Im Januar 2020 präsentierte die EU eine „5G Toolbox", die Empfehlungen zur Verringerung von Sicherheitsrisiken enthält, Entscheidungen und Umsetzung aber den einzelnen Ländern überlässt.[37] Großbritannien entschied zunächst, Huawei-Technik in den peripheren Bereichen seines 5G-Netzes zuzulassen, erließ aber im Juli 2020 ein Verbot mit der Begründung, die US-Sanktionen würden die Fähigkeit von Huawei infrage stellen, zuverlässige und sichere Komponenten zu beziehen.[38] Im selben Monat verkündete Frankreich eine De-facto-Abschaffung von Huawei-Technik in seinen 5G-Netzen bis 2028.[39] Im April 2021 führte die deutsche Regierung einen neuen Prozess für die Evaluierung von 5G-Technik ein, zu dem auch eine Überprüfung der „Vertrauenswürdigkeit" der Hersteller und die Anforderung gehört, die „Ziele der Sicherheitspolitik" von Deutschland, EU und NATO zu beachten. Namentlich genannt wird Huawei von der deutschen Regierung aber nicht, und ob und wann sie von den neuen Möglichkeiten Gebrauch machen wird, ist nicht sicher.[40]

Bis Mitte 2021 hatten Regierungen und große Netzbetreiber in 24 der 27 EU-Mitgliedsstaaten Maßnahmen eingeführt, um Huawei aus ihren Netzen herauszuhalten. Auch die restlichen setzen nicht unbedingt auf Huawei. Österreich und Malta haben ihre 4G-Netze mit reichlich Technik aus China gebaut, was ein vollständiges „Herausreißen und Ersetzen" extrem teuer machen würde.[41] Eher dürften sie ihre Lieferanten-Basis deshalb dann diversifizieren, wenn sie neue Technik kaufen, was ebenfalls weniger Marktanteil für Huawei bedeutet. Ungarn bleibt die einzige, wenn auch wenig überraschende Ausnahme von der Regel – das Land hat in der Vergangenheit aggressiv um chinesische Investitionen geworben und versucht, kollektive Erklärungen der EU gegen China abzuschwächen.

Die Erfahrungen von Österreich, Malta und anderen Ländern, die von Huawei als Hauptlieferant abhängig wurden, zeigen eine grundlegende Herausforderung, bei der transatlantische Kooperation helfen könnte. Huawei und seine wichtigsten Konkurrenten verkaufen sämtliche proprietäre Technik, die nicht für die Verwendung zusammen mit anderen Produkten ausgelegt ist. Demzufolge kaufen Netzbetreiber auf der Suche nach 4G- und 5G-Lösungen meist das gesamte System beim selben Hersteller. Das vereinfacht den Prozess, kann aber zu Abhängigkeit führen. Je mehr Technik hinzukommt, desto teurer wird es, später den Anbieter zu wechseln.

Koordinierte Investitionen in Open-RAN-Netze, beschrieben in Kapitel 3, könnten Betreibern die Möglichkeiten geben, Komponenten von unterschiedlichen Anbietern zu kombinieren, die Kosten zu senken und Abhängigkeiten zu vermeiden. Unternehmen in den USA, Japan und Korea sind führend bei Software und wichtigen Komponenten für Open RAN, und manche von ihnen arbeiten bereits zusammen. Dish Network, das bis 2023 eine 5G-Abdeckung für 70 Prozent der US-Bevölkerung erreichen will, hat eine Partnerschaft mit Fujitsu geschlossen. Rakuten nahm im Jahr 2020 das erste 5G-Netz auf der Basis von Open RAN in Betrieb und hält eine Mehrheitsbeteiligung an Altiostar, einem Anbieter von Open RAN aus dem US-Bundesstaat Massachusetts. Mit Unterstützung der CORE-Staaten könnten diese Aktivitäten intensiviert und in Schwellenländern schneller verbreitet werden.

Ein weiteres Gebiet, auf dem mehr transatlantische Kooperation sowohl dringend als auch möglich wäre, ist die internationale Festlegung von Standards. Der große Markt der EU und ihre strenge Regulierung bedeuten, dass ihre Regeln oft zum globalen Standard werden. Anu Bradford, Rechtsprofessorin an der Columbia University, bezeichnet das als den „Brüssel-Effekt". Statt auf diesen Markt zu verzichten oder eine Produktlinie speziell für die EU zu entwickeln, übernehmen viele multinationale Unternehmen automatisch EU-Regeln. Zugleich ist die Europäische Union stark in internationalen Standardisierungsgremien vertreten, in denen sich auch China zunehmend engagiert.

Drei internationale Standardisierungsgremien sind besonders wichtig. Technologien, die Standards der International Organisation for Standardization (ISO), der International Electrotechnical Commission (IEC) und der ITU entsprechen, dürfen nach Regeln der WTO im internationalen Handel nicht verboten werden.[42] Auch andere Länder, insbesondere ärmere, orientieren sich oft an diesen drei Gremien, wenn sie eigene Standards festlegen. Im Jahr 2019 besetzte die EU mehr Führungspositionen in ISO und IEC als die USA oder China.[43]

In diesen Organisationen wird transatlantische Kooperation dringend benötigt, beginnend mit der Entscheidung über ihre Führung.

So könnten die USA und ihre europäischen Partner zusammenarbeiten, um den nächsten Generaldirektor der ITU zu bestimmen, wenn im Jahr 2022 der chinesische Amtsinhaber Houlin Zhao zurücktritt.[44] Auch Koordination in Arbeitsgruppen ist erforderlich, um auf gesellschaftlich verantwortungsbewusste Standards auf neuen Gebieten wie KI-Überwachung zu drängen und gleichzeitig chinesische Vorschläge zu blockieren, die Regierungen mehr Kontrolle über das Internet geben.[45]

Zugleich aber gibt die 5G-Kampagne der USA in Europa einen Ausblick auf die Herausforderungen dabei. Europäische Länder davon zu überzeugen, auf chinesische 5G-Technik zu verzichten, hätte vergleichsweise einfach sein sollen. Sie sind schließlich relativ wohlhabende Demokratien und haben sowohl starke Überzeugungen zu Datenschutz als auch genügend Ressourcen, um sich teurere Alternativen zu leisten. Zudem gibt es mit Nokia aus Finnland und Ericsson aus Schweden zwei europäische Anbieter von 5G-Technik, sodass ein Anreiz besteht, Alternativen zu Produkten aus China zu fördern.

Abnehmendes Vertrauen in die USA hat für China Chancen in Europa eröffnet. In einer Werbekampagne im Jahr 2019 ging Huawei sogar so weit, sich als Partner mit gemeinsamen Werten darzustellen. „Es ist entscheidend, dass 5G auf die europäische Weise eingeführt wird, in Übereinstimmung mit europäischen Werten", verkündete das Unternehmen.[46] Als sie dann öffentlich von US-Diplomaten bedrängt wurden, schreckten manche Länder vor Aufträgen zurück. Aber nur wenige wollten Huawei explizit ausschließen, denn sie fürchteten Vergeltung aus Peking. Also führten sie stattdessen objektive Auswahlkriterien für Netzwerk-Technik ein, die Huawei kaum erfüllen kann.

Die Biden-Regierung kann ihre Chance nutzen, das Image der USA zu verbessern, doch tiefer liegende Differenzen sind auch mit der Abwahl von Trump nicht verschwunden. Wie in den USA rufen Vordenker in Europa nach einer demokratischen Koalition, doch ihre Ziele sind andere. In ihren Augen liegt die Bedrohung nicht nur im autoritären Ansatz Chinas, sondern auch in der Macht von US-Unternehmen. „Ohne gezielte und sofortige Gegenwehr durch demokratische Regierungen werden kommerzielle und autoritäre Governance-Modelle Demokratie überall auf der Welt aushöhlen", warnt Marietje Schaake, Präsidentin des Cyber Peace Institute und früheres Mitglied des Europäischen Parlaments.[47]

Die USA könnten Hindernisse für Kooperation abbauen, indem sie landesweite Datenschutzregeln einführen, die mit der Datenschutz-Grundverordnung der EU (DSGVO) vereinbar sind, mehr Wettbewerb in der digitalen Wirtschaft unterstützen und an einem Abkommen über Digitalsteuern arbeiten.[48] All das wären schon für sich genommen lohnende Vorhaben, und im US-Kongress finden sie zunehmend überparteiliche Unterstützung, auch wenn über die Ausgestaltung noch Uneinigkeit besteht.

Doch Europa nähert sich den USA nicht an, um eine einheitliche Alternative zur chinesischen Vision für globale Netze anzubieten. Stattdessen positioniert es sich als Alternative zu China wie den USA. „Die Europäische Union ist gut aufgestellt, um eine globale Führungsrolle bei der Stärkung von Governance im Cyberspace zu spielen, als effektiver Puffer in Form eines ‚dritten Weges' zwischen den dominierenden Paradigmen der USA und Chinas", heißt es in einem Arbeitspapier der EU-Kommission.[49] „Wenn wir nicht neue Wege finden, um den Zugang zu Daten zu demokratisieren und diesen Teufelskreis zu durchbrechen, werden die Gewinner von heute auch die Gewinner von morgen sein."[50]

Das grundlegende Problem ist, dass Europa sich nicht zu den heutigen Gewinnern zählt. In den USA sind laut einer UN-Studie 68 Prozent der Marktkapitalisierung der 70 weltweit wichtigsten digitalen Plattformen zu finden und in China weitere 22 Prozent. Für Europa bleiben nur 3,6 Prozent.[51] Nach derselben Untersuchung machen sieben Unternehmen – Microsoft, Apple, Amazon, Google, Facebook, Tencent und Alibaba – zwei Drittel vom Gesamtwert des Digital-Marktes aus. Ohne eigenen Champion in dieser Liga will Europa kein System verteidigen, das es als vorteilhaft nur für andere ansieht.

Deutschland kommt den Großen am nächsten, ist aber immer noch sehr weit hinterher. Mit SAP ist das größte Technologieunternehmen Europas ein deutsches. Der Anbieter von Geschäftssoftware hat mehr als 200 Millionen Kunden und wirbt damit, dass 77 Prozent des weltweiten Transaktionsvolumens Kontakt mit einem seiner Systeme haben. Doch Anfang 2021 war allein Alphabet, Muttergesellschaft von Google und viertgrößtes Technologieunternehmen der USA, an der Börse mehr wert als alle 30 führenden Unternehmen im deutschen Dax-Index zusammen.[52] Mit der Deutschen Telekom wird nur ein EU-Unternehmen in der *Forbes*-Rangliste der 20 wichtigsten Digitalfirmen aufgeführt. Zwölf der Top 20 kamen dagegen aus den USA.[53]

In ihrer Datenstrategie stellt sich die Europäische Kommission bis 2030 eine dramatisch andere Landschaft vor. „Konkurrenten wie China und die USA entwickeln bereits rasch Innovationen und übertragen ihre Konzepte für Datenzugang und -nutzung auf die ganze Welt", heißt es darin.[54] Die Kommission will, dass sich die EU einen Anteil an der globalen Datenökonomie sichert, der mindestens ihrem wirtschaftlichen Gewicht entspricht; ihr globaler Marktanteil bei Halbleitern soll sich verdoppeln, ebenso wie die Zahl ihrer Technologieunternehmen mit mindestens 1 Milliarde Dollar Börsenwert.[55] Diese Ambitionen sind lobenswert, doch derlei große Ziele hören sich auch an, als könnten sie aus einem chinesischen Politik-Dokument stammen.

Darüber hinaus rufen europäische Politiker nach „digitaler Souveränität", was ein wenig nach Chinas Vision von Cybersouveränität klingt.[56] „Das Ziel ist, einen einheitlichen europäischen Datenraum zu schaffen – einen echten Binnenmarkt für Daten, offene Daten aus der ganzen Welt", schreibt die Europäische Kommission in ihrer Datenstrategie. „Dieses vorteilhafte Umfeld fördert Anreize und Wahlmöglichkeiten, was dazu führen wird, dass mehr Daten in der EU gespeichert und verarbeitet werden." Geschehen soll all das „nicht per Dekret, sondern durch freie Entscheidungen". Doch realistisch gesehen werden die meisten Unternehmen, die Daten derzeit außerhalb der Europäischen Union speichern, wegen der höheren Kosten nichts daran ändern, wenn sie nicht dazu gezwungen werden.

Der späte und etwas umständliche Einstieg der EU in den globalen Cloud-Wettbewerb zeigt die Grenzen dieses Ansatzes. Europäische Politiker haben sich besorgt über den U.S. CLOUD Act gezeigt, der im

Jahr 2018 vom Kongress verabschiedet wurde und es der US-Regierung erleichtert, bei Unternehmen im Rahmen von strafrechtlichen Ermittlungen grenzüberschreitende Daten abzufragen.[57] Die Argumente dagegen könnten sich ähnlich anhören wie Warnungen von Vertretern der USA vor chinesischen Unternehmen, die gesetzlich verpflichtet sind, jede nötige Unterstützung zu leisten, zum Beispiel in Form von Zugang zu geschützten Anlagen, Daten und Geräten für Geheimdienste.[58]

Der große Unterschied liegt natürlich darin, dass der US-Ansatz auf Rechtsstaatlichkeit und gegenseitigem Einverständnis basiert. Das CLOUD-Gesetz wird anderen Ländern nicht per Dekret auferlegt, sondern autorisiert die US-Regierung lediglich, mit ausländischen Regierungen bilaterale Vereinbarungen über den Zugriff auf Daten auszuhandeln. Mit Großbritannien gibt es bereits eine Einigung, und mit der EU verhandeln die USA über ein bilaterales Abkommen, das Gesetze auf beiden Seiten beachten und wechselseitigen Zugriff vorsehen soll. Doch während das Ansehen der USA in Europa während der Amtszeit von Trump schwer beschädigt wurde, sind ihre Cloud-Anbieter weiter gewachsen, und so begannen mehr europäische Abgeordnete, als eine Frage der Souveränität eigene Cloud-Investitionen der EU zu verlangen.

Im Juni 2020 starteten Deutschland und Frankreich GAIA-X, benannt nach der griechischen Göttin der Erde.[59] „Wir sind nicht China. Wir sind nicht die USA. Wir sind europäische Länder mit unseren eigenen Werten", erklärte der französische Finanzminister Bruno Le Maire zu dem Projekt.[60] „Um digitale Souveränität zu erreichen, müssen wir beginnen, Daten so zu verarbeiten wie große Unternehmen aus den USA und China – wie die Hyper-Scaler", sagte Deutschlands Wirtschaftsminister Peter Altmaier.[61]

Ein passenderer Name für das Projekt wäre Proteus nach dem griechischen Gott, der für seine Gestaltveränderungen bekannt ist. In offiziellen Dokumenten ist sein wahrer Inhalt manchmal schwer zu entschlüsseln. Es sei „eine europaweite Plattform für die Speicherung von Daten in externen Datenzentren", erklärt die deutsche Regierung, was sich nach einer europäischen Cloud anhört. „Die Roadmap für

GAIA-X sieht die Schaffung einer internationalen, nicht gewinnorientierten Gesellschaft nach belgischem Recht vor, (…) die den Rahmen für das Ökosystem von GAIA-X festlegen und wichtige Funktionen übernehmen wird", heißt es in einem anderen offiziellen Dokument.[62] Übersetzung: GAIA-X richtet eine gemeinnützige Organisation ein, die mit definiert, was GAIA-X werden soll.

Internationale Medien haben zu der Aufregung darum beigetragen und zusätzliche Verwirrung geschaffen, indem sie von „Europas Streben nach Cloud-Unabhängigkeit" oder „Europas Antwort auf die Macht von Cloud-Giganten aus den USA und China" berichteten.[63] Dabei erklärt die deutsche Regierung: „Es sollen keine Produkte als Konkurrenz zu bestehenden Angeboten entwickelt werden."[64] Tatsächlich dürfen nicht-europäische Unternehmen zwar nicht in den Aufsichtsrat von GAIA-X, sind ansonsten aber eingeladen, sich an der Initiative zu beteiligen, solange sie sich auf deren Prinzipien verpflichten. Dieses Angebot ging sogar an Huawei.[65]

Anlass zur Skepsis besteht insofern, als hinter der Rhetorik um GAIA-X keine ernsthaften Ressourcen stehen. Die Europäische Kommission plant, über sieben Jahre nur 2 Milliarden Euro für Cloud-Computing zur Verfügung zu stellen, und will mit zusätzlichem Geld von Mitgliedsstaaten und Unternehmen auf insgesamt 10 Milliarden Euro kommen.[66] Das ist weniger, als Amazon in einem einzigen Quartal an Umsatz mit Cloud-Diensten macht.[67]

Im Grunde ist GAIA-X ein Torwächter für bestehende Cloud-Angebote, der sich die Regulierungsmacht der EU zunutze macht. Die Details werden noch erarbeitet, doch herauskommen könnte eine Art zentrale Anlaufstelle, die Europas kleinere Cloud-Unternehmen zusammenbringt. Dies könnte ihre Bekanntheit erhöhen und die Einrichtung geteilter Daten-Pools für Innovationen erleichtern. Theoretisch würden Nutzer von GAIA-X dadurch mehr Optionen bekommen, und sie könnten leichter zwischen verschiedenen Cloud-Diensten wählen. Das Ziel ist, die Eintrittshürden für neue Anbieter zu verringern. Doch dass sie wirklich mit den heutigen Cloud-Riesen mit ihrer Überlegenheit bei Service, Größe, Ressourcen und globaler Reichweite konkurrieren könnten, ist schwer vorstellbar.

GAIA-X dürfte also eher keine europäischen Technologie-Giganten entstehen lassen, könnte aber US-Unternehmen bremsen und unabsichtlich chinesische Cloud-Anbieter in Entwicklungsländern stärken. Das zugrunde liegende Ziel der Unterstützung europäischer Anbieter bedeutet, dass der „Eintrittspreis" für US-Unternehmen höher werden dürfte. Und wenn auf Anbieter aus den USA höhere Kosten in der EU zukommen, haben sie weniger Ressourcen für die Expansion in andere Teile der Welt.

Die EU-Fokussierung auf digitale Souveränität, manifestiert in GAIA-X, birgt ihre eigenen Gefahren. Kleinere Länder auf der ganzen Welt haben ähnliche Ambitionen, doch der vorgeschlagene Weg wird schon für die Europäische Union schwierig und könnte für kleinere Volkswirtschaften sogar unmöglich sein. Außerdem lässt sich das Konzept leicht missbrauchen. Den Kern der EU-Vision von digitaler Souveränität bilden individuelle Rechte. Regierungen in China, Russland, Iran und anderswo schwenken dieselbe Flagge, aber mit weniger uneigennützigen Zielen. Die digitale Souveränität des einen Landes kann für alle anderen wie digitaler Nationalismus aussehen und in extremen Fällen sogar digitalen Autoritarismus verschleiern.

Realistisch gesehen werden die USA und ihre europäischen Partner nicht in der Lage sein, ihre unterschiedlichen Visionen für globale Netze sauber zu vereinen. Asymmetrien beim globalen Marktanteil stehen einer völligen Übereinstimmung ebenso im Weg wie alte Differenzen: „Die Interaktion zwischen EU und USA bei Datenschutz und Sicherheit hat nie ein stabiles Gleichgewicht erreicht, in dem beide Seiten unter Berücksichtigung der Aktivitäten aller anderen mit dem erreichten institutionellen Zustand besser dran sind als mit einer denkbaren Alternative, und gewiss wird es das auch nie geben", schreiben die Politologen Henry Farrell und Abraham L. Newman. Stattdessen sagen sie eine „anhaltende und erhitzte Auseinandersetzung" voraus.[68]

Trotzdem wird transatlantische Kooperation bestehen bleiben und kann von diesem anhaltenden Kampf sogar profitieren, wenn Differenzen offen angesprochen und effektiv gehandhabt werden. Ein neuer und ermutigender Ansatz zur Kooperation ist der EU-US Trade and Technology Council, eingerichtet im Juni 2021 für Themen von der Überprüfung von Investitionen und Exportkontrollen bis zu künstlicher Intelligenz. „Diese konstante Reibung mit Amerika ist eine gute Sache, eine produktive Sache. Sie bringt Konfrontation, Diskussionen und Dispute mit sich – und sorgt dafür, dass man sich beständig selbst infrage stellt. Dies ist das Wesen einer offenen Gesellschaft", sagte im Oktober 2020 Deutschlands Verteidigungsministerin Annegret Kramp-Karrenbauer.[69] Reibung würde auch ein natürlicher Bestandteil von CORE sein. Entsprechend sollten Politiker ihre Erwartungen mäßigen, und wenn sie den demokratischen Kern stärken, dürfen sie nicht die Entwicklungsländer vergessen, in denen China nach vorne drängt.

DAS ZÜNGLEIN AN DER WAAGE

Die USA und ihre Partner müssen sich auf eine Welt vorbereiten, die am Ende dieses Jahrhunderts dramatisch anders aussehen könnte. Europas und Asiens Bedeutung wird, dafür spricht die demografische Entwicklung, geringer werden, während die Afrikas und der arabischen Welt zunimmt. Nigeria, im Jahr 2017 auf Platz 20 der größten Volkswirtschaften weltweit, wird bis dahin zur neuntgrößten aufsteigen, sagen Forscher am Institute for Health Medicine an der University of Washington voraus.[70] Im selben Zeitraum sehen sie Indien vom siebten auf den dritten Platz vorrücken und die Türkei bis Mitte des Jahrhunderts vom siebzehnten auf den neunten, um sich dann bis 2100 auf dem elften Platz zu etablieren. Das sind natürlich nur Prognosen, und in den kommenden Jahrzehnten könnte sich noch vieles anders entwickeln. Aber sie geben einen frühen Ausblick auf eine Welt, in der die Schwellenländer bedeutend geworden sind.

Angesichts dieser Entwicklungen dürfen reiche Demokratien nicht zu digitalen Inseln werden. Der gemeinsame Anteil am globalen Bruttoinlandsprodukt derjenigen Länder, die in dem Ranking Freedom on the Net von Freedom House als „frei" bezeichnet werden, soll bis 2050 von 48 Prozent auf 38 Prozent sinken. Als „nicht frei" klassifizierte Länder sollen ihren Anteil unterdessen von 22 Prozent auf 30 Prozent steigern.[71] Solche Zahlen bilden wirtschaftliche Machtverhältnisse nur sehr grob ab. Doch letztlich sind sie die Grundlage für technologische und militärische Macht. CORE wird den demografischen Rückgang auf dem eigenen Territorium durch eine Erweiterung in die Welt der Entwicklungsländer ausgleichen müssen.

Dort wird die Koalition offene Türen einlaufen, denn viele Länder setzen bereits auf digitale Lösungen. Unter den 30 Staaten weltweit mit dem höchsten Digital-Anteil am BIP sind 16 Schwellenländer, hat Ruchir Sharma berechnet, Chief Global Strategist bei Morgan Stanley Investment.[72] Seit 2017 sind die digitalen Umsätze in Entwicklungsländern mehr als zweimal so schnell gestiegen wie in Industrienationen. Und das Potenzial für weiteres Wachstum ist riesig.

Noch sind Entwicklungsländer weltweit dabei, online zu gehen. Mehr als die Hälfte der Welt hat nur begrenzten oder gar keinen Zugang zum Internet.[73] In mehr als einem Drittel aller Länder fehlt es noch an Internetknoten.[74] Ein Drittel der Weltbevölkerung lebt in Ländern, in denen sich Durchschnittsverdiener keinen mobilen Breitbanddatentarif für 1 Gigabyte leisten können.[75] Bei den Kunden mit Mobilfunkversorgung wird erwartet, dass 2025 nur 15 Prozent von ihnen 5G nutzen, während 60 Prozent noch bei 4G sein werden.[76] Das „Rennen" um 5G und globale Netze im Allgemeinen beginnt gerade erst.

Die weltweit wachsende Mittelschicht wird mit darüber entscheiden, wer es gewinnt. Im Jahr 2018 wurde ein historischer Wendepunkt erreicht: Zum ersten Mal in der Geschichte der Menschheit machte der arme und gefährdete Teil der Weltbevölkerung nicht mehr die Mehrheit aus, geht aus Berechnungen von Homi Kharas an der Brookings Institution hervor.[77] Die Mittelschicht, definiert als Haushalte mit Ausgaben zwischen 11 Dollar und 110 Dollar pro Tag und Person, ist das größte und am schnellsten wachsende Verbrauchersegment in der globalen Wirtschaft. Die Herausforderung dabei ist laut Kharas und der Brookings-Forscherin Meagan Dooley, dass im Jahr 2030 ein Viertel des globalen Mittelschicht-Konsums in China stattfinden wird.[78]

Bei der Expansion von CORE sollte Indien ganz oben auf der Liste stehen. Dem Land wird für 2030 der zweithöchste Anteil an den Konsumausgaben der globalen Mittelschicht vorhergesagt, 13 Prozent des weltweiten Gesamtvolumens.[79] Die indische Mittelschicht prägt bereits die Nachfrage nach Geräten und Dienstleistungen. Im Jahr 2018 luden Nutzer in Indien mehr Apps herunter als in jedem anderen Land mit Ausnahme von China, und sie verbrachten mehr Zeit mit sozialen Medien als Nutzer in China und den USA.[80] Ein Viertel der weltweiten Zunahme bei Mobilfunkverträgen bis 2025 wird auf Indien entfallen, wo es dann fast eine Milliarde Smartphones geben soll.[81] Abgesehen von China kommt niemand auch nur in die Nähe dieser Zahlen.

Indien ist das Zünglein an der Waage. Wenn das Land an Bord wäre, würde CORE acht der zehn weltweit größten Volkswirtschaften des Jahres 2030 umfassen.[82] Das wirtschaftliche Gewicht der USA und Indiens zusammen wird auch 2050 noch das von China übersteigen, und nach diesem Jahr soll der chinesische Anteil am globalen BIP abnehmen.[83] Indien verfügt über ein großes Reservoir an technischen Talenten, vor allem für Software und Dienstleistungen. Es könnte zum CORE-Botschafter für die Welt der Entwicklungsländer werden und wirtschaftlich selbst mit am stärksten von dieser Rolle profitieren.

Dieselben Besonderheiten machen umgekehrt die Vorstellung beunruhigend, dass sich Indien nicht für eine Kooperation gewinnen lässt. Wenn es sich für Peking entscheidet, verliert CORE sein natürlichstes Gegengewicht zu China. Die Koalition hätte es mit zwei Ländern zu tun, die zusammen mehr als ein Drittel der Weltbevölkerung ausmachen. Natürlich ist durchaus denkbar, dass Indien sich für keine der Seiten entscheidet. Doch das wäre eine große verpasste Gelegenheit und würde die Wahrscheinlichkeit dafür verringern, dass andere Schwellenländer von CORE angezogen werden.

Die aktuelle Dynamik ist deutlich im Sinne Washingtons. Gemeinsamkeiten bei der Einschätzung von China führen zu mehr Kooperation zwischen den USA und Indien bei Militärübungen, Gesprächen über Cybersicherheit und Austausch von Geheimdienst-Informationen.[84] Die beiden Länder wirken schon lange wie naturgegebene Partner – die älteste und die größte Demokratie der Welt. Allmählich scheint dieses Potenzial zur Realität zu werden .

Zusätzlich kooperiert Indien stärker mit wichtigen US-Verbündeten. Das Quad, ein strategisches Forum aus den USA, Japan, Indien und Australien, wurde von koordinierter Katastrophenhilfe nach dem Erdbeben und Tsunami im Indischen Ozean 2004 inspiriert. Nachdem mehrere Versuche scheiterten, operiert die Gruppe jetzt mit einer hochrangigen Besetzung und kooperiert bei technischen Fragen. Das erste Gipfeltreffen der vier Länder auf Ebene der Regierungschefs fand im März 2021 statt. Hier wurde unter anderem eine Arbeitsgruppe gegründet, deren Fokus auf kritischen und neu aufkommenden Technologien liegt.[85] Das ist genau die Art von Brückenbau, bei der die USA führend sein müssen, um mit dem Quad „von einer neuen *Form* des Dialogs zu gemeinsamer *funktionaler* Arbeit der Gruppe zu kommen", schrieben Evan E. Feigenbaum und James Schwemlein für den Think Tank Carnegie Endowment.[86]

Trotz solcher Fortschritte muss die Nähe von Indien zu CORE stets gepflegt werden und sollte nicht als selbstverständlich gelten. Selbst als die USA und Indien während des Kalten Krieges China übereinstimmend als Bedrohung anzusehen begannen, gab es noch Uneinigkeit über den richtigen Umgang damit. Wie die Politologin Tanvi Madan erklärt, können Neu-Delhi und Washington daraus lernen, dass Übereinstimmung sowohl bei Zielen als auch bei den Mitteln bestehen muss, dass Erwartungen sorgfältig gesteuert werden müssen und dass die Beziehung institutionalisiert werden sollte. „Die Natur mag die beiden Länder in ihrem Umgang mit China zusammenbringen, aber ohne Kultivierung wird jede derartige Übereinstimmung nicht nachhaltig sein", schreibt sie.[87]

Washington war gelegentlich etwas voreilig und tat so, als wäre Einigkeit garantiert oder sogar schon hergestellt. „Amerika und Indien werden Licht in die dunkelsten Ecken unserer Erde bringen", verkündete Präsident George W. Bush, nachdem er im Jahr 2006 ein Abkommen über zivile Kernenergie unterzeichnet hatte.[88] Und bei seiner letzten Reise nach Indien als US-Außenminister sagte Mike

Pompeo: „Inzwischen ist sehr deutlich geworden, dass es einen Kampf in der Welt gibt und dass sich dieser Kampf zwischen Freiheit und Autoritarismus abspielt. Indien hat sich, so wie die USA, für Demokratie und Freiheit entschieden."[89] Das Problem bei solchen Schwarz-Weiß-Zeichnungen ist, dass sie die riesigen grauen Bereiche vernachlässigen, in denen sich viele Entwicklungsländer befinden.

Indien hat sich noch nicht offiziell für eine Seite entschieden, auch wenn es jetzt stärker in Richtung der USA neigt. Sein Premierminister Narendra Modi distanziert sich zwar von der Bewegung der Blockfreien Staaten, die jahrzehntelang die indische Außenpolitik leitete, aber er sichert sich immer noch ab. Aktuelle Verbesserungen bei den Beziehungen zu den USA betrafen den Sicherheitsbereich. Bei wirtschaftlichen Fragen aber hat Indiens Präferenz für einheimische Produktion Hürden entstehen lassen, darunter die höchsten geltenden Zölle unter den großen Volkswirtschaften.[90] In Washington kann dadurch der Eindruck entstehen, dass es nicht ein Indien gibt, sondern zwei, abhängig davon, ob es um Sicherheit oder um Wirtschaft geht.

Peking weiß, dass es noch Differenzen gibt, und wird versuchen, sie auszunutzen. „Es gibt eine Obergrenze dafür, wie eng die Beziehungen zwischen den USA und Indien werden können", sagt Ye Hailin, einer der wichtigsten Südostasien-Experten Chinas. Selbst bei ihren Gemeinsamkeiten sieht er Unterschiede: „Wir dürfen eines nicht vergessen: Beide Länder mögen Englisch sprechen, aber das Englisch des einen Landes schmeckt nach Hamburger und das des anderen nach Curry. Sie sind ganz unterschiedlich."[91]

Auf gewisse Weise ist die Herausforderung für Indien das Dilemma Europas in verschärfter Form. Auch Indien will seine eigenen Technologie-Champions und mehr Kontrolle über seine Daten, verfügt aber über weniger Ressourcen und Produktionskompetenz und ist stärker abhängig von chinesischer Technologie. Im Jahr 2014 startete Modi die Kampagne „Make in India". Dabei handelte es sich um einen Versuch, durch das Abschaffen von Hürden für ausländische Investitionen und gleichzeitig höhere Importzölle auf Elektronik und andere fertige Güter mehr Produktion ins Inland zu bekommen. Die an sie gestellten Erwartungen konnte die Kampagne nicht erfüllen.[92]

Zu großen Teilen sind die indischen Netze Made in China. Indien importiert etwa 90 Prozent seiner Telekommunikationstechnik, davon im Jahr 2019 40 Prozent aus China.[93] Im selben Jahr kamen auch fast zwei Drittel seiner Anlagen für Datenzentren aus China und Hongkong.[94] Drei der vier größten Telekom-Gesellschaften im Land – Airtel, Vodafone India und BSNL – nutzen für 30 bis 40 Prozent ihrer Netze Technik von Huawei oder ZTE.[95] Bezahlbarkeit ist ein bedeutender Faktor bei den Entscheidungen Indiens, und er wird es bleiben.

Indische Verbraucher sind möglicherweise nicht bereit, auf Technik aus China zu verzichten. Nach einem Konflikt zwischen Soldaten beider Länder entlang ihrer umstrittenen Grenze im Jahr 2020 verbot Indien mehr als 100 chinesische Apps. Trotzdem war der chinesische Technologie-Riese Xiaomi mehrere Monate nach dem ursprünglichen Vorfall mit fast 30 Prozent Marktanteil im zweiten Quartal 2020 weiterhin der beliebteste Smartphone-Hersteller in Indien. Auf Platz 3, 4 und 5 standen mit Vivo, Realme und Oppo drei weitere chinesische Unternehmen. Zusammen mit Xiaomi sicherten sie sich zwei Drittel des indischen Smartphone-Marktes.[96]

Bezahlbarkeit könnte immer noch schwerer wiegen als Sicherheitsbedenken. Indische Experten gehen davon aus, dass jegliche Technik aus dem Ausland ein Spionagerisiko mit sich bringt. „Bedenken wegen ausländischer Überwachung würden stets eine große Rolle spielen, ob bei Huawei (China), Nokia (Finnland), Cisco (USA) oder Ericsson (Schweden)", erklärt Munish Sharma, Forscher am Institute for Defence Studies and Analyses (IDSA) in Neu-Delhi.[97] Manche glauben, Indien könne trotzdem das Beste aus beiden Welten haben: Technik vom billigsten Anbieter und gleichzeitig Sicherheit durch effektive Überwachung. „Diese Abhängigkeit [von China] verhindert nicht, dass andere Staaten genügend Kontrolle über die Entwicklungen haben, um sicherzustellen, dass diese Werkzeuge nicht missbraucht werden", schreiben Ajey Lele und Kritika Roy vom IDSA.[98]

Dennoch beginnt die indische Regierung, gegenüber chinesischen Anbietern von 5G-Technik eine härtere Haltung zu zeigen. Ende 2019 gab sie bekannt, alle Hersteller zur Teilnahme an 5G-Versuchen zuzulassen, die im Jahr 2021 sechs Monate lang laufen sollten. Doch als dann die Liste offiziell verkündet wurde, waren darauf keine chinesischen Unternehmen zu finden.[99] Neue Beschaffungsregeln sollen nur „vertrauenswürdige Quellen" zulassen, was Ähnlichkeit mit den Screening-Mechanismen hat, die zuvor von reicheren Demokratien eingeführt wurden.[100] Das Blatt könnte sich wenden, begünstigt durch chinesische Fehler und den lange bestehenden Wunsch Indiens, inländischen Anbietern den Vorzug zu geben.

Wie Europa und andere möchte Indien vom Wert seiner Daten selbst profitieren. Vordenker in dem Land finden weder den amerikanischen noch den chinesischen Umgang mit Datenströmen überzeugend.[101] Doch statt sich an internationalen Debatten über diese Fragen zu beteiligen, fiel Indien durch Abwesenheit auf. Es nahm weder an den Gesprächen über E-Commerce im Rahmen der WTO noch an Daten-Initiativen auf Ebene der G-20 teil.[102] In der Zwischenzeit schreitet die Verabschiedung des Personal Data Protection Bill voran, eines nationalen Gesetzes, das Experten als „krude Mischung aus Regeln der DSGVO [der EU] und autoritären Tendenzen" bezeichnen.[103]

Ein weiteres Gebiet, auf dem das aktuelle Handeln Indiens seinem Potenzial nicht gerecht wird, sind staatliche Eingriffe ins Internet. Indien ist das Land mit den weltweit meisten Internetsperren, und in den vergangenen Jahren haben sie zugenommen.[104] Im August 2019 unterband die Regierung sämtliche Kommunikation für Jammu und Kashmir und nahm den 13 Millionen Einwohnern der Region damit mobiles und Breitbandinternet, Festnetz und Kabelfernsehen. Die Sperre dauerte bis Januar des nächsten Jahres und wurde so die längste in der demokratischen Welt.[105] Berichte sprechen außerdem dafür, dass der Staat Spyware gegen Aktivisten, Journalisten und Rechtsanwälte für marginalisierte Gruppen eingesetzt hat.

Letztlich sollte Indiens Teilnahme an CORE von Taten, nicht von Ambitionen abhängen. Im Jahr 2020 bekam das Land 51 von 100 Punkten in dem Index Freedom on the Net von Freedom House. Der durchschnittliche Wert für die anderen neun Länder in der vorgeschlagenen Gruppe D-10 betrug 77 Punkte.[106] Im Jahr 2021 wurde Indien im jährlichen Demokratie-Ranking von Freedom House auf „teilweise frei" heruntergestuft. So schlecht war es zuletzt 1997 bewertet worden, in dem Jahr, in dem die Staaten der G-7 Russland verfrüht einluden, ihrem Club beizutreten. Sie hofften, dass Moskau weiter in Richtung ökonomischer und demokratischer Reformen gehen würde.[107] Stattdessen schwächte die russische Wendung zum Autoritarismus die Gruppe, bis das neue Mitglied im Jahr 2014 wieder hinausgeworfen wurde.

Um diesen Fehler nicht zu wiederholen, sollte CORE zusammen mit Indien einen Plan für seine vollständige Aufnahme in die Koalition erarbeiten. Im Jahr 2023 ist Indien Gastgeber für die G-20, was sich gut als Meilenstein nutzen ließe. Im Vorfeld des Gipfels könnte die Regierung ihre Interneteingriffe zurückfahren, strengere Auswahl-Kriterien für 5G-Anbieter einführen und Handelshemmnisse gegenüber anderen CORE-Mitgliedern abbauen. Bei dem Treffen selbst könnte der Schwerpunkt dann auf Datenströmen liegen, aufbauend auf Gesprächen, die im Jahr 2019 mit Japan als Gastgeber begannen.

Reformen in Indien könnten mit Maßnahmen gefördert werden, die seine Ziele im Bereich Produktion unterstützen, schlägt Robert K. Knake, Senior Fellow in dem Think Tank Council on Foreign Relations, vor.[108] So könnten Unternehmen in CORE-Staaten Steuererleichterungen bekommen, wenn sie die Produktion von Telekommunikationstechnik von China nach Indien verlagern. Die USA zum Beispiel beziehen mehr als 90 Prozent ihrer Laptops und fast drei Viertel ihrer Mobiltelefone aus China.[109] Wenn CORE-Länder einen Teil dieser Produktion in Indien ansiedeln würden, könnte das dazu beitragen, dass ihre Lieferketten durch mehr Diversifizierung widerstandsfähiger werden. Die Stärkung der indischen Produktionsbasis hätte zudem den Vorteil, dass die Abhängigkeit von China abnimmt.

Ein offeneres Indien könnte zum CORE-Botschafter für die Welt der Entwicklungsländer werden. Indische Politiker kennen den Zielkonflikt zwischen Kosten und Sicherheit aus erster Hand. Statt internationalen Gesprächen über Datenströme fernzubleiben, könnte Indien zur Brücke zwischen den reicheren Ländern und Schwellenländern wie Brasilien, Indonesien oder Südafrika werden.[110] Mit einem stärkeren Produktionssektor könnte es Lösungen entwickeln, die an den Bedürfnissen von Märkten mit niedrigerem Einkommen ausgerichtet sind. Indiens oberste Priorität wird natürlich sein, mehr von seinen Bürgern einen Internetzugang zu verschaffen, und dabei wird es wertvolle Kompetenzen aufbauen. Diese Erfahrung und Expertise, unterstützt von Finanzierungen und Investitionen anderer CORE-Mitglieder, könnte zu einer mächtigen Mischung für die Vernetzung größerer Teile der Welt der Entwicklungsländer werden.

DEN US-STAAT MODERNISIEREN

Als Franklin D. Roosevelt in den frühen Tagen des Zweiten Weltkriegs die Amerikaner zum Handeln aufrief, wusste er, dass die Herausforderung nur mit bedeutenden Veränderungen zu meistern war. „Dies kann nur erreicht werden, wenn wir die Vorstellung von ‚business as usual' aufgeben", erklärte er.[111] Wenn die USA heute eine Koalition zusammenbringen wollen, die bei globalen Netzen mit China konkurrieren kann, werden ebenfalls drei große Strategiewechsel erforderlich sein, die mit alten Gewohnheiten brechen.

Der erste betrifft die Art und Weise, wie die USA und ihre Verbündeten über Sicherheit denken und dafür bezahlen. Ohne Frage hat es die Politik bei nationaler Sicherheit zunehmend mit digitalen Bedrohungen zu tun. „Heutzutage verändern disruptive Technologien die Kriegsführung ebenso sehr, wie es die industrielle Revolution getan hat", sagte der NATO-Generalsekretär Jens Stoltenberg im Oktober 2020. „Konflikte werden zunehmend genauso sehr von Bytes und Big Data definiert wie von Kugeln und Kriegsschiffen."[112] Trotzdem dominieren Kugeln und Kriegsschiffe immer noch die Militärbudgets. „Selbstverständlich sollte mehr für Cyber-Technologie ausgegeben werden", sagt Admiral James Stavridis, ein früherer Supreme Allied Commander der NATO.[113]

Digitale Themen müssen in staatlichen Haushalten mehr Gewicht bekommen. Zum Beispiel verpflichten sich NATO-Mitglieder, jährlich 2 Prozent ihres BIP in Verteidigung zu investieren. Safa Shahwan Edwards, stellvertretende Leiterin der Cyber Statecraft Initiative des

Atlantic Council, schlägt vor, dass Mitglieder der Allianz 0,2 Prozent ihres BIP für Cybersicherheit und digitale Rüstungsmodernisierung zusagen. Einige erreichen dieses Ziel schon, aber die meisten Länder müssten ihre Ausgaben dafür verdoppeln oder verdreifachen.[114]

Viele europäische Staaten halten seit Jahren ihre ursprüngliche Zusage für Verteidigungsausgaben nicht ein, doch Investitionen in Cyber- und Digital-Verteidigung könnten politisch leichter durchzusetzen sein. Beispielsweise könnte die NATO Mitgliedern erlauben, einen Teil der Ausgaben für kritische Infrastruktur auf ihre Gesamtverpflichtung anzurechnen, wenn sie sich wie bestimmte 5G-Systeme direkt für NATO-Kommunikation nutzen lässt.[115] Stoltenberg erklärte es so: „Ein Schiff aus dem einen NATO-Land kann immer neben einem Schiff aus einem anderen fahren. Aber wenn sie keine Informationen austauschen können, wenn ihre Radar- und Tracking-Systeme nicht kommunizieren können, dann könnten sie genauso gut auf unterschiedlichen Meeren unterwegs sein."[116]

Die USA sollten diese Verschiebung auch in ihren eigenen Budgets berücksichtigen. Manche Entwicklungen gehen in eine positive Richtung, doch der US-Staatshaushalt ist schmerzhaft resistent gegen Veränderungen. Für das Fiskaljahr 2021 forderte das Verteidigungsministerium 9,8 Milliarden Dollar für Cyberaktivitäten an, darunter 789 Millionen Dollar für Cloud-Computing und 1,5 Milliarden Dollar für 5G-Vernetzung. Das hört sich nach enormen Summen an, macht aber nur 1,4 Prozent des Gesamtbudgets aus. Nach einer internen Untersuchung könnte das Ministerium innerhalb von fünf Jahren 125 Milliarden Dollar allein dadurch sparen, dass es überhöhte Verwaltungsausgaben kürzt.[117]

Eine bessere Verteilung von Ressourcen umfasst auch eine Modernisierung der Personalstruktur in der US-Regierung. Im Verteidigungsministerium arbeiten 30-mal so viele Musiker wie Diplomaten im Commercial Service des Wirtschaftsministeriums.[118] In den vergangenen Jahren mussten sich ungefähr zwei Dutzend dieser Beamten auf den gesamten Nahen Osten und Afrika verteilen. Sie sind nur in 8 der 64 Länder von Subsahara-Afrika präsent. China vergrößert unterdessen seine diplomatische Präsenz. In Afrika kommen auf jeden US-Diplomaten im Foreign Service 10- bis 40-mal so viele Vertreter der chinesischen Regierung.[119] Im Jahr 2019 überholte China die USA als das Land mit den meisten diplomatischen Vertretungen weltweit.[120]

Die USA sollten mehr Ressourcen in die Finanzierung von digitaler Infrastruktur stecken. Der Kongress ist in den vergangenen Jahren viel versprechende Schritte in diese Richtung gegangen, unter anderem mit der Einrichtung der US International Development Finance Corporation (DFC) und der Erneuerung des Mandats für die U.S. Export-Import Bank. Doch zusammen können diese beiden Institutionen mit nicht mehr als 195 Milliarden Dollar ins Risiko gehen, und die Budgetregeln begrenzen die Möglichkeiten der DFC, sich mit Eigenkapital zu beteiligen. Zum Vergleich: Der globale Bedarf an Investitionen in Informations- und Kommunikationstechnik bis 2040 wird auf 8,9 Billionen Dollar geschätzt.[121] Beide Institutionen wollen als Katalysator für Finanzierungen durch den Privatsektor wirken, etwa von Pensionsfonds und institutionellen Anlegern, bei denen die eigentliche Finanzkraft liegt. Aber dass mehr öffentliche Mittel benötigt werden, lässt sich nicht bestreiten.

Die zweite große Veränderung liegt in der Art und Weise, wie Ressourcen eingesetzt werden. Die US-Regierung muss mit Blick auf ausländische Märkte und neue Technologien unternehmerischer werden. Denkbar wäre zum Beispiel, dass sie einen Wagniskapitalfonds mit Portfoliomanagern für Auslandsinvestitionen einrichtet. Zusammen mit US-Botschaften könnten sie vielversprechende Start-ups identifizieren und technologische Entwicklung lokal fördern. Sie könnten auf größere Volkswirtschaften abzielen, die sich im Übergang befinden, etwa Brasilien, Indonesien oder Nigeria. Solche Länder haben Einfluss auf Trends in ihrer gesamten Region und sind schon für sich genommen bedeutende Märkte.

Dafür erforderlich wäre eine Mentalität, die sich mit Scheitern anfreunden kann. Wie Wagniskapital-Investoren im Privatsektor würden die staatlichen Portfoliomanager Wetten mit dem Wissen eingehen, dass sie viele davon verlieren werden. Im Fall der US-Regierung könnten jedoch selbst kommerziell erfolglose Investitionen wertvolle

Einblicke in lokale Entwicklungen liefern. Mit diesen Erkenntnissen und direkter Beteiligung an lokalen Unternehmen wären die USA effektiver darin, andere Länder zu einer Politik zu bewegen, die Offenheit und Widerstandsfähigkeit begünstigt.

Dabei könnten sie die Risiken mit ihren Partnern und Verbündeten ebenso teilen wie die Belohnungen. Nirav Patel, ein ehemaliger hochrangiger Beamter im US-Außenministerium und Mitgründer der Beratungsfirma Asia Group, schlägt die Einrichtung eines Asia-Pacific Technology Fund zusammen mit einer multilateralen Bank wie der Asian Development Bank vor. Der Fonds würde als General Partner auftreten, Unternehmen würden als Co-Investoren an einzelnen Projekten teilnehmen und mit der Zeit zum Limited Partner werden können.[122] Auf diese Weise Partner zu involvieren und öffentlichen und privaten Sektor zusammenzubringen, wird mit Sicherheit etwas Versuch und Irrtum erfordern. Doch ohne solche kreativen Alternativen wird weiterhin China die Lücke füllen.

Eine höhere Risikotoleranz würde der US-Regierung zugleich erlauben, in Technologien zu investieren, die autoritäre Netze infrage stellen. Der Open Technology Fund (OTF), eine unabhängige Organisation mit Förderung durch die U.S. Agency for Global Media, finanziert Werkzeuge wie Tor und Signal, mit deren Hilfe Dissidenten sicher kommunizieren und nach Angriffen ihre Websites wiederherstellen können. Der Fonds erhält pro Jahr nur 21 Millionen Dollar vom US-Kongress, unterstützt damit aber mehr als zwei Milliarden Menschen in mehr als 60 Ländern beim Zugang zum Internet. Man sollte OTF fragen, was er mit dem doppelten, vierfachen oder sogar zehnfachen Budgets bewerkstelligen könnte.

Zwar wird Technologie heutzutage oft als das Problem angesehen, doch Initiativen wie der OTF nutzen sie, um kreative Lösungen zu entwickeln. Tim Hwang, ein wichtiger KI-Experte, empfiehlt die Verbreitung von Wissen darüber, wie man autoritäre KI-Anwendungen täuschen kann – indem man sie zum Beispiel mit „feindlichen Beispielen" füttert, die ihre Fähigkeit beeinträchtigen, Menschen und Objekte korrekt zu identifizieren.[123] Eine Gruppe unter dem gemeinsamen Vorsitz von Eric Schmidt und Jared Cohen spricht sich dafür aus, unter anderem in fortgeschrittene Verschlüsselung und neuartige Technologie für Paket-Routing zu investieren.[124] Die Verfügbarkeit von Satelliten-Breitband zu fördern, wie in Kapitel 6 vorgeschlagen, ist ein weiterer vielversprechender Weg.

Skeptiker werden mahnen, dass bei solchen Aktivitäten die Grenze zwischen Staat und Privatsektor verschwimmt. Aber die US-Regierung geht bereits heute solche Wetten ein. Die Defense Advanced Research Projects Agency, kurz DARPA, ist berühmt für ihre Investitionen in Projekte, die zur Entwicklung von Internet und GPS beigetragen haben. Über Austauschprogramme und Stipendien setzen die USA zudem bereits auf Menschen. Erfreulicherweise sprechen sich selbst Republikaner im US-Repräsentantenhaus, sonst mit die größten Kritiker eines starken Staates, wegen der Konkurrenz mit China für manche dieser Maßnahmen aus. Somit könnte es überparteiliche Unterstützung für solche Initiativen geben.[125]

Drittens wird sich grundlegend verändern müssen, wie sich die USA gegenüber dem Rest der Welt verkaufen. Selbst als die Trump-Regierung daran arbeitete, anderen Ländern mehr Alternativen zu verschaffen, blieb sie eng auf die Gefahren von chinesischer Technik fokussiert. Als sie zum Beispiel finanzielle Unterstützung für Entwicklungsländer ankündigte, die sichere Telekom-Technik kaufen, nannte ein hochrangiger US-Vertreter die zwei Themen, die damit adressiert werden sollten: Erstens sei chinesische Technik anfällig für Spionage, und zweitens könne chinesische Finanzierung zur Falle werden.[126] Diese Argumente mögen bei Teilen der US-Bevölkerung gut ankommen, in den meisten Entwicklungsländern aber ist das nicht der Fall.

Den richtigen Ton zu treffen, wird mehr Einfühlungsvermögen erfordern. Warnungen vor Spionage haben wenig Bedeutung, weil Entwicklungsländer davon ausgehen, dass dieses Risiko bei jeglichen ausländischen Technologien besteht. Warnungen vor einer Schuldenfalle wiederum können sich bevormundend und leer anhören. Sie stellen Entwicklungsländer als ahnungslose Opfer dar und ignorieren die Tatsache, dass es bei chinesischen Krediten kaum zu Beschlagnahmungen von Sicherheiten kam.[127] Insgesamt wirkt das so ähnlich, wie wenn ein Kunde für eine Probefahrt zu einem Ford-Händler kommt und ihn der Verkäufer mit einer Tirade gegen den Honda-Händler nebenan empfängt. Ein geschickter Verkäufer arbeitet mit den Vorteilen des eigenen Produktes, nicht mit den Schwächen seiner Konkurrenten.

In Entwicklungsländern wird Bezahlbarkeit weiterhin eine wichtige Rolle bei den Entscheidungen spielen. Außer mit finanzieller Unterstützung können die USA anderen Ländern dabei helfen, die Kosten von Projekten besser abzuschätzen und technische Entscheidungen zu treffen. Bei chinesischen Angeboten sind häufig zunächst nur die einmaligen Kosten für den Aufbau im Preis enthalten. Doch nachdem ein System läuft, sind weiterhin Betrieb und Wartung zu bezahlen. Das zu ignorieren, ist verheerend. Es ist so, als würde man ein Auto kaufen und davon ausgehen, nie neues Benzin (oder neuen Strom) dafür zu brauchen, und auch keine Werkstatt. Dieses Szenario ist nur realistisch, wenn Sie das Auto nie benutzen.

Ein Beispiel ist die Erfahrung von Papua-Neuguinea, das sich 53 Milliarden Dollar von der Export-Import Bank of China lieh, um Huawei ein Datenzentrum in seiner Hauptstadt bauen zu lassen. Eine Analyse im Auftrag der australischen Regierung kam später zu dem Schluss, dass Huawei gezielt niedrige Standards für Cybersicherheit bei dem Projekt anlegte. Das Spionagerisiko beherrschte natürlich die Schlagzeilen, aber der Bericht hielt auch fest, dass das Datenzentrum verfiel, weil nicht genügend Geld für Betrieb und Wartung eingeplant war.[128] Statt vor Spionage und Schuldenfallen zu warnen, sollten Vertreter der USA also darauf hinweisen, dass das Datenzentrum auch daran scheiterte, dass es schlecht kalkuliert war. Huawei wirkt hier wie ein Autohändler, der bewusst ein Montagsauto verkauft hat.

Wenn Projektschätzungen die tatsächlichen Kosten widerspiegeln, werden die USA und ihre Partner besser mithalten können. Dazu müssen sie Entwicklungsländer davon überzeugen, nicht nur die üblichen Wartungs- und Betriebskosten zu berücksichtigen, sondern auch mehr Geld für Cybersicherheit. Ob aus Zufall oder mit Absicht haben Geräte von Huawei mehr Lücken als die mancher Konkurrenten, was sie anfälliger für Hacker-Angriffe macht.[129] Risikominimierung kann teuer sein, Risiken zu ignorieren aber noch teurer. Die USA und ihre CORE-Partner sollten Entwicklungsländer dabei unterstützen, solche Zielkonflikte objektiv zu analysieren.[130]

Wenn die USA tatsächlich über die Schwächen von chinesischer Technik sprechen, sollten sie Beispiele wie das von Papua-Neuguinea hervorheben und sich auf die Diskrepanz zwischen Versprechen und Realität konzentrieren. Manche chinesischen Unternehmen sagen in ihrem Verkaufseifer Funktionen zu, die sie nicht liefern können, wie Kapitel 4 für Überwachungs- und Safe-City-Technologie aus China gezeigt hat. Die angeblichen Vorteile sind ein wichtiger Faktor für ausländische Regierungen und Unternehmen, die diese Technik kaufen. Auf falsche Behauptungen und Fälle von nicht funktionierender Technik aufmerksam zu machen, wäre in Entwicklungsländern die bessere Defensivstrategie.

Dort einen offenen geopolitischen Krieg zu führen, dürfte eher nach hinten losgehen. Die Entwicklungsländer sind nicht bereit, auf die größte Handelsnation der Welt als Geschäftspartner zu verzichten. Sie sind nicht bereit, sich vom größten bilateralen Kreditgeber der Welt abzuwenden. Wenige sehen die USA und China auf eine streng dualistische Weise unterscheidbar in Gut gegen Böse. Den meisten ist Entwicklung und Wachstum wichtiger als Demokratie. Ihre Regierungen wollen sich Optionen offenhalten, konkurrierende Angebote bekommen und Abhängigkeit von einem einzelnen externen Partner vermeiden. Für wenige ist China der Partner der ersten Wahl. Aber die USA müssen sich dem Wettbewerb stellen, sonst bleibt China die einzige Option.

„DER SCHLIMMSTE DENKBARE TAG“

Man braucht keine Kristallkugel und auch keine Hollywood-Autoren, um sich eine von China vernetzte Welt vorzustellen. Die Warnzeichen sind schon da, viele von ihnen präsentiert im Verlauf dieses Buches. Manche mögen ganz harmlos erscheinen: blinkende grüne Lichter im

Keller einer lokalen Telekom-Gesellschaft in Glasgow, Montana; auf Masten montierte Kameras in London; Tausende Kilometer Glasfaserkabel, die unter der Erde und auf dem Meeresboden verlaufen. Chinas digitaler Fußabdruck wird größer, aber er ist immer noch kaum zu sehen und wird nicht sonderlich beachtet.

Am deutlichsten nimmt die Zukunft in der Welt der Entwicklungsländer, in der sich der Wettbewerb abspielen wird, Formen an. Manchmal macht sich chinesische Hardware dort schon negativ bemerkbar. Server in der Zentrale der Afrikanischen Union schicken mitten in der Nacht heimlich Daten nach Peking. Kameras zur Beobachtung pakistanischer Straßen haben versteckte Module eingebaut, andere funktionieren nicht richtig. Ein Unterseekabel wurde durch den Südatlantik verlegt und brachte der Volkswirtschaft Kameruns kaum mehr als höhere Schulden. Der erste Satellit von Laos gehört eigentlich Peking. Dies sind die frühen Anzeichen digitaler Abhängigkeit.

Die bekannte amerikanische Futuristin Amy Webb hat die heutigen Warnungen aufgegriffen und blickt viel weiter in die Zukunft. In ihrem Buch *The Big Nine: How the Tech Titans and Their Thinking Machines Could Warp Humanity* schildert sie ein erschreckendes Szenario. Es spielt im Jahr 2069, und China bildet das Zentrum eines Netzwerks aus 150 Ländern, die für Kommunikation, Handel und Finanzen sämtlich von Peking abhängig sind. Sie haben versprochen, sich an die „Global One China Policy" zu halten. Die USA und die ihnen verbliebenen Partner prüfen ihre Optionen, als China ihnen mit einer letzten, mittels KI gesteuerten Attacke zuvorkommt. Die ist „brutal, irreversibel und absolut" und vernichtet die Bevölkerung der USA sowie ihrer Verbündeten.[131] Auf Wiedersehen, Demokratie.

Chinas eigene Strategen wissen, was auf dem Spiel steht. „Die Kontrolle über eine Informationsgesellschaft [ist] der Türöffner für die Chance, die Welt zu beherrschen", erklärt Shen Weiguang, der in Kapitel 1 vorgestellte Guru für Informationskrieg.[132] Das schrieb er im Jahr 1999 in seinem Buch mit dem beunruhigenden Titel *The Third World War: Total Information War*. Seitdem ist es nur noch wahrer geworden, weil Kommunikationstechnologie immer tiefer in die Gesellschaft vordringt. Nur noch ein sehr kleiner Teil des Alltags, ob in Smart Citys wie Nairobi oder in ländlichen Städten wie Glasgow im US-Bundesstaat Montana, existiert unabhängig von digitaler Infrastruktur. Die digitale Abhängigkeit der Gesellschaft nimmt zu und damit auch die Macht, die in der Kontrolle dieser Systeme liegt.

China könnte Informationen und Druckmittel sammeln, die sich jederzeit einsetzen lassen, sowie Material für das, was der Cybersicherheitsexperte und frühere US-Geheimdienstler Thomas Donahue als „den schlimmsten denkbaren Tag" bezeichnet.[133] Jeden Tag habe Peking seinen Finger am Puls der globalen Wirtschaft. Es wäre über die Bewegungen bei Energienetzen, Frachtschiffen und Agrarmaschinen informiert. Es könnte noch tiefer blicken und den Energieverbrauch von Gebäuden erfassen, die Inhalte eines Containers und den Ertrag eines Traktors. Mit diesen Massen an Daten könnte Peking ein mächtiges Frühwarnsystem aufbauen.

Wissen selbst über solche scheinbar obskuren Details ist Macht. Wenn Peking zum Beispiel über Erträge in der Landwirtschaft informiert ist, könnte es Marktineffizienzen erkennen und nutzen, um von Preisschwankungen zu profitieren. Es könnte staatlichen Kunden helfen, sich auf soziale Unruhen vorzubereiten, die von steigenden Lebensmittelpreisen ausgelöst werden, oder sie zu verhindern. Mit exakten Informationen über die Fracht von Containerschiffen weltweit könnte Peking entscheiden, den Lagerbestand bei wichtigen Waren zu erhöhen, bevor der Rest der Welt bemerkt, dass sie knapp werden. Spitzen beim Energieverbrauch von militärischen Anlagen könnten verraten, dass ausländische Armeen mobilisiert werden. Für die chinesische Führung wären Überraschungen eine Sache der Vergangenheit.

China würde mehr Geheimnisse der Welt kennen und gleichzeitig seine eigenen Informationen verdeckt halten. Seine Augen und Ohren würden sich durch ausländische Hauptstädte bewegen und wären sogar in fremden Regierungsgebäuden, Kommandozentralen für öffentliche Sicherheit und Datenzentren fest installiert. Das Land würde von wissenschaftlichen Durchbrüchen erfahren, sobald sie erreicht sind, von Fusionen und Übernahmen unter Unternehmen, noch während sie ausgehandelt werden, und von Patenten, noch bevor sie angemeldet sind. China wäre der unbemerkte Zuhörer bei sensiblen Gesprächen. Es würde bei fast allen Verhandlungen aus einer Position überwältigender Stärke heraus antreten.

Der chinesische Informationsvorteil würde auf eine Zeitenwende im Wettbewerb zwischen staatlich kontrollierten und stärker offenen Volkswirtschaften hinauslaufen. Staatliche Planer taten sich lange schwer damit, ökonomische Entscheidungen so effizient zu treffen wie Märkte, wie der Zusammenbruch der Sowjetunion gezeigt hat. Doch Chinas Position im Zentrum globaler Netze könnte diese fatale Schwäche beheben. Wenn seine Aktivitäten bei digitaler Infrastruktur unangefochten bleiben und perfektioniert werden, was ein unwahrscheinliches Szenario ist, aber nicht auszuschließen, könnte Peking letztlich über bessere Informationen verfügen als seine Rivalen, die auf freie Märkte setzen.

Bewaffnet mit solchen Vorteilen, könnte die chinesische Führung versucht sein, im Ausland häufiger zu intervenieren. Solche Interventionen sind riskant. Die Welt hat schlicht zu viele Variablen, viele davon unbekannt, und die Wahrscheinlichkeit von unerwünschten Konsequenzen ist hoch. Doch wenn eine Regierung glaubt, dass sie über überwältigende Vorteile und überlegene Informationen verfügt, kann Erfolg wahrscheinlicher und das Risiko leichter handhabbar erscheinen. Vertreter Chinas könnten mehr Vertrauen in ihre Fähigkeit gewinnen, sich in internationalen Disputen durchzusetzen, ob es um Handel geht oder um physisches Territorium. Die Wahrscheinlichkeit von Konflikten würde zunehmen.

Die Vorteile Chinas würden sich auch auf das Schlachtfeld erstrecken. In *Global Trends 2040*, der neuesten Ausgabe einer Reihe, die alle vier Jahre veröffentlicht wird, warnt der National Intelligence Council der USA: „Dominanz im Konkurrenzkampf zwischen Großmächten und konkreter im Gefecht könnte zunehmend davon abhängen, Informationen nutzbar zu machen und zu schützen und Streitkräfte zu vernetzen. Kriegsparteien werden mit zunehmender Wahrscheinlichkeit Computernetze, kritische Infrastrukturen, elektromagnetisches Spektrum, Finanzsysteme und Anlagen ihrer Gegner im

Weltraum angreifen und so Kommunikation gefährden und Warnfunktionen stören."[134]

Am schlimmsten denkbaren Tag hätte Peking seine Hand an der Gurgel seiner Gegner. In einem Konflikt könnte China kritische Infrastrukturen andere Länder schwer schädigen. „Strategisch liegt das Ziel von Informationskrieg darin, die politischen, wirtschaftlichen und militärischen Informationsinfrastrukturen des Feindes zu zerstören und vielleicht sogar die Informationsinfrastruktur für die gesamte Gesellschaft", erklärt Shen. „Dazu müssen die Systeme des Feindes für Politik, Wirtschaft, Finanzen, Telekommunikation, Elektronik und Elektrizität sowie seine Computernetze zerstört werden."[135] Die vollständige und ungehinderte Umsetzung von Chinas digitaler Seidenstraße würde in eine Welt führen, in der China sich in Konflikten durchsetzt, ohne einen Schuss abzugeben.[136]

Um es deutlich zu sagen: Noch verfügt China längst nicht über diese Macht. Der Blick der Kommunistischen Partei wird schärfer und reicht zunehmend weiter, aber er ist immer noch fragmentiert und wird von Daten überflutet. Derart viele Informationen zu sammeln, ist nur der erste Schritt. Die viel schwierigere technische Herausforderung liegt darin, sie zu verstehen. Aus rein technischer Sicht ist offen, ob China einen weit reichenden, aber dennoch zentralisierten Blick auch nur innerhalb der eigenen Grenzen realisieren kann. Das Gleiche im globalen Maßstab zu versuchen, hat einen exponentiell höheren Schwierigkeitsgrad.

Zudem ist auch Netzwerk-Macht nicht ohne Grenzen. China würde Systeme eher vorübergehend stören, als sie zu zerstören, und dabei vor allem so vorgehen, dass sich ein Angriff verleugnen lässt. Die kritische Infrastruktur eines oder mehrerer Länder komplett lahmzulegen, ist eine Karte, die sich nicht ohne erhebliche Risiken und schnell abnehmenden Nutzen spielen lässt. Das Zielland könnte Vergeltung üben, unter anderem mit konventionellen militärischen Mitteln. Die Welt würde zusehen, und selbst an dem Konflikt unbeteiligte Länder könnten zu dem Schluss kommen, dass sie ihre Abhängigkeit von chinesischen Systemen verringern sollten, bevor es zu spät ist.

Zum Glück ist es noch nicht zu spät.

FREIHEIT FÖRDERN

Der Glaube, dass Technologie Demokratie fördern würde, entstand in einem Moment amerikanischer Euphorie.[137] Der Glaube, dass Demokratien Technologie fördern sollten, entsteht in einem Moment der Verzweiflung. Während sich die öffentliche Stimmung von Hoffnung zu Angst verschiebt, besteht die Gefahr, dass Paranoia ausbricht und die USA dazu bringt, ihre immer noch überlegene Macht zu verspielen. In den kommenden Jahren werden amerikanische Politiker und ihre Gegenüber in den CORE-Ländern sich schwertun, das richtige Gleichgewicht zwischen Handeln und Überreaktion zu finden.

Ängste wegen Chinas technologischer Ambitionen sind deshalb so ausgeprägt, weil sie überfällig sind. Der Aufstieg des Landes war rapide. Es hat Lücken bei Mobilfunknetzen, internetfähigen Geräten, Unterseekabeln und globaler Satelliten-Navigation geschlossen. Seine Ambitionen sind immer größer geworden, und es hat sich vorgenommen, die Kommandohöhen zu erobern. China will die physischen Verbindungen dominieren, die Daten vom Meeresgrund bis in den Weltraum und zu allem dazwischen befördern. Am erschreckendsten sind seine dystopischen Anwendungen von Technologien in der Heimat. Chinas digitaler Traum sieht zunehmend wie ein Alptraum aus, und den USA und ihren Partnern wird diese Realität bewusst.

Bewusstsein für diese Risiken ist wichtig, um aktiv zu werden. Wenn die amerikanische Öffentlichkeit China nicht als langfristigen Konkurrenten ansieht, werden sich die USA schwertun, eine Strategie zu formulieren, die mehrere Regierungen, Parteien und sogar Jahrzehnte überdauern muss. Ohne gemeinsame Wahrnehmung der Bedrohung wird die transatlantische Brücke lückenhaft, ineffizient und im kollektiven Handeln schwach sein. Wenn Indien China eher als Ärgernis denn als existenzielle Bedrohung versteht, wird es sich einen Weg außerhalb von CORE suchen. Wenn die Wahrnehmungen dagegen weiter konvergieren, hat CORE eine bessere Chance, die benötigte kritische Masse zu erreichen und diese kollektive Stärke zu koordinieren.

Doch irgendwann wird aus Besorgtheit Paranoia, und diese Grenze zu überschreiten, bringt eigene Gefahren mit sich. Im Zweiten Weltkrieg traf Franklin D. Roosevelt die grausame Entscheidung, 120.000 Menschen japanischer Abstammung in Internierungslager zu zwingen. Weil die heutige Herausforderung primär ökonomisch und technologisch ist, sind die Maßnahmen subtiler, aber die Risiken bleiben real. Die USA müssen sich vor Fremdenfeindlichkeit und Rassismus ebenso schützen wie gegen Protektionismus. Diese Übel kommen nicht einfach von selbst in die Welt. Historisch wurden sie von Gruppen verbreitet, die eine Bedrohung aus dem Ausland nutzten, um ihre eigene Agenda zu verfolgen.

Gegen die Gefahr eines solchen Absturzes gibt es keine schnelle Abhilfe und keine dauerhaften Leitplanken. Sie wird dauerhafte Wachsamkeit und die Bereitschaft erfordern, häufig und ehrlich die Frage zu stellen, ob die USA in ihrem Konkurrenzkampf mit China eine bessere Version ihrer selbst werden. Ängste lassen sich produktiv nutzen, so wie Präsident Truman auf die Bedrohung durch die Sowjetunion hinwies, um Unterstützung für das Highway-System in den USA zu bekommen. Ähnlich könnte die heutige Reaktion auf China in Investitionen im eigenen Land – in Infrastruktur, aber auch in Bildung, Forschung und bessere Einwanderungspolitik – bestehen, die den USA dabei helfen werden, ihren Wettbewerbsvorsprung zu bewahren.

Manche werden mahnen, die größere Gefahr liege in einer zu wenig entschlossenen Reaktion auf die von China präsentierte Bedrohung. Wenn man bedenkt, was auf dem Spiel steht, so die Überlegung dahinter, sollte man lieber zu heftig reagieren als zu milde. Das Problem dabei ist, dass sie das übersieht, was das eigentliche Ziel sein sollte: China als das darzustellen, was es tatsächlich ist, und auf diese Realität zu reagieren.[138] Eine effektive Strategie muss nicht nur Chinas Stärken anerkennen, sondern auch seine Schwächen identifizieren und ausnutzen. Wer China als Dampfwalze charakterisiert, die sich mühelos den Weg zu globaler Dominanz bahnt, erledigt die Arbeit der Kommunistischen Partei für sie.

„Selbstvertrauen ist *der* essenzielle Faktor", erklärt Ryan Hass, ein früherer US-Diplomat und führender China-Experte.[139] Zu Hause Selbstvertrauen auszustrahlen, hilft dabei, alarmistische und unredliche Stimmen gedämpft zu halten, und im Ausland erleichtert es das Gewinnen von Partnern. Und die USA haben reichlich Gründe dafür.[140] Sie sind die weltweit wichtigste Drehscheibe für internationale Daten, Heimat der innovativsten Unternehmen der Welt und der Mittelpunkt in einem globalen Netz aus Partnern und Verbündeten, an dem es China mangelt. Pekings Vorgaben im Inland begrenzen die Fähigkeit seiner Unternehmen, innovativ zu arbeiten und zu expandieren. Solange chinesische Politiker ihrer eigenen Paranoia erliegen, wird sich das Land schwertun, die USA als obersten Netzbetreiber der Welt abzulösen.

Die USA und ihre Verbündeten sollten sich auf einen langen Konkurrenzkampf einstellen. Die Netzwerk-Kriege dürften nicht in einer einzigen Konfrontation mit einem klaren Gewinner entschieden werden. Der Sieg wird nicht aussehen wie das Ende des Zweiten Weltkriegs in Europa, als die Straßen mit Musik und Paraden gefüllt waren. Was nicht passiert, lässt sich schlechter feiern, und um zu siegen, werden Katastrophen zu verhindern und Störungen in den Griff zu bekommen sein. Erfolg liegt weniger darin, einen Feind zum Aufgeben zu bringen, als im Aufbau widerstandsfähiger Systeme. Ein Großteil dieser Arbeit wird technisch, eintönig und unspektakulär sein.

Während der kommenden Netzwerk-Kämpfe und -Krisen sollte man daran denken, dass China weniger Gründe für Selbstvertrauen hat, es aber besser vortäuschen kann. Die Schwächen und Fehler von Demokratien sind für die ganze Welt offen zu sehen. Inmitten der Aufregung, die bei jedem Versagen entsteht, kann man leicht vergessen, dass diese Schwächen oft auf Stärken beruhen: Transparenz, unabhängigen Medien und Rechtsstaatlichkeit. Offenheit ist die Grundlage für Anpassungsfähigkeit. Im Gegensatz dazu dürfte das wahre Ausmaß der Schwächen Chinas unbekannt bleiben, vielleicht so lange, bis Peking sie nicht mehr verbergen kann. Hinter der Obsession der KP für Kontrolle steckt tiefe Unsicherheit.

Ein realistischer Blick auf Technologie bedeutet nicht, sich von den Ambitionen zu verabschieden, die von den Anfängen des Internet an viele Politiker motiviert und letztlich geblendet haben. Jeden Tag leistet Kommunikationstechnologie ein unglaublich viel Positives, und sie bietet noch gewaltiges Potenzial für breitere Nutzung und das Verbessern von Leben. Doch mittlerweile ist schmerzhaft offensichtlich, dass Zugang allein kein positives Ergebnis garantiert. Konnektivität ist nicht das Gute an sich. Indem sie das Gegenteil glaubten, haben sich Regierungen, Unternehmen und Bürger ihrer Verantwortung entzogen.

Denken wir an Reagans Worte bei seiner Rede in London im Jahr 1989 zurück: „Mehr als Armeen, mehr als Diplomatie, mehr als die besten Absichten demokratischer Länder wird die Kommunikationsrevolution die stärkste Kraft zur Förderung menschlicher Freiheit sein, die es auf der Welt je gab."[141] Das Wort „Revolution" hörte sich an, als würde alles automatisch passieren – sie war schon ausgebrochen und brauchte nur noch etwas Zeit, um in Schwung zu kommen. Doch die digitale Welt ist alles andere als ein Utopia. Stattdessen spiegelt sie heute die Probleme der realen Welt wider und verstärkt sie. Im Internet florieren Ungleichheit, Lagerdenken und Verbrechen.

Wenn der Mythos, Konnektivität sei nichts als „gut", gebrochen ist, wird die Breite der Herausforderung deutlicher. Dass die Menschheit immer freier wird, ist alles andere als ausgemacht. Um das positive Potenzial von Kommunikationstechnologie zu realisieren, wird sogar noch mehr Diplomatie erforderlich sein. Wohlhabende Demokratien werden ihren eigenen Prinzipien gerecht werden müssen, wenn sie sich Entwicklungsländern zuwenden. Traditionelle Konzepte von Sicherheit werden neu überdacht werden müssen.

Nichts davon wird schnell, einfach oder billig zu haben sein. Tatsächlich gibt es so viel zu tun, dass die Vorstellung überaus verlockend ist, immer intelligentere Technologie werde eine Abkürzung bieten – eine magische Lösung, ein Upgrade für den Zustand der Menschheit. Aber statt unsere Hoffnungen in Werkzeuge oder große Mächte zu setzen, müssen wir uns auf die Menschheit selbst konzentrieren. In unterschiedlichem Ausmaß ist jeder Einzelne von uns selbst für die Entscheidung verantwortlich, wie Netze genutzt werden. Regierungen müssen sorgfältig planen. Unternehmen müssen umsichtig agieren. Bürger müssen Rechenschaft fordern. Menschen müssen die stärkste Kraft für die Freiheit sein.

DANK-
SAGUNG

Ohne die Freundlichkeit, Hilfe und Klugheit vieler Menschen würde es dieses Buch nicht geben.

Das Center for Strategic and International Studies bot mir in den vergangenen fünf Jahren eine berufliche Heimat. Ich danke Dr. John Hamre, Craig Coohen, Josie Gable und Matthew Goodman für ihre Führung und Unterstützung. Auch dem Team hinter dem Reconnecting Asia Project möchte ich meine Dankbarkeit ausdrücken. Andrew Huang hat eine lange Liste von Gesprächsanfragen abgearbeitet und ist schnell und präzise tief in technische Details eingetaucht. Emily Cipriani half früh mit Übersetzungen. Laura Rivas und Joseph Yinusa leisteten gezielte Unterstützung bei Recherchen. Maesea McCalpin hat uns alle auf der Spur gehalten.

Danke an die Kollegen, die das Reconnecting Asia Project und mich selbst beraten haben: Bushra Bataineh, Michael Bennon, Jude Blanchette, Victor Cha, Heather Conley, Alexander Cooley, Judd Devermont, Bonnie Glaser, Michael Green, Grace Hearty, Scott Kennedy, Agatha Kratz, Sarah Ladislaw, James Lewis, Greg Poling, Peter Raymond, Richard Rossow, Daniel Runde und Stephanie Sega.

Beim Zurechtfinden auf neuen Gebieten konnte ich auf Orientierung durch erfahrenere Reisende zählen, insbesondere Blaine Curcio, Steven Feldstein, Allie Funk, Sheena Chestnut Greitens, Caleb Henry, John Melick, John McHugh, James Mulvenon, Charles Rollet, Victoria Samson, Adrian Shahbaz, Patrick Shannon, David Stanton, Brian Weeden und einige andere, die anonym bleiben.

Besonders dankbar bin ich Andrew Hill bei der *Financial Times*, der die Vergabe des Bracken Bower Prize leitet, eine außerordentliche Chance für ambitionierte Autoren. Danke an Allan Song und die Smith Richardson Foundation für ihre großzügige Unterstützung und an Doron Weber von der Sloan Foundation, der meine ursprüngliche Beschäftigung mit Technologiethemen gefördert hat.

Ein buchstäbliches All-Star-Team hat dieses Buch möglich gemacht. Hollis Heimbouch und Wendy Wong bei HarperCollins machten jede Seite intelligenter, jedes Kapitel runder und sorgten dafür, dass das Ganze auch noch Spaß macht. Das sorgfältige Auge von Plaegin Alexander hat den finalen Text geschärft. Bei Profile hat das

Gespür von Ed Lake für internationale Zielgruppen dazu beigetragen, eine wirklich globale Erzählung daraus zu machen. Toby Mundy hat die Gabe, der Natur von Ideen zu trotzden, indem er Konzepte gleichzeitig größer und klarer macht, und ich kann mich wirklich glücklich schätzen, ihn als Agenten zu haben.

Danke an meine Freunde und Familie, die verzögerte Antworten, verpasste Anrufe und unpolierte Versionen einiger der Geschichten auf diesen Seiten toleriert haben. Meine Eltern und meine Schwiegereltern waren großzügige Gastgeber und haben in entscheidenden Momenten während eines Jahres der Isolation geholfen, indem sie mir Gesellschaft leisteten, mich an andere Orte brachten und mir innere Ruhe gaben, damit ich weiterschreiben konnte. Nach einem Jahr gemeinsamen Eingesperrtseins bin ich erstaunter als je zuvor über die endlose Energie meiner Partnerin. Es ist inspirierend zu sehen, welche Leidenschaft sie für ihre Arbeit hat, wie loyal sie gegenüber Freunden und Familie ist und wie viel Liebe sie unserer Tochter Harper gibt. Am meisten von allen danke ich dir, Liz.

ENDNOTEN

KAPITEL 1

1. Ronald Reagan, „The Triumph of Freedom" (Rede, Churchill Lecture 1989, London, 13. Juni 1989), London Broadcasting Company (LBC) / Independent Radio News (IRN) Digitisation Archive, Global Radio UK Ltd.
2. Nicholas D. Kristof, „The Tiananmen Victory", *New York Times*, 2. Juni 2004
3. Andrew Higgins, „A Correspondent Shares 25 Years of Perspective", *Sinosphere* (Blog), *New York Times*, 3. Juni 2014
4. Nicholas D. Kristof, „Satellites Bring Information Revolution to China", *New York Times*, 11. April 1993
5. Nicholas D. Kristof, „Death by a Thousand Blogs", *New York Times*, 24. Mai 2005
6. Toru Tsunashima, „In 165 Countries, China's Beidou Eclipses American GPS", *Nikkei Asia*, 25. November 2020
7. „Yi tong zhongguo qianding gong jian ‚yidai yilu' hezuo wenjian de guojia yi lan" 已同中国签订共建，一带一路 '合作文件的国家一览 [Liste der Länder mit unterzeichneten Kooperationsabkommen mit China zum gemeinsamen Bau von „Ein Gürtel, eine Straße"], Belt and Road Portal, letzte Änderung 30. Januar 2021
8. Jason Miller, „Ban on Chinese Products Starts Today despite Confusion over Acquisition Rule", Federal News Network, 13. August 2020
9. David Shepardson, „FCC Begins Process of Halting China Telecom U.S. Operations", *Reuters*, 10. Dezember 2020; John McCrank und Anirban Sen, „NYSE to Delist Three Chinese Telecoms in Dizzying About-Face", *Reuters*, 6. Januar 2021
10. Ellen Nakashima und Jeanne Whalen, „U.S. Bans Technology Exports to Chinese Semiconductor and Drone Companies, Calling Them Security Threats", *Washington Post*, 19. Dezember 2020
11. „The Clean Network", U.S. Department of State (Archiv), aufgerufen am 22. Februar 2021
12. „China's Got a New Plan to Overtake the U.S. in Tech", Bloomberg, 20. Mai 2020
13. Arjun Kharpal, „In Battle with U.S., China to Focus on 7 ‚Frontier' Technologies from Chips to Brain-Computer Fusion", *CNBC*, 5. März 2021
14. James Crabtree, „China's Radical New Vision of Globalization", *Noema Magazine*, 10. Dezember 2020
15. Daniel W. Drezner, Henry Farrell und Abraham L. Newman, Hg., *The Uses and Abuses of Weaponized Interdependence* (Washington, D.C.: Brookings Institution Press, 2021)
16. Rebecca MacKinnon, *Consent of the Networked: The Worldwide Struggle for Internet Freedom* (New York: Basic Books, 2012); Evgeny Morozov, *The Net Delusion: The Dark Side of Internet Freedom* (New York: PublicAffairs, 2011)
17. John Perry Barlow, „A Declaration of the Independence of Cyberspace", Electric Frontier Foundation, 8. Februar 1996
18. Übersetzung zitiert nach Timothy L. Thomas, *Dragon Bytes: Chinese Information-War Theory and Practice* (Leavenworth, KS: Foreign Military Studies Office, Fort Leavenworth, 2004), S. 46
19. Thomas, *Dragon Bytes*, S. 51

20. „Freedom of Expression and the Internet in China: A Human Rights Watch Backgrounder", Human Rights Watch, aufgerufen am 28. Februar 2021; „Zhonghua renmin gong heguo jisuanji xinxi xitong anquan baohu tiaoli" 中华人民共和国计算机信息系 统安全保护条例 [Verordnung der Volksrepublik China über Sicherheit und Schutz von Computer-Informationssystemen], Staatsrat der Volksrepublik China, zuletzt modifiziert 6. August 2005
21. „The 11 Commandments of the Internet in China", Reporters Without Borders, zuletzt modifiziert 20. Januar 2016; für die vollständigen Regeln siehe „Provisions on the Administration of Internet News Information Services (Chinesisch und offizielle Übersetzung)", Congressional-Executive Commission on China, aufgerufen am 26. Februar 2021
22. William J. Clinton, „Full Text of Clinton's Speech on China Trade Bill" (Rede, Paul H. Nitze School of Advanced International Studies, Johns Hopkins University, Baltimore, MD, 9. März 2000)
23. Greg Walton, *China's Golden Shield: Corporations and the Development of Surveillance Technology in the People's Republic of China* (Montreal: International Centre for Human Rights and Democratic Development, 2001)
24. Jonathan Ansfield, „Biganzi Q&A: Li Xinde Shares Tips of His Trade", China Digital Times, 21. September 2006
25. Nicholas D. Kristof, „Slipping over the Wall", *New York Times*, 24. August 2008
26. Sheena Chestnut Greitens, „China's Surveillance State at Home and Abroad: Challenges for U.S. Policy" (Working Paper, Penn Project on the Future of U.S.-China Relations, 2020)
27. American Telephone and Telegraph Company, „Annual Report for the Year Ending Dezember 31, 1908", 16. März 1909, in *The Commercial & Financial Chronicle* 88 (New York: William B. Dana Company, 1909), S. 829
28. Tom Wheeler, *From Gutenberg to Google: The History of Our Future* (Washington, D.C.: Brookings Institution Press, 2019), S. 184
29. James Currier, „The Network Effects Manual: 13 Different Network Effects (and Counting)", *NFX* (Blog), 9. Januar 2018
30. Sophia Chen, „Why This Intercontinental Quantum-Encrypted Video Hang-out Is a Big Deal", *Wired*, 20. Januar 2010
31. Momoko Kidera, „Huawei's Deep Roots Put Africa beyond Reach of US Crackdown", *Nikkei Asia*, 15. August 2020
32. Paul Brodsky et al., *The State of the Network: 2020 Edition* (San Diego, CA: PriMetrica, Inc., 2020), S. 8
33. Tim Rühlig, *China, Europe, and the New Power Competition over Technical Standards*, (Stockholm: The Swedish Institute of International Affairs, 2021), S. 3
34. Daniel Fuchs und Sarah Eaton, „How China and Germany Became Partners on Technical Standardization", *Washington Post*, 16. November 2020
35. Ghalia Kadiri und Joan Tilouine, „A Addis-Abeba, le Siège de l'Union Africaine Espionné par Pékin", *Le Monde*, 26. Januar 2018
36. Huawei, „Huawei and the African Union Sign a MoU to Strengthen Their Technical Partnership on ICT", Pressemitteilung, 31. Mai 2019
37. Raphael Satter, „Exclusive: Suspected Chinese Hackers Stole Camera Footage from African Union – Memo", *Reuters*, 16. Dezember 2020

38. Peter Suciu, „Is China Using Hacked OPM Data?", ClearanceJobs, 19. April 2019; Erik Larson, „Chinese Citizen Indicted in Anthem Hack of 80 Million People", *Bloomberg*, 9. Mai 2019; Eric Geller, „U.S. Charges Chinese Military Hackers with Massive Equifax Breach", *Politico*, 10. Februar 2020
39. Zach Dorfman, „Beijing Ransacked Data as U.S. Sources Went Dark in China", *Foreign Policy*, 22. Dezember 2020; Zach Dorfman, „China Used Stolen Data to Expose CIA Operatives in Africa and Europe", *Foreign Policy*, 21. Dezember 2020
40. „China-Linked Group RedEcho Targets the Indian Power Sector amid Heightened Border Tensions", Insikt Group, Recorded Future, 28. Februar 2021
41. Shreya Jai, „From Thermal to Solar Units, China Dominates India's Power Sector", *Business Standard*, 18. Juni 2020
42. Evelyn Cheng, „China's Xi: ‚No Force Can Stop the Chinese People and the Chinese Nation'", *CNBC*, zuletzt modifiziert 1. Oktober 2019
43. China Unicom, „Shengshi huacai keji fu neng: Guoqing shengdian beihou de liantong qi da liangdian—beijing liantong yuanman wancheng qingzhu xin zhongguo chengli 70 zhounian huodong tongxin fuwu baozhang" 盛世华彩 科 技赋能:国庆盛典背后的联通七大亮点—北京联通圆满完成庆祝新中国成立 70 周年活动通信服务保障 [Ruhm und technischer Aufstieg im Goldenen Zeitalter: Sieben Highlights von China Unicom Highlights hinter der Nationaltagsfeier – Peking Unicom stellt erfolgreich Sicherheit für Kommunikationsdienstleistungen bei den Feierlichkeiten zum 70. Jahrestag der Gründung des Neuen China bereit], Pressemitteilung, 1. Oktober 2019
44. Jessie Yeung, James Griffiths und Steve George, „Hong Kong Protesters Hit the Streets as China Marks 70 Years of Communist Rule", *CNN*, zuletzt modifiziert 1. Oktober 2019
45. Eva Dou, Natasha Khan und Wenxin Fan, „China Claims U.S. ‚Black Hand' Is Behind Hong Kong Protests", *Wall Street Journal*, 9. August 2019
46. Melanie Hart und Jordan Link, „Chinese President Xi Jinping's Philosophy on Risk Management", Center for American Progress, 20. Februar 2020
47. Qiao Long 乔龙, „Liusi tian wang, zhongguo yulun jiandu wang zai zao gongji" 六四天网, 中国舆论监督网再遭攻击 [Netzwerk 4. Juni und China-Netz zur Überwachung der öffentlichen Meinung erneut angegriffen], Radio Free Asia, 18. August 2015
48. Li Xinde 李新德, „Tianjin dong li: Zhejiang yi gongsi pi zhi ‚ju zhi zui' rang qian fading daibiao ren dan ze" 天津东丽: 浙江一公司被指, 拒执罪 '让前法定代表人担责 [Bezirk Dongli Tianjin: Unternehmen aus Zhejiang wird „Verweigerung der Einhaltung strafrechtlicher Sanktionen" vorgeworfen, weist die Schuld seinem früheren Rechtsvertreter zu], *Yulun Wang* 舆论网 [Meinungsnetz] (Blog), 14. Oktober 2019,; Li Xinde 李新德, „Tianjin dong li: Qian fading daibiao ren pi zhi ‚ju zhi zui' jingfang huiying: Zeren yongjiu zhi" 天津东丽: 前法定代表人被指, 拒执罪 ' 警方回应: 责任永久制 [Bezirk Dongli in Tianjin: Früherem Rechtsvertreter wird „Verweigerung der Einhaltung strafrechtlicher Sanktionen" vorgeworfen, Reaktion der Polizei: Trägt letztlich die Verantwortung], *Yulun Wang* 舆论网 [Meinungsnetz] (Blog), 18. Oktober 2019

49. „Zhongguo yulun jiandu wang chuangban ren lixinde bei pan wu nian" 中国 舆论监督网创办人李新德被判五年 [Li Xinde, Gründer von China-Netz zur Überwachung der öffentlichen Meinung, zu fünf Jahren Haft verurteilt], *Radio Free Asia*, 13. Januar 2021
50. Ansfield, „Biganzi-Interview"
51. Katherine Atha et al., *China's Smart Cities Development: Research Report Prepared on behalf of the U.S.-China Economic and Security Review Commission* (Vienna, VA: SOS International LLC, 2020), S. 56–57
52. Sheridan Prasso, „Huawei's Claims That It Makes Cities Safer Mostly Look Like Hype", *Bloomberg*, 12. November 2019
53. *Reuters*, „Kenya Secures $666 Million from China for Tech City, Highway", 26. April 2019
54. Tim Stronge, „Does 70% of the World's Internet Traffic Flow through Virginia?", *TeleGeography Blog*, *TeleGeography*, 30. Mai 2019
55. John Markoff, „Internet Traffic Begins to Bypass the U.S.", *New York Times*, 29. August 2008
56. „AWS, Microsoft, Google, Alibaba Share in Cloud Market", *InfotechLead*, 2. April 2020
57. Jared Cohen und Richard Fontaine, „Uniting the Techno-Democracies", Foreign Affairs, November/Dezember 2020

KAPITEL 2

1. Northern Telecom Ltd., *Annual Report 1994*, 23. Februar 1995
2. Northern Telecom Ltd., *Annual Report 1992*, 25. Februar 1993
3. zitiert nach Northern Telecom Ltd., *Annual Report 1992*
4. Nick Waddell, „The Nortel Orbitor: The iPhone Killer That Was a Decade Ahead of Its Time", Cantech Letter, 9. November 2011
5. *The Future of Warfare: Hearing before the Committee on Armed Services, United States Senate*, 114. Kongress (2015) (Aussage von General a. D. Keith B. Alexander, ehemaliger Direktor der National Security Agency),
6. Northern Telecom Ltd., *Annual Report 1994*
7. Milton Mueller und Zixiang Tan, *China in the Information Age: Telecommunications and the Dilemmas of Reform* (Westport, CT: Praeger, 1997), S. 26–29
8. „Nortel Underlines Ties with China's Market", *People's Daily*, 27. Juli 2001
9. Sun Ying Shea, „Major Barriers in Telecommunications Technology Transfer: Northern Telecom's Perspective" (Masterarbeit, Department of Communication, Simon Fraser University, 1992), 41
10. Robert D. Atkinson, „Who Lost Lucent?: The Decline of America's Telecom Equipment Industry", *American Affairs* 4, Nr. 3 (2020): S. 99–135
11. Ann Walmsley, „The Deal That Almost Got Away: Nortel's Bid to Be a Global Player Was Pinned to a Crucial Chinese Contract", *Report on Business Magazine*, *Globe and Mail*, August 1995

12. Swapan Kumar Patra, „Innovation Network in IT Sector: A Study of Collaboration Patterns among Selected Foreign IT Firms in India and China", in *Collaboration in International and Comparative Librarianship*, Hg. Susmita Chakraborty und Anup Kumar Das (Hershey, PA: IGI Global, 2014),
13. Brenda Dalglish, „China Comes to Call", *Maclean's*, 2. Mai 1994
14. Xing Fan, *China Telecommunications: Constituencies and Challenges* (Cambridge, MA: Program on Information Resources Policy, Harvard University, Center for Information Policy Research, 1996), S. 146–147
15. U.S. General Accounting Office, *Export Controls: Sale of Telecommunications Equipment to China*, GAO/NSIAD-97-5 (Washington, D.C.: U.S. General Accounting Office, 1996)
16. Marlin Fitzwater, „Statement by Press Secretary Fitzwater on Multilateral Export Controls" (Rede, Pressemitteilung Weißes Haus, 24. Mai 1991), in George H. W. Bush, *Public Papers of the Presidents of the United States: George H. W. Bush (1991, Buch I)* (Washington, D.C.: U.S. Government Publishing Office, 1992), S. 558–559
17. U.S. Department of Commerce, *Background Paper for Assistant Secretary Sue Eckert Meeting* (Washington, D.C.: U.S. Department of Commerce, 1994), China and the US, National Security Archive, George Washington University, Washington, D.C.
18. William J. Clinton, „Remarks to the Seattle APEC Host Committee" (Rede, Asian-Pacific Economic Cooperation Conference, Seattle, WA, 19. November 1993), The American Presidency Project, University of California, Santa Barbara
19. Siehe Kapitel 13 in Michael J. Green, *By More than Providence: Grand Strategy and American Power in the Asia Pacific Since 1783* (New York: Columbia University Press, 2017), sowie Kapitel 5 in Bob Davis und Lingling Wei, *Superpower Showdown: How the Battle between Trump and Xi Threatens a New Cold War* (New York: Harper Business, 2020)
20. Norman Kempster und Rone Tempest, „U.S. Imposes Sanctions on China, Pakistan over Missile Deal: Arms Technology: Export of Satellite Gear to Beijing Is Banned. Both Asian Nations Deny Violating Controls", *Los Angeles Times*, 26. August 1993
21. U.S. Department of Commerce, *Assistant Secretary Sue Eckert Meeting*
22. White House, *A National Security Strategy of Engagement and Enlargement*, White House Report 19960807 039 (Washington, D.C.: White House, 1996), S. 2–3
23. Hugo Meijer, *Trading with the Enemy: The Making of US Export Control Policy toward the People's Republic of China* (New York: Oxford University Press, 2016), S. 156–157
24. William J. Clinton, „Remarks and a Question-and-Answer Session with Silicon Graphics Employees in Mountain View, California" (Rede, Mountain View, CA, 22. Februar 1993), The American Presidency Project, University of California, Santa Barbara
25. White House, *National Security Strategy*, S. 1
26. William J. Clinton, „Remarks in a Town Meeting with Russian Citizens in Moscow" (Rede, Moskau, 14. Januar 1994)
27. U.S. General Accounting Office, *Export Controls*, S. 9
28. „Joining Forces: SCM/Brooks Telecommunications L.P. of Chicago...", *Chicago Tribune*, 5. Mai 1993

29. Jeff Gerth und Eric Schmitt, „The Technology Trade: A Special Report; Chinese Said to Reap Gains in U.S. Export Policy Shift", *New York Times*, 19. Oktober 1998
30. James C. Mulvenon, *Soldiers of Fortune: The Rise and Fall of the Chinese Military-Business Complex, 1978–1998* (New York: Routledge, 2015)
31. John Polanyi, „Education in the Information Age", in Northern Telecom Ltd., *Annual Report 1994*
32. John Polanyi, Korrespondenz mit dem Autor per E-Mail, 4. Dezember 2020
33. Northern Telecom Ltd., *Annual Report 1994*, S. 34
34. Ray Le Maistre, „Huawei Reports 2008 Revenues of $18.3B", Light Reading, 22. April 2009; „Nortel Reconfirms 2008 Outlook, to Offer Notes", *Reuters*, 21. Mai 2008
35. Zitiert nach Xiao Wei 肖卫, *Yingxiang zhongguo jingji fazhan de ershi wei qiye lingxiu* 影响中国经济发展的二十位企业领袖 [20 Unternehmenslenker, die Chinas Wirtschaft beeinflussen] (Shenyang, China: Shenyang chubanshe 沈阳出版社 [Shenyang Verlag], 2000), S. 12; diese Quelle wurde zitiert in Peilei Fan, „Promoting Indigenous Capability: The Chinese Government and the Catching-Up of Domestic Telecom-Equipment Firms", *China Review* 6, Nr. 1 (2006): S. 9–35
36. „Opening Speech at the 12th National Congress of the Communist Party of China", *China Daily*, 1. September 1982
37. Cheng Dongsheng 程东升 und Liu Lili 刘丽丽, *Huawei Zhenxiang* 华为真相 [Wahrheit von Huawei] (Peking: Dangdai zhongguo chubanshe 当代中国出版社 [Zeitgenössischer Verlag China], 2003), S. 30
38. „‚Du shang xingming' gao yanfa huawei weisheme zheme pin" ,赌上性命 '搞 研发 华为为什么这么拼 [„Das Leben einsetzen" für F&E: Warum Huawei so hart arbeitet], *People's Daily*, 23. November 2018
39. Cheng und Liu, *Wahrheit von Huawei*, S. 216–217
40. Deng Yingying, „China's National Innovation System (NIS) in the Making: Case Studies of Three Indigenous Chinese Companies" (Masterarbeit, University of Massachusetts Lowell, 2003), S. 44–45; Evan S. Medeiros et al., *A New Direction for China's Defense Industry*, MG-334-AF (Santa Monica, CA: RAND, 2005), S. 218; Bruce Gilley, „Huawei's Fixed Line to Beijing", *Far Eastern Economic Review*, 28. Dezember 2000
41. Deng, „China's National Innovation System (NIS)", 45; Gilley, „Huawei's Fixed Line to Beijing"
42. Qing Mu und Keun Lee, „Knowledge Diffusion, Market Segmentation and Technological Catch-Up: The Case of the Telecommunication Industry in China", *Research Policy* 34, Nr. 6 (August 2005): S. 759–783
43. Deng, „China's National Innovation System (NIS)", S. 45–46
44. Cheng und Liu, *Wahrheit von Huawei*, S. 103
45. Cheng und Liu, *Wahrheit von Huawei*, S. 284–286
46. Mu und Lee, „Knowledge Diffusion", S. 759–783
47. Deng, „China's National Innovation System (NIS)", S. 47–48; Mu und Lee, „Knowledge Diffusion"
48. Chuin-Wei Yap, „State Support Helped Fuel Huawei's Global Rise", *Wall Street Journal*, 25. Dezember 2019
49. Yuan Yang und Nian Liu, „Huawei Founder Ren Zhengfei in His Own Words", *Financial Times*, 15. Januar 2019

50. Deng, „China's National Innovation System (NIS)", S. 47–48
51. „Huawei gongsi jibenfa (dinggao)" 华为公司基本法(定稿) [Grundlegende Unternehmensregeln für Huawei (finalisiert)], Geren tushu guan 个人图书馆 [Persönliche Bibliothek], aufgerufen am 23. Februar 2021
52. Li-Chung Chang et al., „Dynamic Organizational Learning: A Narrative Inquiry into the Story of Huawei in China", *Asia Pacific Business Review* 23, Nr. 4 (2017): S. 541–558; zu Dengs Verwendung dieses Konzepts siehe Gao Yi 高屹, „Lishi xuanzele dengxiaoping (72)" 历史选择了邓小平 (72) [Die Geschichte wählte Deng Xiaoping (72)], *People's Daily*, 1. August 1 2018
53. Cheng und Liu, *Wahrheit von Huawei*, S. 41
54. Cheng Dongsheng und Liu Lili, *The Huawei Miracle: English Edition* (Beijing: China Intercontinental Press, 2019), S. 52
55. In dieser Quelle heißt es, Chen habe ihm das Buch gegeben: Tian Tao, David De Cremer und Wu Chunbo, *Huawei: Leadership, Culture, and Connectivity* (Los Angeles: SAGE, 2017), Kindle, Pos. 2015 von 6460; diese Quelle nennt den Titel des Buches: Johann P. Murmann, Can Huang und Xiaobo Wu, „Constructing Large Multinational Corporations from China: East Meets West at Huawei, 1987–2017", in *Academy of Management Annual Meeting Proceedings 2018* (Chicago: Academy of Management, 2018)
56. Michael E. McGrath, *Setting the PACE in Product Development: A Guide to Product and Cycle-Time Excellence* (Boston: Butterworth-Heinemann, Elsevier, 1996), S. 172
57. Tian, De Cremer und Wu, *Huawei*, Kindle, Pos. 4944; „Huawei Technologies: A Trail Blazer in Africa", *Knowledge@Wharton*, 20. April 2009
58. Xiaobo Wu et al., „The Management Transformation of Huawei", in *The Management Transformation of Huawei: An Overview*, Hg. Johann Peter Murmann (Cambridge, UK: Cambridge University Press, 2020), S. 40
59. Tian, De Cremer und Wu, *Huawei*, Pos. 5012–5016
60. Tian, De Cremer und Wu, *Huawei*, Pos. 4884
61. Tian, De Cremer und Wu, *Huawei*, Pos. 4914–4939
62. Tian, De Cremer und Wu, *Huawei*, Pos. 5685
63. Tian, De Cremer und Wu, *Huawei*, Pos. 5660
64. Tian, De Cremer und Wu, *Huawei*, Pos. 5636
65. Murmann, Huang und Wu, „Constructing Large Multinational Corporations", S. 3
66. Tian, De Cremer und Wu, *Huawei*, Pos. 4941
67. Tian, De Cremer und Wu, *Huawei*, Pos. 5676
68. Spencer E. Ante, „Huawei's Ally: IBM", *Wall Street Journal*, zuletzt modifiziert 10. Oktober 2012
69. Tian, De Cremer und Wu, *Huawei*, Pos. 4941
70. Clinton, „Speech on China Trade Bill"
71. *China in the WTO: What Will It Mean for the U.S. High Technology Sector?: Joint Hearing before the Subcommittee on International Economic Policy, Export and Trade Promotion and the Subcommittee on East Asian and Pacific Affairs of the Committee on Foreign Relations, United States Senate*, 106. Kongress (2000)
72. Richard Younts (Executive Vice President, Motorola Inc.), Stellungnahme zu *China in the WTO*

73. Frank Carlucci (Chairman Board of Directors, Nortel Networks), Stellungnahme zu *China in the WTO*
74. Jiang Zemin, „Accelerate the Development of Our Country's Information and Network Technologies" (Auszug aus Rede, Dritte Sitzung des Neunten Nationalen Volkskongresses und Dritte Sitzung des Neunten Nationalen Komitees der Politischen Konsultativkonferenz des Chinesischen Volkes, Peking, 3. März 2000), in *On the Development of China's Information Technology Industry* (Amsterdam: Academic Press/Elsevier, 2010), S. 255–256
75. Jiang Zemin, „Report on an Inspection Tour of the US and Canadian Electronics Industries", in *On the Development of China's Information Technology Industry*, S. 59–72
76. Jiang Zemin, „Revitalize Our Country's Electronics Industry", *People's Daily*, 11. September 1983, in *On the Development of China's Information Technology Industry*, S. 73–77
77. Jiang Zemin, „Gradually Explore a Chinese Style Development Path for the Electronics Industry", in *On the Development of China's Information Technology Industry*, S. 85–112
78. Jiang Zemin, „Initiate a New Phase in the Electronics Industry's Services for the Four Modernizations", in *On the Development of China's Information Technology Industry*, S. 155–177
79. Jiang Zemin, „Strive to Accomplish the Two Historic Tasks of Mechanizing and Informationizing Our Army" (Auszug aus Rede, erweiterte Sitzung der Zentralen Militärkommission, Peking, 11. Dezember 2000), in *On the Development of China's Information Technology Industry*, S. 261–262
80. Jiang Zemin, „Speech at the Opening Ceremony of the 16th World Computer Congress" (Rede, Eröffnung, 16th World Computer Congress, Peking, 21. August 2000), in *On the Development of China's Information Technology Industry*, S. 257–259
81. „Jiang Zemin Says E-Commerce Will Transform China", *New York Times*, 22. August 2000
82. Walton, *China's Golden Shield*
83. Zixue Tai, „Casting the Ubiquitous Net of Information Control: Internet Surveillance in China from Golden Shield to Green Dam", in *International Journal of Advanced Pervasive and Ubiquitous Computing* 2, Nr. 1 (2010): S. 53–70
84. Tai, „Casting the Ubiquitous Net", S. 55
85. Mueller und Tan, *China in the Information Age*, S. 52; „Golden Projects", CNET, 27. Juni 1997
86. zitiert nach Zixue Tai, *The Internet in China: Cyberspace and Civil Society* (New York: Routledge, 2006), S. 241
87. Tai, *Internet in China*, S. 240–242
88. Walton, *China's Golden Shield*, S. 15
89. Walton, *China's Golden Shield*, S. 6
90. GE Industrial Systems, „GE Industrial Systems Acquires Nortel Networks Lentronics Product Line", Pressemitteilung, 25. August 2001
91. M. Perez, „SONET-Based System Enhances Reliability", *Transmission & Distribution World* 52, Nr. 12 (2000): S. 60–63

92. Walton, *China's Golden Shield*, S. 6
93. Walton, *China's Golden Shield*, S. 18
94. Nortel Networks, *OPTera Metro 3500 Multiservice Platform: Release 12.1 Planning and Ordering Guide – Part 1 of 2*, NTRN10AN (Canada: Nortel Networks, 2004)
95. Walton, *China's Golden Shield*, S. 21
96. Thomas C. Greene, „Nortel Helps Stalk You on Line", *The Register*, 1. Februar 2001
97. „Nortel Breaks China Record", Light Reading, 13. Februar 2001
98. „China Telecom Awards Nortel Networks China's Largest Ever Optical Contract", *Fiber Optics Weekly Update*, 16. Februar 2001
99. Walton, *China's Golden Shield*, S. 21
100. „Nortel Wins China Metro Deal", Light Reading, 27. Juni 2002
101. Tom Blackwell, „Exclusive: Did Huawei Bring Down Nortel? Corporate Espionage, Theft, and the Parallel Rise and Fall of Two Telecom Giants", *National Post*, 24. Februar 2020
102. *United States of America v. Huawei Technologies Co., Ltd. et al.*, 18 CR 457 (S-3) (AMD), S. 7 (E.D.N.Y., 2020)
103. Mark Chandler, „Huawei and Cisco's Source Code: Correcting the Record", *Cisco Blogs*, Cisco, 11. Oktober 2012
104. Corinne Ramey und Kate O'Keeffe, „China's Huawei Charged with Racketeering, Stealing Trade Secrets", *Wall Street Journal*, 13. Februar 2020
105. G. V. Muralidhara und Hadiya Faheem, „Huawei's Quest for Global Markets", in *China-Focused Cases: Selected Winners of the CEIBS Global Case Contest*, Hg. CEIBS Case Center (Shanghai: Shanghai Jiao Tong University Press, 2019), S. 72
106. Eric Harwit, *China's Telecommunications Revolution* (Oxford: Oxford University Press, 2008), S. 131
107. Chandler, „Huawei and Cisco's Source Code"
108. Plano Economic Development Board, „Progress Report 2002", o. D., S. 5
109. Bill Hethcock, „Huawei Makes Plano Expansion Official", *Dallas Business Journal*, 11. November 2009
110. Carol D. Leonnig und Karen Tumulty, „Perry Welcomed Chinese Firm Despite Security Concern", *Washington Post*, 14. August 2011
111. „Gov. Perry Helps Cut Ribbon at Huawei Technologies' New U.S. Headquarters", YouTube-Video, 11:46, veröffentlicht bei GovernorPerry, 2. Oktober 2010
112. Governor Perry, „Gov. Perry Helps Cut Ribbon"
113. U.S. Department of Justice, „Chinese Telecommunications Conglomerate Huawei and Subsidiaries Charged in Racketeering Conspiracy and Conspiracy to Steal Trade Secrets", Pressemitteilung, 13. Februar 2020
114. *Motorola, Inc. v. Lemko Corporation et al.*, 08 CV 5427, S. 83–86 (N.D. Ill., 2010)
115. *Motorola, Inc.*, 08 CV, S. 86
116. Henny Sender, „How Huawei Tried to Sell Itself to Motorola for $7.5Bn", *Financial Times*, 27. Februar 2019
117. Nortel Networks Corporation, *2004 Annual Report*, o. D., S. x,
118. Nortel Networks Corporation, *2004 Annual Report*, S. xii
119. John Kehoe, „How Chinese Hacking Felled Telecommunication Giant Nortel", *Australian Financial Review*, zuletzt modifiziert 28. Mai 2014

120. Siobhan Gorman, „Chinese Hackers Suspected in Long-Term Nortel Breach", *Wall Street Journal*, 14. Februar 2012
121. Kehoe, „How Chinese Hacking Felled Telecommunication Giant Nortel"
122. Blackwell, „Did Huawei Bring Down Nortel?"; Mandiant Solutions, FireEye, „APT1: Exposing One of China's Cyber Espionage Units"
123. Ray Le Maistre, „Nortel & Huawei: Broadband Buddies", Light Reading, 1. Februar 2006
124. Bruce Einhorn, „Nortel-Huawei, RIP", Bloomberg, 14. Juni 2006
125. James Bagnall, „Four-Year Tenure of Would-Be Saviour Couldn't Pull Nortel Out of Death Spiral", *Vancouver Sun*, 4. November 4 2009
126. Jonathan Calof et al., *An Overview of the Demise of Nortel Networks and Key Lessons Learned: Systemic Effects in Environment, Resilience and Black-Cloud Formation* (Ottawa: Telfer School of Management, University of Ottawa, 2014),
127. John F. Tyson, *Adventures in Innovation: Inside the Rise and Fall of Nortel* (United States: Library and Archives Canada, 2014), Kindle, S. 189
128. „Timeline: Key Dates in the History of Nortel", *Reuters*, 14. Januar 2009
129. James Bagnall, „Tech Vets Aim to Save Nortel, Build National Web Network; Ferchat Group Hopes $1B from Bankers Enough to Save Firm, Proposes Using Tax Credits to Help Fund Endeavor", *Ottawa Citizen*, 30. Mai 2009
130. Bagnall, „Tech Vets Aim to Save Nortel"; Barrie McKenna, „The Ghost of Nortel Continues to Haunt Canada's Tech Sector", *Globe and Mail*, 4. Dezember 2011
131. Atkinson, „Who Lost Lucent?"
132. James Bagnall, „„Were We Prepared to Just Let Nortel Sink? The Answer Was No'", *Vancouver Sun*, 2. November 2009
133. Andy Greenberg, „The Deal That Could Have Saved Nortel", *Forbes*, 14. Januar 2009
134. David Friend, „Nortel Bankruptcy: $7.3B in Remaining Assets to Be Split among Subsidiaries", CBC, 12. Mai 2015
135. Tom Hals, „Courts OK Nortel Patent Sale to Apple/RIM Group", *Reuters*, 11. Juli 2011
136. Nathan Vanderklippe, „Huawei Founder Ren Zhengfei Denies Involvement with Nortel Collapse", *Globe and Mail*, 2. Juli 2019
137. Claude Barfield, *Telecoms and the Huawei Conundrum: Chinese Foreign Direct Investment in the United States* (Washington, D. C.: American Enterprise Institute, 2011), S. 13; „Huawei Hires R&D Chief for US", Mobile World Live, 24. November 2010
138. John Paczkowski, „John Roese on Redefining Huawei and the Democratization of Smartphones", *All Things D* (Blog), *Wall Street Journal*, 20. Oktober 2011
139. Gordon Corera, „GCHQ Chief Warns of Tech ‚Moment of Reckoning'", BBC, 23. April 2021
140. Francis Vachon, „Department of National Defence's New $1-Billion Facility Falls Short on Security", *Globe and Mail*, 2. September 2016; David Pugliese, „The Mystery of the Listening Devices at DND's Nortel Campus", *Ottawa Citizen*, 18. Oktober 2016
141. „Nortel's Richardson Campus to Sell for More than $43 Million", *Dallas Morning News*, 24. Mai 2011

142. Brad Howarth, „Nortel Rides the Data Wave", *Australian Financial Review*, 27. Oktober 2000

KAPITEL 3

1. Andrew Van Dam, „Using the Best Data Possible, We Set Out to Find the Middle of Nowhere", *Washington Post*, 20. Februar 2018
2. Jason Miller, „Ban on Chinese Products Starts Today Despite Confusion over Acquisition Rule", Federal News Network, 13. August 2020
3. Yun Wen, *The Huawei Model: The Rise of China's Technology Giant* (Champaign, IL: University of Illinois Press, 2020), S. 36
4. Xi Le'a 喜樂阿, „Nongcun baowei chengshi: Yi bu shangye shi" 农村包围城市: 一部商业史 [Die Stadt vom Land aus umzingeln: Eine Wirtschaftsgeschichte], Sohu, 10. Oktober 2018
5. Joan Helland et al., *Glasgow and Valley County* (Charleston, WV: Arcadia, 2010), hintere Umschlagseite
6. Susan Crawford, *Fiber: The Coming Tech Revolution – and Why America Might Miss It* (New Haven, CT: Yale University Press, 2018), Kindle, S. 136
7. DJ&A, P.C., „City of Glasgow, Montana: Growth Policy", 30. Oktober 2013, S. 128
8. Federal Communications Commission, *Inquiry Concerning the Deployment of Advanced Telecommunications Capability to All Americans in a Reasonable and Timely Fashion, and Possible Steps to Accelerate Such Deployment Pursuant to Section 706 of the Telecommunications Act of 1996, CC Docket Nr. 98-146: Report*, FCC 99-005 (Washington, D.C.: Federal Communications Commission, 1999), S. 5
9. Federal Communications Commission, *Inquiry Concerning the Deployment of Advanced Telecommunications Capability to All Americans in a Reasonable and Timely Fashion, and Possible Steps to Accelerate Such Deployment Pursuant to Section 706 of the Telecommunications Act of 1996, CC Docket Nr. 98-146: Second Report*, FCC 00-290 (Washington, D.C.: Federal Communications Commission, 2000), S. 87
10. Federal Communications Commission, *Availability of Advanced Telecommunications Capability in the United States, GN Docket Nr. 04-54: Fourth Report to Congress*, FCC 04-208 (Washington, D.C.: Federal Communications Commission, 2004), S. 5
11. Bill Callahan, „More Digital Redlining? AT&T Home Broadband Deployment and Poverty in Detroit and Toledo", NDIA, 6. September 2017
12. Federal Communications Commission, *Inquiry Concerning the Deployment of Advanced Telecommunications Capability to All Americans in a Reasonable and Timely Fashion, and Possible Steps to Accelerate Such Deployment Pursuant to Section 706 of the Telecommunications Act of 1996, as Amended by the Broadband Data Improvement Act, GN Docket Nr. 14-126: 2015 Broadband Progress Report and Notice of Inquiry on Immediate Action to Accelerate Deployment*, FCC 15-10 (Washington, D.C.: Federal Communications Commission, 2015)
13. Tom Wheeler (früherer Chairman, Federal Communications Commission), persönliches Gespräch mit dem Autor, März 2021
14. Federal Communications Commission, *2015 Broadband Progress Report*, S. 111

15. Ajit Pai, „Remarks of Ajit Pai, Chairman, Federal Communications Commission" (Rede, Federal Communications Commission, Washington, D.C., 24. Januar 2017)
16. Alex Marquardt und Michael Conte, „Huawei Connects Rural America. Could It Threaten the Country's Most Sensitive Military Sites?", CNN, zuletzt modifiziert 11. März 2019
17. Wer keine Mobilfunk-Verbindung hat, kann gegen einen Aufpreis einen Satelliten-Dienst nutzen oder auf die Echtzeit-Funktionen verzichten und Daten mit einem USB-Speicher von der Maschine auf den Computer übertragen.
18. Nemont Telephone Cooperative, E-Mail an den Autor, Dezember 2020
19. Tim Pierce, „High-Speed Internet? Bill Gives Tax Breaks to Companies That Install Fiber Optic Cables", *Missoula Current*, 19. Februar 2019
20. Mike Rogers und C.A. Dutch Ruppersberger, *Investigative Report on the U.S. National Security Issues Posed by Chinese Telecommunications Companies Huawei and ZTE* (Washington, D.C.: Permanent Select Committee on Intelligence, U.S. House of Representatives, 2012)
21. Huib Modderkolk, „Huawei Kon Alle Gesprekken van Mobiele KPN-Klanten Afluisteren, inclusief Die van de Premier" [Huawei konnte alle Gespräche von KPN-Mobilkunden abhören, auch die des Premierministers], *De Volkskrant*, 17. April 2021; Morgan Meaker, „New Huawei Fears over Dutch Mobile Eavesdropping", *The Telegraph*, 18. April 2021
22. Cecilia Kang, „Huawei Ban Threatens Wireless in Rural Areas", *New York Times*, 25. Mai 2019
23. Kang, „Huawei Ban Threatens Wireless"
24. Ren Zhengfei 任正非, „Xiong jiujiu qi angang kuaguo taipingyang" 雄赳赳气昂昂跨过太平洋 [Furchtlos und mutig über den Pazifik], *Huawei Ren* 华为人 [Huawei Menschen], 18. Januar 2001
25. Peter Nolan, *Re-balancing China: Essays on the Global Financial Crisis, Industrial Policy and International Relations* (London: Anthem Press, 2015), S. 117
26. Cheng und Liu, *Wahrheit von Huawei*, S. 69
27. Li Jie 李杰, „Mosike bu xiangxin yanlei" 莫斯科不相信眼泪 [Moskau glaubt nicht an Tränen], *Huawei Ren* 华为人 [Huawei Menschen], 5. November 2002
28. Li, „Mosike bu xiangxin yanlei"
29. Yang Shaolong, *The Huawei Way: Lessons from an International Tech Giant on Driving Growth by Focusing on Never-Ending Innovation* (New York: McGraw-Hill Education, 2017), S. 188
30. Yang, *Huawei Way*, S. 195–196
31. William C. Kirby, Billy Chan und John P. McHugh, *Huawei: A Global Tech Giant in the Crossfire of a Digital Cold War*, Harvard Business School Case 320-089 (Boston: Harvard Business School Publishing, 2020)
32. Ma Guangyi 马广义, „Dongbian richu xibian wangui" 东边日出西边晚归 [Aufbrechen mit Sonnenaufgang im Osten, Zurückkehren mit Sonnenuntergang im Westen], *Huawei Ren* 华为人 [Huawei Menschen], 30. November 2005
33. Peng Zhongyang 彭中阳, „Wo shi yi ge kuaile de xiao bing" 我是一个快乐的小兵 [Ich bin ein glücklicher kleiner Soldat], *Huawei Ren* 华为人 [Huawei Menschen], 20. Januar 2009

34. Peng, „Wo shi yi ge kuaile de xiao bing"
35. Wang Hong 汪宏, „Feizhou dalu shang de Huawei ren" 非洲大陆上的华为人 [Huawei-Menschen auf dem afrikanischen Kontinent], *Huawei Ren* 华为人 [Huawei Menschen], 12. Juni 2000
36. *ZTE: A Threat to America's Small Businesses: Hearing before the Committee on Small Business, United States House of Representatives*, 115. Kongress 7–8 (2018) (Stellungnahme von Andy Keiser, Visiting Fellow, National Security Institute, Antonin Scalia Law School, George Mason University)
37. Amy MacKinnon, „For Africa, Chinese-Built Internet Is Better Than No Internet at All", *Foreign Policy*, 19. März 2019
38. Ren Zhengfei 任正非, „Ren Zhengfei yu 2000–22 qi xueyuan jiaoliu jiyao" 任正 非 2000-22期学员交流纪要 [Protokoll eines Gesprächs zwischen Ren Zhengfei und Auszubildenden der Jahrgänge 2000 bis 2022], *Huawei Ren* 华为人 [Huawei Menschen], 8. September 2000
39. Yang, *Huawei Way*, S. 191
40. Peng Gang 彭刚, „Bai niluohe pan de xingfu shenghuo" 白尼罗河畔的幸福生 活 [Ein glückliches Leben an den Ufern des Weißen Nil], *Huawei Ren* 华为人 [Huawei Menschen], 29. September 2011
41. „Is Corporate ‚Wolf-Culture' Devouring China's Over-Worked Employees?", China Labour Bulletin, 27. Mai 2008
42. Chen Hong, „Thousands of Huawei Staff ‚Quit'", *China Daily*, 3. November 2007
43. „Huawei gongsi juxing dongshihui zilü xuanyan xuanshi dahui" 华为公司举行董事会自律宣言宣誓大会 [Huawei-Zeremonie mit Eid zu Selbstdisziplin für sein Board of Directors], *Huawei Ren* 华为人 [Huawei Menschen], 4. Februar 2013
44. Ren Zhengfei, „Minutes of the Briefing on the Progress of Differentiated Appraisals for Regions", Huawei Executive Office Rede Nr. [2015] 050, zitiert nach Weiwei Huang, *Built on Value: The Huawei Philosophy of Finance Management* (Singapur: Palgrave Macmillan, 2019), S. 130
45. Gilley, „Huawei's Fixed Line to Beijing"
46. „Russia and China ‚Broke Iraq Embargo'", BBC, 19. Dezember 2002
47. Ellen Nakashima, Gerry Shih und John Hudson, „Leaked Documents Reveal Huawei's Secret Operations to Build North Korea's Wireless Network", *Washington Post*, 22. Juli 2019
48. Yi Mingjun 易明军, „Chuanyue zhandi" 穿越战地 [Das Schlachtfeld überqueren], *Huawei Ren* 华为人 [Huawei Menschen], 15. Januar 2004
49. „Huawei Wins Iraq Deal", Light Reading, 23. Juli 2007
50. „Zai digelisihe pan" 在底格里斯河畔 [An den Ufern des Tigris], *Huawei Jiashi* 华为家事 [Huawei Familie] (Blog), 22. April 2017
51. Larry Wentz, Frank Kramer und Stuart Starr, *Information and Communication Technologies for Reconstruction and Development* (Washington, D.C.: Center for Technology and National Security Policy, 2008), S. 18
52. Asian Development Bank, *Extended Annual Review Report* (Mandaluyong, Philippinen: Asian Development Bank, 2011), S. 3
53. Lin Jincan 林进灿, „Afuhan gongzuo shenghuo shi lu" 阿富汗工作生活实录 [Ein

Tatsachenbericht über Arbeiten in Afghanistan], *Huawei Ren* 华为人 [Huawei Menschen], 28. September 2010

54. Amy Nordrum, „Afghan Wireless Launches First LTE Network in Afghanistan", *IEEE Spectrum*, 1. Juni 2017
55. Jon B. Alterman, „Fighting but Not Winning", Center for Strategic and International Studies, 25. November 2019
56. Thomas Donahue, „The Worst Possible Day: U.S. Telecommunications and Huawei", *PRISM* 8, Nr. 3 (2020), S. 17
57. Ren Zhengfei 任正非, „Ren Zhengfei guanyu zhen'ai shengming yu zhiye zeren de jianghua" 任正非关于珍爱生命与职业责任的讲话 [Ren Zhengfeis Vortrag über Wertschätzung des Lebens und professionelle Verantwortung], *Huawei Ren* 华为人 [Huawei Menschen], 5. Mai 2011
58. Lois Lonnquist, *Fifty Cents an Hour: The Builders and Boomtowns of the Fort Peck Dam* (Helena, MT: MtSky Press, 2006), Kindle, Pos. 1145 von 5005
59. Lonnquist, *Fifty Cents an Hour*, Pos. 2755
60. Lonnquist, *Fifty Cents an Hour*, Pos. 2166
61. Lonnquist, *Fifty Cents an Hour*, Pos. 226
62. Kristen Inbody, „Fort Peck Dam Puts Country Back to Work", *Great Falls Tribune*, 3. März 2017
63. David Meyer, „MTA Official Defends 2nd Avenue Subway's $6B Price Tag", *New York Post*, 16. September 2019
64. Darryl Fears, „This Fish Lived in Peace for 70 Million Years. Then It Met the Army Corps of Engineers", *Washington Post*, 26. Januar 2015
65. Franklin D. Roosevelt, „Informal Remarks of the President" (Rede, Fort Peck, MT, 6. August 1934), Franklin D. Roosevelt Presidential Library and Museum, Hyde Park, NY
66. Erin Blakemore, „These Women Taught Depression-Era Americans to Use Electricity", History, zuletzt modifiziert 1. März 2019
67. *Missouri River (Fort Peck Dam), Mont.: Hearings before the Committee on Rivers and Harbors, House of Representatives*, 75. Kongress 14 (1937) (Jerry J. O'Connell, Abgeordneter aus Montana)
68. Carl Kitchens und Price Fishback, „Flip the Switch: The Spatial Impact of the Rural Electrification Administration 1935–1940" (Working Paper, National Bureau of Economic Research, 2013)
69. Carl Kitchens, „US Electrification in the 1930s", VoxEU, 29. Januar 2014
70. Eugene Pike, Gespräch mit Merri Ann Hartse, o. O., circa November 1979, Rural Electrification Oral History Project, Archives and Special Collections, Mansfield Library, University of Montana, Missoula, MT
71. Joshua Lewis und Edson Severnini, „Short- and Long-Run Impacts of Rural Electrification: Evidence from the Historical Rollout of the U.S. Power Grid", *Journal of Development Economics* 143 (2020): S. 1
72. Michael W. Kahn, „FCC Chairman: Co-ops Key to Rural Broadband", Cooperative, 16. Januar 2018
73. Brad Smith und Carol Ann Browne, *Tools and Weapons: The Promise and the Peril of the Digital Age* (New York: Penguin, 2019), S. 156

74. Michael Bennet, „Bennet Urges FCC Chairman to Reconsider Proposal to Limit Resources for Program Essential to Bridging the Digital Divide between Rural and Urban Communities", Pressemitteilung, 21. Mai 2019
75. Federal Communications Commission, *Inquiry Concerning Deployment of Advanced Telecommunications Capability to All Americans in a Reasonable and Timely Fashion, GN Docket Nr. 18-238: 2019 Broadband Deployment Report*, FCC 19-44 (Washington, D. C.: Federal Communications Commission, 2019), S. 16
76. Andrew Perrin, „Digital Gap between Rural and Nonrural America Persists", Pew Research Center, 31. Mai 2019
77. Joan Engebretson, „USTelecom Measures Rural Broadband Gap: 65% of Rural Areas Have 25/3 Mbps vs. 98% of Non-Rural Areas", Telecompetitor, 3. Dezember 2018
78. Dan Littmann et al., *Communications Infrastructure Upgrade: The Need for Deep Fiber* (Chicago: Deloitte, 2017)
79. Elsa B. Kania (@EBKania), „Perhaps support and funding for online training of workers in critical digital skillsets, such as cyber security and data science?", Twitter, 29. April 2020, 11:22 Uhr
80. White House, „Fact Sheet: The American Jobs Plan", Pressemitteilung, 31. März 2021
81. *5G Supply Chain Security: Threats and Solutions: Hearing before the S. Comm. on Commerce, Science, & Transportation*, 116. Kongress (2020) (Stellungnahme von James A. Lewis, Senior Vice President und Director, Technology Policy Program, Center for Strategic and International Studies)
82. Federal Communications Commission, *Huawei Designation, PS Docket Nr. 19-351; ZTE Designation, PS Docket Nr. 19-352; Protecting against National Security Threats to the Communications Supply Chain through FCC Programs, WC Docket Nr. 18-89: Comments of Parallel Wireless – Innovators of Open 4G and 5G ORAN Network Solutions* (Washington, D. C.: Federal Communications Commission, 2020) (Stellungnahme von Steve Papa, CEO, Parallel Wireless)
83. Sean Kinney, „Is Open RAN Key to the 5G Future?", *RCRWireless News*, September 2020, S. 7
84. Morning Consult, „Broadband Survey Results" (Präsentation, Internet Innovation Alliance, o. O., 2. September 2020),
85. Crawford, *Fiber*, S. 210
86. John Hendel, „Biden Infrastructure Plan Sparks Lobbying War over How to Fix America's Internet", *Politico*, 21. April 2021
87. Stu Woo, „The U.S. vs. China: The High Cost of the Technology Cold War", *Wall Street Journal*, 22. Oktober 2020
88. Kang, „Huawei Ban Threatens Wireless"
89. Gregg Hunter, Korrespondenz mit dem Autor, Dezember 2020
90. Jim Salter, „5G in Rural Areas Bridges a Gap That 4G Doesn't, Especially Low- and Mid-band", *Ars Technica*, 14. September 2020
91. Jon Brodkin, „T-Mobile Touts ‚Nationwide 5G' That Fails to Cover 130 Million Americans", *Ars Technica*, 2. Dezember 2019
92. Ruopu Li, Kang Cheng und Di Wu, „Challenges and Opportunities for Coping with the Smart Divide in Rural America", *Annals of the American Association of Geographers* 110, Nr. 2 (2020): S. 565

93. Kevin J. O'Brien, „An Optimist on 3G Despite Losing It All – Technology – International Herald Tribune", *New York Times*, 30. Juli 2006; Kevin J. O'Brien, „3G Cost Billions: Will It Ever Live Up to Its Hype?", *New York Times*, 30. Juli 2006
94. Mark T. Esper, „As Prepared Remarks by Secretary of Defense Mark T. Esper at the Munich Security Conference" (Rede, Münchner Sicherheitskonferenz, München, 15. Februar 2020)
95. Rob Schmitz, „U.S. Pressures Europe to Find Alternatives to Huawei", NPR, 15. Februar 2020
96. Maximilian Mayer, „Europe's Digital Autonomy and Potentials of a U.S.-German Alignment toward China", American Institute for Contemporary German Studies, Johns Hopkins University, 16. Dezember 2020
97. „Chinesischer Botschafter Ken Wu: ‚Die Sicherheitsbedenken der USA gegen Huawei sind scheinheilig'", Onlinevideo, 38:49, aus Live-Interview mit *Handelsblatt*, veröffentlicht von *Handelsblatt*, 13. Dezember 2019
98. Heiko Maas, „Speech by Foreign Minister Heiko Maas on European Digital Sovereignty on the Occasion of the Opening of the Smart Country Convention of the German Association for Information Technology, Telecommunications and New Media (Bitkom)" (Rede, Smart Country Convention, Bundesverband für Informationswirtschaft, Telekommunikation und neue Medien, Berlin, 27. Oktober 2020)
99. Elysée (Französisches Präsidialamt), „Il Est Temps pour l'Europe d'Avoir Sa Propre Souveraineté Technologique!" [Es ist Zeit für Europa, seine eigene technologische Souveränität zu haben!], Pressemitteilung, 9. Dezember 2020
100. Anthony Boadle und Andrea Shalal, „U.S. Offers Brazil Telecoms Financing to Buy 5G Equipment from Huawei Rivals", *Reuters*, 20. Oktober 2020
101. „Brazilian Telecoms Snub U.S. Official over Huawei 5G Pressure: Source", *Reuters*, 6. November 2020

KAPITEL 4

1. Die ersten Worte in George Orwell, *1984* (Boston: Houghton Mifflin Harcourt, 1977), S. 2: „Es war ein heller, kalter Tag ..."
2. Lin Yijiang, „CCP Demands Cameras Installed in Rental Properties", *Bitter Winter*, 8. April 2019
3. Sheena Chestnut Greitens, „‚Surveillance with Chinese Characteristics': The Development and Global Export of Chinese Policing Technology" (Fachpräsentation für Princeton University IR Colloquium, Princeton, NJ, zuletzt modifiziert 30. September 2019)
4. Charles Rollet, „China Public Video Surveillance Guide: From Skynet to Sharp Eyes", IPVM, 14. Juni 2018
5. Rechnerisch ergibt sich eine Kamera pro jeweils 2,27 Menschen; siehe Xiao Qiang, „The Road to Unfreedom: President Xi's Surveillance State", *Journal of Democracy* 30, Nr. 1 (2019): S. 53–67
6. „Zhejiang Dahua Technology Co., Ltd.", Yahoo! Finance, aufgerufen am 1. Februar

2021; „Hangzhou Hikvision Digital Technology Co., Ltd.", Yahoo! Finance, aufgerufen am 1. Februar 2021; „CNY/USD – Chinese Yuan US Dollar", Investing, aufgerufen am 1. Februar 2021

7. Liza Lin und Newley Purnell, „A World with a Billion Cameras Watching You Is Just around the Corner", *Wall Street Journal*, 6. Dezember 2019
8. Greitens, „„Surveillance with Chinese Characteristics'"; siehe auch Steven Feldstein, „The Global Expansion of AI Surveillance" (Working Paper, Carnegie Endowment for International Peace, 2019)
9. Kai Strittmatter, *We Have Been Harmonized: Life in China's Surveillance State* (New York: HarperCollins, 2020), Kindle, S. 7–8
10. Siehe zum Beispiel „Opinion: China Is Exporting Its Digital Authoritarianism", *Washington Post*, 5. August 2020
11. Charles Rollet, Korrespondenz mit dem Autor, Januar 2021
12. Jessica Chen Weiss, „Understanding and Rolling Back Digital Authoritarianism", War on the Rocks, 17. Februar 2020; Matthew Steven Erie und Thomas Streinz, „The Beijing Effect: China's ‚Digital Silk Road' as Transnational Data Governance", *New York University Journal of International Law and Politics*, 23. März 2021
13. Steven Feldstein, Korrespondenz mit dem Autor, Januar 2021; siehe auch Steven Feldstein, *The Rise of Digital Repression: How Technology Is Reshaping Power, Politics, and Resistance* (New York: Oxford University Press, 2021)
14. Walton, *China's Golden Shield*, S. 26
15. National Development and Reform Commission et al., *Guanyu jiaqiang gonggong an- quan shipin jiankong jianshe lianwang yingyong gongzuo de ruogan yijian* 关于加强公共安 全视频监控建设联网应用工作的若干意见 [Mehrere Meinungen über die Stärkung des Aufbaus von Anwendungen für Video-Überwachung öffentlicher Sicherheit], Fagai gaoji (2015) 996 hao 发改高技 (2015) 996号 [Entwicklung und Reform (2015) Nr. 996] (Peking: National Development and Reform Commission, 2015)
16. Jessica Batke und Mareike Ohlberg, „State of Surveillance: Government Documents Reveal New Evidence on China's Efforts to Monitor Its People", China-File, 30. Oktober 2020
17. Zhang Zihan, „Beijing's Guardian Angels?", *Global Times*, 10. Oktober 2012
18. *Encyclopedia Britannica*, s. v. „Baojia", zuletzt modifiziert 31. August 2006
19. Batke und Ohlberg, „State of Surveillance"
20. „Xueliang gongcheng bai yi ji shichang cheng anfang hangye xin lanhai" 雪亮工程百亿级市场 成安防行业新蓝海 [Zehn-Milliarden-Dollar-Markt für Sharp Eyes Project wurde neuer „Blauer Ozean" der Sicherheitsindustrie], *China Daily*, 6. November 2019
21. Paul Mozur und Aaron Krolik, „A Surveillance Net Blankets China's Cities, Giving Police Vast Powers", *New York Times*, 17. Dezember 2019
22. Yuan Yang und Nian Liu, „China Survey Shows High Concern over Facial Recognition Abuse", *Financial Times*, 5. Dezember 2019
23. Bild der Nachricht an Guo Bings, gefunden in Video von *Xin jing bao* 新京报 [Peking News], siehe „Zhongguo ren lian shibie di yi an" 中国人脸识别第一案 [Der erste Gesichtserkennungsprozess in China], Weibo, aufgerufen am 22. Juli 2020

24. Wu Shuaishuai 吴帅帅, „‚Shua lian di yi an‘ hangzhou kaiting“ ‚刷脸第一案‘ 杭州开庭 [„Erster Prozess um Gesichtsscan“ beginnt in Hangzhou], Xinhua, 23. Juni 2020
25. Du Qiongfang, „Park in Hangzhou Found Guilty of Breach of Contract for Using Visitor's Facial Recognition Information“, *Global Times*, 21. November 2020
26. „Zheda faxue boshi jujue ‚shua lian‘ ru yuan, qisu hangzhou yesheng dongwu shijie huo li'an“ 浙大法学博士拒绝, 刷脸 ‘入园 · 起诉杭州野生动物世界获立案 [Doktorand an Zhejiang University Law School verweigert „Gesichtsscan“ für Parkzutritt, wird gegen Hangzhou Safari Park klagen], *The Paper*, 3. November 2019
27. George Qi, Qianqian Li und Darren Abernethy, „China Releases Draft Personal Information Protection Law“, *National Law Review* 11, Nr. 21 (2021),
28. Qin Jianhang, Qian Tong und Han Wei, „Cover Story: The Fight over China's Law to Protect Personal Data“, Caixin Global, 20. November 2020
29. „‚Ren lian shibie di yi an‘ pan dongwuyuan shanchu yuangao zhaopian xinxi, yuangao cheng jiang jixu shangsu“ ‚人脸识别第一案 ‘判动物园删除原告照片信息, 原告称将继续上诉 [„Erster Prozess über Gesichtserkennung“: Zoo muss Foto-Informationen des Klägers löschen, der sagt, er will weiterhin in Berufung gehen], Xinhua, 21. November 2020
30. „Urumqi Riots Three Years On – Crackdown on Uighurs Grows Bolder“, Amnesty International, 4. Juli 2012; Austin Ramzy, „A Year after Xinjiang Riots, Ethnic Tensions Remain“, *Time*, 5. Juli 2010
31. Congressional-Executive Commission on China, „Chairs Urge Ambassador Branstad to Prioritize Mass Detention of Uyghurs, Including Family Members of Radio Free Asia Employees“, Pressemitteilung, 3. April 2018
32. Bethany Allen-Ebrahimian, „Exposed: China's Operating Manuals for Mass Internment and Arrest by Algorithm“, International Consortium of Investigative Journalists, 24. November 2019
33. Sophia Yan, „‚One Minute Felt Like One Year‘: A Day in the Life of Inmates in the Xinjiang Internment Camps“, *The Telegraph*, 26. März 2019; „China: Free Xinjiang ‚Political Education‘ Detainees“, Human Rights Watch, 10. September 2017
34. Orwell, *1984*, S. 211
35. Austin Ramzy und Chris Buckley, „Leaked China Files Show Internment Camps Are Ruled by Secrecy and Spying“, *New York Times*, 24. November 2019
36. Paul Mozur und Nicole Perlroth, „China's Software Stalked Uighurs Earlier and More Widely, Researchers Learn“, *New York Times*, zuletzt modifiziert 19. Januar 2021
37. Siehe „China: Minority Region Collects DNA from Millions“, Human Rights Watch, 13. Dezember 2017; und Sui-Lee Wee, „China Uses DNA to Track Its People, with the Help of American Expertise“, *New York Times*, 21. Februar 2019
38. Charles Rollet, „Hikvision Admits Minority Recognition, Now Claims Canceled“, IPVM, 23. Juli 2020; „Dahua Racist Uyghur Tracking Revealed“, IPVM, 4. November 2020; „Patenting Uyghur Tracking – Huawei, Megvii, More“, IPVM, 12. Januar 2021
39. Michael Wines, „To Protect an Ancient City, China Moves to Raze It“, *New York Times*, 27. Mai 2009
40. Chris Buckley und Paul Mozur, „How China Uses High-Tech Surveillance to Subdue Minorities“, *New York Times*, 22. Mai 2019

41. Gerry Shih, „Digital Police State Shackles Chinese Minority", Associated Press, 17. Dezember 2017
42. Bahram K. Sintash, „Demolishing Faith: The Destruction and Desecration of Uyghur Mosques and Shrines", Uyghur Human Rights Project (UHRP), Oktober 2019
43. Rian Thum (@RianThum), „Im vergangenen Jahr hat die chinesische Regierung den zentralen Uiguren-Friedhof und den Heiligen Schrein in Khotan zerstört. Jetzt können wir einen Teil von dem sehen, was dort neu gebaut wurde: ein Parkplatz", Twitter, 28. April 2020, 10:42
44. Orwell, *1984*, S. 121
45. Nathan Ruser et al., *Cultural Erasure: Tracing the Destruction of Uyghur and Islamic Spaces in Xinjiang*, Policy Brief Report Nr. 38 (Canberra: Australian Strategic Policy Institute, 2020)
46. Charles Rollet, „Hikvision Wins Chinese Government Forced Facial Recognition Project across 967 Mosques", IPVM, 16. Juli 2018
47. Charles Rollet, „Dahua and Hikvision Win over $1 Billion in Government-Backed Projects in Xinjiang", IPVM, 23. April 2018
48. Siehe Jonathan E. Hillman und Maesea McCalpin, *Watching Huawei's „Safe Cities"* (Washington, D. C.: Center for Strategic and International Studies, 2019); Greitens, „China's Surveillance State at Home and Abroad"; Sheena Chestnut Greitens, „The Global Impact of China's Surveillance Technology", in *The 2020-21 Wilson China Fellowship: Essays on the Rise of China and Its Implications*, Hg. Abraham M. Denmark und Lucas Myers (Washington, D. C.: Woodrow Wilson International Center for Scholars, 2021), S. 129–152
49. „Hikvision North America 2017 Corporate Video", YouTube-Video, 2:10, veröffentlicht von Hikvision USA, 17. Juli 2017
50. Hangzhou Hikvision Digital Technology Co., Ltd., *2019 Annual Report*, 25. April 2020, S. 14
51. Matthew Luce, „A Model Company: CETC Celebrates 10 Years of Civil-Military Integration", *China Brief* 12, Nr. 4 (2012): S. 10–13
52. „How Mass Surveillance Works in Xinjiang, China", Human Rights Watch, zuletzt modifiziert 2. Mai 2019
53. Ma Si, „CETC Speeds Reform Efforts", *China Daily*, zuletzt modifiziert 16. September 2017
54. Zhong dian hai kang jituan youxian gongsi 中电海康集团有限公司 [CETHIK Group Co., Ltd.], „Zhonggong zhong dian haikang jituan youxian gongsi di yi ci daibiao dahui longzhong zhaokai" 中共中电海康集团有限公司第一次代表 大会隆重召开 [Erster KP-Kongress von CETHIK Group Co., Ltd., abgehalten], Pressemitteilung, 27. April 2015
55. „Hikvision Celebrates Xi Jinping Visit", YouTube-Video, 1:35, veröffentlicht von IPVM, 23. Juni 2019
56. John Honovich, „Hikvision Gets $3 Billion from Chinese Government Bank", IPVM, 9. Dezember 2015
57. „We Visited Hikvision HQ", *a&s Adria*, 25. Dezember 2018; zu Western Digital siehe „WD Debuts Surveillance-Class Hard Drive Line", *SDM Magazine*, 4. März 2014

58. Seagate, „Seagate Launches First Drive for AI-Enabled Surveillance", Pressemitteilung, 28. Oktober 2017
59. Yukinori Hanada, „US Sanctions Blur Chinese Dominance in Security Cameras", *Nikkei Asia*, 12. November 2019
60. Zu den Wohnungen in New York City siehe „Hikvision's Custom-Tailored VMS Software Protects New York City Residents", *SDM Magazine*, 3. November 2014; zum Sunset Plaza Hotel siehe „Hikvision Provides 24-Hour Video Surveillance to Hollywood's Sunset Plaza Hotel", *SDM Magazine*, 15. April 2016
61. „Memphis Police Department Combines Traditional and Unconventional Surveillance to Keep the City Safe", *SDM Magazine*, 29. Januar 2016; „Hikvision and Eagle Eye Networks Provide Mobile Video Surveillance Solution", *SDM Magazine*, 10. April 2015; zu dem Kriminallabor in Colorado siehe „Hikvision Video Surveillance Secures Crime Lab in Colorado", *SDM Magazine*, 4. April 2016; siehe auch die ursprüngliche Fallstudie: Hikvision USA Inc., „Panoramic Surveillance Captures Fine Detail in Crime Lab", 1. April 2016
62. Avi Asher-Schapiro, „Exclusive: Half London Councils Found Using Chinese Surveillance Tech Linked to Uighur Abuses", *Reuters*, 18. Februar 2021
63. Charu Kasturi, „How Chinese Security Cameras Are Compromising US Military Bases", OZY, 23. Juli 2019
64. John Honovich, „Ban of Dahua and Hikvision Is Now US Gov Law", IPVM, 13. August 2018
65. John Honovich, „Ezviz = Hikvision = Chinese Government", IPVM, 8. Januar 2016
66. „EZVIZ", Amazon, aufgerufen im April 2020
67. Cisco, „Digital Impact: How Technology Is Accelerating Global Problem Solving" (Präsentation, o. O., 2018)
68. „Mi Band", Xiaomi United States, aufgerufen am 18. Februar 2021
69. Daniel R. Deakin, „Xiaomi Mi Band Global Sales Top 13 Million Units for Q2 2020 as Pro and Lite Variant Rumors Still Linger for the Mi Band 5", NotebookCheck.net, 23. September 2020
70. Dan Strumpf, „U.S. Blacklisted China's Xiaomi Because of Award Given to Its Founder", *Wall Street Journal*, zuletzt modifiziert 5. März 2021
71. Laura DeNardis, *The Internet in Everything: Freedom and Security in a World with No Off Switch* (New Haven, CT: Yale University Press, 2020), Kindle, S. 68
72. *Statement for the Record: Worldwide Threat Assessment of the US Intelligence Community: Senate Armed Services Committee*, 114. Kongress 1 (2016) (Stellungnahme von James R. Clapper, früherer Director National Intelligence); DeNardis, *Internet in Everything*, S. 230
73. „Inside the Infamous Mirai IoT Botnet: A Retrospective Analysis", *Cloudflare Blog*, Cloudflare, 14. Dezember 2017; Brian Karas, „Hacked Dahua Cameras Drive Massive Mirai Cyber Attack", IPVM, 27. September 2016
74. James A. Lewis, „Securing the Information and Communications Technology and Services Supply Chain", Center for Strategic and International Studies, 2. April 2021
75. EZVIZ, „EZVIZ Named as CES 2018 Innovation Awards Honoree", Pressemitteilung, 9. Januar 2018
76. EZVIZ, „Innovation Awards Honoree"

77. Für das Beispiel der Schulen in Minnesota siehe „Minn. School District Upgrades Video Surveillance System", *Campus Safety*, 5. September 2016; für das Beispiel der Lager in Xinjiang siehe „Hikvision Cameras Covering Concentration Camps", IPVM, 29. Juli 2019
78. Hikvision Oceania, *Hikvision Face Recognition Solution – Powered by Artificial Intelligence (AI)* (o. O.: Hikvision Oceania, o. D.)
79. „2MP Hikvision Facial Capture Recognition Camera Surveillance Face Recognition Software", Veley Security Ltd., aufgerufen am 18. Februar 2021
80. National Institute of Standards and Technology, U.S. Department of Commerce, *Ongoing Face Recognition Vendor Test (FRVT) Part 3: Demographic Effects, Annex 8: False Match Rates with Matched Demographics Using Application Images*, NIST Interagency Report 8280 (Gaithersburg, MD: National Institute of Standards and Technology, 2019)
81. „What We Offer", DeepinMind Series, Hikvision, aufgerufen am 18. Februar 2021
82. Ethan Ace, „Hikvision DeepInMind Tested Terribly", IPVM, 15. Februar 2018
83. Rob Kilpatrick, „Hikvision DeepinMind 2019 Test", IPVM, 6. Juni 2019
84. Drew Harwell, „Federal Study Confirms Racial Bias of Many Facial-Recognition Systems, Casts Doubt on Their Expanding Use", *Washington Post*, 19. Dezember 2019
85. Kashmir Hill, „Another Arrest, and Jail Time, Due to a Bad Facial Recognition Match", *New York Times*, zuletzt modifiziert 6. Januar 2021
86. Mara Hvistendahl, „How Oracle Sells Repression in China", *The Intercept*, 18. Februar 2021
87. Shoshana Zuboff, *The Age of Surveillance Capitalism: The Fight for a Human Future at the New Frontier of Power* (New York: PublicAffairs, 2018)
88. „Ren Zhengfei's Roundtable with Media from Latin America and Spain", Interview mit Pablo Diaz, *Voices of Huawei* (Blog), Huawei, 11. Dezember 2019
89. Hoover Institution, Stanford University, „Q&A: Elizabeth Economy on the Biden Administration's China Challenge", Pressemitteilung, 20. Januar 2021
90. Charles Rollet, „Evidence of Hikvision's Involvement with Xinjiang IJOP and Re-Education Camps", IPVM, 2. Oktober 2018; Charles Rollet, „In China's Far West, Companies Cash In on Surveillance Program That Targets Muslims", *Foreign Policy*, 13. Juni 2018
91. Marco Rubio, US-Senator Florida, „ICYMI | Financial Times: US Funds Pull Out of Chinese Groups Involved in Xinjiang Detention", Pressemitteilung, 28. März 2019; Hangzhou Hikvision Digital Technology Co., Ltd., *2018 Environmental, Social and Governance Report*, April 2019
92. Rachel Fixsen, „Denmark's AkademikerPension Bans Chinese Surveillance Kit Firm", Investment & Pensions Europe, 24. November 2020
93. Hikvision, *Advanced Security, Safer Society: Safe City Solution* (Hangzhou, China: Hikvision, o. D.)
94. Joel Gehrke, „‚It Improves Targeting': Americans under Threat from Chinese Facial Recognition Systems, Rubio Warns", *Washington Examiner*, 27. August 2019
95. Marco Rubio, US-Senator Florida, „Rubio, Wyden Urge State Department to Issue Travel Advisories for Americans Traveling to Countries Using Chinese Surveillance", Pressemitteilung, 1. August 2019
96. Atha et al., *China's Smart Cities Development*, S. 3

97. Helen Warrell und Nic Fildes, „UK Spies Warn Local Authorities over ‚Smart City' Tech Risks", *Financial Times*, 6. Mai 2021
98. National Cyber Security Centre, GCHQ, *Connected Places: Cyber Security Principles* (London: National Cyber Security Centre, 2021)
99. Atha et al., *China's Smart Cities Development*, S. 60
100. Jay Greene, „Microsoft Won't Sell Police Its Facial-Recognition Technology, Following Similar Moves by Amazon and IBM", *Washington Post*, 11. Juni 2020
101. Huawei, „Network-Wide Intelligence, Opening and Sharing – Development Trend of Video Surveillance Technology and Service" (Präsentation, o. O., 2016)
102. ZTE, „Smart City: Road to Urban Digital Transformation" (Präsentation, TechUK-Veranstaltung über Local Digital Connectivity, o. O., 13. Oktober 2017)
103. Sean Patton, „Hikvision, Dahua, and Uniview Falsify Test Reports to South Korea", IPVM, 10. Dezember 2020
104. John Honovich und Charles Rollet, „Hikvision Impossible 30 People Simultaneously Fever Claim Dupes Baldwin, Alabama", IPVM, 1. September 2020
105. Sean Patton und Charles Rollet, „Alabama Schools Million Dollar Hikvision Fever Camera Deal", IPVM, 11. August 2020
106. Bent Flyvbjerg, „Introduction: The Iron Law of Megaproject Management", in *The Oxford Handbook of Megaproject Management*, Hg. Bent Flyvbjerg (Oxford: Oxford University Press, 2017), S. 1–18
107. „HUAWEI – Safe City Post Project Documentary", YouTube-Video, 7:57, veröffentlicht von Xdynamix, 14. November 2017
108. Prasso, „Huawei's Claims That It Makes Cities Safer Mostly Look Like Hype"
109. National Police Bureau, Ministry of Interior, Government of Pakistan, *Crimes Reported by Type and Province* (Islamabad: National Police Bureau, o. D.)
110. National Assembly of Pakistan, „It Is My Life Mission to Provide Job to Unemployed Youth of Pakistan: Says Speaker NA", Pressemitteilung, 15. September 2018
111. Munawer Azeem, „Leaked Safe City Images Spark Concern among Citizens", *Dawn*, 27. Januar 2019
112. Leo Kelion und Sajid Iqbal, „Huawei Wi-Fi Modules Were Pulled from Pakistan CCTV System", BBC, 8. April 2019
113. Embassy of the People's Republic of China in the Islamic Republic of Pakistan, „Statement of the Spokesperson from the Chinese Embassy in Pakistan", Pressemitteilung, 21. Mai 2020; die Schätzungen zum Investitionsvolumen schwanken stark. Als ursprüngliches Ziel werden oft 62 Milliarden Dollar erwähnt, von denen aber nur ein Bruchteil realisiert wurde.
114. Michael Rubin, „Is Pakistan Nothing More than a Colony of China?", American Enterprise Institute, 5. Mai 2020; Fakhar Durrani, „Will Coronavirus Affect CPEC and Pak Economy?", *The News International*, 7. Februar 2020
115. „China-Pakistan Cross-Border Optical Fiber Cable Project: Special Report on CPEC Projects (Transportation Infrastructure: Part 3)", Embassy of the People's Republic of China in the Islamic Republic of Pakistan, 1. Oktober 2018
116. „Safe City: Kenya", Onlinevideo, veröffentlicht von Huawei, 2018
117. Huawei, „Huawei Unveils Safe City Solution Experience Center at 2016 Mobile World Congress", Pressemitteilung, 21. Februar 2016

118. „Crime Statistics", National Police Service, Government of Kenya, aufgerufen am 27. Februar 2021
119. *Reuters*, „Kenya Secures $666 Million"; Mark Anderson, „Kenya's Tech Entrepreneurs Shun Konza ‚Silicon Savannah'", *The Guardian*, 5. Januar 2015
120. „Konza Technology City Approved as Kenya's Vision 2030 Flagship Project", Konza Technopolis, 18. Oktober 2019; „Kenya Begins Construction of ‚Silicon' City Konza", BBC, 23. Januar 2013
121. „Smart City", Konza Technopolis, aufgerufen am 15. Februar 2021
122. Patrick Vidija, „Smart City: Development at Konza Takes Shape as 40% Sold Off", *The Star* (Kenia), 2. Februar 2021
123. Vidija, „Smart City"
124. The Presidency, Republic of Kenya, „Press Statement: On April 27, 2019, in Statements and Speeches", Pressemitteilung, 27. April 2019
125. *Reuters*, „Kenya Secures $666 Million"; Andrew Kitson und Kenny Liew, „China Doubles Down on Its Digital Silk Road", Reconnecting Asia, Center for Strategic and International Studies, 14. November 2019; Sebastian Moss, „Huawei to Build Konza Data Center and Smart City in Kenya, with Chinese Concessional Loan", Data Center Dynamics, 30. April 2019; „Konza Technopolis Board of Directors", Konza Technopolis, aufgerufen am 18. März 2021; „Eng. John Tanui, MBS: CEO, Konza Technopolis Development Authority", LinkedIn, aufgerufen am 18. März 2021
126. „Kenyan Gov't, Chinese Firm Launch Construction of Major Power Transmission Project", Xinhua, 15. November 2019; Liu Hongjie, „Chinese Company Empowers Kenya's Economic Transformation", *China Daily*, 15. November 2019; „Government Launches High Voltage Substation in Konza", YouTube-Video, 1:52, veröffentlicht von KBC Channel 1, 15. November 2019; „Kenya: Chinese Firm to Build Konza Technopolis Power Line", *African Energy Newsletter*, 21. November 2019
127. Alibaba Cloud, „Alibaba Cloud Harnesses AI and Data Analytics Expertise to Advance China's Innovations in Urban Governance and Astronomy", Pressemitteilung, 13. Oktober 2016; „Alibaba Cloud's City Brain Solution Improves Urban Management in Hangzhou", *China Daily*, 20. September 2018
128. „Alibaba Cloud Intelligence Brain", Alibaba Cloud, aufgerufen am 27. Februar 2021; Liz Lee, „Alibaba to Take on Kuala Lumpur's Traffic in First Foreign Project", *Reuters*, 29. Januar 2018
129. Jianfeng Zhang et al., „City Brain: Practice of Large-Scale Artificial Intelligence in the Real World", *IET Smart Cities* 1, Nr. 1 (2019): S. 28–37
130. „You Can't Spell Attribution without AI", *Course Studies* (Blog), Corsair's Publishing, 28. April 2019
131. Min Wanli, „The Road to Digital Intelligence with Alibaba Cloud ET Brain", *Alibaba Cloud Community Blog*, Alibaba Cloud, 12. Oktober 2018
132. „Kuala Lumpur Traffic", TomTom, aufgerufen am 1. Februar 2020
133. „Xi Calls for Making Major Cities ‚Smarter'", YouTube-Video, 1:30, veröffentlicht von CCTV Video News Agency, 1. April 2020
134. „Xinhua Headlines-Xi Focus: Xi Stresses Coordinating Epidemic Control, Economic Work, Achieving Development Goals", Xinhua, 1. April 2020

135. Lee J, „Smart Cities with Not-So-Smart Security – Again!", DataBreaches.net, 14. Januar 2020
136. Zack Whittaker, „Security Lapse Exposed a Chinese Smart City Surveillance System", TechCrunch, 3. Mai 2019
137. Siehe Philip Wen und Drew Hinshaw, „China Asserts Claim to Global Leadership, Mask by Mask", *Wall Street Journal*, 1. April 2020; Paul Mozur, Raymond Zhong und Aaron Krolik, „In Coronavirus Fight, China Gives Citizens a Color Code, with Red Flags", *New York Times*, zuletzt modifiziert 7. August 2020
138. Artificial Intelligence Industry Alliance, „AI Support for Coronavirus Control – AIIA Research Report", Übers. Jeffrey Ding, aufgerufen am 20. März 2020
139. Ethan Ace und John Honovich, „Dahua Rigs Fever Cameras, Covers Up", IPVM, 20. November 2020
140. Yuan Yang, Nian Liu und Sue-Lin Wong, „China, Coronavirus and Surveillance: The Messy Reality of Personal Data", *Financial Times*, 2. April 2020
141. Raymond Zhong und Paul Mozur, „To Tame Coronavirus, Mao-Style Social Control Blankets China", *New York Times*, 20. Februar 2020
142. Jiefei Liu, „Founder of Alibaba Cloud Says Smart Cities Can't Solve Problems Caused by China's Rapid Urbanization", *TechNode* (Blog), 2. Juli 2018
143. Chris Buckley, „Was That a Giant Cat? Leopards Escape, and a Zoo Keeps Silent (at First)", *New York Times*, 10. Mai 2021
144. Atha et al., *China's Smart Cities Development*, S. 43–54
145. Yuan Yang, „The Role of AI in China's Crackdown on Uighurs", *Financial Times*, 11. Dezember 2019
146. „China's Algorithms of Repression", Human Rights Watch, 1. Mai 2019
147. Jennifer Pan, *Welfare for Autocrats* (New York: Oxford University Press, 2020), Kindle, S. 174
148. Sarah Dai, „China Adds Huawei, Hikvision to Expanded ‚National Team' Spearheading Country's AI Efforts", *South China Morning Post*, 30. August 2019
149. Hangzhou Hikvision Digital Technology Co., Ltd., *2019 Annual Report*
150. Elizabeth Schulze, „40% of A.I. Start-Ups in Europe Have Almost Nothing to Do with A.I., Research Finds", CNBC, 6. März 2019
151. „Zhucheng shi tongchou liyong ‚xueliang gongcheng' dazao ‚san dapingtai'" 诸城市统筹利用‚雪亮工程'打造‚三大平台' [Stadt Zhucheng integriert Anwendungen aus „Sharp Eyes Project" in Schaffung der „Drei Großen Plattformen"], Sohu, 23. November 2019, zuvor veröffentlicht bei *People's Daily*, 23. November 2019
152. *Reuters*, „U.S. Says No Change in Its Genocide Determination for China's Xinjiang", 9. März 2021
153. Strittmatter, *We Have Been Harmonized*, S. 194
154. Pan, *Welfare for Autocrats*, S. 176

KAPITEL 5

1. „What Is BGP? | BGP Routing Explained", Cloudflare, aufgerufen am 24. Januar 2021
2. Paula Jabloner, „The Two-Napkin Protocol", *CHM Blog*, Computer History Museum, 4. März 2015

3. „World – Autonomous System Number Statistics – Sorted by Number“, Regional Internet Registries Statistics, zuletzt modifiziert 18. January 2021
4. Doug Madory, „China Telecom's Internet Traffic Misdirection“, *Internet Intelligence* (Blog), Oracle, 5. November 2018
5. Chris C. Demchak und Yuval Shavitt, „China's Maxim – Leave No Access Point Unexploited: The Hidden Story of China Telecom's BGP Hijacking“, *Military Cyber Affairs* 3, Nr. 1 (2018): S. 1–5
6. Doug Madory, „Large European Routing Leak Sends Traffic through China Telecom“, *Internet Intelligence* (Blog), Oracle, 6. Juni 2019; Craig Timberg, „The Long Life of a Quick ‚Fix‘: Internet Protocol from 1989 Leaves Data Vulnerable to Hijackers“, *Washington Post*, 31. Mai 2015
7. Rahul Hiran, Niklas Carlsson und Phillipa Gill, „Characterizing Large-Scale Routing Anomalies: A Case Study of the China Telecom Incident“, in *Passive and Active Measurement: 14th International Conference, PAM, 2013, Hongkong, China, 18.–19. März 2013, Proceedings* (Heidelberg: Springer, 2013), S. 229–238
8. U.S.-China Economic and Security Review Commission, *2010 Report to Congress of the U.S.-China Economic and Security Review Commission* (Washington, D.C.: U.S. Government Printing Office, 2010), S. 243–244
9. Doug Madory, Korrespondenz mit dem Autor, Januar 2021; siehe auch Doug Madory, „Visualizing Routing Incidents in 3D“ (Präsentation, RIPE 80, virtuelles Treffen, 12.–14. Mai 2020)
10. „Cyber-Großmacht“ kann auch als „Netzwerk-Großmacht“ übersetzt werden. Yang Ting 杨婷, „Xi Jinping: Ba woguo cong wangluo daguo jianshe chengwei wangluo qiangguo“ 习近平:把我国从网络大国建设成为网络强国 [Xi Jinping: China von einem großen Cyber-Land zu einer Cyber-Großmacht machen], Xinhua, 27. Februar 2014
11. Pengxiong Zhu et al., „Characterizing Transnational Internet Performance and the Great Bottleneck of China“, *Proceedings of the ACM on Measurement and Analysis of Computing Systems* 4, Nr. 13 (2020): S. 7
12. Graham Webster und Katharin Tai, „Translation: China's New Security Reviews for Cloud Services“, *Cybersecurity Initiative: Blog*, New America, 23. Juli 2019
13. „Azure China Playbook: Performance and Connectivity Considerations“, Microsoft, zuletzt modifiziert 20. Juli 2020
14. Kirtus G. Leyba, Korrespondenz mit dem Autor, Januar 2021
15. Kirtus G. Leyba et al., „Borders and Gateways: Measuring and Analyzing National AS Chokepoints“, in *Compass '19: Proceedings of the 2nd ACM SIGCAS Conference on Computing and Sustainable Societies* (New York: Association for Computing Machinery, 2019), S. 184–194
16. Bill Marczak et al., „An Analysis of China's ‚Great Cannon‘“, in *FOCI '15: 5th USENIX Workshop on Free and Open Communications on the Internet* (Washington, D.C.: USENIX Association, 2015)
17. Zhu et al., „Great Bottleneck of China“, S. 17
18. Margaret E. Roberts, *Censored: Distraction and Diversion Inside China's Great Firewall* (Princeton, NJ: Princeton University Press, 2018)
19. David Bandurski, „A Brief Experiment in a More Open Chinese Web“, *Tech-Stream* (Blog), Brookings Institution, 12. November 2020

20. „China's Quiet Experiment Let Millions View Long-Banned Websites", Bloomberg, 12. Oktober 2020
21. Zhu et al., „Great Bottleneck of China", S. 2
22. China Telecom Global Ltd., „Unified Carrier Licence Telecommunications Ordinance (Chapter 106)", 5. Januar 2020, S. 2
23. Robert Clark, „China Finally Embraces Full Internet Peering", Light Reading, 2. März 2020
24. „Internet Way of Networking Use Case: Interconnection and Routing", Internet Society, 9. September 2020
25. Hal Roberts et al., *Mapping Local Internet Control* (Cambridge, MA: Berkman Center for Internet & Society, Harvard University, 2011)
26. Rebecca MacKinnon, „Networked Authoritarianism in China and Beyond: Implications for Global Internet Freedom" (Fachaufsatz präsentiert bei Liberation Technology in Authoritarian Regimes, Stanford, CA, Oktober 2010)
27. MacKinnon, „Networked Authoritarianism", S. 21
28. Ryan Fedasiuk, „A Different Kind of Army: The Militarization of China's Internet Trolls", *China Brief* 21, Nr. 7 (2021): S. 8
29. Gary King, Jennifer Pan und Margaret E. Roberts, „How the Chinese Government Fabricates Social Media Posts for Strategic Distraction, Not Engaged Argument", *American Political Science Review* 111, Nr. 13 (2017): S. 485
30. Raymond Zhong et al., „Leaked Documents Show How China's Army of Paid Internet Trolls Helped Censor the Coronavirus", ProPublica, 19. Dezember 2020
31. Marczak et al., „Analysis of China's ‚Great Cannon'", S. 1
32. Internet Society, „Internet Way of Networking"
33. Blake Miller, „The Limits of Commercialized Censorship in China", SocArXiv (2019)
34. Roberts, *Censored*, Pos. 4144
35. Yanfeng Zheng und Qinyu Wang, „Shadow of the Great Firewall: The Impact of Google Blockade on Innovation in China", *Strategic Management Journal* (Veröffentlichung geplant)
36. Paul Brodsky et al., *The State of the Network: 2021 Edition* (San Diego, CA: PriMetrica, 2021)
37. Paul Mozur, „A Hong Kong Internet Provider Confirms It Censored a Website under the New Security Law", *New York Times*, zuletzt modifiziert 22. Januar 2021
38. Xi Jinping, „Remarks by H.E. Xi Jinping, President of the People's Republic of China, at the Opening Ceremony of the Second World Internet Conference" (Rede, Second World Internet Conference, Wuzhen, China, 16. Dezember 2015)
39. Yali Liu, „Building CHN-IX: The First IXP in Mainland China", *APNIC Blog*, APNIC, 22. April 2016
40. „CHN-IX: Revamping China's Internet Infrastructure", ChinaCache, 25. Januar 2019
41. Securities and Exchange Commission, *Form 20-F, ChinaCache International Holdings Ltd.: Annual and Transition Report of Foreign Private Issuers [Sections 13 or 15(d)]* (Washington, D.C.: Securities and Exchange Commission, 2020)
42. Securities and Exchange Commission, *Form 20-F, ChinaCache*, S. 7–11
43. „CNIX", PeeringDB, aufgerufen am 27. Januar 2021
44. Laut PeeringDB, aufgerufen am 25. Januar 2021

45. H. B. Acharya, Sambuddho Chakravarty und Devashish Gosain, „Few Throats to Choke: On the Current Structure of the Internet", in *2017 IEEE 42nd Conference on Local Computer Networks* (Los Alamitos, CA: IEEE, 2017), S. 339–346
46. „The Top 500 Sites on the Web", Alexa, aufgerufen am 25. January 2021
47. „AS 4809", AS Rank, aufgerufen am 25. Januar 2021
48. „AS 3356", AS Rank, aufgerufen am 26. Januar 2021
49. Dave Allen, „Analysis by Oracle Internet Intelligence Highlights China's Unique Approach to Connecting to the Global Internet", *Internet Intelligence* (Blog), Oracle, 19. Juli 2019
50. Daniel R. Headrick und Pascal Griset, „Submarine Telegraph Cables: Business and Politics, 1838–1939", *Business History Review* 75, Nr. 3 (2001): S. 553
51. „Unofficial USCBC Chart of Localization Targets by Sector Set in the MIIT Made in China 2025 Key Technology Roadmap", U.S.-China Business Council, 2. Februar 2016
52. P. M. Kennedy, „Imperial Cable Communications and Strategy, 1870–1914", *The English Historical Review* 86, Nr. 341 (1971): S. 751
53. HMN Tech, „Huawei Marine Achieves over 100 Contracts", Pressemitteilung, 21. Januar 2020
54. „Hannibal – Mediterranean | Telecoms: Global Marine Installs FOC Connecting Tunisia and Sicily", Global Marine, aufgerufen am 25. Januar 2021
55. Zhang Hongxiang 张红祥, „Haishang 54 tian" 海上54天 [54 Tage auf dem Meer], *Huawei Ren* 华为人 [Huawei Menschen], 8. Februar 2010
56. „The SGSCS System Represents HMN's First Repeater and Branching Unit Solution, Linking Trinidad, Guyana to Suriname in South America", Global Marine, November 2019
57. Bao Pengyun 鲍鹏云, „Cong ludi dao haiyang" 从陆地到海洋 [Vom Land auf das Meer], *Huawei Ren* 华为人 [Huawei Menschen], 30. Mai 2011
58. Branchenexperte, Gespräch mit dem Autor, Juni 2020
59. „Suriname Guyana Submarine Cable System (SGSCS)", HMN Tech, aufgerufen am 25. Januar 2021
60. Federal Communications Commission, *Improving Outage Reporting for Submarine Cables and Enhanced Submarine Cable Outage Data, GN Docket No. 15-206: Report and Order*, FCC 16-81 (Washington, D.C.: Federal Communications Commission, 2016), S. 52
61. Stephen Malphrus, „Keynote Address" (Rede, ROGUCCI Summit, Dubai, 19. Oktober 2009)
62. „Hibernia Atlantic Selects Huawei Technologies USA", *Fiber Optics Weekly Update*, 1. Juni 2007
63. „Huawei Marine to Build Hibernia Atlantic's Project Express", Lightwave Online, 17. Januar 2012
64. Lightwave Online, „Hibernia Atlantic's Project Express"
65. Jeremy Page, Kate O'Keeffe und Rob Taylor, „America's Undersea Battle with China for Control of the Global Internet Grid", *Wall Street Journal*, 12. März 2019
66. Tom McGregor, „China Breakthroughs: SAIL Ahead on South Atlantic Cable Network", CCTV, 5. Juli 2017

67. HMN Tech, „South Atlantic Inter Link Connecting Cameroon to Brazil Fully Connected", Pressemitteilung, 5. September 2018
68. Doug Madory, Korrespondenz mit dem Autor per E-Mail, 20. Dezember 2020
69. Jonathan E. Hillman, *The Emperor's New Road: China and the Project of the Century* (New Haven, CT: Yale University Press, 2020)
70. Nicole Starosielski, *The Undersea Network* (Durham, NC: Duke University Press, 2015), S. 41
71. Iara Guimarães Altafin, „Especialistas apontam soluções para reduzir vulnerabilidade da internet" [Experten zeigen Lösungen für Verringerung der Internet-Angreifbarkeit], Agência Senado, 6. November 2013
72. „EllaLink: Connecting Europe to Latin America", Capacity Media, 14. April 2020
73. Jamal Shahid, „Army Seeks Fibre Optic Cables along CPEC", *Dawn*, 25. Januar 2017
74. Hengtong Group, „PEACE Submarine Cable Project Perfectly Interpreting ‚China Manufacturing Global Quality'", Pressemitteilung, 30. September 2018
75. Khurram Husain, „Exclusive: CPEC Master Plan Revealed", *Dawn*, zuletzt modifiziert 21. Juni 2017
76. Farhan Bokhari und Kathrin Hille, „Pakistan Turns to China for Naval Base", *Financial Times*, 22. Mai 2011
77. Andres Schipani, „Spying and Stability: Djibouti Thrives in ‚Return to Cold War'", *Financial Times*, 11. Mai 2021
78. Abdi Latif Dahir, „Thanks to China, Africa's Largest Free Trade Zone Has Launched in Djibouti", *Quartz*, 9. Juli 2018
79. Deborah Brautigam, Yufan Huang und Kevin Acker, *Risky Business: New Data on Chinese Loans and Africa's Debt Problem* (Washington, D. C.: China-Africa Research Initiative, Paul H. Nitze School of Advanced International Studies, Johns Hopkins University, 2020); Yufan Huang und Deborah Brautigam, „Putting a Dollar Amount on China's Loans to the Developing World", *The Diplomat*, 24. Juni 2020
80. „Submarine Cable Map", TeleGeography und HMN Tech, aufgerufen am 27. Februar 2021
81. Michael Sechrist, *Cyberspace in Deep Water: Protecting Undersea Communication Cables by Creating an International Public-Private Partnership* (Cambridge, MA: Harvard Kennedy School of Government, 2010)
82. Ivan Seidenberg, „Keynote Address: Customer Partnership Conference", Defense Information Systems Agency Customer Partnership Conference, 21. April 2009, zitiert in Sechrist, *Cyberspace in Deep Water*, S. 9
83. Branchenexperte, Gespräch mit dem Autor, Mai 2020
84. Takashi Kawakami, „Huawei to Sell Undersea Cable Unit to Deflect US Spy Claims", *Nikkei Asia*, 4. Juni 2019
85. Hengtong Group, „Hengtong haiyang shang bang 2018 nian suzhoushi zhuan jing te xin shifan qiye mingdan" 亨通海洋上榜2018年苏州市专精特新示范企 业名单 [Hengtong Marine auf der Liste 2018 der Stadt Suzhou City der spezialisierten und neuen Modell-Unternehmen], Pressemitteilung, 2. November 2018
86. Headrick und Griset, „Submarine Telegraph Cables", S. 553
87. Siehe Kapitel 2 in Hillman, *The Emperor's New Road*
88. Dave Allen, „Analysis by Oracle Internet Intelligence Highlights China's Unique

Approach to Connecting to the Global Internet", *Internet Intelligence* (Blog), Oracle, 19. Juli 2019

89. „Amazon Cloud Demands Massive On-the-Ground Infrastructure", *Seattle Times*, zuletzt modifiziert 6. Dezember 2016
90. Canalys, „Global Cloud Services Market Q1 2020", Pressemitteilung, 30. April 2020; „Global Cloud Services Market Q2 2020", Pressemitteilung, 30. Juli 2020; „Global Cloud Infrastructure Market Q3 2020", Pressemitteilung, 29. Oktober 2020; Canalys, „Global Cloud Infrastructure Market Q4 2020", Pressemitteilung, 2. Februar 2021
91. Raj Bala et al., „Gartner Magic Quadrant for Cloud Infrastructure as a Service, Worldwide", Gartner, 19. Juli 2019; Alibaba Group, „Alibaba Group Announces December Quarter 2020 Results", Pressemitteilung, 2. Februar 2021
92. Canalys, „Cloud Services Market Q1 2020"; Canalys, „Cloud Services Market Q2 2020"; Canalys, „Cloud Infrastructure Market Q3 2020"; Canalys, „Cloud Infrastructure Market Q4 2020"
93. ThousandEyes, Cisco Systems Inc., *Cloud Performance Benchmark: 2019–2020 Edition* (San Francisco: Cisco Systems, Inc., 2020), S. 38
94. Pei Li und Josh Horwitz, „In Cloud Clash with Alibaba, Underdog Tencent Adopts More Aggressive Tactics", *Reuters*, 2. Juli 2020
95. Josh Horwitz, „Alibaba to Invest $28 Billion in Cloud Services after Coronavirus Boosted Demand", *Reuters*, 19. April 2020
96. Pei Li, „Tencent to Invest $70 Billion in ‚New Infrastructure'", *Reuters*, 26. Mai 2020
97. Nikki Sun, „Tencent's Plans for Indonesia Herald Wave of Asian Data Centres", *Financial Times*, 18. April 2021
98. Li Jingying 李菁瑛, „Zhongguo dianxin xuanbu weilai jiang ba yun jisuan fuwu zuowei zhuye" 中国电信宣布未来将把云计算服务作为主业 [China Telecom teilt mit, Cloud Computing Services zu seinem zukünftigen Hauptgeschäft zu machen], Leifeng Wang 雷锋网 [Leifeng Netz], 9. November 2020
99. Ding Yi, „Baidu Sets Out Its Ambitions for AI, Cloud Computing, Amid ‚New Infrastructure' Push", Caixin Global, 22. Juni 2020
100. „30.000.000 American Depositary Shares: Representing 450.000.000 Ordinary Shares", Kingsoft Cloud Holdings Ltd., 7. Mai 2020, S. 35
101. „Bringing the Digital World to Cape Verde", Huawei, aufgerufen am 25. Januar 2021
102. Jonathan E. Hillman und Maesea McCalpin, *Huawei's Cloud Strategy: Economic and Strategic Implications* (Washington, D. C.: Center for Strategic and International Studies, 2021)
103. Kathrin Hille, Qianer Liu und Kiran Stacey, „Huawei Focuses on Cloud Computing to Secure Its Survival", *Financial Times*, 30. August 2020
104. „Renzhengfei guanyu huawei yun de jianghua shifangle naxie zhongyao xinxi?" 任正非关于华为云的讲话释放了哪些重要信息?[Welche wichtigen Informationen enthielt die Rede von Ren Zhengfei über Huawei Cloud?], Tengxun wang 腾讯网 [Tencent Netz], 6. Januar 2021
105. Zhang Erchi und Timmy Shen, „Huawei Deactivates AI and Cloud Business Group in Restructuring", Caixin Global, 6. April 2021
106. Huawei, „Bringing the Digital World to Cape Verde"

107. James Hamilton, „How Many Data Centers Needed World-Wide", *Perspectives* (Blog), April 2017
108. „Hyperscale Data Center Count Reaches 541 in Mid-2020; Another 176 in the Pipeline", Synergy Research Group, 7. Juli 2020
109. Steve Dickinson, „China's New Cybersecurity Program: No Place to Hide", *China Law Blog*, Harris Bricken, 30. September 2019
110. Eileen Yu, „Alibaba Points to Singapore in Response to Cloud Security Concerns", ZDNet, 30. Oktober 2015
111. „Alibaba Cloud Responses to CSA CAIQ v3.0.1", Alibaba Cloud, 6. März 2020
112. Kevin Xu, „China's Cloud Ceiling", *Interconnected* (Blog), 15. Oktober 2020
113. International Data Corporation, Korrespondenz mit dem Autor per E-Mail, April 2021
114. Google, Temasek und Bain & Company, *e-Conomy SEA 2020: At Full Velocity: Resilient and Racing Ahead* (o. O.: Google, 2020), S. 29
115. „Singapore", Submarine Cable Map, aufgerufen am 26. Januar 2021
116. Paul Brodsky et al., *The State of the Network: 2021 Edition* (San Diego, CA: PriMetrica, Inc., 2021)
117. Sun, „Tencent's Plans for Indonesia"; Mercedes Ruehl, „US and Chinese Cloud Companies Vie for Dominance in South-East Asia", *Financial Times*, 19. Mai 2020; James Henderson, „Is Microsoft Building Data Centres in Indonesia?", Channel Asia, 28. Februar 2020
118. Arpita Mukherjee et al., „COVID-19, Data Localisation and G20: Challenges, Opportunities and Strategies for India" (Working Paper, Indian Council for Research on International Economic Relations, 2020), S. 18
119. Neil Munshi, „Africa's Cloud Computing Boom Creates Data Centre Gold Rush", *Financial Times*, 2. März 2020
120. John Melick (früherer Chairman des Djibouti Data Center), Gespräch mit dem Autor, 13. Juli 2020
121. Russell Southwood, *Africa Interconnection Report: Analysis of Sub-Saharan Africa's Cloud & Data Centre Ecosystem* (o. O.: Balancing Act, 2020), S. 20
122. Southwood, *Africa Interconnection Report*, S. 14
123. Toby Shapshak, „South Africa Is Now a Major Hub for Big Tech's Cloud Datacenters", *Quartz*, 20. März 2019
124. Steve Song, „Africa Telecoms Infrastructure in 2019", *Many Possibilities* (Blog), 3. Januar 2020
125. Michael D. Francois, Chris George und Jayne Stowell, „Introducing Equiano, a Subsea Cable from Portugal to South Africa", *Google Cloud Blog*, Google, 28. Juni 2019
126. „Meet the Partners", 2Africa, aufgerufen am 25. Januar 2021
127. Anne Edmundson et al., „Nation-State Hegemony in Internet Routing", in *Compass '18: Proceedings of the 1st ACM SIGCAS Conference on Computing and Sustainable Societies* (New York: Association for Computing Machinery, 2018), S. 1–11
128. Huawei Cloud, „Huawei Cloud Accelerates Digital Transformation in Brazil", Pressemitteilung, 6. Dezember 2019
129. „Alibaba Plans to Launch Cloud Services in Colombia", Latin America Business Stories, 28. Februar 2020

130. Ren Zhengfei, „Ren Zhengfei's Roundtable with Media from Latin America and Spain", Interview mit Pablo Diáz, *Voices of Huawei* (Blog), Huawei, 11. Dezember 2019
131. „Four Reasons Why Chile Is Becoming Latin America's Data Center Hub", *InvestChile Blog*, InvestChile, 16. Oktober 2019
132. Josefina Dominguez Iino, „Huawei and Alibaba Join Amazon in Potentially Installing Regional Data Centers in Chile", LatamList, 16. März 2019
133. „Fiber Optic Austral", HMN Tech, aufgerufen am 27. Januar 2021
134. Yohei Hirose und Naoyuki Toyama, „Chile Picks Japan's Trans-Pacific Cable Route in Snub to China", *Nikkei Asia*, 29. Juli 2020
135. „Huawei to Open 2nd Data Center in Chile", Xinhua, 24. September 2020
136. „Ren Zhengfei's Roundtable with Media from Latin America and Spain"
137. Federal Communications Commission, *China Mobile International (USA) Inc. Application for Global Facilities-Based and Global Resale International Telecommunications Authority Pursuant to Section 214 of the Communications Act of 1934, as Amended, ITC-214-20110901-00289: Memorandum Opinion and Order*, FCC 19-38 (Washington, D.C.: Federal Communications Commission, 2019), S. 20
138. Federal Communications Commission, „FCC Denies China Mobile USA Application to Provide Telecommunications Services", Pressemitteilung, 9. Mai 2019
139. Kate O'Keeffe, „FCC Signals Likely Revocation of Four Chinese Telecom Firms' Licenses", *Wall Street Journal*, 24. April 2020
140. Kate O'Keeffe (@Kate_OKeeffe), „NEW: The FCC just gave 4 Chinese state-owned telecom operators 30 days to prove they're not Chinese state-owned telecom operators. In other words: expect imminent license revocations", Twitter, 24. April 2020
141. Jeanne Whalen und David J. Lynch, „Outgoing Trump Administration Bans Investments in Chinese Companies It Says Support China's Military", *Washington Post*, 12. November 2020
142. Federal Communications Commission, „FCC Initiates Proceeding Regarding Revocation and Termination of China Telecom (Americas) Corporation's Authorizations", Pressemitteilung, 10. Dezember 2020; David Shepardson, „FCC Moves against Two Chinese Telecoms Firms Operating in U.S.", *Reuters*, 17. März 2021
143. Kevin Salvadori und Nico Roehrich, „Advancing Connectivity between the Asia-Pacific Region and North America", *Engineering Blog*, Facebook, 28. März 2021
144. „Global Resources", China Mobile International, aufgerufen am 27. Januar 2021; „Global Data Center Map", China Telecom Americas, aufgerufen am 27. Januar 2021; „China Unicom Global Resource: PoPs", China Unicom, aufgerufen am 27. Januar 2021
145. Demchak und Shavitt, „China's Maxim", S. 1
146. Kieren McCarthy, „You Won't Guess Where European Mobile Data Was Re-routed for Two Hours. Oh. You Can. Yes, It Was China Telecom", *The Register*, 10. Juni 2019
147. Markoff, „Internet Traffic Begins to Bypass the U.S."; National Security Agency, *Untangling the Web: A Guide to Internet Research*, NSA DOCID 4046925 (Washington, D.C.: National Security Agency, 2007), S. 487
148. Ted Hardie, „Thoughts on the Clean Network Program", Medium, 5. August 2020
149. „Network Operator Participants", MANRS, aufgerufen am 25. Januar 2021
150. Internet Society, „Internet Way of Networking"

151. Ge Yu (@Ge_Yu), „Thank you, @DougMadory, for championing this issue over the years", Twitter, 11. Dezember 2020
152. Richard Chirgwin, „Oracle 'Net-Watcher Agrees, China Telecom Is a Repeat Offender for Misdirecting Traffic", *The Register*, 6. November 2018
153. Unter den Cloud- und Inhalte-Anbietern in den USA ist die Beteiligung allerdings hoch – Amazon, Google, Facebook und Microsoft sind sämtlich dabei. Die vollständige Liste der Teilnehmer finden Sie bei MANRS unter „Network Operator Participants" (www.manrs.org/isps/participants/)

KAPITEL 6

1. „Blastoff! China Launches Beidou Navigation Satellite-3", YouTube-Video, 44:50, veröffentlicht von VideoFromSpace, 22. Juni 2020
2. European Global Navigation Satellite Systems Agency, *GSA GNSS Market Report: Editor's Special: GNSS and Newspace* (Luxembourg: Publications Office of the European Union, 2019)
3. David Hambling, „What Would the World Do without GPS?", BBC, 4. Oktober 2020
4. Deng Xiaoci, „China Completes BDS Navigation System, Reduces Reliance on GPS", *Global Times*, 23. June 2020
5. Anatoly Zak, „Disaster at Xichang", *Air & Space Magazine*, Februar 2013
6. Matt Ho, „Chinese Long March-3B Rocket Fails during Launch of Indonesian Satellite", *South China Morning Post*, 10. April 2020
7. Andrew Jones, „China Launches Final Satellite to Complete Beidou System, Booster Falls Downrange", *SpaceNews*, 23. Juni 2020
8. Adam Mann, „SpaceX Now Dominates Rocket Flight, Bringing Big Benefits – and Risks – to NASA", *Science*, 20. Mai 2020
9. Mike Wall, „SpaceX's Starship May Fly for Just $2 Million Per Mission, Elon Musk Says", Space, 6. November 2019
10. „'SoftBank World 2017' Day 1 Keynote Speech, Masayoshi Son", YouTube-Video, 2:12:15, veröffentlicht von ソフトバンク [SoftBank], 1. August 2017
11. „Fenfei zai xinshijide tiankong – Zhongyang junwei weiyuan, kongjun silingyuan xu qiliang da benbao jizhe wen" 奋飞在新世纪的天空—中央军委委员、空军司令员许其亮答本报记者问 [Entschlossen am Himmel des neuen Jahrhunderts fliegen – Mitglied der Zentralen Militärkommission und Luftwaffen-Kommandeur Xu Qiliang beantwortet Fragen unserer Reporter], Sina, 1. November 2009. Ähnliche Formulierungen enthält Chinas White Paper über Rüstung von 2015: „Der Weltraum ist zu einer Kommandohöhe im internationalen strategischen Wettbewerb geworden. Betroffene Länder entwickeln ihre Streitkräfte und Werkzeuge für den Weltraum, und die ersten Anzeichen seiner Militarisierung sind zu beobachten"; siehe State Council Information Office of the People's Republic of China, *China's Military Strategy* (Peking: State Council Information Office, 2015)
12. Sina, „Fenfei zai xinshijide tiankong"
13. William Matthew, „To Military Planners, Space Is ‚the Ultimate High Ground'", *Air Force Times*, 18. Mai 1998

14. „Chinese Navigation Exhibition Opens in Vienna", Xinhua, 12. Juni 2019
15. „50th Anniversary of the Launch of Dongfanghong 1, China's First Satellite", *South China Morning Post*, 24. April 2020
16. „Five Momerable [sic] Moments in China's Space Probe", *China Daily*, zuletzt modifiziert 23. April 2016
17. Evan A. Feigenbaum, *China's Techno-Warriors: National Security and Strategic Competition from the Nuclear to the Information Age* (Redwood City, CA: Stanford University Press, 2003), S. 141
18. Lei Ceyuan 雷册渊, „‚863' Jihua, yige weida keji gongcheng de taiqian muhou" ‚863' 计划，一个伟大科技工程的台前幕后 [Der „863"-Plan: Das öffentliche Gesicht und hinter den Kulissen eines großen Technologieprojekts], Sina, 22. November 2016
19. Larry Greenemeier, „GPS and the World's First ‚Space War'", *Scientific American*, 8. Februar 2016
20. Dean Cheng, „Chinese Lessons from the Gulf War", in *Chinese Lessons from Other Peoples' Wars*, Hg. Andrew Scobell, David Lai und Roy Kamphausen (Carlisle, PA: Strategic Studies Institute, U.S. Army War College, 2011), S. 163
21. Gao Yubiao 高宇标, Hg., *Lianhe zhanyi xue jiaocheng* 联合战役学教程 [Lehrmaterial für Verbundkampagnen] (Peking: Junshi kexue chubanshe 军事科学出版 社 [Militärischer Wissenschaftsverlag], 2001), S. 54–57
22. Minnie Chen, „‚Unforgettable Humiliation' Led to Development of GPS Equivalent", *South China Morning Post*, 13. November 2009
23. Select Committee on U.S. National Security and Military/Commercial Concerns with the People's Republic of China, U.S. House of Representatives, 105. Kongress, *U.S. National Security and Military/Commercial Concerns with the People's Republic of China: Volume I*, Report 105-851 (Washington, D.C.: U.S. Government Printing Office, 1999), S. xvii–xix
24. Kevin Pollpeter, „China's Space Program: Making China Strong, Rich, and Respected", *Asia Policy* 27, Nr. 2 (2020): S. 12–18
25. Embassy of the People's Republic of China in the United States of America, „2003 Nian 10 yue 30 ri waijiaobu fayanren zai jizhe zhaodaihui shang da jizhe wen" 2003年10月30日外交部发言人在记者招待会上答记者问 [30. Oktober 2003: Sprecher des Außenministeriums beantwortet bei Pressekonferenz Fragen von Journalisten], Pressemitteilung, 30. Oktober 2003
26. David Lague, „Special Report – In Satellite Tech Race, China Hitched a Ride from Europe", *Reuters*, 22. Dezember 2013
27. „China's Beidou GPS-Substitute Opens to Public in Asia", BBC, 27. Dezember 2012
28. Stephen Clark, „China Expands Reach of Beidou Navigation Network with Another Launch", Spaceflight Now, 19. November 2018
29. State Council Information Office of the People's Republic of China, „China's BeiDou Navigation System Starts Global Service", Pressemitteilung, zuletzt modifiziert 28. Dezember 2018
30. Kevin L. Pollpeter, Michael S. Chase und Eric Heginbotham, *The Creation of the PLA Strategic Support Force and Its Implications for Chinese Military Space Operations*, RR-2058-AF (Santa Monica, CA: RAND, 2017); John Costello und Joe

McReynolds, *China's Strategic Support Force: A Force for a New Era*, China Strategic Perspectives Nr. 13 (Washington, D. C.: National Defense University Press, 2018)

31. Costello und McReynolds, *China's Strategic Support Force*
32. „Full Text of White Paper on China's Space Activities in 2016", State Council of the People's Republic of China, zuletzt modifiziert 28. Dezember 2016
33. Changfeng Yang, „Directions 2021: BDS Marches to New Era of Global Services", *GPS World*, 8. Dezember 2020
34. Ryan Woo und Liangping Gao, „China Set to Complete Beidou Network Rivalling GPS in Global Navigation", *Reuters*, 11. Juni 2020
35. Tsunashima, „China's Beidou Eclipses American GPS"
36. Minnie Chan, „Mainland China Deploys More Amphibious Weapons along Coast in Taiwan Mission", *South China Morning Post*, 5. August 2020
37. Huang Wei-ping, „PLA Drills Might Be a System Check", *Taipei Times*, 19. September 2020
38. Rob Miltersen, „Chinese Aerospace along the Belt and Road", China Aerospace Studies Institute, Air University, 14. Juni 2020, S. 9
39. „Saudi Shoura Council Wants Steps to Assess Public Agencies", *Arab News*, 9. Juli 2019; Dana Goward, „BeiDou a Threat to the West, but Perhaps Not Individuals", *GPS World*, 11. August 2020
40. Quan Li und Min Ye, „China's Emerging Partnership Network: What, Who, Where, When and Why", *International Trade, Politics and Development* 3, Nr. 2 (2019): S. 66–67
41. Marcus Weisgerber, „Russian and Chinese Satellites Are Helping US Pilots Spy on Russia and China", *Defense One*, 5. März 2020
42. „BeiDou Headed Upwards of 1 Trillion This Decade. That's Yuan." *Inside GNSS*, 26. Mai 2021
43. „Global Smartphone Market Share: By Quarter", Counterpoint Research, 20. November 2020; Abhilash Kumar, „Global Smartphone Market Shows Signs of Recovery in Q3, Xiaomi Reaches 3rd Place and Realme Grows Fastest at 132% QoQ", Pressemitteilung, 30. Oktober 2020
44. Lukas Scroth, „The Drone Manufacturer Ranking 2020", Drone Industry Insights, 6. Oktober 2020
45. European Global Navigation Satellite Systems Agency, *GSA GNSS Market Report*, S. 6
46. Fang Zuwang und Anniek Bao, „Late to Switch On, Apple Tunes into China's Homegrown Nav System", Caixin Global, 15. Oktober 2020; „Qualcomm Collaborates with Samsung to Be First to Employ BeiDou for Location-Based Mobile Data", *GPS World*, 22. November 2013
47. European Global Navigation Satellite Systems Agency, *GSA GNSS Market Report*, S. 6
48. Nikki Sun, „China's Geely Follows Tesla into Space with Own Satellite Network", *Nikkei Asia*, 24. April 2020
49. China Satellite Navigation Office, „Development of BeiDou Navigation Satellite System" (Präsentation, Krasnoyarsk, Russland, 18. Mai 2015)
50. Informationsbüro des Staatsrats der Volksrepublik China, „Guo xin ban juxing beidou sanhao xitong tigong quanqiu fuwu yizhounian youguan qin-gkuang fabu hui" 国新办举行北斗三号系统提供全球服务一周年有关情况发 布会

[Informationsbüro des Staatsrats veranstaltet Pressekonferenz über relevante Entwicklungen am ersten Jahrestag des Starts des globalen Dienstes von Beidou-3], Pressemitteilung, 27. Dezember 2019

51. European Global Navigation Satellite Systems Agency, *GSA GNSS Market Report*, S. 10
52. Stuart A. Thompson und Charlie Warzel, „8 Things to Know about Our Investigation into the Location Business", *New York Times*, 19. Dezember 2019
53. Liz Sly, Dan Lamothe und Craig Timberg, „U.S. Military Reviewing Its Rules after Fitness Trackers Exposed Sensitive Data", *Washington Post*, 29. Januar 2018
54. Liz Sly, „U.S. Soldiers Are Revealing Sensitive and Dangerous Information by Jogging", *Washington Post*, 29. Januar 2018
55. China-Arab States BDS/GNSS Center in AICTO, „Arab Region Beidou Cooperation on Satellite Navigation" (Präsentation, 13th Meeting of the International Committee on GNSS, Xi'an, China, 7. November 2018)
56. „Second Edition China-Arab States BDS Cooperation Forum", China Arab-States BDS, aufgerufen am 1. Februar 2021
57. Test and Assessment Research Center of China Satellite Navigation Office and the Arab Information and Communication Technologies Organization, *China-Arab Joint BDS Test & Evaluation Results* (o. O.: China Satellite Navigation Office, 2019)
58. Dr. Todd Humphreys (Assistant Professor, University of Texas, Austin), persönliches Gespräch mit dem Autor, August 2020
59. „U.S. Still Not Allowing GLONASS Stations", *GPS World*, 31. Oktober 2014
60. Xiaochun Lu, „Update on BeiDou Navigation Satellite System and PNT System" (Präsentation, Stanford 2019 PNT Symposium, National Time Service Center, Chinese Academy of Sciences, 19. Oktober 2019). Das Unternehmen, das in Australien eine dritte Station betrieb, gab im Jahr 2020 bekannt, den Vertrag mit seinen chinesischen Kunden nicht zu verlängern; siehe Jonathan Barrett, „Exclusive: China to Lose Access to Australian Space Tracking Station", *Reuters*, 21. September 2020
61. Jordan Wilson, *China's Alternative to GPS and Its Implications for the United States* (Washington, D. C.: U.S.-China Economic and Security Review Commission, 2017), S. 2; Stephen Chen, „Thailand Is Beidou Navigation Network's First Overseas Client", *South China Morning Post*, 4. April 2013
62. Informationsbüro des Staatsrats der Volksrepublik China, „Beidou xi-tong yi fugai jin 30 ge ‚yidai yilu' yanxian guojia" 北斗系统已覆盖近30个 ‚一带 一路'沿线国家 [Das Beidou-System deckt fast 30 Länder entlang der „Neuen Seidenstraße" ab], Pressemitteilung, 16. Dezember 2017
63. Dean Cheng, „How China Has Integrated Its Space Program into Its Broader Foreign Policy" (Fachaufsatz präsentiert bei 2020 CASI Conference, China Aerospace Studies Institute, Air University, o. O., September 2020)
64. Alan C. O'Connor et al., *Economic Benefits of the Global Positioning System (GPS)*, RTI Report Nr. 0215471 (Research Triangle Park, NC: RTI International, 2019)
65. Nicholas Jackman, „Chinese Satellite Diplomacy: China's Strategic Weapon for Soft and Hard Power Gains" (Masterarbeit, Wright State University, 2018); Vidya Sagar Reddy, *China's Design to Capture Regional SatCom Markets*, ORF Special Report Nr. 70 (New Delhi: Observer Research Foundation, 2018); Julie Michelle Klinger, „China, Africa, and the Rest: Recent Trends in Space Science, Technology, and Satel-

lite Development“ (Working Paper, China-Africa Research Initiative, Paul H. Nitze School of Advanced International Studies, Johns Hopkins University, 2020)

66. „Launch Record“, China Great Wall Industry Corporation, zuletzt modifiziert 10. April 2019; „China to Launch Palapa-N1 Satellite Covering Indonesia and Surrounding Areas“, China Aerospace Science and Technology Corporation, zuletzt modifiziert 2. April 2020
67. Craig Covault, „Sino Setback – Advanced Chinese Space Technology Initiative Is Off to a Disastrous Start“, SpaceRef, 3. Dezember 2006
68. U.S.-China Economic and Security Review Commission, *China's Proliferation Practices and Role in the North Korea Crisis: Hearing before the U.S.-China Economic and Security Review Commission* (Washington, D.C.: U.S. Government Printing Office, 2005), S. 55
69. „Company Profile“, China Great Wall Industry Corporation, aufgerufen am 18. März 2021; Jasper Helder et al., „International Trade Aspects of Outer Space Activities“, in *Outer Space Law: Legal Policy and Practice*, Hg. Yanal Abul Failat und Anél Ferreira-Syman (London: Globe Law and Business, 2017), S. 285–305
70. Peter B. de Selding, „Winter Is Coming for Asian Satellite Operators as Capacity Outpaces Demand“, *SpaceNews*, 2. Juni 2015
71. Blaine Curcio, „Satellites for Nations: The Dawn of a New Era“, West East Space, 24. November 2019
72. R. A. Boroffice, „The Nigerian Space Program: An Update“, *African Skies* 12 (2008): S. 42
73. Boroffice, „Nigerian Space Program“
74. Peter B. de Selding, „China to Build and Launch Nigerian Telecom Satellite“, *SpaceNews*, 21. Februar 2005
75. De Selding, „China to Build“
76. Li Peng 李鹏, „Zhongguo jin chukou yinhang 2 yi meiyuan zhichi niriliya guo-jia 1 hao gongcheng“ 中国进出口银行2亿美元支持尼日利亚国家1号工程 [Die Export-Import Bank of China stellt 200 Millionen US-Dollar Unterstützung für Nigerias wichtigstes Nationalprojekt bereit], Sina, 14. Januar 2006; Klinger, „China, Africa, and the Rest“; Dai Adi 戴阿弟, „Zhongguo yu niriliya qianshu jianli zhanlüe huoban guanxi beiwan-glu“ 中国与尼日利亚签署建立战略伙伴关系备忘录 [China und Nigeria unterzeichnen eine Vereinbarung über den Aufbau einer strategischen Partnerschaft], Sina, 15. Januar 2006
77. „China Launches Communications Satellite for Nigeria“, *China Daily*, zuletzt modifiziert 15. Mai 2007
78. The Central People's Government of the People's Republic of China, „Niriliya tongxin weixing yi hao zai xichang fashe zhongxin chenggong fashe“ 尼日利 亚通信卫星一号在西昌发射中心成功发射 [NigComSat-1 erfolgreich vom Xichang Launch Center gestartet], Pressemitteilung, 14. Mai 2007
79. „NigComSat-1R Becoming White Elephant Four Years after – Investigation“, *Punch*, 16. April 2016; „NigComSat: Nigeria's Satellite Company Still Not Profitable 14 Years after Launch“, International Centre for Investigative Reporting, 20. März 2020
80. Branchenexperte, Korrespondenz mit dem Autor, Januar 2021

81. James Kwen, „Reps Begin Probe of Alleged N180.9M Insurance Breach", Business Day, 18. August 2020
82. „Nigeria Agrees $550 Million Satellite Deal with China", *Reuters*, 3. Januar 2018
83. Emmanuel Elebeke, „Nigeria Wins Bid to Manage Belarus's Satellite for 15 Years", Vanguard, 30. Dezember 2015
84. „Belintersat 1 (ZX 15, ChinaSat 15)", Gunter's Space Page, aufgerufen am 1. Februar 2021; „ChinaSat 15", China Satellite Communications Co., Ltd., zuletzt modifiziert 17. Februar 2016
85. Everest Amaefule, „NigComSat, Belarus Sign Satellite Backup Deal", *Punch*, 27. Oktober 2017
86. Tomasz Nowakowski, „China's Long March 3B Rocket Successfully Launches First Laotian Satellite", SpaceFlight Insider, 22. November 2015; „Chinese, Lao Leaders Mark Successful Launch of Communication Satellite", China.org.cn, 21. November 2015
87. Iulia-Diana Galeriu, „‚Paper Satellites' and the Free Use of Outer Space", GlobaLex, Hauser Global Law School Program, New York University School of Law, April 2018
88. Peter B. de Selding, „Laos, with China's Aid, Enters Crowded Satellite Telecom Field", *SpaceNews*, 30. November 2015
89. Caleb Henry, „Venezuela's Flagship Communications Satellite Out of Service and Tumbling", *SpaceNews*, 23. März 2020
90. Reddy, *China's Design to Capture Regional SatCom Markets*; Thilanka Kanakarathna, „‚SupremeSAT' Cost Rs 460Mn Obtained from CEB Funds: Champika", *Daily Mirror*, 17. September 2017
91. Caleb Henry, „Cambodia to Buy Chinese Satellite as Relations Tighten on Belt and Road Initiative", *SpaceNews*, 12. Januar 2018; „DR Congo's Planned Launch of CongoSat-1 Still a Mirage", Space in Africa, 27. Oktober 2018; „CongoSat 01", Gunter's Space Page, aufgerufen am 1. Februar 2021; „Nicaragua Plans to Have 2 Satellites in Orbit by 2017", Agencia EFE, 18. November 2015; Ministry of Foreign Affairs of the People's Republic of China, „Joint Statement between the People's Republic of China and the Islamic Republic of Afghanistan", Pressemitteilung (Kommuniqué), 18. Mai 2016
92. Maria Jose Haro Sly, „China and South American Region Eye Cooperation in Science and Technology", Global Times, 16. Januar 2020; „Ecnec Approves Rs261Bn Development Projects", *Dawn*, 7. Januar 2020; „Inauguration: Prime Minister Lauds Success of PAKSAT-1R", *Express Tribune*, 16. November 2011
93. Curcio, „Satellites for Nations"
94. Richard Swinford und Bertrand Grau, „High Throughput Satellites: Delivering Future Capacity Needs", Arthur D. Little, 2015; Rajesh Mehrotra, *Regulation of Global Broadband Satellite Communications GSR Advanced Copy* (Geneva: International Telecommunication Union, 2011)
95. „Alcomsat-1 Satellite Delivered to Algeria", China Great Wall Industry Corporation, 2. April 2018; „Alcomsat-1 Successfully Positioned in Geostationary Orbit", Xinhua, 19. Dezember 2017
96. „SpaceX Seattle 2015", YouTube-Video, 25:53, veröffentlicht von Cliff O, 17. Januar 2015

97. Jim Cashel, *The Great Connecting: The Emergence of Global Broadband and How That Changes Everything* (New York: Radius Book Group, 2019)
98. Michael Koziol, „SpaceX Confident about Its Starlink Constellation for Satellite Internet; Others, Not So Much", *IEEE Spectrum*, 6. Januar 2019
99. Israel Leyva-Mayorga et al., „LEO Small-Satellite Constellations for 5G and Beyond-5G Communications", *IEEE Access* 8 (2020)
100. Jeff Hecht, „Laser Links Will Link Small Satellites to Earth and Each Other", *Laser Focus World*, 24. März 2020
101. Sandra Erwin, „DARPA's Big Bet on Blackjack", *SpaceNews*, 8. Januar 2020
102. Valerie Insinna, „Behind the Scenes of the US Air Force's Second Test of Its Game-Changing Battle Management System", *C4ISRNET*, 4. September 2020
103. Gillian Rich, „SpaceX Starlink Impresses Air Force Weapons Buyer in Big Live-Fire Exercise", *Investor's Business Daily*, 23. September 2020
104. Cliff O, „SpaceX Seattle 2015"
105. Mark Handley, „Delay Is Not an Option: Low Latency Routing in Space", *Hot Nets* 17, Nr. 1 (2018): S. 85–91
106. Todd Cotts, „The Digital Divide: Solutions for Connecting the Forgotten 1 Billion", *Intelsat Blog*, Intelsat, 4. November 2019
107. Amazon, „Amazon Building Project Kuiper R&D Headquarters in Redmond, WA", Pressemitteilung, 18. Dezember 2019
108. Louise Matsakis, „Facebook Confirms It's Working on a New Internet Satellite", *Wired*, 20. Juli 2018
109. „Athena", Gunter's Space Page, aufgerufen am 2. Februar 2021
110. Devin Coldewey, „Facebook Permanently Grounds Its Aquila Solar-Powered Internet Plane", *TechCrunch*, 25. Juni 2018
111. Astro Teller, „How Project Loon's Smart Software Learned to Sail the Winds", *X, the moonshot factory* (Blog), 16. Februar 2017
112. „Frequently Asked Questions", Loon, aufgerufen am 1. Februar 2021; Paresh Dave, „Google Internet Balloon Spinoff Loon Still Looking for Its Wings", *Reuters*, 1. Juli 2019
113. Salvatore Candido, „1 Million Hours of Stratospheric Flight", *Loon* (Blog), 23. Juli 2019
114. Abdi Latif Dahir, „A Bird? A Plane? No, It's a Google Balloon Beaming the Internet", *New York Times*, 7. Juli 2020
115. Ben Geier, „How Google Could Make Billions from Balloons", *Fortune*, 3. März 2015
116. Steven Levy, „Alphabet Pops Loon's Balloons – but Won't Call It a Failure", *Wired*, 21. Januar 2021
117. Alastair Westgarth, „Saying Goodbye to Loon", *Loon* (Blog), 21. Januar 2021
118. Dave Mosher, „SpaceX May Shell Out Billions to Outsource Starlink Satellite-Dish Production, an Industry Insider Says – and Lose Up to $2,000 on Each One It Sells", *Insider*, 28. Dezember 2020
119. „Elon Musk, Satellite 2020 Conference, Washington DC, March 9, 2020", YouTube-Video, 47:18, veröffentlicht von Space Policy and Politics, 24. März 2020
120. Cliff O, „SpaceX Seattle 2015"
121. Ramish Zafar, „SpaceX Could Earn $30 Billion Annually from Starlink, 10x of Sending ISS Supplies – Elon Musk", *Wccftech*, 9. März 2020

122. u/Smoke-away, „Starlink Beta Terms of Service", *Reddit*, 28. Oktober 2020
123. Space Policy and Politics, „Elon Musk, Satellite 2020 Conference"
124. Caleb Henry, „LeoSat, Absent Investors, Shuts Down", *SpaceNews*, 13. November 2019
125. Chris Daehnick et al., „Large LEO Satellite Constellations: Will It Be Different This Time?", McKinsey & Company, 4. Mai 2020
126. „News", Leptong Global Solutions, aufgerufen am 1. Februar 2021
127. Inigo del Portillo, Bruce G. Cameron und Edward F. Crawley, „A Technical Comparison of Three Low Earth Orbit Satellite Constellation Systems to Provide Global Broadband" (Präsentation, 69th International Astronautical Congress 2018, Bremen, Deutschland, 2018)
128. Daehnick et al., „Large Leo Satellite Constellations"; „Focus: Kratos, The Looming HTS Gateway Crunch", *SatMagazine*, März 2018
129. Michael Sheetz, „Morgan Stanley Expects SpaceX Will Be a $100 Billion Company Thanks to Starlink and Starship", CNBC, 22. Oktober 2020
130. Staatsrat der Volksrepublik China, *Guowuyuan guanyu chuangxin zhongdian lingyu tou rongzi jizhi guli shehui touzi de zhidao yijian: Guo fa (2014) 60 hao* 国务院关于创新重点领域投融资机制鼓励社会投资的指导意见: 国发(2014) 60号 [Leitmeinung des Staatsrats über Innovationen bei Investitionen und Finanzierungsmechanismen auf entscheidenden Gebieten zur Förderung gesellschaftlicher Investitionen: Nationaldokument (2014) Nr. 60], 000014349/2014-00142 (Peking: Staatsrat, 2014)
131. Blaine Curcio, „Best Frenemies Ever: CASC, CASIC, and the Aerospace Bridge", West East Space, 17. Juni 2019
132. „Global 500: China Aerospace Science & Industry", *Fortune*, zuletzt modifiziert 10. August 2020; „Global 500: China Aerospace Science & Technology", *Fortune*, zuletzt modifiziert 10. August 2020
133. Zhao Lei, „Testing at Smart Satellite Factory Now Underway", *China Daily*, 18. Januar 2021
134. Larry Press, „China Will Be a Formidable Satellite Internet Service Competitor", *CIS 471* (Blog), 28. Januar 2020
135. Blue Origin, „Blue Origin to Launch Telesat's Advanced Global LEO Satellite Constellation", Pressemitteilung, 31. Januar 2019; Caleb Henry, „Blue Origin Signs OneWeb as Second Customer for New Glenn Reusable Rocket", *SpaceNews*, 8. März 2017
136. Larry Press, „China on Its Way to Becoming a Formidable Satellite Internet Service Competitor", CircleID, 29. Januar 2020
137. Jacqueline Myrrhe, „5th CCAF-China (International) Commercial Aerospace Forum: Jointly Building an Industrial Ecology to Lead the Development of Commercial Aerospace", *Go Taikonauts!*, Nr. 28 (März 2020)
138. China Aerospace Science and Industry Corporation, „Shangye hangtian dachao qi yangfan qicheng kai xin pian – dang de shiba da yilai zhongguo hangtian ke gongshangye hangtian fazhan zongshu" 商业航天大潮起 扬帆启程开新 篇—党的十八大以来中国航天科工商业航天发展综述 [Flut für kommerzielle Raumfahrt steigt: Segel setzen für ein neues Kapitel: Eine Zusammenfassung der kommerziel-

len Raumfahrtentwicklung bei CASIC seit dem 18. Parteitag], Pressemitteilung, 26. September 2017

139. „China Launches Two Satellites for IoT Project“, Xinhua, 12. Mai 2020
140. Zhao Lei, „Solar-Driven Drone under Development“, *China Daily*, 18. März 2019; „China to Fly Solar Drone to Near Space“, *Asia Times*, 18. März 2019
141. China Aerospace Science and Industry Corporation Ltd., „Commercial Aerospace on the Cloud to Navigate China's Digital Economy – the 6th China (International) Commercial Aerospace Summit Forum Opened in Wuhan“, Pressemitteilung, 12. November 2020; „A Chinese SpaceX? Aerospace Industry Eyes Commercial Market“, China Space Report, 16. September 2016; Chen Lan, Dr. William Carey und Jacqueline Myrrhe, „Wuhan – China's Center of the Commercial Universe“, *Go Taikonauts!*, Nr. 21 (April 2018); Tan Yuanbin 谭元斌 und Hu Zhe 胡喆, „Hangtian ke gong jituan ‚wu yun yi che' gongcheng qude xilie zhongyao jinzhan“ 航天科工集团,五云一车'工程取 得系列重要进展 [„Fünf Wolken und ein Vehikel“-Projekt bei CASIC hat eine Reihe von wichtigen Fortschritten gemacht], Xinhua, 19. Oktober 2020; Zhang Su 张素, „Zhongguo hangtian ke gong jihua zai 2030 nian shifei ‚kong tian feiji'“ 中国航天科 工计划在2030年试飞,空天飞机' [CASIC plant Flugtest mit „Weltraum-Flugzeug“ 2030], Xinhua, 13. September 2016
142. „Guozi wei guanyu zujian zhongguo weixing wangluo jituan youxian gongsi de gonggao“ 国资委关于组建中国卫星网络集团有限公司的公告 [Mitteilung der staatlichen Kommission für Aufsicht und Verwaltung von Vermögenswerten zur Gründung von China Satellite Network Group Co., Ltd.], Staatliche Kommission des Staatsrats für Aufsicht und Verwaltung von Vermögenswerten, 29. April 2021
143. Andrew Jones, „China Is Developing Plans for a 13,000-Satellite Megaconstellation“, *SpaceNews*, 21. April 2021; Blaine Curcio und Jean Deville, „#SpaceWatchGL Column: Dongfang Hour China Aerospace News Roundup 8“, SpaceWatch.Global, 14. März 2021
144. Blaine Curcio, Korrespondenz mit dem Autor, November 2020
145. Irina Liu et al., *Evaluation of China's Commercial Space Sector*, IDA Document D-10873 (Washington, D. C.: Science & Technology Policy Institute, Institute for Defense Analyses, 2019), S. 75–76
146. OneWeb, „OneWeb Secures Global Spectrum Further Enabling Global Connectivity Services“, Pressemitteilung, 7. August 2019
147. „Non-Geostationary Satellite Systems“, International Telecommunication Union, zuletzt modifiziert Dezember 2019
148. Peter B. de Selding, „OneWeb Bidders Include 2 from China, Eutelsat, with France and Other EU Nations, SpaceX, Amazon, Cerberus“, Space Intel Report, 6. Mai 2020
149. Press, „China on Its Way“
150. Peter B. de Selding (Mitgründer, Space Intel Report), Gespräch mit dem Autor, Dezember 2020
151. Broadband Commission for Sustainable Development, *Connecting Africa through Broadband: A Strategy for Doubling Connectivity by 2021 and Reaching Universal Access by 2030* (o. O.: Broadband Commission for Sustainable Development, 2019), S. 121–126
152. Sharon Pian Chan, „The Birth and Demise of an Idea: Teledesic's ‚Internet in the Sky'“, *Seattle Times*, 7. Oktober 2002

153. Richard Waters, „An Exclusive Interview with Bill Gates", *Financial Times*, 1. November 2013
154. Emily Chang und Sarah Frier, „Mark Zuckerberg Q&A: The Full Interview on Connecting the World", Bloomberg, 19. Februar 2015
155. Chang und Frier, „Mark Zuckerberg Q&A"
156. Amazon, „Email from Jeff Bezos to Employees", Pressemitteilung, 2. Februar 2021
157. „Blue's Mission: Building a Road", Blue Origin, aufgerufen am 18. März 2021
158. Larry Press, „Are Inter-Satellite Laser Links a Bug or a Feature of ISP Constellations?" CircleID, 3. April 2019
159. Caleb Henry, „Satcom Companies Willing to Partner with China to Gain Market Access", *SpaceNews*, 29. Juni 2018
160. Branchenexperte, Gespräch mit dem Autor, November 2020
161. Cliff O, „SpaceX Seattle 2015"

KAPITEL 7

1. John F. Sargent, Jr., *Global Research and Development Expenditures: Fact Sheet*, CRS Report Nr. R44283 (Washington, D.C.: Congressional Research Service, 2020), S. 3
2. Giuliana Viglione, „China Is Closing Gap with United States on Research Spending", *Nature*, 15. Januar 2020
3. Ganesh Sitaraman, „A Grand Strategy of Resilience: American Power in the Age of Fragility", *Foreign Affairs*, September/Oktober 2020
4. Melissa Flagg, *Global R&D and a New Era of Alliances* (Washington, D.C.: Center for Security and Emerging Technology, 2020); Sargent, *Global Research and Development Expenditures*; „International Macroeconomic Data Set", Economic Research Service, U.S. Department of Agriculture, zuletzt modifiziert 8. Januar 2021
5. Tim Pemberton, „The World in 2030", HSBC, 2. Oktober 2018
6. Franklin D. Roosevelt, „Fireside Chat" (Rede, Washington, D.C., 29. Dezember 1940), The American Presidency Project, University of California, Santa Barbara
7. *U.S.-China: Winning the Economic Competition: Hearing before the Subcommittee on Economic Policy of the Committee on Banking, Housing, and Urban Affairs, U.S. Senate*, 116. Kongress (2020) (Stellungnahme von Martijn Rasser, Senior Fellow, Technology and National Security Program, Center for a New American Security); David Moschella und Robert D. Atkinson, „Competing with China: A Strategic Framework", Information Technology and Innovation Foundation, 31. August 2020
8. Emiliano Alessandri, „World Order Re-Founded: The Idea of a Concert of Democracies", *The International Spectator* 43, Nr. 1 (2008): S. 73–90
9. „About the CoD", Community of Democracies, aufgerufen am 18. März 2021
10. Thomas Carothers, *Is a League of Democracies a Good Idea?* (Washington, D.C.: Carnegie Endowment for International Peace, 2008)
11. Ivo H. Daalder und James Lindsay, „An Alliance of Democracies", *Washington Post*, 23. Mai 2004; Richard Perle, „Democracies of the World, Unite", *American Interest*, 1. Januar 2007; Anne-Marie Slaughter, John Ikenberry und Philippe Sands, „The Global Governance Crisis", *The InterDependent*, United Nations Association of the USA, 2006

12. John McCain, „McCain Remarks – Hoover Institution (1. Mai 2007)" (Rede, Hoover Institution, Stanford University, Stanford, CA, 1. Mai 2007)
13. David Gordon und Ash Jain, „Forget the G-8. It's Time for the D-10", *Wall Street Journal*, 16. Juni 2013; „D-10 Strategy Forum", Atlantic Council, aufgerufen am 18. März 2021
14. David Rohde, „U.S. Embrace of Musharraf Irks Pakistanis", *New York Times*, 29. Februar 2008
15. Elbridge Colby und Robert D. Kaplan, „The Ideology Delusion", *Foreign Affairs*, 4. September 2020
16. Charles A. Kupchan, „Minor League, Major Problems", *Foreign Affairs*, November/Dezember 2008
17. „Mapping the Future of U.S. China Policy", Center for Strategic and International Studies, aufgerufen am 11. Februar 2020
18. Dina Smeltz und Craig Kafura, „Do Republicans and Democrats Want a Cold War with China?", Chicago Council on Global Affairs, 13. Oktober 2020
19. Marietje Schaake, „How Democracies Can Claim Back Power in the Digital World", *MIT Technology Review*, 29. September 2020
20. „Team", Inter-Parliamentary Alliance on China, aufgerufen am 11. Februar 2021
21. Latika Bourke, „MPs from Eight Countries Form New Global Coalition to Counter China", *Sydney Morning Herald*, 5. Juni 2020
22. Robert S. Singh, „In Defense of a Concert of Liberal Democracies", *Whitehead Journal of Diplomacy and International Relations* 10, Nr. 1 (2009): S. 19–29
23. Helen Warrell, Alan Beattie und Demetri Sevastopulo, „UK Turns to ‚Five Eyes' to Help Find Alternatives to Huawei", *Financial Times*, 13. Juli 2020
24. Anthony R. Wells, *Between Five Eyes: 50 Years of Intelligence Sharing* (Philadelphia: Casemate Publishers, 2020), Kindle, Pos. 156 von 5424
25. Wells, *Between Five Eyes*, Pos. 4189
26. Alan Beattie, „Five Eyes, 5G and America's Self-Sabotaging Trade Wars", *Financial Times*, 16. Juli 2020
27. Lucy Fisher, „Downing Street Plans New 5G Club of Democracies", *The Times*, 29. Mai 2020; Atlantic Council, „D-10 Strategy Forum"
28. Julie Smith et al., *Charting a Transatlantic Course to Address China* (Washington, D.C.: Center for a New American Security and the German Marshall Fund of the United States, 2020), S. 18
29. Eric McGlinchey, Associate Professor an der George Mason University, hat unterschiedliche Versionen dieses Vergleichs verwendet, um die USA, Russland und China in Zentralasien zu beschreiben; siehe Eric McGlinchey, *Central Asia's Autocrats: Geopolitically Stuck, Politically Free*, PONARS Eurasia Policy Memo Nr. 380 (Washington, D.C.: PONARS Eurasia, 2015)
30. European Commission, *Joint Communication to the European Parliament, the European Council and the Council: A New EU-US Agenda for Global Change* (Brüssel: European Commission, 2020)
31. Noah Barkin, „Watching China in Europe – January 2021", German Marshall Fund of the United States, Januar 2021
32. Jacob Poushter und Christine Huang, „Climate Change Still Seen as the Top Global Threat, but Cyberattacks a Rising Concern", Pew Research Center, 10. Februar 2019

33. Richard Wike, Janell Fetterolf und Mara Mordecai, „U.S. Image Plummets Internationally as Most Say Country Has Handled Coronavirus Badly", Pew Research Center, 15. September 2020
34. Ivan Krastev und Mark Leonard, *The Crisis of American Power: How Europeans See Biden's America*, European Council on Foreign Relations, ECFR/363 (Berlin: European Council on Foreign Relations, 2021)
35. *China's Expanding Influence in Europe and Eurasia: Hearing before the Subcommittee on Europe, Eurasia, Energy, and the Environment of the Committee on Foreign Affairs, House of Representatives*, 116. Kongresss 11 (2019) (Stellungnahme von Philippe Le Corre, Nonresident Senior Fellow, Carnegie Endowment for International Peace)
36. European Commission, *Joint Communication to the European Parliament, the European Council and the Council: EU-China – A Strategic Outlook* (Strassburg: European Commission, 2019)
37. European Commission, „Secure 5G Networks: Commission Endorses EU Toolbox and Sets Out Next Steps", Pressemitteilung, 29. Januar 2020
38. Department for Digital, Culture, Media & Sport, National Cyber Security Centre and the Rt Hon Oliver Dowden CBE MP, „Huawei to Be Removed from UK 5G Networks by 2027", Pressemitteilung, 14. Juli 2020
39. Mathieu Rosemain und Gwénaëlle Barzic, „French Limits on Huawei 5G Equipment Amount to De Facto Ban by 2028", *Reuters*, 22. Juli 2020
40. Laurens Cerulus, „Germany Falls in Line with EU on Huawei", *Politico*, 23. April 2021
41. Annabelle Timsit, „Who Will Win the Battle to Replace Huawei in Europe?", *Quartz*, 30. Oktober 2020; „Four European Countries Have Only Chinese Gear in 4G Networks, Researcher Says", *Reuters*, 30. Juni 2020
42. Stacie Hoffmann, Dominique Lazanski und Emily Taylor, „Standardising the Splinternet: How China's Technical Standards Could Fragment the Internet", *Journal of Cyber Policy* 5, Nr. 2 (2020): S. 239–264
43. Nigel Cory und Robert D. Atkinson, „Why and How to Mount a Strong, Trilateral Response to China's Innovation Mercantilism", Information Technology and Innovation Foundation, Januar 2020
44. „Biography – Houlin Zhao", International Telecommunication Union (ITU), aufgerufen am 18. März 2021
45. Siehe zum Beispiel den chinesischen Vorschlag „New IP": Madhumita Murgia und Anna Gross, „Inside China's Controversial Mission to Reinvent the Internet", *Financial Times*, 27. März 2020
46. „Vote for 5G", Huawei, aufgerufen am 1. November 2020; Matina Stevis-Gridneff, „Blocked in U.S., Huawei Touts ‚Shared Values' to Compete in Europe", *New York Times*, 7. Dezember 2019
47. Schaake, „How Democracies Can Claim Back Power"
48. Alexandra de Hoope Scheffer et al., *Transatlantic Trends 2020: Transatlantic Opinion on Global Challenges before and after COVID-19* (Washington, D.C.: German Marshall Fund of the United States, 2020); Smith et al., *Charting a Transatlantic Course to Address China*, S. 17

49. Katja Bego und Markus Droemann, „A Vision for the Future Internet“ (Working Paper, NGI Forward, Next Generation Internet, 2020), S. 20
50. Bego und Droemann, „Vision for the Future Internet“, S. 26
51. United Nations Conference on Trade and Development (UNCTAD), *Digital Economy Report 2019: Value Creation and Capture: Implications for Developing Countries*, UNCTAD/DER/2019 (New York: United Nations Publishing, 2019), S. 2
52. „DAX® (TR) EUR“, Qontigo, zuletzt modifiziert 12. Februar 2021
53. „Top 100 Digital Companies: 2019 Ranking“, *Forbes*, aufgerufen am 1. Februar 2021
54. European Commission, *Communication from the Commission to the European Parliament, the Council, the European Economic and Social Committee of the Regions: A European Strategy for Data* (Brüssel: European Commission, 2020)
55. European Commission, *Communication from the Commission to the European Parliament, the Council, the European Economic and Social Committee and the Committee of the Regions Empty: 2030 Digital Compass: The European Way for the Digital Decade*, COM/2021/118 (Brüssel: European Commission, 2021)
56. Adam Segal, „China's Vision for Cyber Sovereignty and the Global Governance of Cyberspace“, in *An Emerging China-Centric Order: China's Vision for a New World Order in Practice*, Hg. Nadège Rolland, NBR Special Report Nr. 87 (Seattle, WA: The National Bureau of Asian Research, 2020)
57. Clarifying Lawful Overseas Use of Data or the CLOUD Act, H.R.4943, 115. Kongress (2018); „The Cloud Act“, Electronic Privacy Information Center, aufgerufen am 2. Februar 2021; „The CLOUD Act and the European Union: Myths vs. Facts“, BSA | The Software Alliance, Februar 2019; U.S. Department of Justice, *Promoting Public Safety, Privacy, and the Rule of Law around the World: The Purpose and Impact of the CLOUD Act White Paper* (Washington, D. C.: U.S. Department of Justice, 2019)
58. Murray Scot Tanner, „Beijing's New National Intelligence Law: From Defense to Offense“, *Lawfare* (Blog), 20. Juli 2017; „China Passes Tough New Intelligence Law“, *Reuters*, 27. Juni 2017; Bonnie Girard, „The Real Danger of China's National Intelligence Law“, *The Diplomat*, 23. Februar 2019; Arjun Kharpal, „Huawei Says It Would Never Hand Data to China's Government. Experts Say It Wouldn't Have a Choice“, CNBC, 5. März 2019
59. „European Cloud Network to Start in Late 2020“, Euractiv, 5. November 2019
60. Phillip Grüll und Samuel Stolton, „Altmaier Charts Gaia-X as the Beginning of a ‚European Data Ecosystem'“, Euractiv, 5. Juni 2020
61. Melissa Heikkilä und Janosch Delcker, „EU Shoots for €10B ‚Industrial Cloud' to Rival US“, *Politico*, 15. Oktober 2020
62. Federal Ministry for Economic Affairs and Energy, Federal Government of Germany, *GAIA-X: The European Project Kicks Off the Next Phase* (Berlin: Federal Ministry for Economic Affairs and Energy, 2020)
63. Liam Tung, „Meet GAIA-X: This Is Europe's Bid to Get Cloud Independence from US and China Giants“, ZDNet, 8. Juni 2020; Silvia Amaro, „Meet Gaia – Europe's Answer to the Power of U.S. and Chinese Cloud Giants“, CNBC, 16. Juli 2020
64. „Frequently Asked Questions about the GAIA-X Project: Common Digital Infrastructure for Europe“, Federal Government of Germany, 1. Oktober 2020; GAIA-X, „List of New Members to the GAIA-X AISBL“, Pressemitteilung, 29. März 2021

65. Daphne Leprince-Ringuet, „Europe's Cloud Computing Project Needs to Hurry Up, If It Wants to Catch Its Giant Rivals", ZDNet, 12. November 2020; „Microsoft Announced as a Member of GAIA-X", *Microsoft Corporate Blogs*, Microsoft, 26. November 2020; Max Peterson, „What's Next for Europe's Data Revolution? AWS Joins the GAIA-X Initiative", *AWS Public Sector Blog*, Amazon, 19. November 2020; Catherine Stupp, „European Cloud-Computing Initiative Limits U.S. Companies' Role", *Wall Street Journal*, 23. November 2020
66. European Union, *Declaration: Building the Next Generation Cloud for Businesses and the Public Sector in the EU* (o. O.: European Union, 2020)
67. Canalys, „Global Cloud Infrastructure Market Q4 2020"
68. Henry Farrell und Abraham L. Newman, *Of Privacy and Power: The Transatlantic Struggle over Freedom and Security* (Princeton, NJ: Princeton University Press, 2019), Kindle, Pos. 3538 von 6092
69. Annegret Kramp-Karrenbauer, „Speech by Federal Minister of Defense Annegret Kramp-Karrenbauer on the Occasion of the Presentation of the Steuben Schurz Media Award" (Rede, Steuben Schurz Society, Frankfurt, Deutschland, 23. Oktober 2020)
70. Institute for Health Metrics and Evaluation, „The Lancet: World Population Likely to Shrink after Mid-Century, Forecasting Major Shifts in Global Population and Economic Power", Pressemitteilung, 14. Juli 2020, zuvor veröffentlicht von *The Lancet*
71. „Countries", Freedom House, aufgerufen am 2. März 2021; Stein E. Vollset et al., „Fertility, Mortality, Migration, and Population Scenarios for 195 Countries and Territories from 2017 to 2100: A Forecasting Analysis for the Global Burden of Disease Study", *The Lancet* 396, Nr. 10258 (2020): S. 1285–1306
72. Ruchir Sharma, „Technology Will Save Emerging Markets from Sluggish Growth", *Financial Times*, 11. April 2021
73. UNCTAD, *Digital Economy Report 2019*, S. iv
74. UNCTAD, *Digital Economy Report 2019*, S. 12
75. UNCTAD, *Digital Economy Report 2019*, S. 13
76. UNCTAD, *Digital Economy Report 2019*, S. 8
77. Homi Kharas und Kristofer Hamel, „A Global Tipping Point: Half of the World Is Now Middle Class or Wealthier", *Future Development* (Blog), Brookings Institution, 27. September 2018
78. Daten zur Verfügung gestellt von Homi Kharas und Meagan Dooley, Oktober 2020. Siehe auch Homi Kharas und Meagan Dooley, „China's Influence on the Global Middle Class", Brookings Institution, Oktober 2020
79. Daten zur Verfügung gestellt von Homi Kharas und Meagan Dooley, Oktober 2020
80. Noshir Kaka et al., *Digital India: Technology to Transform a Connected Nation* (o. O.: McKinsey & Company, 2019), S. 1
81. „India 5G Activities Updates", GSMA, 3. September 2019
82. neben den Staaten der G-7 (Deutschland, Frankreich, Großbritannien, Italien, Japan, Kanada und den USA)
83. Daten zur Verfügung gestellt vom Institute for Health Metrics and Evaluation der Washington University, Oktober 2020

84. William Mauldin und Rajesh Roy, „Pompeo Touts U.S.-India Defense Deal, with an Eye on China", *Wall Street Journal*, 27. Oktober 2020; „India Says to Sign Military Agreement with U.S. on Sharing of Satellite Data", *Reuters*, 26. Oktober 2020; Sanjeev Miglani, „India, U.S., Japan and Australia Kick Off Large Naval Drills", *Reuters*, 3. November 2020
85. White House, „Fact Sheet: Quad Summit", Pressemitteilung, 12. März 2021
86. Evan A. Feigenbaum und James Schwemlein, „How Biden Can Make the Quad Endure", Carnegie Endowment for International Peace, 11. März 2021
87. Tanvi Madan, *Fateful Triangle: How China Shaped US-India Relations during the Cold War* (Washington, D. C.: Brookings Institution Press, 2020)
88. George W. Bush, „President Discusses Strong U.S.-India Partnership in New Delhi, India" (Rede, Purana Qila, New Delhi, Indien, 3. März 2006); „Bush, India's Singh Sign Civil Nuclear Cooperation Agreement", U.S. Department of State (Archiv), 2. März 2006
89. „Secretary Michael R. Pompeo with Rahul Shivshankar of Times Now", U.S. Department of State (Archiv), 27. Oktober 2020
90. Office of the U.S. Trade Representative, *2021 National Trade Estimate Report on Foreign Trade Barriers* (Washington, D. C.: Office of the U.S. Trade Representative, 2021), S. 248
91. Han Lin 韩琳, „Zhongguo xiwang yu yindu jianli zhengchang de guojia guanxi yin tai zhanlüe buzu wei ju" 中国希望与印度建立正常的国家关系印太战略 不足为惧 [China hofft auf Etablierung normaler zwischenstaatlicher Beziehungen mit Indien, die Indien-Pazifik-Strategie soll nicht gefürchtet werden], Zhongguo wang 中国网 [China Netz], 14. Juli 2020
92. Office of the United States Trade Representative, *2021 National Trade Estimate Report*; Office of Economic Adviser, Department for Promotion of Industry and Internal Trade, Ministry of Commerce & Industry, Government of India, *Key Economic Indicators* (New Delhi: Ministry of Commerce & Industry, zuletzt modifiziert 2021); Russell A. Green, *Can „Make in India" Make Jobs? The Challenges of Manufacturing Growth and High-Quality Job Creation in India* (Houston, TX: James A. Baker III Institute for Public Policy, Rice University, 2014); M. Suresh Babu, „Why ‚Make in India' Has Failed", *The Hindu*, 20. Januar 2020
93. Munish Sharma, *The Road to 5G: Technology, Politics and Beyond*, IDSA Monograph Series Nr. 65 (New Delhi: Institute for Defence Studies and Analyses, 2019), S. 116; „Merchandise Trade Matrix – Imports of Individual Economies in Thousands of United States Dollars, Annual", UNCTADstat, UNCTAD, aufgerufen am 2. Februar 2021
94. Mukherjee et al., „COVID-19, Data Localisation and G20: Challenges, Opportunities and Strategies for India"
95. Harsh V. Pant und Aarshi Tirkey, „The 5G Question and India's Conundrum", *Orbis* 64, Nr. 4 (2020): S. 571–588
96. Ding Yi, „Xiaomi Still Top Dog in Indian Smartphone Market Despite Tensions", Caixin Global, 10. August 2020
97. Sharma, *Road to 5G*
98. Ajey Lele und Kritika Roy, *Analysing China's Digital and Space Belt and Road*

Initiative, IDSA Occasional Paper Nr. 54/55 (New Delhi: Institute for Defence Studies and Analyses, 2019), S. 57

99. Ministry of Communications, Government of India, „Telecom Department Gives Go-Ahead for 5G Technology and Spectrum Trials", Pressemitteilung, 4. Mai 2021
100. „India Doesn't Name Huawei among Participants in 5G Trials", *Reuters*, 4. Mai 2021
101. Nisha Holla, „Democratising Technology for the Next Six Billion", *Digital Frontiers* (Blog), Observer Research Foundation, 19. Oktober 2020
102. Mukherjee et al., „COVID-19, Data Localisation and G20", S. 3
103. Arindrajit Basu und Justin Sherman, „Key Global Takeaways from India's Revised Personal Data Protection Bill", *Lawfare* (Blog), 23. Januar 2020
104. „Freedom on the Net 2020: India", Freedom House, aufgerufen am 1. Februar 2021
105. Sonia Faleiro, „How India Became the World's Leader in Internet Shutdowns", *MIT Technology Review*, 19. August 2020
106. Adrian Shahbaz und Allie Funk, *Freedom on the Net 2020: The Pandemic's Digital Shadow* (Washington, D.C.: Freedom House, 2020)
107. James Dobbins, „Why Russia Should Not Rejoin the G7", *The RAND Blog*, RAND, 13. Juni 2018
108. Robert K. Knake, *Weaponizing Digital Trade – Creating a Digital Trade Zone to Promote Online Freedom and Cybersecurity*, Council Special Report Nr. 88 (New York: Council on Foreign Relations, 2020), S. 11
109. In diesen Geräten können auch Komponenten aus den USA und anderen Ländern verbaut sein, aber gefertigt werden sie in China; siehe James Rogers et al., *Breaking the China Supply Chain: How the „Five Eyes" Can Decouple from Strategic Dependency* (London: The Henry Jackson Society, 2020), S. 26
110. Mukherjee et al., „COVID-19, Data Localisation and G20", S. 39
111. Roosevelt, „Fireside Chat"
112. Jens Stoltenberg, „Keynote Speech by NATO Secretary General Jens Stoltenberg at the Global Security 2020 (GLOBSEC) Bratislava Forum" (Rede, Global Security 2020 Bratislava Forum, Bratislava, Slowakei, 7. Oktober 2020)
113. James Stavridis und Dave Weinstein, „NATO's Real Spending Emergency Is in Cyberspace", Bloomberg, 18. Juli 2018
114. Safa Shahwan Edwards, Will Loomis, and Simon Handler, „Supersize Cyber", Atlantic Council, 14. Oktober 2020
115. Lindsay Gorman, „NATO Should Count Spending on Secure 5G towards Its 2% Goals", *Defense One*, 3. Dezember 2019
116. Stoltenberg, „Keynote Speech by NATO Secretary General"
117. „The Defense Business Board's 2015 Study on How the Pentagon Could Save $125 Billion", *Washington Post*, 22. Januar 2015; „Pentagon Buried Study That Found $125 Billion in Wasteful Spending: Washington Post", *Reuters*, 5. Dezember 2016; Lawrence J. Korb, „The Pentagon's Fiscal Year 2021 Budget More than Meets U.S. National Security Needs", Center for American Progress, 6. Mai 2020
118. Jessica Tuchman Mathews, „America's Indefensible Defense Budget", Carnegie Endowment for International Peace, 27. Juni 2019; „Foreign Commercial Service", American Foreign Service Association, aufgerufen am 15. Februar 2021

119. American Foreign Service Asscociation, Korrespondenz mit dem Autor, März 2019
120. „Global Diplomacy Index", Lowy Institute, aufgerufen am 1. Februar 2021
121. „Forecasting Infrastructure Investment Needs and Gaps", Global Infrastructure Outlook, aufgerufen am 1. Februar 2021
122. Nirav Patel, „US Should Offer a Digital Highway Initiative for Asia", *Strait Times*, 8. Februar 2018
123. Tim Hwang, *Shaping the Terrain of AI Competition* (Washington, D. C.: Center for Security and Emerging Technology, 2020), S. 19
124. Eric Schmidt et al., *Asymmetric Competition: A Strategy for China and Technology* (o. O.: China Strategy Group, 2020)
125. China Task Force, U.S. House of Representatives, 116. Kongress, *China Task Force Report* (Washington, D. C.: U.S. House of Representatives, 2020), S. 27
126. Stu Woo, „U.S. to Offer Loans to Lure Developing Countries Away from Chinese Telecom Gear", *Wall Street Journal*, 18. Oktober 2020
127. Agatha Kratz, Allen Feng und Logan Wright, „New Data on the Debt Trap Question", Rhodium Group, 29. April 2019; Agatha Kratz, Matthew Mingey und Drew D'Alelio, *Seeking Relief: China's Overseas Debt after COVID-19* (New York: Rhodium Group, 2020)
128. Angus Grigg, „Huawei Data Centre Built to Spy on PNG", *Australian Financial Review*, 11. August 2020
129. Huawei Cyber Security Evaluation Centre Oversight Board, *Annual Report 2019: A Report to the National Security Adviser of the United Kingdom* (London: Cabinet Office, 2019); Lily Hay Newman, „Huawei's Problem Isn't Chinese Backdoors. It's Buggy Software", *Wired*, 28. März 2019; Kate O'Keeffe und Dustin Volz, „Huawei Telecom Gear Much More Vulnerable to Hackers than Rivals' Equipment, Report Says", *Wall Street Journal*, 25. Juni 2019
130. Herb Lin, „Huawei and Managing 5G Risk", *Lawfare* (Blog), 3. April 2019; Carisa Nietsche und Martijn Rasser, „Washington's Anti-Huawei Tactics Need a Reboot in Europe", *Foreign Policy*, 30. April 2020
131. Amy Webb, *The Big Nine: How the Tech Titans and Their Thinking Machines Could Warp Humanity* (New York: PublicAffairs), Kindle, S. 208
132. Thomas, *Dragon Bytes*, S. 35
133. Thomas Donahue, „The Worst Possible Day: U.S. Telecommunications and Huawei", *PRISM* 8, Nr. 3 (2020)
134. National Intelligence Council, *Global Trends 2040: A More Contested World*, NIC 2021-02339 (Washington, D. C.: National Intelligence Council, 2021), S. 102
135. zitiert nach Thomas, *Dragon Bytes*, S. 45
136. Shen Weiguang, „Checking Information Warfare-Epoch Mission of Intellectual Military", *People's Liberation Army Daily*, 2. Februar 1999, zitiert nach Thomas, *Dragon Bytes*, S. 13
137. James A. Lewis, „A Necessary Contest: An Overview of U.S. Cyber Capabilities", *Asia Policy* 15, Nr. 2 (2020): S. 92
138. Ryan Hass, „China Is Not Ten Feet Tall", *Foreign Affairs*, 3. März 2021
139. Ryan Hass, *Stronger: Adapting America's China Strategy in an Age of Competitive Interdependence* (New Haven, CT: Yale University Press, 2021)

140. Michael Beckley, *Unrivaled: Why America Will Remain the World's Sole Superpower* (Ithaca, NY: Cornell University Press, 2018)
141. Reagan, „Triumph of Freedom"